系统性创新手册

[英] 达雷尔·曼恩（Darrell Mann）著
陈光 周贤永 刘斌 等译

（管理版）

HANDS-ON SYSTEMATIC INNOVATION
For Business and Management

机械工业出版社
China Machine Press

图书在版编目（CIP）数据

系统性创新手册（管理版）/（英）达雷尔·曼恩（Darrell Mann）著；陈光等译. —北京：机械工业出版社，2020.3

书名原文：Hands-on Systematic Innovation: for Business and Management

ISBN 978-7-111-64672-3

I. 系… II. ①达… ②陈… III. 创新管理-手册 IV. F273.1-62

中国版本图书馆CIP数据核字（2020）第035960号

本书版权登记号：图字 01-2017-7872

Authorized translation from the English language edition entitled *Hands-on Systematic Innovation: for Business and Management* (ISBN-13: 9781898546733) by Darrell Mann, Copyright © 2004, 2007 by Darrell Mann.

All rights reserved. No part of this book may be reproduced or transmitted in any form or by any means, electronic or mechanic, including photocopying, recording, or by any information storage retrieval system, without the prior permission of by Darrell Mann.

Chinese simplified language edition published by China Machine Press.
Copyright © 2020 by China Machine Press.

本书中文简体字版由Darrell Mann授权机械工业出版社独家出版。未经出版者预先书面许可，不得以任何方式复制或抄袭本书的任何部分。

系统性创新手册（管理版）

出版发行：机械工业出版社（北京市西城区百万庄大街22号　邮政编码：100037）
责任编辑：张志铭
责任校对：李秋荣
印　　刷：中国电影出版社印刷厂
版　　次：2020年4月第1版第1次印刷
开　　本：147mm×210mm　1/32
印　　张：22.25
书　　号：ISBN 978-7-111-64672-3
定　　价：119.00元

客服电话：(010) 88361066　88379833　68326294　　投稿热线：(010) 88379604
华章网站：www.hzbook.com　　读者信箱：hzit@hzbook.com

版权所有·侵权必究
封底无防伪标均为盗版　　本书法律顾问：北京大成律师事务所　韩光/邹晓东

·· 中文版序 ··

Mention the word 'innovation' to most people and they assume the discussion will be about a new product, or a new piece of technology. Most innovation, however, has nothing to do with either. The majority of innovation opportunities in our increasingly globalised world concern business processes, different ways of connecting with customers and different ways of organising how people work together to deliver value.

The problem, however, is that most enterprises have very little knowledge or capability when it comes to this kind of innovation. The problem was first identified by management strategy guru, Gary Hamel, in his 2007 book, 'The Future Of Management'. The overall theme of that book was that management needs to re-invent itself. Most managers have been taught in a world dominated by the needs and protocols of Operational Excellence. This was and is necessary, but it has nothing at all to do with innovation. The skills required to manage an operationally excellent business are, in fact, 180 degrees opposite to the ones required to innovate.

This explains why, based on a systematic programme of research that has been ongoing since 1998 and which has now accumulated over 6 million case studies, over 98% of innovation attempts end in failure. The Future Of Management described the problem, but it had little to offer by way of solutions. Hamel told managers and leaders that they needed to re-think what they were doing (so called 'Management 2.0'), but he offered no advice as to what the results of their endeavours should look like or how they should be delivered.

This is where Hands-On Systematic Innovation for Business & Management is intended to come in to play. While it is certainly true that the majority of business innovation attempts end in failure, there are very clearly some-Apple, Facebook, Uber, AliBaba, AirBnB to name but a few world-changers-that have been massively successful. This Hands-On book emerges as a result of studying hundreds of thousands of success stories and learning that, despite the inherent complexities of innovating in the world of business, the winners all used the same basic recipes and strategies.

Most people think that innovation success comes from random 'Eureka' moments. The Hands-on Systematic Innovation for Business & Management research has clearly shown that this doesn't have to be the case. Making sure your innovation attempt ends up in the 2% of success stories can be systematically and repeatably assured. Follow the seven pillars and the various opportunity definition and solution generation tools our research has revealed, and success will follow. We know this to be true because, since we started working with clients to validate our findings, we have helped them deliver over $5B in new revenue streams, and saved several hundred million dollars in bottom-line savings.

That said, the book you are holding is very definitely not a reading book. No-one-managers and leaders especially it seems-has time to read these days. My hope is that readers will read the first two chapters. After that, the book is intended to be a recipe book: no need to read all the recipes, just the ones that are directly relevant to you and the business innovation situation you find yourself in. It doesn't matter whether you're trying to understand customers better, or find ways to reduce risk, or reduce costs, or improve employee engagement, our research will prove to you that 'someone, somewhere already solved your problem'. Sometimes the 'someone' may be a figure from history-Sun Tzu will feature several times, for example-sometimes it will be highly successful stories from the very recent digital revolution. The point is helping you to find the right 'someone' and to apply their core success strategies to your context, and doing it rapidly and reliably.

Much of the research and the findings have a strong basis in Asia. Asia looks set to be the home of innovation for many years to come, partly due to the fact that this is where the bulk of emerging customer opportunities are, but also partly due to the fact that many Western organisations are still caught in an Operational Excellence trap they don't yet know how to escape from. It is with great pleasure that the Hands-On Systematic Innovation book is being made available in China, a nation that looks set to find itself at the forefront of the next innovation wave. If the book helps in even a small way to spark success stories for Chinese enterprises, I will feel extremely proud.

I wish all readers every success in their business innovation endeavours. One day, as our research efforts continue, I am hoping the Systematic innovation research team will find many readers' success stories and have the opportunity to add them to future editions of the book. I wholly believe that Systematic Innovation means precisely that. I can't think of a better place than China to prove that it means exactly what it says.

（提到"创新"这个词，对于大多数人来说，他们会以为讨论的是新产品或者新技术。然而，大多数创新都与这两者无关。在我们这个不断全球化的世界，多数创新机会都涉及业务流程、联系客户的不同方式，以及把人组织起来创造价值的各种方法。

现在的问题是，当涉及这种创新时，大多数企业几乎没有任何相关知识和能力。这个问题最早由管理战略大师 Gary Hamel 在他 2007 年出版的著作《管理的未来》（The Future Of Management）中提出。这本著作的主题就是管理需要对自身进行再造，绝大多数管理人员所受的教育是希望他们掌握高效运营的要求和规则。这在过去和现在都是必需的，但与创新风马牛不相及。实际上，把企业运营得风生水起的技能，恰好和创新需要的技能南辕北辙。

这也恰好能解释为什么 98% 的创新尝试都以失败而告终——该结论是基于 1998 年以来开展的、现已累计超过 600 万个案例的系统性研究项目得出的。《管理的未来》描述了这个问题，但该书基本没有提及解决这个问题的方法。Hamel 告诫管理人员和企业领袖，他们应该重新思考自己以前的做法（即所谓的"管理 2.0 版"），但他没有提及他们努力的成果应该是什么样，也没建议他们应该如何获得这些成果。

这正是本书意图发挥作用之处。虽然绝大多数商业创新的尝试确实都以失败告终，但显然有些企业（如Apple、Facebook、Uber、阿里巴巴、AirBnB等）改变了世界，并且取得了巨大的成功。我们在对几十万个成功案例进行研究的基础上发现，尽管在商业领域进行创新存在高度的内在复杂性，但所有成功者都采用了相同的基本方法和策略。

大多数人认为成功的创新出自灵光乍现。然而，本书中的研究已经明白无误地表明，情况并非如此。确保你的创新尝试属于2%的成功范畴，这完全是可以系统化且可重复演绎的。正确运用我们的研究所揭示的七大支柱、丰富的机会定义和解决方案生成工具，是创新成功的保证。对此我们深信不疑，因为自从与客户合作并验证我们的研究成果以来，我们已帮助他们创造了超过50亿美元的收益，并且实实在在地节约了几亿美元。

要知道，你拿到的这本书并非一般读本。现在没有人——特别是管理人员和企业领袖——有时间阅读，但我仍希望读者能够阅读前两章。之后，本书可作为"食谱"：读者不必把食谱通读一遍，只需读那些和你的商业创新情境直接相关的内容。不论你是试图更好地了解客户，或想找到减少风险的办法，或降低成本，或改善员工参与程度，我们的研究成果都将向你证明"某人已在某处解决过你的问题"。有时，书中的"某人"也许是历史上的名人（如将多次提到的"孙子"），而有时可能是近期数字革命过程中非常成功的案例。关键在于帮助你找到正确的"某人"，并把他们成功的核心策略快速、可靠地应用于你自己的问题。

很多研究成果和发现来源于亚洲。多年来，亚洲看起来已成为创新热土，部分原因是亚洲为涌现大量新客户机会的所在地，另一部分原因是很多西方企业还深陷于高效运营的陷阱而无法自拔。我们非常高兴能看到本书在中国出版，这个国家正努力使自己处于下一次创新浪潮的前沿。如果本书能够为中国企业在激发成功创新的过程中略尽绵薄之力，我将感到无比自豪。

祝愿本书的读者在他们的商业创新中取得辉煌成果。随着我们研究的不断深入，我希望有朝一日系统性创新的研究团队能够看到众多读者的成功创新案例，并把这些成功案例加入本书的未来版本中。我完全相信，这正是系统性创新的题中应有之意。我坚信中国是证明系统性创新精髓的最好国度。）

达雷尔·曼恩

·· 译者序 ··

今天的世界已进入VUCA时代，合作与竞争都充满易变性（Volatility）、不确定性（Uncertainty）、复杂性（Complexity）和模糊性（Ambiguity），唯一确定不变的是创新始终作为持续发展的不竭动力而存在着。透过各有差异的经济成长故事、复杂多变的地缘政治格局，以及影响全局的国际贸易纷争，人们才会深刻记住创新的重要价值。面向未来，我们有两个问题。首先是"做正确的事情"，然后是"正确地做事情"。前者是方向，后者是方法。知道创新的意义是一回事，懂得如何有效创新是更重要的另一回事。为回答这一问题，我国科技部和相关部门早在10年前就开始启动创新方法研究工作，并在企业、科研院所和高校等部门及行业领域的创新方法推广应用过程中取得了丰硕的理论与实践成果。然而，创新从来都不是单纯的技术问题——尽管技术很重要，但创新的实际过程涉及技术、工艺、市场、组织、管理、制度、文化、理念等方方面面。创新是最能体现VUCA特征的复杂过程。

如何锁定"正确的问题"，抓住受众的"痛点"需求，瞄准真正的创新机会，是决定创新能否成功的一个关键切入点和突破口。因此，有效创新从来都是一项"解决正确的问题"和"正确地解决问题"有机融合的系统工程。我国在创新方法推广应用过程中也越来越重视多种创新方法的融合应用。

在有效创新这一项系统工程中,既涉及技术创新,又需要进行管理创新。然而,在我们的企业和其他组织中,"技术"和"管理"往往被截然分开,这种高度割裂和专业化的做法对于创新而言绝不是一种理想的安排。在很多情况下,正如本书所提到的一样:"对某个技术问题的最佳解决方案出自管理改善。类似地,对某个管理问题的最佳解决方案往往来自技术革新。在真实的世界中,技术和管理并没有分离——它们只是一个整体的两个方面。"

本书作者、国际系统性创新研究和实践领域的先驱、欧洲TRIZ学会创始会长、世界知名TRIZ专家Darrell Mann在十几年前就开始注重同时从技术和管理两个视角对系统性创新及其流程进行深入研究。他的 *Hands-on Systematic Innovation*(技术版)已在中国台湾翻译出版,但是这本书的"管理版"(即本书)却一直没有中文翻译版。这是我们动手翻译Darrell Mann这本书的初衷。

在Darrell Mann提出的系统性创新范式中,他始终坚信TRIZ的基本理念——"某人在某处已经解决了你所面临的问题",在此基础上他给出了一个从"问题定义"到"工具选择",从"工具选择"到"方案生成",从"方案生成"到"方案评估",从"方案评估"再次转入新一轮"问题定义"并往复循环的创新问题解决完整流程,并结合大量技术和管理案例将TRIZ和非TRIZ的相关创新方法清晰地引入这一流程,通过两次收敛和发散相结合的过程有的放矢地将初始问题情境转变为"正确的"问题情境,从"正确的"问题情境中挖掘出解决方案,最后将解决方案转变为最佳解决方案。

然而，Mann所提出的系统性创新范式绝非仅在创新环节和流程上对多种创新方法进行简单序贯应用，他还同时将不同的创新方法放入一个统一的"哲学–方法–工具"层次体系中进行深入分析，并试图从工具层面促进不同方法本身的有机融合和集成，从而进一步增强创新方法的有效性。

在纵向环节流程整合和横向方法融合集成无缝衔接的系统性创新范式中，Darrell Mann基于"问题定义–工具选择–方案生成–方案评估"这一系统性创新逻辑主线，从管理创新过程中的研发、生产及供应的时间、成本、风险、稳健性等重要问题出发，围绕管理"痛点"问题的锁定，以及矛盾或冲突的定义、分析和解决这一创新核心命题，提出了管理版的工程参数以及40条发明原理的管理诠释，并针对管理的特殊情境系统性地引入了感知映射、颠覆分析、极端人士观点、QFD、六西格玛、精益生产、可持续发展、约束理论、感性工学等心理学、管理学甚至艺术学的相关理论与方法，将其与功能和属性分析、S曲线分析、最终理想解、资源分析、知识效应库等传统技术领域的创新方法结合起来，为读者提供了一套逻辑清晰、内容丰富的系统性创新手册与工具。本书特别适合企业、高校和其他社会组织中管理与创新领域的研究者、实践者、学生及创新方法爱好者阅读和使用。

本书的翻译是西南交通大学创新方法研究与工作团队集体努力的结果。我们团队对本书的翻译始于2012年，一晃五六年过去了，直到2017年7月12日我在北京参加系统性创新国际会议（International Conference on Systematic Innovation），见到本书的原作者Darrell Mann先生，有机会当面感谢他专门为本书中文版作序，我们终于将Darrell Mann厚厚的一本 *Hands-on Systematic Innovation: for Business and Management* 翻译成中文，交付出版。

本书得以出版，要特别感谢台湾"清华大学"系统性创新专家许栋梁教授在本书的翻译过程中提供的无私帮助，感谢他推荐并帮助联系本书作者 Darrell Mann 先生。

参加翻译的老师包括：刘斌（前言、第 1～3 章、第 10 章、附录）、杨红燕（第 4～6 章，第 15～19 章）、王永杰（第 7～9 章）、雷叙川（第 11 章）、赵立力（第 12～14 章）、周贤永（第 20～23 章）。周贤永对第 1、11、14 章，刘凤对第 2、3、7～9 章和第 12 章，刘斌对第 4～6 章和第 20～23 章，我对第 13 章，唐志红对第 15～19 章，以及明翠琴对附录均做过修正和校对，雷叙川和张略则做了第 10～11 章的许多前期工作。参加校对的研究生同学有米怡、陆梦姝、于洪波、刘嫄、李冉、张明瑶、夏爽、李世成、李良玉、陈升林、李如月、罗欢、苏李娜等。刘斌和周贤永协助我对全书做过统稿。

本书翻译承蒙科技部创新方法工作专项"大学生创新创业方法训练体系构建与应用示范"（项目编号：2015IM040200）和科技部创新方法工作专项"四川省创新方法推广应用与示范"（项目编号：2017IM010700）资助和支持，特此鸣谢！

感谢机械工业出版社华章公司的朱捷、张志铭同志对本书出版提供的帮助，没有他们认真仔细的审读、校勘和编辑工作，本书也不可能与读者见面。

陈光

2019 年 10 月

序

原始创新能力已成为这个时代最受欢迎的才能。日益一致的看法是,人的创造力已经取代规模作为评价21世纪企业的标准。这种变化引出了新的挑战,也提供了新的机会。回忆一下全面质量管理(Total Quality Management,TQM)运动,为前所未有的大批量生产建立了可靠和可重复的系统。如今,我们同样需要系统能力来促进创造力。掌握了创新能力的组织将获得关键的竞争优势。但是,与TQM透明的过程不同,产生突破性创新的思维过程是无形的,甚至是神秘的——不仅对那些满怀敬畏的崇拜者来说如此,对发明家来说也如此。

不管创造力到底是什么,缺乏透明性使人们普遍认为它是非常特别的。但真的是这样吗?它真的只是那些极少数天才(达·芬奇、莫扎特)的不同寻常的天赋?还是我们都在某种程度上平等地拥有,并能通过练习提高的技巧(如体育)?对于商业管理来说,这些问题至关重要。这些问题的答案决定了我们作为管理人员是否能有效地改进推动发明的创新过程。

如果全新的思路主要出自标新立异的天才所产生的极具创造性且不可预测的思想火花,那么管理人员的作用就十分有限了——

你的工作变成了"拉拉队长"。应借鉴天才们的经验，但要青出于蓝而胜于蓝——不管他们的工作多么神奇。如果创造力是可以训练的技巧，那么管理人员的作用就非常重要了。

工业界称创造力为"模糊的前沿"，更愿意把其看成炼金术——看似有点石成金的魔力，能把小主意变成惊天动地的大飞跃——而非化学。在基本的科学工具和实践出现以前，炼金术士们只能依靠传统、基本的观察和神秘主义来探索自然。然而，当新技术使科学家能够更深入地研究分子核心的时候，炼金术就开始崩溃了。在一定程度上，多亏达雷尔·曼恩（Darrell Mann）的工作，我们才能达到目前创造力研究的阶段。

在本书中，达雷尔·曼恩提供了无可辩驳的证据，表明创造力能够成为可预测且可控的过程。尽管很多发明家自嘲自己的好主意"似乎只是灵光一闪"，但曼恩向我们表明这种原创性不可能是空穴来风。正相反，根据定义，这意味着即使是最具革命性的新概念，也一定深深植根于"已有的知识"。

作为后见之明，所有"革命性"创新都可以被描述为已有技术的进化——"某些人，在某些地方，已经解决了你的问题"。从喷气发动机到摩托艇，这种断言都是正确的。

曼恩在书中展示了大量案例，这些案例令人信服地表明创新的产生和实施既非神秘、随机，也非偶然。本书的观点正是基于这种领悟。为使创新过程真正系统化，书中提供了大量必要的知识和工具。

2007 年 2 月
Craig B. Wynett
宝洁公司首席创意官

前言

> 当你找到那座山,最先出现的奇幻景象是怒吼的山风,吹得地动山摇,把坚硬的岩石撕成碎片。你也会遭遇狮虎恶魔和其他可怕的猛兽,但不要惧怕它们。你要果敢而谨慎,绝不后退,因为……当你经历了所有的艰难险阻后,晨曦就会洒向寂静祥和的大地,你会看到启明星冉冉升起,黎明来临,你将看到无尽的宝藏。这些宝藏中最珍贵也最完美的,是那些把万物染成金色并变成纯金的耀眼的霞光。
>
> ——Eugenius Philalethes, Lumen de Lumine, 1651

> 我们快到了吗?
>
> **——著名的人类进化史漫画**

1998年的某个时间,我们坐在桌前写下一份我们想阅读的关于TRIZ的书单。书单的最前面是一本有助于在技术方面应用TRIZ的"好"书,第2本是关于商业和管理应用的。尽管现在说本书的"技术版"姊妹篇能否算排在第1位的"好"书还为时尚早,但我们仍然认为,读者对于排名第2位的书的日益增加的兴趣说明了有必要不断努力满足相应的需求。所以,"写一本关于TRIZ在商业中的应用的书"应该纳入我们的工作清单。当时,朋友、合作者和我们周围所有的人无疑都对可能的熬夜和随之而来的坏脾气而忧心忡忡。

现在摆在你面前的这本书就是最后的结果。然而,这次让我们惊奇的是,虽然预期的熬夜的确无法避免,但没人脾气暴躁。我不敢说经历过"愉快的"写作过程,但除了本书少数的几章外(你们猜猜是哪几章),大家的感觉确实是"愉快的"。部分原因是所有难办的关于确定本书主题和结构的工作几乎都可直接参考第一本书。另一部分原因是我们都认为自己正在做以前没人做过的事,而且我们介绍的知识都是实际有效的,它们来源于我们一直扩大的商业和管理领域的客户们。

虽然我们一直在工业界工作,并且负责战略、预算和相当于几个小镇人口的人员的管理,但是我们从来不认为自己是"管理咨询专家"。同时,我们发现自己的描述既令人兴奋又让人极度沮丧。令人兴奋是因为在提炼本书中介绍的那些系统性创新原理的最佳实践成果的过程中,我们在与那些伟大的思想家为伍,他们让我经常想起《反斗智多星》(Wayne's World)中的台词,"我们不配"。极度沮丧是因为我们在"管理咨询"方面的亲身经验常令人沮丧,而且从很大程度上说是在浪费时间。简单来说,绝大多数企业不顾环境和条件,盲目跟风,还有诸如"我以前做过,不用费脑筋,干就是了"的公司信条。总之,似乎情况都与我们所了解的所谓系统性创新的重要哲学概念背道而驰。当然,这些概念是否"正确"还存在争议。但我们确信它们是正确的(它们在其他场合都确实有效——包括"自然"这个最大的系统,难道到了这里就行不通了？）。

至于主题和篇章结构，本书与其"技术版"姊妹篇相比几乎没有变化。实际上，两者的主题几乎是完全相同的——从关注收益而非特点开始，继而不仅介绍**系统性创新**"是什么"，还阐明"如何做"和"为什么"，以便恰当地表达相关内容。关于该主题以及之后我们将要讨论的对任何问题或机会都适用的工具、方法和策略，我们还应注意，作为理论基础的重要组成部分的TRIZ哲学思想也存在缺陷（虽然TRIZ无疑是当前最完备的创新和发明系统，但它确实还不完善），所以我们必须要用自己能找到的最好的替代方法来弥补这些缺陷。

关于本书的篇章结构，粗略地看一下本书和先前的"技术版"姊妹篇的目录，会发现它们几乎没有什么不同。这意味着，本书内容是这样编排的：用4章介绍系统性创新的整体情况，而后面对每个定义、选择、解决方案和评估工具都有专门的章节说明，并且这些内容都可以"在需要时"阅读。

在篇章结构方面最重要的变化是调整了概述和细节讨论的篇幅。管理类图书的黄金定律之一（汲取已有的成功出版经验，这是在分析几百种管理类图书的基础上得出的）似乎是7.5万个单词为大家希望的篇幅——如果太多，"忙碌的"经理们绝不愿意选购；如果太少，很明显难以成为严谨的论著。那本"技术版"姊妹篇的字数超过15万个单词，我们认为需要那么长的篇幅才足以把相关内容阐述清楚。本书的篇幅更长一些。考虑这个令人望而却步的数字时，最好认识到其中大约有3万个单词（或者说花上跨大西洋飞机旅行的一半时间）是非常值得阅读的内容，另外，如果当你回到办公室后还想实实在在地亲手应用系统性创新来开创新局面（而且觉得我们这本书还不错），那么其他关于应该如何做的14万个单词的内容也是非常必要的。

达雷尔·曼恩

于 Clevedon

2004 年 4 月

第 2 版前言

自 2004 年以来，本书的部分内容已向超过 1500 人讲授过。为了让内容更清楚，在笔者与多人进行讨论之后，第 2 版便诞生了。新版的出版还得益于第 1 版出版至今我们持续研究的成果，以及对我们所读到的管理书籍的分析。

达雷尔·曼恩

于 Bradford

2007 年 2 月

提示 I

> 最好的模型应尽量简单，无以复加。
> ——阿尔伯特·爱因斯坦

本书不是典型的"管理学"书籍。本书基于的思想吸取自人类超越传统管理科学的努力。超越传统边界意味着对未知领域的艰难探索，也意味着我们需要考虑这样的探索是否值得。

对任何管理人员来说，时间都是极其宝贵的。缺乏时间是我们坚守自身熟悉领域的原因之一。

我们认为值得花时间阅读相关内容，以提高系统性创新的能力，此能力的确能实实在在地使企业完成成功的创新。我们为本书设计的结构正基于此。

当然，我们知道时间上的压力和对已知领域的眷恋可能使一些人在此处便放弃了对本书的兴趣。

提示 II

"探索未知领域。"

——古代地图脚注

本书假设读者已经认识到创造力和创新的重要性。我们并非要证明为什么任何人都应该具有创造性，也并非要证明为什么任何组织机构都应该具有创新性。如果你不知道创新为什么如此重要，那么你还不需要这本书。

提示 III

我们无法全面准确地认识事物，我们对事物的认识取决于我们的认识水平。

——阿娜伊斯·宁

本书是《系统性创新手册》(技术版) 的姊妹篇。"技术版"是为工程师、科学家和设计师编写的，而本书是为经理和领导人编写的。

显然，在我们这个高度割裂和专业化的世界里，把科学技术与非科技分开是很必要的。同样明显的是，在很多组织中，"技术"和"管理"几乎被完全分开了，这是很不幸的。我们常常发现，对某个技术问题的最佳解决方案出自管理改善；类似地，对某个管理问题的最佳解决方案往往来自技术革新。在真实的世界中，技术和管理并没有分离——它们只是一个整体的两个方面。

我们希望将来能把这两个方面结合成为内在统一的整体。但现在，我们假设仍然有必要分别处理这两个方面。因此，本书不要求经理和管理者掌握太多关于科学、工程、数学和任何被他们归为"技术"领域的知识。

提示 IV

> 普通人宁可去死或忍受折磨也不愿费脑筋思考。
> ——伯特兰·罗素

本条提示只针对那些了解 TRIZ 的读者。如果你从未听说过 TRIZ，那么你可跳过本提示。本书基于一些 TRIZ 理念（TRIZ 是苏联发明的一种理论），并基于大量技术专利研究，从商业视角看，这两者都具有负面效果，因此，我们最好将这两者忽略。

熟悉 TRIZ 的人当然会意识到它可以应用于商业和管理领域。我们必须告诉他们，我们已经偏离了——有的内容已严重偏离了——传统的 TRIZ。很难说服那些承受巨大压力的、忙碌的经理，让他们相信应用简单的发明原理便能够解决他们的问题。商业管理问题涉及人。人是模糊的、反复无常的，有时甚至是完全不可理喻的。简而言之，人是复杂的。我们在书中呈现的工具和方法试图把这种复杂性纳入考虑范围。任何复杂的问题都可以通过简单的方案解决，虽然结果不一定完美。我们的目标是提供能产生实际有效的解决方案的方法；当 TRIZ 不适用时，我们开发了其他工具。

目录

中文版序
译者序
序
前言

第1章 绪论 001
1.1 系统性创新：全局概览 006
1.2 定义"成功" 015
1.3 情境 019
1.4 时间的意义 022
1.5 其他章节概述 026

第2章 系统性创新方法概览 030
2.1 完整的创新过程 031
2.2 系统性创新过程总结 043
2.3 问题和机会 045

第3章 心理学 054
3.1 思维惯性 058
3.2 通用解决方案和具体解决方案的差距 061

3.3　六帽思考法 ································· 068
　　3.4　信息结构——系统性创新和思维导图 ··· 075
　　3.5　群体心理学 ································· 077

第4章　系统算子：九屏幕法 ·················· 083
　　4.1　系统算子概念 ······························ 084
　　4.2　全面的九屏幕法 ··························· 088
　　4.3　屏幕之间——改变视角 ··················· 090
　　4.4　另一个维度 ································· 093
　　4.5　整合其他视角 ······························ 099

第5章　问题定义：问题探索 ·················· 107
　　5.1　效益分析 ···································· 109
　　5.2　问题层次探索 ······························ 110
　　5.3　资源识别 ···································· 112
　　5.4　约束条件识别 ······························ 114
　　5.5　"痛点"识别 ······························ 116
　　5.6　最后两点 ···································· 120

第6章　问题定义：功能和属性分析 ········· 127
　　6.1　简要历史回顾 ······························ 129
　　6.2　功能分析方法基础 ························ 130
　　6.3　向模型中加入无形元素 ··················· 135
　　6.4　向模型中加入时间元素 ··················· 138
　　6.5　向模型中加入属性元素 ··················· 142
　　6.6　可选的增强项 ······························ 143
　　6.7　七倍和向下的螺旋——复杂性理论效应 ··· 147

第7章　问题定义：S曲线分析 ················ 157
　　7.1　S曲线和系统进化 ························· 159
　　7.2　S曲线和问题定义 ························· 167

7.3　找出系统在 S 曲线上所处的位置 ················· 169

第 8 章　问题定义：理想度 / 最终理想解 ················ 175
8.1　理想度 / 最终理想解作为一种问题定义工具 ··········· 177
8.2　案例研究 ······································· 183
8.3　与其他工具的联系及进一步思考 ················· 188

第 9 章　问题定义：感知映射 ····················· 199
9.1　感知映射 ······································· 201
9.2　案例研究 1：来自上司的压力 ······················· 203
9.3　案例研究 2：设法降低缺陷率 ······················· 208
9.4　案例研究 3：若 TRIZ 如此之好，那为何并非每个人都用 ··· 216
9.5　案例研究 4：什么能促使 TRIZ 真正繁荣 ··········· 222
9.6　基本感知映射方法的拓展 ························ 225

第 10 章　选择工具 ······························· 229
10.1　根据问题选择工具 ····························· 232
10.2　问题解决的优先次序 ··························· 241

第 11 章　问题解决工具：冲突和妥协消除 / 发明原理 ············· 245
11.1　管理冲突矩阵 ································· 250
11.2　冲突消除案例研究 ····························· 252
11.3　当冲突矩阵不起作用时会发生什么 ··············· 267
11.4　冲突消除的参考部分 ··························· 278

第 12 章　问题解决工具：矛盾的消除 ··············· 364
12.1　冲突与矛盾的联系 ····························· 366
12.2　矛盾消除策略 ································· 368
12.3　案例研究 ····································· 372
12.4　真实的矛盾还是感知的矛盾 ····················· 379

第 13 章　问题解决工具：测量标准 ... 383
13.1　测量什么以及为什么测量 ... 384
13.2　测量策略 ... 386
13.3　案例研究 ... 391

第 14 章　问题解决工具：线性与非线性进化趋势 ... 401
14.1　线性趋势的方向 ... 411
14.2　非线性趋势作为解决问题的工具 ... 415
14.3　非线性趋势的组合 ... 418
14.4　非线性趋势的时间效应 ... 429
14.5　特殊的非线性和线性趋势规律 ... 438
14.6　趋势的相关内容 ... 442

第 15 章　问题解决工具：资源 ... 486
15.1　资源识别触发器Ⅰ：进化潜力 ... 488
15.2　资源识别触发器Ⅱ：检查清单 ... 488
15.3　案例研究：留住高潜力人才 ... 506

第 16 章　问题解决工具：知识 ... 511
16.1　获取知识 ... 513
16.2　新兴知识搜索工具 ... 521
16.3　背景和智慧 ... 524
16.4　知识管理 ... 525

第 17 章　问题解决工具：重新聚焦／重新架构 ... 528
17.1　重新聚焦／重新架构方法描述 ... 530
17.2　案例研究 ... 536

第 18 章　问题解决工具：剪裁 ... 545
18.1　剪裁工具 ... 547
18.2　剪裁：更大的画面 ... 552

18.3 案例研究 ·· 558

第 19 章　问题解决工具：理想度 / 最终理想解 ·········· 567
19.1 "自"方案产生触发器 ······················ 568
19.2 连接资源和系统层次的工具 ·············· 578

第 20 章　问题解决工具：克服思维惯性 ·········· 582
20.1 九屏幕法 / 系统算子 ························ 584
20.2 负向最终理想解 ······························ 587
20.3 规模 – 时间 – 界面 – 成本工具 ············ 589
20.4 "何因 – 何物阻止"分析工具 ············ 593
20.5 极端人士观点工具 ··························· 596

第 21 章　问题解决工具：颠覆分析 ·········· 606
21.1 稳健性的定义 ································· 608
21.2 有助于提高稳健性的工具与策略 ······· 612
21.3 稳健性检查清单 ······························ 624

第 22 章　方案评估 ·········· 631
22.1 "最佳"选择 ··································· 632
22.2 敏感性分析 ···································· 640
22.3 稳健性分析 ···································· 641
22.4 足够好了？ ···································· 642

第 23 章　展望未来 ·········· 646
23.1 不断进化的系统性创新 ···················· 648
23.2 不断进化的更高水平系统性创新能力 ···· 650
23.3 展望未来 ······································· 666

附录 A　企业创新测量 ·········· 669

附录 B　问题探索工具 ·········· 675

第1章 绪论

HANDS-ON SYSTEMATIC INNOVATION

FOR BUSINESS AND MANAGEMENT

> 我们所处的时代并非像庸俗化时期那样庸俗化；所有的事物都变了味——或被人为处理，或被掺假，或被打了折扣；目的是让人赏心悦目，目的是让人掏腰包。
>
> ——Louis Kronenberger

> 不论你是相信自己能做到，还是以为自己无能为力，你都绝对是正确的。
>
> ——Henry Ford

现在，每年大约有1800部管理学著作出版，这个数字还在逐年增加。无论你怎么看，这都是一个很大的数字，无论是数量还是参差不齐的质量，都令人无所适从。结果是，想买某本书的愿望往往无奈地变成"随便选一本"。那么，有没有什么变通的办法？没人有时间找一两本书好好看看，忙昏了头的经理们更是如此。

时间的缺乏与信息的海量这两者之间的冲突，就是本书要重点解决的困境。本书的主题是系统性创新。我们将谈到的方法可追溯到1946年，那时有人冥思苦想，如果能够弄清人类所涉足的所有领域成功的解决方案，并把相应成果提炼成对从事任何工作的人均大有裨益的模式，那一定是非常了不起的。如果在20世纪90年代中期我们开始把系统性创新技术应用于管理领域时就反思，那会如何？如果我们能从每年1800份管理学文献中汲取所有有价值的内容，并全面且条理清楚地展示其中的成果，那又会如何？

我们自信，现在已经做到了。我们也知道，这听起来让人难以置信。每年有1800份需要分析的著作——还不算所有其他的商科知识——的确是太多了。而且，我们是何许人也，能确定哪些文献有价值，哪些没有？从很多方面来看，我们与1946年那些研究人员的处境完全相同。不同的只是当时他们主要关注专利，而不是管理学著作。如果看一下专利，比起1800本学术著作，数量更是高达每年20万份！然而，当我们考察人类的发明能力时，有两点需要注意。首先，你会发现那些发明中有很多是低水平的。一般来说，就专利而言，我们几乎马上可以剔除其中的90%，因为它们对人类知识没有任何促进作用。其次，很多发明无非是低水平的重复而已。不同行业和专业缺乏交流，结果，他们都浪费了大量资源去解决在其他领域已经有人解决了的问题。从某种意义上看，发生这种情况是由于我们都以为自己的问题和情况是独一无二的。当然，从很多角度看确实如此；但是，从很多其他角度看，情况却绝非如此。在深入研究300万个成功的发明案例后，你会逐渐发现确有一些模式、策略和技术在看似截然不同的领域中反复出现。但是，飞机设计师、教师、计算机科学家、化学工程师甚至（更极端的情况）白蚁为何能一起合作解决"同一个问题"？而且，更令人匪夷所思的是，为得到成功的解决方案，他们采用的竟然是相同的发明策略。

然而，这正是系统性创新的发现。如果我们研究成功的管理人员、战略家和商界大鳄们做些什么，并与那些飞机设计师、教师、计算机科学家、化学工程师甚至白蚁获得成功的所作所为相比较，就会发现，二者竟然惊人地相似。类似地，上述发现也说明，管理学论著和管理方案中有相当大一部分内容对人类的知识几乎没有价值，甚至根本没有任何价值。管理学领域中大量粗制滥造的论著情况与大量无价值的专利情况如出一辙。

实际上，现在每年有几千人在从事系统性创新的研究，他们所做的事就是根据成功案例创建其知识框架。我们认为这个框架具有普适性。考虑到这种说法可能太过夸大其词，特别是对那些学术权威们来说，因此不妨这样说：这些研究成果已经应用于目前已知的各个领域。"目前已知"和"可知，但目前还属未知"是不同的。我们——目前专职从事这方面研究的人员超过30人——日复一日地拓展系统性创新方法，不断地对其框架的边界发起挑战。我们也不断地试图对这个系统框架提出反证。我们曾偶尔有些新发现，这使我们能够拓展或修正这个框架，不过也只是"偶尔"而已，而且近年来几乎没有什么新进展。也许今后某一天我们会发现这个框架是错误的，但现在我们付出的各种努力都无法得出这个结论。

所以，你将在本书中看到关于这个框架的描述，以及由此框架产生的系统性地可重复解决问题和创造机会的工具。本章后续内容分为四部分。

第一部分，我们登高远望，在整个系统性创新的领域上空鸟瞰，以便展现"全景"。这部分的目的是用尽可能小的篇幅，提供全面审视系统性创新的方法，为后面的章节导航。

第二部分，我们将说明"成功"和"成功的解决方案"的含义，目的是说明我们前面提及的多如牛毛的管理学论著是什么意思。在这个部分，我们还将专门讨论一系列的试验。之后，每当我们考虑某个解决方案对管理学科发展是否有一定贡献时都会用到这些试验。

第三部分，我们将展示本书中关于情境的重要问题。这里所说的情境是指把知识转化为智慧的条件。太多的管理学论著被划入所谓的"低水平"分类中，因为这些论著提出的建议策略虽然在这些作者涉及的情境是适用的，但对于你面临的情况可能并不适用。在此部分，我们将阐述不同的创新情境，以便理解创新中的"何人、何时和何处"。

第四部分，我们将简要地说明在学习系统性创新工具的过程中时间的重要性。书中的工具箱是对所有创造创新活动深入研究的结果，因此学习工具箱中的各种工具也需要几个月才可能掌握。现实中很少有哪位经理花"几小时"学习新东西，更别说"几个月"了，所以在这一部分，我们将花些时间研究如何才能用最少的时间得到最大的创新收益。

在为本书制订写作规范时，我们给自己定下了有趣而艰巨的目标。我们希望本书的特点在于侧重对读者的实际益处（即，使读者能有效地应对他们所面临的任何问题或机会），而绝非仅仅作为新的文集。我们还希望本书既可以按部就班地从头到尾阅读，也可当作随时查阅的参考；我们希望它既有学术文献的严谨，同时又不想让它像大多数学术著作那样艰涩难读。换句话说，我们找出大量互相矛盾的需求，而且不想绕开它们。我们做得如何，请拭目以待。

为实现上述目标，本书按如下方式编排：需解决某个问题（指一般意义下的"问题"）的读者可从本书的开头部分阅读，然后根据解决问题的需要按本书的导航阅读相关章节。

得到上述导航的主要方法如图1-1所示。

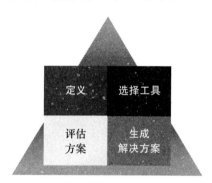

图1-1 系统性创新手册导航助手

图1-1中心矩形框内4个步骤中的3个看上去与一般的问题定义和解决过程相似；首先必须对问题加以定义，然后产生一些解决方案，最后评估这些解决方案。我们加上了一个新的步骤——"选择工具"，这是因为我们可用的问题解决工具非常丰富，适用范围宽，所以我们认为有必要把这些工具、技术、方法都收入囊中。在第2章，我们将更多地讨论这一四步流程的细节，其后的章节会逐一讨论方框中的各部分。你将在其中看到，有的方框包含大量其他方框，最明显的是问题定义和产生解决方案方框。

本节的目的是讨论那4个矩形背后的三角形，这也正是我们在本书的这一部分强调并讨论该三角形的原因。这个三角形表示解决问题过程背后的逻辑，它们将在后面章节讨论。

如果你已熟悉系统性创新和其在管理中的应用，你可直接转到其他章节。如果你还不熟悉，我们建议首先阅读本章、第 2 章和第 3 章，以便尽快从后面的章节中获得最有用的信息。

1.1　系统性创新：全局概览

如图 1-2 所示，系统性创新可分为 3 个基本层次。第 1 层是工具集。这些工具可单独使用，也可把几种工具组合成为综合性的完整的方法。这些方法背后的基本思路是，这些工具将引导我们完成系统性创新过程，帮助我们逐步了解自身的处境，以及有哪些需要改善的，直到获得针对我们要解决的问题"最好的"解决方案。在此层次之上是表示系统性创新基本原理的第 3 层。我们称此层为"哲学"层。"哲学"听起来可能是个很大的概念。我们用这个词的意思是，有对我们如何使用上述方法和工具产生影响的更高层次的概念及思想。

图 1-2　系统性创新全局概览

本章后面的内容主要集中于这些哲学问题。但是，在讨论这些问题之前，有必要先对系统性创新研究的主要成果展开综述。这些成果包括：

- 只存在少量的完全不同的问题类型。

- 已有人在某个领域解决过与你所要解决问题相似的问题。
- 只存在少量的产生创新性解决方案的可能策略。
- 系统进化的趋势在很大程度上是可预测的。
- 最好的解决方案会把系统中不理想的和有害的因素转化为有用的资源。
- 最好的解决方案也能有效地发现并解决在大多数设计实践中认为是根本性的冲突和折中。

为使我们能够了解这些发现，系统性创新把世界上最具创新性的知识和经验相结合，有效地打破了不同学科的界限。

这些工具可以不同的方式应用。完整的系统性创新过程使用户能够系统地定义并解决给定的问题或应付当时的处境。有些用户会严格地遵循这些过程；也有些人愿意选择其中的某些元素并加以应用。本书的编排试图使读者拥有更多的自由选择权，他们既可学习完整的创新系统，也可了解针对具体问题的定义和解决工具。本书的主要目的是建立定义和解决问题的过程，使读者遇到任何问题时都可有效应用——不管问题是技术的还是管理的，是简单的还是复杂的，是有各种约束还是可以任意发挥，是一次性创新还是逐步改进，是侧重于产品、工艺还是侧重于服务。从这点来看，尽管我们关注商业和管理问题，但完全不必采用与本书姊妹篇的技术版中的基本哲学、方法和工具不同的概念。

系统性创新既简单又复杂。要系统地学习和掌握相关知识可能需要几个月。有些人愿意花这么长时间，有的人则不想这样做。后者通常满足于对本书中的某些知识的了解，他们也可从中受益。在很多情况下，这已足够。我们试图通过合理安排本书的章节以满足不同读者的需要。我们的基本思路是，书中介绍的过程和工具应尽量适合读者的工作方式及需要，而不是相反。然而，有一点很清楚，本书不是"替代创造力"的工具箱。读者要想获得最大的收益，创造力是绝对需要的。我们可把系统性创新想象成创新性的涡轮增压器。涡轮增压器是一种强大的装置，但如果没有发动机，它完全没有用处。

系统性创新与大多数其他创新辅助工具都不相同，而且乍看起来会有点儿不合常理。下面是我们希望用以引导读者全面了解和使用这些方法及工具的深层次哲学思考。

首先，"某人在某处业已解决了你遇到的问题"的重要思想使我们在解决问题时，可以了解那些已经由世界上最具创造力的商业头脑得到的有效解决方案。这种基本过程如图1-3所示。

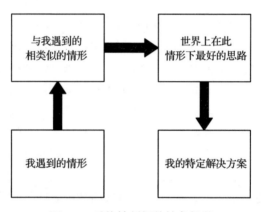

图1-3　系统性创新的抽象哲学

从根本上说，系统性创新研究人员已经归纳了创新的基本原理，并利用这些原理形成了一般性问题解决框架。因此，采用各种系统性创新工具定义和解决问题，就是要把特定问题映射成为通用性问题，并把通用解决方案转换成特定的解决方案。这其中的主要任务就是首先归纳你的问题所处的环境，使其看起来与其他人已经提出了解决方案的问题的环境相似，然后再将通用解决方案转化为与你所处的特定环境相关的解决方案。

1.1.1　七大支柱

除了抽象的要求，另外还有作为系统性创新框架基础的七大哲学支柱，如图1-4所示。

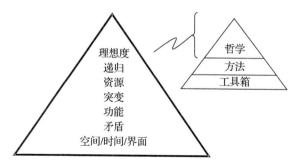

图 1-4 系统性创新的七大支柱

现在,我们依次简要介绍这 7 大支柱,以了解它们对我们应用系统性创新工具和过程的影响。以下的说明不分先后顺序:

1.1.2 理想度

系统性创新研究人员最初的成功试验之一是他们为客户提供比已有的解决方案更理想的解决方案。这里的"理想的"指客户(感知到的)收益除以同时存在的成本和损害。成功的创新得到的结果更理想意味着成功具有大概的方向。我们希望这个方向能较为明显,即为客户提供更多的他们希望得到的东西并减少他们不愿得到的东西。虽然这个方向较为明显,但不太明显的是这种进化过程是通过一系列不连续的进化跳跃完成的。我们通常把这种跳跃看成从一种工作方式变为另一种工作方式的步骤,或用更正式的说法,就是从一条 S 曲线跃迁到另一条曲线。在后面的章节我们会看到,决定所有系统进化过程的 S 曲线特性是创新动态过程的核心。在此基础上,系统性创新研究人员的最主要发现是,标志着从一条 s 曲线跃迁到另一条曲线的步骤是可以预测的。这个发现是通过对大量商业和技术系统的进化进行研究,以及对从一种解决问题方式转变为另一种方式所引起的系统跳跃的分析得来的。进化的总体动态过程可归纳为图 1-5,其中系统从一条 S 曲线向另一条进行不连续跳跃,其进化方向总是朝向最终理想解 (Ideal Final Result,IFR)。

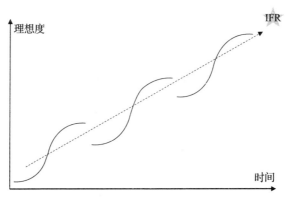

图 1-5　进化动态过程：系统从一条 S 曲线向另一条进行不连续跳跃，其朝向为 IFR

图 1-5 实际上进一步说明，向更加理想的方向进化是由于目标（称为"最终理想解"）的驱动，即客户获得所有他们想要的收益，但没有任何成本和损害。一般来说，IFR 只是理论上而非实际的极限（虽然我们在后面的章节会看到一些系统达到这个目标的例子）。实际应用这种思想时，也要考虑不同的客户和价值网络中的不同主体对"理想"可能有不同的理解。当然，当我们在确定决策方向时，有些共同的因素（如"免费、完美和迅捷"[1]）使 IFR 成为决定战略方向时需要考虑的重要因素。

更令人称奇的是，随着系统越来越接近 IFR，能够获得所希望结果的可能解决方案数量越来越少。图 1-6 显示了这种收敛的进化思想。但是，是否总能完全证明进化的收敛性还不得而知。

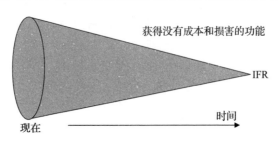

图 1-6　进化是一个收敛的过程

以前我们浪费了大量时间试图让大家确信这一观点,现在我们认识到要想避免麻烦和争论,只要申明如下两点即可:1)我们至今研究过的系统都有这个特点;2)只要你认为图1-6是一幅"有用的图",我们就达到目的了。

作为对问题定义的辅助,工具箱中的理想度工具鼓励问题解决人员打破常规的"从现状开始"的思维定式,而是尝试从上述IFR开始。一般而言,聚焦于IFR的解决方案包含"自发"的问题解决系统概念。其中的关键词是"自发";在真正的系统性创新模式中,自我调节、自我组织、自我完善等都代表了高效的和充分利用资源的解决方案。

1.1.3 矛盾

以图1-5为例,进化是通过一系列不连续的跃迁步骤实现的,系统性创新研究人员进一步发现,S曲线顶部形状变得扁平是由于出现了冲突或矛盾。S曲线顶部形状变得扁平并非由于我们不再改善某个系统,而是由于出现了一些问题并阻止我们进一步发展系统。在这种研究中最重要的发现之一是,世界上最有效的解决方案都是由于解决创新问题的研究人员成功地摒弃了想当然地采用妥协手段的传统做法而产生的。在发现了大量消除折中或妥协的策略后,系统性创新为人们提供了用以解决问题的工具。在这方面,最常用的工具是一种消除管理冲突/妥协的矩阵——一个31×31矩阵,该矩阵为最常见的管理冲突/妥协。或许,系统性创新中的矛盾概念最重要的哲学意义是,如果存在消除矛盾的途径,经理和企业领导应该有意识地寻找这些途径。系统性创新告诉我们,每项我们能找到的没有解决的妥协或折中都是一种机会,而不是威胁。对于很多管理人员来说,这种思维方式的转变是相当微妙的,但其意义非常深远。

1.1.4 功能

虽然系统性创新中的功能问题与早期关于价值分析的研究有

关，但对于功能数据的定义和应用方式却大不相同；至少，相对于传统的西方的思维过程，这种不同相当明显。特别需要注意如下3点：

1）每个系统都有主要有用功能（Main Useful Function，MUF），而且对系统的MUF没有贡献的任何组成部分从根本上看都是有害的。例如，对于银行来说，其MUF是管理货币流；系统中也存在其他部门，如人事、销售或市场部门，是因为如果没有这些辅助的机构，目前我们就不知道如何获得MUF。（当然，根据客户的需要，系统可能还会承担一些其他功能。）

2）传统的功能分析主要强调的是建立各组成部分之间功能的正向关系。系统性创新则同时关注系统内包含的正向和负向关系，而且，更重要的是，将功能分析作为在系统内部或其周边识别冲突、矛盾、无效、过度、有害和缺失关系的分析手段。因此，功能／属性分析成为问题定义和"复杂性管理"的有力工具。

3）功能是使人们在大相径庭的行业间分享知识的共同线索。对于一般的"人员管理"功能，矩阵式管理结构是一种特殊的解决方案，如同培训机构是一般"传授知识"功能的解决方案一样。根据功能对知识进行分类和组合，组织即可了解在与本行业大不相同的行业是如何获得相同的基本"组织"功能的。"**解决方案变化，功能不变**"，指出了系统性创新方法的核心线索：人们要的是钻好的孔，而不是钻头；需要收益，而不是特性。

1.1.5 资源

系统性创新中资源这根支柱强调最大限度地利用系统内的各种要素。在系统性创新的词汇中，资源指"系统中任何没有完全发挥其最大潜能的事物"。这种方法需要在系统内部或其周围坚持不懈、绞尽脑汁、尽可能完全充分地利用各种资源。发现可利用资源即可认清能够改善系统设计的有利条件。除千方百计地充分利用资源之外，系统性创新还要求搜索资源时正确分清系统中有用和有害的资源。因此，当我们设计或运行系统时，竞争者、分包商和我们通常与之抗争的势力实际上都是资源。我们后面会看到，系统性创新包括大量有助于实施"把柠檬变成柠檬汁"的转变，我们可以用这种方式处理当前被认为有害的事物。

1.1.6 空间、时间和界面

心理学研究表明，人类的大脑并不擅长创新。毫无疑问大脑具有创新性，但创新不是其主要功能。它的主要功能是形成和存储图像，以便使我们知道在一定的条件下如何反应。所以，当我们早晨起床穿衣服或开车上班时不必思考，这是因为我们已经重复这些动作无数次了，形成了预设的"过程"。只有当某些超出了我们习惯的事物出现时，我们才不得不跳出这些框框。只有当这些框框对我们没有帮助时，我们才会尝试创新。这正是那句老生常谈"打破思维定式"的原因之一。但毫无疑问，这并非易事。特别是，我们的大脑会对问题极快地做出假设。我们事后经常发现我们所做的假设是错误的。系统性创新研究的一个重要发现是，最成功的解决问题人员找到了克服这种假设现象的方法。这种假设现象称为"思维惯性"或"范式固化"，克服这种缺陷的工具包括强制解决问题的人调整他们对所处实际情况的观察视角。正如本节标题所示，这种视角转移技术涉及 3 个维度。有经验的系统性创新研究人员不断改变对问题的视角——深入研究细节，或关注更宽的范围；思考时间如何影响情境，不论是短暂的几纳秒，还是沧海桑田的几世纪；既研究过去，又关注未来；考虑系统的不同部分如何互相关联和影响。对绝大多数人来说，这不是自然而然的思维过程——我们的大脑神经不是这样连接的——所以在全书从头到尾我们都会介绍和讨论有助于我们思考时间、空间和界面的工具。

1.1.7 递归

递归的概念与系统中的自相似现象有关，从某种意义上看也与空间 – 时间 – 界面视角的支柱有关。特别是，当我们把注意力在宏观和微观之间相互转换时,递归认为很多系统是重复的。这里所谓的"重复",是指在某个尺度存在的特征在其他不同尺度也存在。我们在讨论系统性创新的过程中将多次看到递归。为解释递归的含义,这里特别提出两个实例。

第一个实例来自Stafford Beer[2]。Stafford Beer的可行系统模型起源于对组织结构的研究,它有两个重要概念发现。第一个发现是对系统具有"可行性"必须具备的5个基本元素的认识。第二个发现与递归的思想有关。而且,他发现5个基本元素的测试也适用于系统组织结构的各个层次。换言之,某些元素将决定某个分支、某个部门、某个分公司、某个公司、某个集体的可行性。

第二个实例说明当系统通过不断的破坏性变换(successive disruptive shift),从一个系统(S曲线)进化为另一个时,各系统的复杂性反复地产生不同的增加－减少过程,如图1-7所示。这种特别的递归作用使我们能够利用系统性创新工具箱中与复杂性循环最为接近的那部分工具。

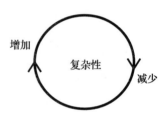

图1-7 系统复杂性进化过程中的递归

1.1.8 突变

由于复杂性理论的深度和广度,将其全部科学和数学基础都归结为单一的哲学基础恐怕不太公平。然而,将整个领域的进化视为一种非常简单的思想至少存在一定的合理性。带来的结果,即极端复杂的系统可能是由非常简单的基本规则和原理产生的。换句话说,简单的元素之间的相互作用,会产生非常难以预料的结果。

从根本上说,企业和组织就是复杂系统。如果你手下有两位员工,你就面临处理复杂问题的任务了。虽然我们不会看到人们到处谈论复杂性理论,只是在讨论系统性创新的进化趋势时才会提及,但它却无处不在。新兴系统对组织设计的重要意义在于，该系统的成功或失败在相当大程度上取决于形成这个组织的"DNA"。在组织情境中，"DNA"包括诸如任务和工作领域的表述、价值系统（包括正式和非正式的）和组织成员的信念。很多管理问题缘于领导们对组织的期望结果与组织 DNA 表现出来的产出能力之间的不一致。由此引出的关于创新的重要思想是，根据"DNA"确定的创新比较容易取得成功，因此不能对其置之不理。

七大支柱汇总如图 1-8 所示。

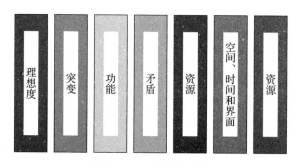

图 1-8　7 大支柱汇总

1.2　定义"成功"

本章开头部分的重要假设之一是，系统性创新研究在某种程度上能够识别什么是"成功的"创新。本节我们将讨论一些区分成功与失败的主要准则。

判断成功的一项明显的指标是财务。根据定义，一项成功的创新不但必须使客户愿意支付足够的资金，以保证平衡直接和间接供应成本，而且还必须能让创新提供者盈利。

但是，对于要接受我们传授的知识，并开创他们自己的成功之道的人来说，用财务方面的成功与否来评估成功是不适宜的。财务回报只是成功的表象，而与真正使某事物成功的机理无关。

当然，在系统性创新研究的初期，把财务绩效作为成功的内在要求也是必要的。创新研究的主要目标之一就是发现成功的机理，以便人们能有效地应用其原理将已有的成功案例迁移至其他领域。之所以能够实现这一点，是因为研究人员已经系统地研究了在财务方面成功的已知创新案例，以便找出这些案例所具有的共同要素。

任何在财务上成功的创新不可避免地笼罩着自负、神话和媒体的渲染，而且对于相当多的案例来说，似乎只是幸运而已。任何投身于创新的人都会尽力展示其创新成果。因此，对于在财务上成功创新的分析最多也只能部分地明白到底是什么促使其成功的。只有通过对大量案例进行分析，才能使成功的一般模式逐步浮现。

我们现在正是用这些模式来判断创新是否可归为成功。我们认为这些模式提供了一系列比仅仅把财务作为成功的标准可靠得多的指标。

现在我们知道，很多按这些标准可以归为"成功"的创新，在商业意义上实际是"失败"的。这并不意味着我们已把它们从我们的分析中剔除。同样，在财务上成功的创新成为制造神话的话题，因此那些创新失败的企业很想掩盖在模糊虚幻中到底发生了什么。拨开迷雾，我们就能发现在大量此类案例中，确实有很多创新元素是"成功的"。在很多案例中，创新者的所作所为"几乎"无懈可击。然而，"几乎"还不足以保证财务上的成功。但是，不能因为某位创新者生不逢时，或没有找到合适的市场，我们就对已经取得的成果视而不见。

因此，这就是这项研究所采用的方式。几乎任意一种创新的尝试都会对其有所贡献。我们的工作就是找到这些"贡献"，并且将它们组合在一起，提炼出一系列具有普遍适用性的成功因素。

以下就是我们目前所提出的相关因素。也许一点也不意外，这一清单与 1.1 节中详细描述的哲学支柱具有密切联系。

1.2.1 核心因素

成功的创新出自 5 个基本因素的相互作用。这些因素如图 1-9 所示。

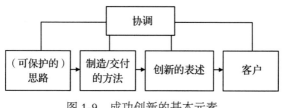

图 1-9　成功创新的基本元素

5 个基本因素包括如下详细内容。

①思路。这是图 1-9 中最容易理解的部分；没有思路，就没有创新。图中有加括号的"受保护的"这个词。有些成功的创新没有任何著作权或专利保护，但凤毛麟角。更为罕见的情况是，有少数创新思路未加保护，但它们让某个公司赖以持续发展。未加保护的思路容易被复制。无正式保护又可持续的成功创新要么只提供了稍纵即逝的商机，要么（可能性更大的）是其一种或多种方法、展示方式、协作如此完美，以至于它们能够有效阻止其竞争者加入竞争。

②客户。另一个最明显的元素是客户。没有客户的需求，创新就不会成功，不论这种需求是明确说明的还是"潜在的"。我们将在后面的章节用大量篇幅讨论如何识别客户需求的问题。大部分组织不善于预测他们的客户（和非客户）的需求。类似地，绝大部分客户也不善于表达他们的所需所想。系统性创新将使我们能够更好地预测那些已表达和未表达的需求。

③展示。不论对于产品还是服务，必须准确展示思路。展示可以是实物的，也可以是虚拟的。

④方法。许多创新失败的原因在于其创意无法以经济的方式投入生产。问题可能是缺乏生产或交付能力，或者可能仅仅是不能以足够低的成本生产。

⑤协调。如果其他 4 个因素没有很好地控制和协调，创新将会失败。在这 5 个元素中，协调主要与掌握时机相关，要保证所有其他元素都处于恰当的场所和在合适的时间出现。

下面的系列指标主要与"思路"这个元素相关，以及如何使思路成为成功的创新。

1.2.2 功能

成功的创新明白客户买的是功能。人们买手表为的是获得指示时间的能力，而不仅仅是买块手表。或者，人们要买的是能显示的财富或时尚感。换言之，功能可以是有形的，也可以是无形的。无论如何，功能为王。

1.2.3 理想度

如前所述，成功的创新会沿着（客户的）理想度方向发展。理想度等于（感知到的）收益除以成本和有害作用的总和。因此，成功创新的检验指标之一就是，至少有部分客户得到了比他们已经拥有的更为理想的解决方案。一般来说，认为你的创新"更理想"的客户越多，创新就越成功。

1.2.4 资源

稍显微妙的成功创新的检验指标是，通过对问题的研究发现并利用尚未有人认识到的资源。特别是，如果发现了过去曾被认为有副作用的"资源"则更有价值。把柠檬变成柠檬汁就是成功的创新。

1.2.5 矛盾

这可能是成功创新最重要的单个检验指标。消除冲突、妥协、矛盾便意味着成功[3]。尽管并非必须把矛盾完全消除，但重要的是保证向最终理想解的方向迈出一步。

1.2.6 趋势跃迁

成功创新的最后一项检验指标是研究所揭示的非连续性趋势跃迁。一种产品或服务如能在进化趋势的方向上取得一定进展就可能成功。

1.3 情境

一个经常被问到的问题是"我何时运用系统性创新"。通过排除那些无效的情况，我们就比较容易回答这个问题。不需系统性创新的情况有两种：

①如果我们只想重复已经做过的事情。坦率地说，这种"此事之前我已做过"的情况，无须使用系统性创新的方法。

②如果我们想"优化"某个系统。系统性创新实际上不涉及数学，所以如果我们试图回答诸如"最佳的批量是多少"，或"最合适的利率是多少"，或"今年各位分到多少红利"等问题，系统性创新无能为力。

上述两种情况在我们的工作领域中很少出现。确切地说，情况确实如此。我们认为在管理实践中并没有第 1 种情况，因为实际上没有"同样的"情形。对于任何与人有关的事情我们必须认识到，我们每个人都不同，而且每个人所处的时间也不同。正如古希腊格言所说："你绝不可能两次踏入相同的河流"。系统性创新在识别当前与过去的差异并实施不同的解决方案方面可以发挥重要作用。

在优化问题案例中，系统性创新采用不同的思路。在系统性创新中，"优化"是有害的词汇，因为它意味着存在折中和妥协。任何一位负责给员工分红的经理都明白其方案不可能使每个人都满意。这是所有"优化"或"最优"计算的共同特点，因为对一种情况最好的结果不会对其他情况都适用。无论何时系统性创新用户看到"最优"这个词，他们就应该想到有冲突或矛盾。如前所述，消除矛盾总是优先于找到最优平均值。

在系统性创新行之有效的其他情况中，有两类值得讨论。这两种情况又都与 S 曲线有关（在阅读全书的过程中，我们会看到更多的实例）。图 1-10 所示的是在很多领域非常常见的情况。

图 1-10 中，目标处于当前系统能够实施的基本功能范围之

外。所有系统，不论我们想改善什么参数，最终都会处于这种状态。竞争越激烈的行业，这种情况出现得越快。当我们面对这种情况时，我们采取任何通用的改善措施都不再有效。我们可以从当前到预定结束时间不断地优化系统，但仍然无法填补目标和能力之间的差距。不幸的是，"固有极限"确实存在。

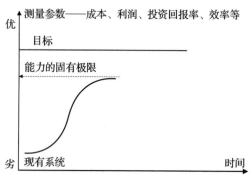

图 1-10　进化 S 曲线的重要性

当处于这种情况时，我们有两种选择：改变目标或改变现有的系统。其中有一种选择显然更加容易实现。然而，改变目标无法保证企业的长远发展，除非我们的竞争者也改变目标。这样，剩下的选择就是改变现有的系统了。毫无疑问，这是这两个选择中更为困难的。这恰好也是系统性创新的优势所在。正如图 1-11 所示，系统性创新提供了让我们识别相关系统改变的 3 种机制，这些系统改变可以使目标得以实现。这 3 种机制都将在后面的章节中详细讨论。现在，可以说我们能以一种系统而可重复的方式来确定需要的跃迁。另外，同时也是关于此话题的最后一个要点，我们所讨论的方法还将告诉我们系统的哪部分需要改变。换句话说，当系统达到某个固有极限，通常是因为系统中的某个元素达到了其极限。因此，我们不必因为要"改变现有系统"而全面抛弃我们正在采用的工作方式——只需找到限制性的元素，并改变它即可。

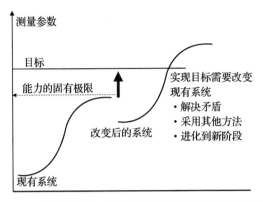

图 1-11　用系统性创新工具填补能力极限和目标之间的差距

当目前还没有系统时，出现系统性创新第 2 种主要的应用方案。这种方法能够帮助我们在从一张白纸开始时，构想系统应该具备的状况。在这种情况下应用这种方法时，应参考最终理想解（IFR）的概念。图 1-12 源自于图 1-6 的锥形进化图。此图经过修订，以展示在任何创新环境下都存在的主要进化方向。

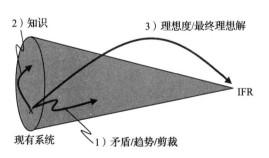

图 1-12　系统性创新的 3 个主要方向

第一个（也是最常用的）方向从现有系统开始，用合适的工具，使系统更接近理想状态。第二个方向采用图 1-11 中"采用其他方法"的思路。这是另外一种策略，可使我们通过借用其他领域已有并可以用于我们所处情况的解决方案跳到另外一条 S 曲线。第三个方向更适合于由一张白纸开始的情况。对于这种情况，我们应直接考虑最终理想解（IFR），而不必顾忌现有的系统。

这3种路径是相关的。选择哪个取决于我们所处的情境。如果确认须从现有的系统开始，那么最可能选择路径1；如果有能力引入外部已证明有效的方案重新开始，我们最可能尝试路径2。最后，如果可以选择完全重新开始，或试图进入新的市场，路径3是最合适的。

我们应该充分利用这种完整过程作为参考。第10章将阐述哪些工具最适用于哪些场合。同时，我们认为，当以全局出发俯瞰式考虑问题时，有必要记住图1-12。

1.4　时间的意义

系统性创新从来不是（现在也不是）应盲目遵从的条条框框。它需要你考虑正在发生什么，它还需要有所作为。这里，我们回忆一下丰田的精益生产系统和下面来自丰田咨询公司领导人的语录："西方已经研究了40余年丰田的生产系统。有很多书籍和视频作品问世。《改变世界的机器》一书为要实现丰田生产系统的读者提供了所有的信息。但是，我在西方国家所到之处并没有看到实现的迹象。我们看到了什么你们没有看到的东西？"日本松下电器股份有限公司和PHP（Peace and Happiness through Prosperity）研究所创始人松下幸之助于1979年给出评论："我们将获胜，工业化的西方将失败；对此你们的努力于事无补，因为你们失败的根源在于你们自己。你们的公司是根据泰勒模型创建的。更糟糕的是，你们的思想也如此。老板劳心，工人劳力，你们从骨子里就认为这是管理企业的正确方式。你们认为管理的本质是从老板的脑袋里产生主意，然后由工人执行。我们超越了泰勒模型。我们认为现在企业如此复杂和难以管理，它们置身于越来越难以预测、竞争越来越激烈、危机四伏的环境中，危机重重，以至于它们的生存取决于在日常工作中不遗余力地运用每一份智慧。"

换言之，你当然可以按条条框框办，但是不要忘记在其背后有很多"为什么"，应该认真地思考这些问题。另外一条古老的格言说，教会一位外科医生切除阑尾只需大约1小时，但他需要学习几年才能知道，当基本手术方案中所没有的情况出现时应该如何应对。因此，与此相同，如果你没能一开始就得到一些直接的体验，那么我们在主要目标上便失败了。

如果这还没有让你明白，那么我们需要进一步讨论在管理领域中的系统性创新背后的那些"为什么"：

其哲学的本质是吸收大量知识和实践，形成短小而简洁的条款。用户可能需要大量时间才能理解系统性创新七大哲学支柱的重要性，但至少可以在几分钟内记住它们。

在金字塔的另一头，工具箱包括各种工具，可在相对较短的时间内在不同程度上学会并应用。虽然会因人而异，但一般来说，半天时间的学习和实践就足以使初学者获得应用一种工具的意愿、自信和能力。

在工具箱和哲学层之间，全面学习系统性创新方法和过程（有或没有软件"支持"）大概需要几周时间。

不幸的是，"几周时间"对于大多数新手来说是问题的核心。在当今繁忙的情况下，一周时间对任何人来说都是高昂的时间成本；还有太多的其他工作需要完成，而且时间本来就不够。这是否表明我们应该放弃？或者是否意味着最好想想其他工作办法？后者看起来最有道理。

1.4.1 不同用户概况

观察几百位学生、战略家、经理经过至少两天的系统性创新"培训"经历之后，总结如图1-13所示。（大多数经理认为一天的时间太短，但他们又太忙，难以抽出两天以上时间，所以两天是比较合适的培训时间。但是，要学习的内容从很多方面来说都与MBA的课程相当，对于学习内容体量而言，这样的时间安排实在是太短了。）

第1种用户类型是"非我所需"。这些人因为各种原因（授课方法不当或天生不喜欢又恰恰被老板指派参加可能是两个最常见的原因）觉得他们不喜欢系统性创新或不想花时间学习它。

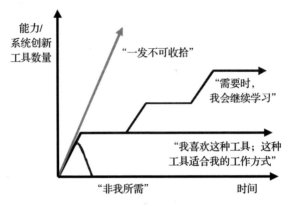

图 1-13　典型的系统性创新的用户类型

第 2 类包括那些了解了系统性创新的部分内容并愿意作为其工作方式的人。这里的"部分内容"可能是一种工具，如管理冲突矩阵或进化趋势，或只是一两条发明原理。当初步接触工具箱后，这部分用户在应用部分工具方面已取得一些成功，并对取得的成功感到"满意"，但并不想进一步扩展他们的知识。从一定意义上说，这部分用户已经通过他们的经历有所改变。

第 3 类用户可看成是实用主义者。通常开始时他们属于第 2 类用户，但是发现对于有些类型的问题，或更常见的是某种特殊问题，他们知道的工具无法解决。于是，他们转向工具箱中的其他工具，直到找到确实能解决他们的问题的工具为止。新工具尝试的成功引导着他们把这些工具融入他们的"工作方式"。（对于人们是否选择系统性创新的某些工具来说，"成功"的重要性不容忽视。）

第 4 类用户是被描述成"一发不可收拾"或"不能自拔"的系统性创新的长期用户。这类用户通常阅读他们能找到的所有有关这个问题的书籍、论文和相关文章，而且付诸实践，改变其工作方式。

1.4.2　愚蠢的"我对，你错"[4]

每个人都有自己的工作方式。有些方式明显比其他方式更有效，但有些根深蒂固的工作方式构成了约束条件，这种约束条件对于系统性创新的哪一部分内容及其篇幅更具有吸引力，哪一部分内容更容易被人拒绝，都具有支配性作用。那么，系统性创新最重要的内容是什么？对这个问题的简单答案是需视情况而定，它取决于问题所处的环境或所考虑的机会，取决于用户，也取决于如何把这些工具展示给他们。

以烹调为例。首先，使用厨房中的各种工具同样有正确的方式和错误的方式。如握住搅拌器就有正确和错误的方法，当我们握住搅拌器的手柄而不是钢条时，在如何用这个工具获得希望的功能方面有很大的发挥余地；如我们可以顺时针或逆时针搅拌，可以加或不加垂直运动，可以停止和启动，可以改变速度，可以改变方向，只要搅拌器在要搅拌的食物中，我们就可以做任何想做的事，并使其运动。

在更高的层次，我们可以按食谱逐一加入原料，依次进行各种操作，最终烹调出所需食物。如果我们想做一道汤，大概能找到几百种烹饪方法。有些方法先加高汤，但另一些方法认为不要这样做。假设这些食谱作者都想帮我们做出能喝的汤，我们当然可以假设他们中的每个人提供的烹调方法都正确。有的烹调方法做出的汤（对于我们而言！）比其他的好喝，但所有方法都能让我们做出看起来而且喝起来都像汤的产品。

重要的是找到适合你的工作方式的东西（可以是某种原理或一整套问题解决方法）。至于本书，主要的目的之一是以这种可选择的方式叙述相关内容。

1.4.3 自适应系统

多数读者将只会了解工具箱中的一两种工具。本书后面的第18章强调了"自我"在提升理想度方面的重要性；自我调节、自组织能力以及任何能自我辨识正误的系统都是优秀解决方案所在的方向。如果系统性创新要促进人们思考，也许一个有用的目标是为他们提供适合其特殊情境的一种体系，这一体系既可对包含和未包含在现有方法中的各种工具进行结合和搭配，又切实可行。换句话说，就是使他们能够适应他们使用的工具和方法，并知道如何及何时使用它们自主实现目的。

　　如果我们抛开食谱，那是我们自己的选择。如果我们熬汤，只要能喝，汤清淡或浓稠，甚至熬成炖菜，都无所谓。如果我们烤面包时过分偏离了食谱，我们可能烤出的不是面包，甚至根本不能吃，但也可能会烤出一种新的令人兴奋的食物。然而，通常前者比后者更容易出现，所以将来我们可能经常被劝告不要偏离某种体系。我们也知道每个人都有自己的口味，如果我们根据不同食谱分别加入了原料，然后又加入我们喜欢的配料，我们就可以做出我们自己的理想面包。"我们的"是非常重要的词汇。

　　如果我们自问，是应该适应系统性创新，还是应该让系统性创新适应我们，一般我们多数人（特别是那些在有时间限制的环境下工作的人）会选择后者。这再次说明了本书重要的基本主题和谋篇布局。

1.5　其他章节概述

　　本书前3章之后的内容主要作为工作参考，不需要从头到尾地顺序阅读。前3章仍是概述，但比此处的鸟瞰更为深入。之后的各章分别介绍如何应用工具箱不同部分的每种工具。各章内容如下。

　　第4章，详细介绍一种特殊的辅助思考空间、时间及其关系的工具。本章形成了前几章概述和其他特定工具之间的桥梁——九屏幕法本身就是一种工具，但其基本概念在系统性创新的其他方面也大量使用。

　　第5章，问题定义工具5章中的第1章。这一章属于概述；设定一定范围，定义我们想到达哪里，什么会阻碍我们实现目标，以及有哪些资源有助于我们实现目标。

第 6 章，通过对系统中不同元件、人或其他元素的正向和负向关系建模，详细介绍处理问题的复杂性的过程。

第 7 章，进化的 S 曲线概念在系统性创新中扮演着重要角色。本章详细介绍这一角色及其对问题定义全过程的影响。

第 8 章，与理想度概念非常相似，称为"最终理想解"工具。最终理想解工具实际上有两种形式。在第 8 章将其作为问题定义的辅助工具讨论。此工具的中心思想是鼓励读者定义与他们过去的定义存在一定差异的情形。

第 9 章，感知映射工具是专门为涉及人的问题而设计的。我们每个人都通过不同的眼睛观察周围的世界。这造成了对实际情况的感受可能各不相同。这种工具使我们能够应付当我们试图理解不同人具有的不同观点和感受时必然存在的复杂性。

第 10 章，如前文所述，系统性创新工具箱包含了很多解决方案生成工具。第 10 章作为问题定义和问题解决的过渡，为读者提供指引他们获得针对特定问题或环境的最合适工具的路线图。

第 11 章，详细介绍一种可以将其他人成功消除折中的管理方案有效地应用于我们当前所面临情形的机制。本章特别关注的是，当我们试图改善系统的某项指标时，其他指标可能会恶化，或者我们根本无法实施改善。本章还收入了 40 种已知的消除折中的解决方案策略作为参考。

第 12 章，与前一章有关，但本章关注问题中包含矛盾的情况，例如，我们要求某些事物"存在又不存在""大又小""独立又有关联"等，另外也详细介绍消除矛盾的策略。

第 13 章，系统性创新工具箱中一类特殊的测量问题。我们在本章介绍其他管理人员和问题解决者成功解决测量问题的最佳策略。

第 14 章，详细介绍大量线性趋势的发展方向和超过 30 种不连续的商业进化趋势，以及如何在战略和问题解决层面应用。本章还将介绍进化潜力的概念，即系统由其现在的状态进化到已知的进化极限的距离。

第15章，详细介绍辨识和充分利用系统资源的策略。本章表明绝大多数组织不仅没有有效利用他们的资源，而且常常没有意识到资源的存在。

第16章，我们在本章讨论从其他领域查找已有的知识的重要性，并详细介绍有效检索知识的策略。

第17章，重新聚焦/重新架构（Re-Focus/Re-Frame，RF^2）工具主要作为备用，在系统性创新工具箱中的其他工具不能获得满意结果时采用。

第18章，详细介绍一种降低系统复杂性的简单工具。"剪裁"工具在各方面与商业流程再造密切相关，与其伴随的是一系列确定何时可能或不可能从系统中删除一些元素的规则。

第19章，详细介绍最终理想解工具关于问题解决的内容。

第20章，这是另外一套"备份"工具，目的是在其他工具不能提供必要的转换的情况下，帮助读者"打破思维定式"。

第21章，详细介绍更为专业的系统性创新工具。当我们试图提高商业模型、战略、组织结构或其他系统元素的稳健性时使用这类工具。

第22章，由问题解决转向方案评价，详细介绍合理地比较不同类的解决方案的策略，以便找出最适合要解决的问题的边界的方案。

第23章，探索在商业和管理领域系统性创新本身未来的进化。

每章分为一些节。每章的结构相似。首先，把工具的描述和各种工具的实际应用案例分析相结合。然后，在相关的后续节中介绍实际应用这些工具时可能的变通方法；还有一段包括"我该怎么做"的注意事项的小结，最后一节给出详细工具内容的参考文献。后面两节主要针对从事实际应用的人员。仅想了解某种工具的概况的读者可只阅读每章的前面几节。

我该怎么做

按本书的设计,读者可从头到尾阅读,也可选择其中的部分内容作为参考。我们希望读者能在本书中找到适合自己喜欢的工作模式的方法。如果愿意,你可以全面了解所谓的"系统性创新";或者你也许只专注于一两种工具。这两种方式的主要目的都是使读者在尽可能短的时间内获得可感受的成功。

如果你是系统性创新的新手,我们建议你阅读下面两章,以便得到对于系统性创新的总体感觉并了解其如何与我们的大脑功能匹配。

无论如何,在你从事任何与 TRIZ 相关的工作时,都应该记住系统性创新的七大支柱——矛盾、理想度、功能、资源、递归、突变和空间/时间/界面。

参考文献

[1] Rodin, R., 'Free, Perfect And Now', Simon & Schuster; 1999.
[2] Beer, S. 'The Brain Of The Firm: The Managerial Cybernetics of Organization', The Professional library, Allen Lane, The Penguin Press, London, 1972.
[3] Mann, D.L., 'Design For Wow', TRIZ Journal, October 2002.
[4] De Bono, E., 'I Am Right; You Are Wrong', Penguin Books, 1991.

02

第 2 章

系统性创新方法概览

HANDS-ON SYSTEMATIC
INNOVATION
FOR BUSINESS AND MANAGEMENT

> 无序是人类最坏的敌人，我们做事最好有系统性。
> ——Hesiod

作为一项迄今为止开展的最庞大的创新研究项目的成果，要掌握全部工具的所有应用技巧，并且了解在什么场合选择何种工具，毫无疑问需要大量时间和艰苦努力。本书的结构能引导我们克服复杂方法带来的大部分障碍。本章的主要目的是概述本书的结构，以便我们从系统性创新方法的整体来总揽全局。

本书的主要功能之一是帮助读者解决问题并让读者切实受益。因为并非所有人都想要经历一整个严格学习的过程，所以本章的最后一节给出了一些有用的"捷径"。我们加入这部分内容的理由是，我们发现用此方法快速取得一些进展的人更愿意继续学习工具箱中的其他内容。这些读者现在即可跳到本章的最后部分。对于那些愿意多花一些时间学习全部内容，以免跳到"捷径"会错过某些内容的人来说，可以按部就班地阅读下面的内容。

2.1 完整的创新过程

系统性创新为我们提供了从开始到结束的完整创新过程，如图 2-1 所示。这一过程引导我们从任何模糊的起点开始，通过一系列步骤，首先帮助我们确定应关注什么，然后找到对相关环境来说最合适的解决方案。虽然有人认为（通常有充分的理由）99%的问题来自实施过程，但我们希望我们所涉及的 1% 是有价值的。无论如何，另外 99% 涉及各种各样待解决的问题——所有这些都将受益于创新理论的应用。

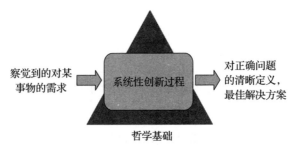

图 2-1　系统性创新过程概览

实际上，在系统性创新过程中我们可以把所处的任何位置作为起点。对于起点，书中囊括了大家希望关注的内容，包括商务、政治、社会科学、建筑、软件，甚至包括可能与我们关心的问题不太相关的广泛内容。虽然本书主要讨论的是系统性创新在商业和管理领域的应用（在系统性创新的其他书籍中可查阅其他应用领域的实例），但是值得注意的是，应用于其他领域的系统创新过程也基本上是相同的。因此，引导你完成创新过程的步骤与其他人解决技术问题的步骤大体相同。我们希望这种共同的方法有助于打破在不同领域之间仍然存在的某些障碍。至少，我们希望通过研究和吸收人类长期探索的所有成功经验并加以整理归纳，得到一种解决问题的"普适"框架（当然，研究仍在继续，所以我们一直在积极地探索扩展和修正这个框架的可能性——它在最近两年中一直保持稳定）。

如果解决问题的方法具有通用性，那么它会适用于任何我们能够想到的问题。我们已针对尽可能多的情况验证了这个框架，并且总是将挑战呈现给用户，以便发现该框架无法应付的场景。我们常见的、已经过上述框架验证的起点包括以下几种"察觉到的对某事物的需求"：

- 如何增加销售量？
- 如何降低成本？
- 对于产品 X，其可能的新市场在哪儿？
- 重振 Y 服务的销量的最佳途径是什么？

- 探索解决方案 Z 的最佳策略是什么？
- 下一步我们应该向哪里前进？
- 今后可能出现并威胁企业的事件是什么？何时会出现？
- 如何减少浪费？
- 如何提高 $B\%$ 的效率？
- 如何提高员工士气？
- 如何防止因变更计划而失去动力？
- 如何鼓励员工留在公司？如何持续推进我的计划？
- 如何使员工更好地接受改进倡议？

可以这样无止境地列举下去。需特别注意的是，系统性创新是为了应付那些我们认为是"问题"（"挑战"）的事物而设计的，但也应注意另一方面，即"机会"——那些我们认为有了解决方案，但还不知道应做什么以及如何做的情况。对于后面这种情况，我们需要重新思考（我们将在本章的下一节讨论此问题），但现在我们需要知道的是相同的框架可适用于上述两种情况。

当然，有些人会认为其实并不需要一个完全通用的系统性创新方法，而且即使需要，也只是将一成不变的通用方法"强加于"那些通常需要另辟蹊径才能行得通的事物（创造性），从逻辑和感觉上来说未必合适。我们并不支持这种看法，并且正如我们在前一章讨论的那样，系统性创新方法本身对"自组织/自适应"系统的需求方面起到了重要作用。另一方面，有两个原因促使我们深入讨论通用方法：

1）有些人喜欢框架；

2）不管我们是否喜欢，系统性创新提供的框架可以使我们更容易采用易理解和可重复的方式同其他人讨论我们面临的问题和机会。

正像很多其他处理问题和机会定义以及问题解决方案（简称为"解决方案"）的过程那样，本书中讨论的过程包括3个基本步骤，即"定义"—"生成解决方案"—"评估方案"。系统性创新方法最具挑战性的一点是，在其"生成解决方案"过程中的可选方案比我们已知的其他任何过程都丰富得多。对于在其他方法中出现的这个步骤，我们通常把其描述为"奇迹在此发生"，因为看一下这些方法（我们不必列出它们）就能发现，它们主要是采用头脑风暴作为生成解决方案的工具。这并非要贬低头脑风暴（我们在系统性创新中将用到很多相关原理），只是想说系统性创新涉及的解决方案生成工具要丰富得多。事实上，我们甚至在系统性创新的"定义""生成解决方案"和"评估方案"3个一般的步骤之外增加了第4个步骤。这个第4步位于"定义"和"生成解决方案"之间，称为"选择工具"。加入这个步骤的基本思路是，在定义了问题，并知道了已有很多可能的系统性创新解决方案生成工具后，我们如何知道应该采用哪些工具来处理要解决的问题？这似乎是令很多新手感到无所适从的地方。我们希望通过讨论工具选择方法（第10章）能够拨开迷雾。

所以，为继续阐述系统性创新的概况，我们将其过程归纳为4个步骤，即"定义""选择工具""生成解决方案"和"评估方案"，如图2-2所示。

下面我们将详细讨论这四个步骤。

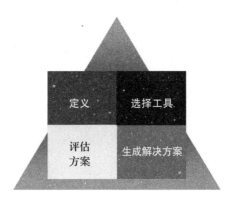

图2-2　系统性创新过程的4个基本步骤

2.1.1 定义

我们常说，对于某个问题，90%的任务在于定义真正的问题是什么。系统性创新赞同这种看法，而且更进一步。系统性创新认为，相比于"定义"模式，人脑通常更愿意处于"解决"模式。一个典型的情况似乎是，对要解决的问题，首先极不情愿地花10分钟思考问题，之后是大约1小时的愉快的、极具创造性的解决问题的过程，最后是努力实施解决方案以评估方案的优劣。这种努力的结果是，我们发现：如果能多花一些时间思考面对的问题到底是什么，我们就会省下大量时间和精力为错误的问题找到正确的答案。系统性创新方法鼓励我们在"定义"阶段尽量多花些时间。这种鼓励方式既明确又微妙。总体来看，这4个步骤中的"定义"部分有5项工作，其中的3项——问题探索、功能/属性分析、S曲线分析，是为充分和准确定义问题而做的"基本工作"。推荐的"定义"步骤总是鼓励解决问题者彻底完成这3项工作。我们还强烈建议应该开展"定义"部分的第4项工作——最终理想解。我们没有把第4项工作包含在"基本工作"中，是因为对于包含社会和商业因素的特定问题来说，其可能无法实现。我们将在第8章讨论这一点的潜在影响。至此，定义某个问题的全部过程应包括3项必要的工作和1项强烈推荐的工作。此外，还有第5种工作——感知映射。该工作的作用更加专业，属于"如合适即采用"的类型。此说法的意思是：所评估的情况是否包含"人为因素"？当不同的人以不同方式感知事物时，感知映射工具有助于我们分解无法回避的复杂问题。感知映射工具以及应在何时何地应用等具体问题将在第9章详细讨论。综上所述，系统性创新的问题定义部分应包括3项必要的、1项强烈推荐的和1项需因地制宜开展的工作。图2-3反映了在本书中这5类工作的呈现方式。

每项基本工作将分别在独立章节中讨论。

然而，由于我们还处于概览阶段，故有必要在此提出一些关于如何开展"定义"中的4项工作的建议。

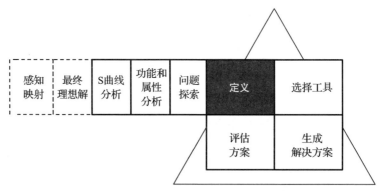

图2-3　系统性创新过程的定义部分的5项基本工作

首先需要了解的是，虽然有3项必要工作，但按什么顺序实施无关紧要。我们的章节安排是这样的：

第5章——问题探索；

第6章——功能和属性分析；

第7章——S曲线分析；

第8章——理想度/最终理想解；

第9章——感知映射。

如果你更喜欢其他的工作方式，也很好。粗略总结一下以往的研究会发现，实际上问题的类型、当时的心情和不同成员的干劲（如果我们以团队的方式工作），会在很大程度上改变我们工作的顺序。

其次，当我们完成那5项工作中的任何一项时，我们极有可能什么也没做成。这种情况尤为常见，例如，以一种极端的情况为例，假设我们从头开始解决问题——"策划一项能赚很多钱的新营销活动"。对于还不存在的系统，我们不可能进行功能分析，所以对于功能分析问题，得到的回答是"我们还不知道"。对于这5项工作中的任意一项来说，其关键点在于，尽管我们得到的答案可能是空白，但非常重要的是我们至少已经开始提问了。

在定义阶段，上述 5 项工作各有不同的目的：

- **问题探索**——这是问题（还有机会）定义的基础。创新过程中的这项工作引导我们记录诸如我们所处的位置，我们想实现什么目标，我们如何确认何时实现目标，我们掌握了哪些可用的资源之类的情况，以及我们会受到哪些约束，这一点也许对任何"实际的"问题来说都至关重要。在这项工作中，我们要定义问题/机会的边界。

- **功能和属性分析**（Function & Attribute Analysis，FAA）——我们通过此项工作加强对现有系统功能的理解。在此我们将探究系统的细节，以研究和记录在系统中及其周围发生了哪些我们希望发生的事，哪些我们不希望发生的事。我们在 FAA 中要完成的主要任务是问题定义的细节问题。如果这项工作做得正确，我们常会发现所处理的问题突然变得一目了然了，特别是在商业和管理领域更是如此。如果系统性创新是关于"管理复杂事物"的，那么功能分析的工作正是管理发生的过程。

- **S 曲线分析**——我们在此项工作中分析现有系统不同部分的成熟程度。定义阶段的这项工作极其重要，因为它促使我们更好地理解如何、为何、何时、何处解决问题等进化机理。此项工作对帮助我们确定在定义阶段完成后应当如何继续开展工作也大有裨益。定义阶段的此项工作本质上通常是最无法定量的。然而，我们在第 7 章将看到，在大多数情况下这种定性的结果足以让我们满怀信心地进入下个阶段。

- **理想度/最终理想解**——定义阶段的第 4 项工作是分析现状，以及在被问及"我们最远能走到哪儿"的问题时，思考我们试图迈向何方。这是帮助我们"跳出常规"的极其强大的工具。如前所述，我们强烈建议执行这项工作，哪怕只是度量一下你和你的问题当前在进化路径上所处的位置；可以非常肯定的是，不管你是否这样做，你现在和未来的竞争对手必然要这么做。从更高的层次上看，由这项工作激发的思考常带来比最初更为准确的问题定义。这也是帮助识别冲突和矛盾的一个极好的方法。

- **感知映射**——前文已提及，此工具有助于我们理解涉及不同人的问题。我们都是从自己的视角看世界的，而且我们的视角通常都与周围的人不同。这可能意味着我们是对的，他们是错的；或者他们可能是对的；或者我们都不对；或者我们都对。感知映射工具有助于我们理解在这些情况下经常发生的问题，甚至在人们不一定讲实话，或不愿意说明实情时发生的问题。

书后的附录 B 提供了一些空白页，可用于在完成问题定义过程中的这 5 项工作时组织你的思考。读者可随意复印这些空白页，并把它们用于你遇到的各种问题和机会。如读者希望使用电子版，可在 www.systematic-innovation.com 下载。

2.1.2 选择工具

完成了系统性创新过程的"定义"部分之后，我们就进入了第 2 个主要阶段——选择工具。在此阶段，系统性创新方法引导我们完成一系列工作，目的在于弄清我们要处理的问题和解决该问题的最适合的工具是什么。"选择工具"过程的详细描述见第 10 章。虽然现在我们仍在鸟瞰系统性创新的概况，但有必要现在就说明一下，系统性创新的这个阶段之所以这样安排，是因为我们知道并非所有阅读本书的人对所有工具都有相同的熟悉程度。正如在本章之前已讨论的那样，系统性创新工具箱的不同工具有一定的重叠。这意味着，除了非常特殊的情况外，"选择工具"过程将提供多条可能的建议，以便为给定问题生成解决方案。事实上，对于大多数情况，我们会得到一份有 3～4 条可能的路径的清单。这份清单有排序，表明某些工具将更直接地引导你获得"有效的"解决方案。总体思路是，当你所用的工具库越来越丰富（假设你希望如此），你会发现你能越来越直接地优先选择位于推荐工具清单前列的那些工具。我们也相信，当从已定义的问题转向最有效的问题解决工具时，这个"选择"导航工具使我们增加了一种处理极度复杂的问题的有效工具。

2.1.3 生成解决方案

鉴于系统性创新工具箱的丰富性，当我们进入"生成解决方案"阶段时，各种可能性的解决方案数量会相当大。根据本书的目的，我们提供了 11 类基本的问题解决工具，如图 2-4 所示的导航图标。

"选择工具"过程已经准确地告诉我们，对于任意给定的问题，我们应翻阅哪一章——下面 11 章里每一章介绍一类工具。第 11～21 章按如下顺序分别向我们介绍不同的工具：

第 11 章——冲突和妥协消除/发明原理

第 12 章——矛盾的消除

第 13 章——测量标准

第 14 章——线性与非线性进化趋势

第 15 章——资源

第 16 章——知识

第 17 章——重新聚焦/重新架构

第 18 章——剪裁

第 19 章——理想度/最终理想解

第 20 章——克服思维惯性

第 21 章——颠覆分析

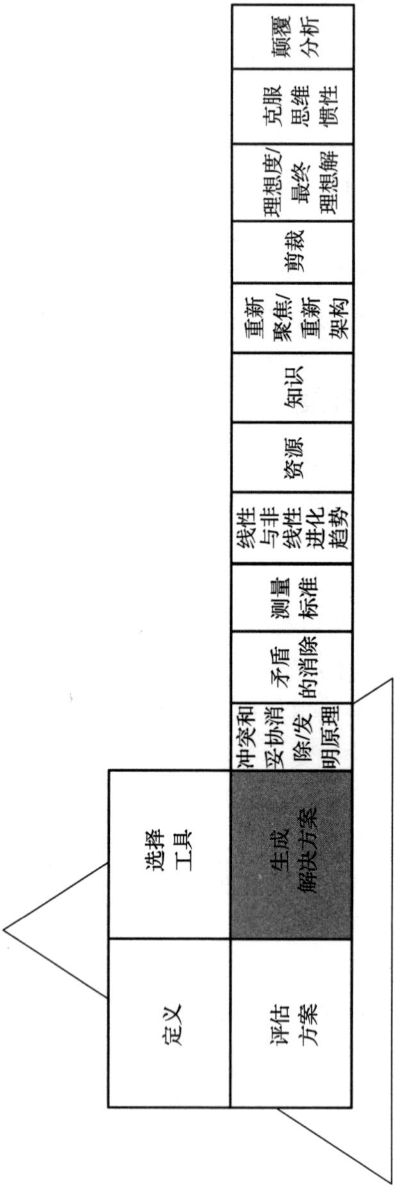

系统性创新手册（管理版）
HANDS-ON SYSTEMATIC INNOVATION

图 2-4 系统性创新过程中"生成解决方案"部分的 11 类基本工具

总的来说，虽然上述各章将集中介绍各工具的具体机理，但"选择"工具将统筹在不同工具之间的导航过程。然而，从概览这个角度看，有几个关于导航的基本问题应在此先做出阐述。

1）系统性创新过程总是试图为用户提供"备份"的可能性，以防出错。第1种可能性是我们可能已经完成了各种定义步骤，但还不知道应该用什么工具生成解决方案。在这种情况下，重新聚焦/重新架构工具（第17章）就有了用武之地。这个工具就是专门为"我不知道该做什么"的情况设计的。它引导用户回到问题定义过程的起点，用与之前稍有不同的视角，提出一系列问题来进行重新思考——这正是标题中的"重新架构"的含义，引导用户走向"哈哈，现在我知道该做什么了"的状态。

2）当然，我们也可能在完成"定义"的过程中得到错误的结果，或给出基本无解的问题定义。对此，我们应该知道，虽然很多有经验的系统性创新行家会告诉你没有什么是"不能解决的问题"，但他们也会非常肯定地告诉你确实存在使问题"无法解决"的限制因素。我们相信这是由系统性创新的"生成解决方案"部分得到的有用的结果——"知道"你的问题和其约束意味着你基本上无法得到可行的解决方案。我们还相信——并且也尝试这样构建问题解决工具——这些工具可自我修正。换言之，如果你遇到的约束把你带进了死胡同，或者如果你已经错误地定义问题，这些工具会首先尝试并告诉你结果，然后，再尝试并告诉你改善现状的方向。你通常会在形成解决方案时遇到上述情况，这些解决方案触发器引导你尝试在较高或较低层级解决问题（这是最常见的转向类型），或你应再次对约束发起挑战。这种"自我修正"的特性起初要求使用者对这种方法有点儿自信心——我们通常倾向于质疑所建议的方向，但是经验告诉我们，遵循重定向的建议是大有裨益的。

3）在极个别的情况下，当我们已经尝试了所有建议的与问题相关的工具，但仍然没有获得任何解决方案时，还有一组专用工具（克服思维惯性——第20章）可以帮助我们弄清为什么没有生成解决方案，以及如何进一步处理。（因为这些工具通常也用于"生成解决方案"阶段，所以把它们归入11类解决方案工具中。）

2.1.4 评估方案

系统性创新过程的最后一个阶段就是"评估方案"。在这个阶段，我们从之前"生成解决方案"阶段中生成的结果中找出"最优"解决方案。"评估方案"过程将在第22章中详述。"评估"工具的精髓在于，其在对不同解决方案做"苹果还是橘子"的比较时对不确定性的转化机制。

至此，我们已介绍了完整的创新过程。在本书多处你会看到系统性创新过程的4个阶段被绘制成如图2-5所示的循环状态。

图2-5 系统性创新过程的循环特性

这对于保证给定问题确实能获得"最优"解决方案是极为重要的。这个问题也起源于大脑对我们造成的误导。这种误导也与大脑总是太急于让我们从问题定义模式跳到获得问题解决方案模式类似，不同之处在于，在这种情况下，在生成了我们喜欢的解决方案后，我们的大脑就急于跳到"满意"的状态。换言之，当我们获得了喜欢的解决方案时，我们的大脑就已不在创造状态，也不在批判状态，而进入了"看看我们做得多出色"的自我欣赏状态。在本书中，我们将提供多个此类案例，其中解决问题的人员提出了很好的思路，他们就试图采用这些好思路，未曾想过回头看看是否有更好的方案。

我们提供这幅循环过程图，目的是提醒自己避免陷入这种"满意状态"的思维模式。总的来说，我们的结论是，在获得了某个不错的解决方案后，至少应再次认真尝试一次循环。

2.1.5 创新链

这种"循环再循环"的思路，为我们提供了一个非常有用的概念——"链"，即系统性创新在帮助我们使系统向理想度提高的方向发展方面要做何努力。我们将在第 11 章进一步讨论这种"链"的思路，特别是关于冲突消除过程将如何产生链式效应。

2.2 系统性创新过程总结

图 2-6 通过对各种路径和备选项的详细描述，展示了系统性创新全过程的 4 个基本阶段。

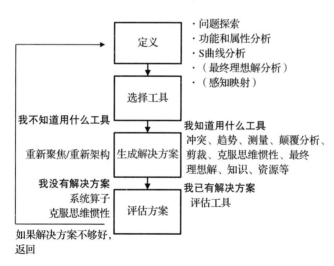

图 2-6 系统性创新全过程

收敛和发散思维

在描述系统性创新全过程的这个阶段，有一点需要说明，即关于"收敛"(convergent)和"发散"(divergent)思维的联系。关于收敛和发散的问题在创新研究的很多领域都存在，用于表示两种完全不同的思维模式。当我们试图减少可选项数量时，就产生了"收敛"思维。它实质上是分析式思维。与此相反，"发散"思维是当我们试图增加可选项数量时采用的思维模式。头脑风暴讨论会是发散思维的基本范例。头脑风暴的一条基本规则是我们不对任何想法提出批评。遵循此规则是因为，如果我们批评某事物，就意味着我们正在采用"收敛"思维，但实际上应分别使用这两种方法。分别使用这两种方法是非常必要的，因为它们是在使用大脑的不同部位。如果试图同时开展这两种思维活动，我们会发出相悖的信号"淹没"大脑。实现分离并不容易，因为大多数人只习惯于其中的一种情形，对另外一种宁可敬而远之。六帽思考法[1]有效的原因之一就是，它在解决问题的过程中有意识地强迫人们在任意给定阶段都能够认识到他们应该处于哪种思维模式。下一章将对此进行更多介绍。现在，只是简单说明收敛和发散思维的主要区别，以及在系统性创新过程中基本上会出现两次收敛-发散循环。这两次循环如图2-7所示。

由于与系统性创新过程的"生成解决方案"和"评估方案"阶段直接相关，所以收敛-发散的第2次循环比较容易理解，而第1次循环则更复杂一些。此循环与我们针对问题的现状给出"正确的"定义阶段有关。因此，当我们仔细审视问题的现状时，就会出现最初的发散思维活动。在这个阶段，我们尝试探索所有可能与我们要解决的问题相关的不同的解决途径。问题探索工具、进化所需潜在资源的识别工具和最终理想解工具都促使我们从不同视角审视问题，并生成尽量多的解决方案。这一循环完成之后，我们将进入循环过程的收敛阶段——约束管理、痛点分析和收益描述——作为总结"正确的"现状的导航。

在系统性创新的过程中，我们应该时刻记住图2-7和收敛/发散的基本概念，特别是当我们以团队的方式进行工作时。

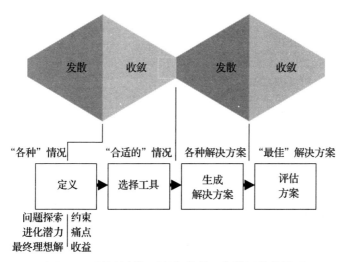

图 2-7 系统性创新过程与收敛/发散思维的关系

2.3 问题和机会

"我知道系统性创新对解决问题有用,但它能帮我辨识利用现有解决方案的机会吗?"诸如此类的问题似乎越来越常见。当然,辨识机会的问题并非新问题。例如,Edward de Bono 早在 1978 年就发表了关于此问题的重要著作[2]。即使在其首次发表 25 年之后,该书给出的很多提示仍然是正确和有效的。不过,对这个问题的简单回答是:"当然,系统性创新能够帮助你在识别利用现有解决方案方面找到机会。"

这里,我们归纳了一些系统性创新工具库中最常见的"机会辨识"和"机会开发"策略。一定不要错过任何可以明确阐述"问题与机会"之间区别的时机,虽然区分问题和机会令人无所适从,但是我们可以从下面关于思考和阐明两者定义异同的方式开始。

2.3.1 问题和机会的内涵

有位学者曾告诉我们,在管理领域,任何事物都应该归结在最多4个方框中。例如"计划-实施-研究-行动""优势-劣势-机会-威胁""重要/不重要与紧急/不紧急"就是3个过去我们被动地参加此类管理"培训"的经历后立即会浮现在大脑中的例子。当我们试图把系统性创新作为管理人员的标准工具箱时,"最多4个方框"的思想显然是有问题的,但这不应妨碍我们使用2×2矩阵帮助我们思考问题和机会,如图2-8所示。

尽管此图只是简单的示意图,但我们认为它给了我们有用的图像。如果我们把4个方框组合在一

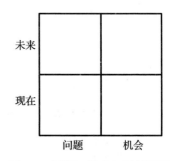

图2-8 问题/机会与时间矩阵

起看作描述"整个世界"的一种方式,我们很快就会明白绝大多数组织花费的主要精力只是用于处理上述4个方面的其中一个。让我们惊奇的是,这就是"现在-问题"框,我们称其为"灭火"。另外3个方框为我们提供了有用的进一步归纳,如图2-9所示。

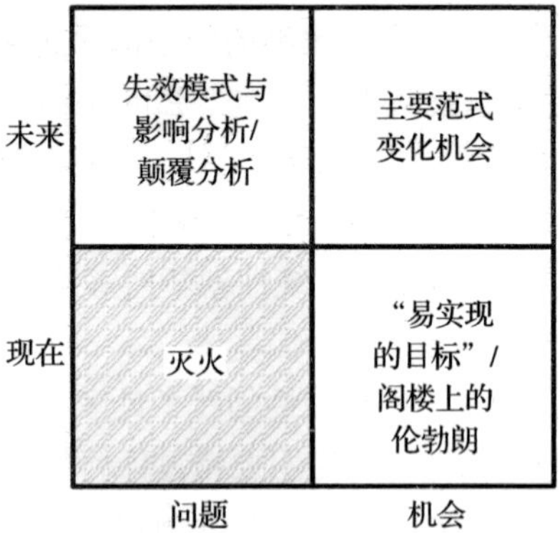

图2-9 对矩阵分区的解释

当然,横纵坐标实际上都表示连续的,而不是离散的2×2矩阵框。这对于时间轴来说可能比问题/机会轴更为明显,但我们

应该记住一点，这对引导我们思考问题和机会非常有帮助：问题/机会轴可从子系统扩展到系统，再扩展到超系统。换言之，问题/机会轴可方便地视为空间轴。图2-10体现了这种思路。

按上述思路，把问题/机会轴看成空间，即可形成区分"问题"和"机会"的有效方法。因此，图中的"问题"定义使我们聚焦于内部的问题——关注系统和更低的层次。另一方面，对于"机会"来说，我们面对的情况是需要抬头看一下外部世界：应该开始思考我们的系统及其子系统如何应用于其他场合。因此，如果所处的情况是失去了客户订单（即深入到子系统中的细节）或对订单的处理出错，我们就遇到了问题。如果所处的情况是拥有永不出错的完全自动化的傻瓜式订单处理系统，我们可能应抬起头来关注超系统，并提出以下问题：是否还有其他人需要这种系统？在这种情况下，我们已经发现了机会。类似地，当我们抬起头观察外面的世界，看到其他人是如何解决订单处理问题的，并且发现了比我们的工作方式更高明的办法时，那么我们也找到了机会；虽然系统本身没有任何问题，但我们有机会创造更好的系统。

最后再回到图2-10，并将两个坐标轴视为连续变量，我们就可以想象把一个假想的组织在任意时间要完成的"任务"标记为"X"，而且当我们关注它时，可以得知其是如何管理的。在上述假想的图片中，我们可以看到强烈向近期收敛的精细的"灭火"工作。

我们对这种方法是否正确不予评价——对于商业经营来说，最重要的是在行业内占有一席之地，只不过图2-10可以帮助我们开阔视野，并能够理解问题和机会。

现在，让我们归纳一下图2-10中关于机会的问题，以及如何通过系统性创新工具帮助我们最大限度地利用机会。我们可以把此问题分成两个部分。第一部分是机会辨识（类似于"问题定义"），第二部分是机会利用（类似于"解决方案"）。与"问题定义"相类似，"机会辨识"大致代表了90%的解决方案，所以我们将集中讨论这个问题。

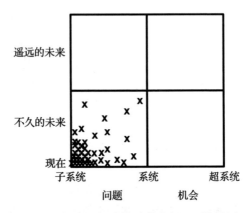

图 2-10　问题 / 机会矩阵的空间 – 时间版本

2.3.2　机会辨识

机会辨识基本上涉及两件事。第一件是明确一个组织知道怎么做，而且比该组织之外的其他人（可以是部分，也可以是所有人）做得更好。这些事情可能是"核心竞争力"，或者只是那些被理所当然地认为应当如此的业务。第二件是当我们找到了别人比我们能做得更好的业务并想引入其想法时，考虑会发生什么。

对这两种情况来说，辨识可能的机会关键在于理解"功能"：我们提供哪些功能，我们希望提供哪些功能，以及其他竞争者如何提供相同的功能。

在此阶段需要介绍的一个重要概念是"功能标杆"（functional benchmarking）。"标杆"这个术语众所周知，但至今很少有人将其与关于功能的知识分类联系起来。这种功能标杆在技术领域比在商业领域更为成熟。现有的技术能力对企业从事商业活动的方式及其发展已经产生了重要影响，所以我们对此不能熟视无睹。事实上，我们在第 16 章将再次深入讨论这个问题，并且这也是本手册的技术版中的重要内容。

简单地说，功能标杆的作用是方便比较为客户提供有用功能的不同方式。这种比较的重要性在于，我们能够找到确信比其他人的解决方案更高明的方法。这意味着，我们已经找到了机会。反之，如果我们发现了比已有的解决方案更有效的解决方案，那么就发现了潜在的威胁，根据系统性创新的思路，这实际上就是一个机会——我们能先于这些解决方案拥有者利用的机会。

2.3.3 趋势和机会辨识

第 14 章中的线性和非线性进化趋势也提供了辨识机会的有效方法。在这里，最重要的联系是进化潜力的概念。人们在不同的领域中发现了进化趋势，而且所有系统和系统组件都有完成进化趋势中全部进化阶段的潜力，"进化潜力"的概念正是基于这种思想。已完成了所有进化趋势的系统可认为已耗尽了所有的进化潜力；还没有完成所有进化过程的系统还有未开发的可利用的进化潜力。图 2-11 展示的是进化的雷达图。

图 2-11 的绘制方法是：首先，将当前待评估系统与每条已知进化趋势比较，以便确认二者是否相关；其次，如果二者确实相关，则判断系统已沿趋势线进化到什么程度。因此，在上述例子中归纳了 10 种相关趋势，这些趋势形成了雷达图的辐条。在进化趋势 1 中，系统部件已完成了 5 个可能进化阶段中的 2 个。

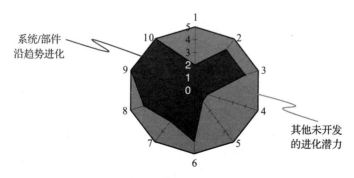

图 2-11 进化潜力雷达图

简单地说，这种示意图方便读者辨识机会。这种机制适用于内部引入和外部拓展。在上述例子中，可以推测该部件的趋势 9 和 10 已到达进化潜力的极限。如果其他类似系统还没有进化到此程度，趋势 9 和 10 表示可以为其他系统提供可利用的机会。相反，该雷达示意图表明趋势 4 和 5 还几乎没有被利用，所以可以从外部引入进化程度较高的解决方案。

我们将在第 14 章详细讨论如何发现趋势和机会的问题，包括同等重要的对机会的把握问题，以及如何应用系统性创新工具有效地解决上述两类问题。

综上所述，在当前系统之外存在机会，且辨识机会的方法有多种。最具不确定性的问题是，发现机会取决于人脑的关联能力，以及个体就系统外生活经历与系统内部能力之间建立关联的能力。有些组织通过鼓励和授权组织内的所有人而不是仅限于专人参与发现和利用这种联系，使发现机会的可能性最大化[3]。系统性创新工具箱提供了一种更具系统性的辨识机会的方法。首先，根据所提供的功能辨识知识，并为其分类。简单来说，我们可以把"发现机会"看成将其他人实现功能的更好方式引入本组织，或者将本组织实现相同功能的更为有效的方式推广至其他组织。从更为深入的层次来说，进化趋势工具和进化潜力的概念，以及系统性创新方法的资源部分提供了更具结构化的辨识机会的方法。

在本节的最后，我们再次强调，无论我们分析问题或机会，本章中所归纳的 4 个基本阶段都是针对这两者而设计的。我们将看到，对于问题和机会的策略，其主要不同之处在于系统性创新全过程的"生成解决方案"部分。第 10 章将讨论系统性创新的"选择工具"过程，如果需要，详见第 10 章。

然而，在本章结束之前，有必要花一点儿时间介绍一些捷径，系统性创新的新手和想避开创新全过程艰辛的人可能对此有兴趣。任何捷径都存在一些风险。在这些风险中最重要的是我们没有花费足够时间弄清应该做的"正确"事情是什么，因此把时间浪费在为错误的问题获得解决方案上。尽管如此，有两条捷径值得注意，笔者经常采用。第 1 条捷径与冲突的识别和消除有关；第 2 条与资源识别有关。下面分别讨论这两条捷径。

2.3.4 冲突

我们的咨询工作经验表明，80% 的问题是由于系统（或其组成部分）已达到了极限，如果是这样，那么非常有效的捷径包括：找出冲突并用冲突和矛盾解决工具加以处理。在研讨会上，我们经常做系统分析的练习。例如，关于银行、人力资源部、B2C 公关部，要求参会人员考虑如下问题：a) 对于该系统，你想改善什么？b) 什么阻碍了你做出这些改善？这是快速列出冲突的方法。有了这个冲突列表后，捷径就是用冲突消除工具处理列表中的某些冲突。如果我们不想使用冲突消除矩阵，而要直接采用 40 条发明原理，那么向解决方案生成阶段的过渡则会加快。由于这些发明原理几乎不需要相关介绍即可用于头脑风暴，所以对于那些对系统性创新没有任何了解的人来说，这是最简单（也是最有效）的办法。在大多数传统头脑风暴讨论会上，普遍现象是产生的方案数量迅速达到峰值，然后在 15～20min 后降到 0。当方案产生速率开始下降时，发明原理能够通过引入新的关注点使头脑风暴重新注入活力。如图 2-12 所示，这样应用发明原理经常能使头脑风暴会议在几小时后仍能够产生新的方案。

当然，方案过多也可能会像没有足够的方案那样成为大问题，但在发明原理背后潜在的观念是，它们是引导人们获得好的解决方案的方向标。这样，我们获得的方案大部分是"好的"。接下来的难点是如何从已获得的方案中选择较优者，并把它们合并，使方案数量较为合理。我们在第 11 章会看到，解决方案的优越性与生成解决方案发明原理的数量之间存在强相关关系。

最后需要说明的是，即使在问题定义阶段没有花费足够的时间，因而可能无法解决"正确的"问题，冲突消除的一些附带好处也常常能使我们在所关注问题的更高层次上解决问题。解决了矛盾，往往会产生好的结果。

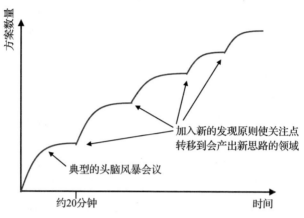

图2-12 发明原理为头脑风暴会议重新注入活力

2.3.5 资源

与找到真正的矛盾是获得有效的解决方案的捷径相同，找到"资源"（系统内部或周围还没有得到充分利用的事物）也是一种捷径。我们处理各种问题的共同之处在于，我们在解决问题的初期要开展进化潜力分析。这样做是因为，如果能找到一些符合"潜力还没有被充分利用"定义的事物，我们就已发现了机会。在很多情况下，这种机会和找出并利用还未被充分利用潜力的方法，有助于找到非常有效的捷径。除了使用进化潜力工具外，应用资源列表（第15章）也是一种方法，有助于我们快速找到解决问题的途径。一个好的未被利用的资源几乎可以肯定能将我们的大脑引入解决方案生成模式（我们该怎样利用这种资源，它如何帮助我们解决问题）。捷径就是使我们的大脑遵循其本能。别忘了，你无论何时都可以回到系统性创新过程。

我该怎么做

如前所述，系统性创新是非常庞大和复杂的系统。有些人会采用全部的系统性创新技术，但也有人只想钻研他们感兴趣的部分,对此我们完全赞同。还有些人希望综合某些部分以适应其工作的方式。这当然很好,我们将在第 17 章中讨论这个问题。说到底,你用的任何技术都属于你自己。换言之,系统性创新应该适应你自己,而非相反。

尽管如此,如果你正在寻找"某种技术",这正是我们推荐的。我们推荐它并非因为我们对其给出了定义,而是因为我们的定义使其有足够的灵活性,能够满足各种人的需要。举个特别的例子来说,系统性创新过程指出,如果认定我们已定义了"正确的"问题,我们要开展的工作有 5 项,但并不强制你按什么顺序完成。我们给你的建议是,如果你想按不同的顺序工作,只管做就是了。

如果你想尝试一下全部创新过程,我们建议你先阅读本书的前 4 章,然后把本章作为后面各章关于定义和解决问题或利用机会的指南。

案例研究

虽然你在书中能看到很多系统性创新的各个组成部分的应用案例,但因为问题的类型和应用路径纷繁复杂,本书的篇幅又有限,所以我们没有提供任何从头到尾的完整案例。我们已计划在不久的将来出版一本包含完整案例研究的书。

参考文献

[1] DeBono, E., 'Six Thinking Hats', Viking, 1986.
[2] DeBono, E., 'Opportunities', Penguin Books, 1978.
[3] Fradette, M., Michaud, S., 'The Power of Corporate Kinetics', Simon & Schuster, New York, 1998.

03

第 3 章

心 理 学

HANDS-ON SYSTEMATIC INNOVATION
FOR BUSINESS AND MANAGEMENT

> 人的大脑的作用是使我们能够生存并应付各种挑战。
> 它并非为创造而生。通过放弃已有的模式而获得新思路并不是大脑最原始的功能。
>
> ——Edward de Bono

> 创新是发现事物之间还不为人知的关系的能力。
>
> ——Thomas Michael Disch

人类大脑是一种绝妙的器官,但是,正如前面Edward de Bono说的那样,大脑在生命中的功能并不是创造性。我们应该清楚,这并非意味着大脑不能具有创造性,只是说这不是其自然状态。在我们的一生中,99.9%的时光大脑不是创造性的,但处于好的状态。通过车来车往的繁忙道路或使用链锯而具有创造性,这种想法恐怕要把我们送进医院而不是获得诺贝尔奖。大脑的功能是记住我们如何做事,以便下次再做相同的事时就不必再思考。这对99.9%的情况都很适用,但不幸的是当我们试图用新方法做事时,就另当别论了。此时,我们就遇到了问题。的确,我们花在解决某个问题上的时间越多,就越难突破我们已习惯的模式。把这种特性扩展到由人组成的整个组织,就不难看出为何能够成功创新的公司如此之少。这也有助于解释为何几乎所有重要的发明都出自业外人士之手。如果历史以此方式重复,那么即将出现并把你挤出你所在行业的事情并非源于你或者你的竞争者,而是源于与该行业完全无关的人。

系统性创新方法主要就是针对我们以不同方式做事的这0.1%的情况。或者,按老生常谈的说法就是"打破常规"。本章要建立可让系统性创新工具发挥最大功效的创造性环境。有些人错误地认为"系统性创新"就是自动生成答案、"发明机器"和取代个人的创造力。但如果尝试一下,就会发现这种看法与事实相去甚远。系统性创新绝对需要我们运用创造性技巧；我们投入的越多，获得的成功也就越多。本章概述人类心理学，以及它如何影响我们认清形势和生成可能的最佳解决方案所采用的方式。

我们将要说明的重要问题之一是，与其他创造性工具和指南相比，系统性创新工作处于非常不同的层次。大部分其他创造性工具认为，大脑是非常低效的，而且我们一般只用了其容量的很小一部分（每次我们读到相关的文章，都会发现这些文章说大脑被使用的容量越来越小——5%，然后1%，现在降到0.1%，不一而足）。因此，传统的"创造性工具"试图帮助我们更有效地思考，"解放"我们，帮助我们，使我们所有被压抑的创意迸发出来。

另一方面，为系统性创新方法提供支撑的相关研究的重要发现之一是，"已有人在其他场合解决了与我们的问题类似的问题"。换言之，我们从开始就应认识到应跳出常规思考的束缚寻找解决问题的答案。

内部的"解放"和外部的"已有人在其他场合解决了与我们的问题类似的问题"的方法之间的区别，可以用类似于请一组人回答诸如"如何改善客户服务"之类的问题的方式引出。最好的创造性工具将帮助解决问题的项目团队"解放"自己，并能够提出获得解决方案的各种途径。然而，这些技术均不能引导参与的人员提出他们头脑中没有过的解决方案。另一方面，至少从一般意义上看，掌握系统性创新工具能使团队了解世界上任何人提出的优秀解决方案。显然，任何"解放"工具都不能使我们产生头脑中根本没有的思路。这种全局性的知识视野是系统性创新与其他创造性工具相比所具有的明显优越性。

然而，"已有人在其他场合解决了与我们的问题类似的问题"的想法可能会使一些人感到强烈的不安。如果已经有人解决了具有几十年管理经验的某位经理要解决的问题，如何让人相信他自己对此毫不知情？如果人们知道我们花费了几十年时间都没有找到的解决方案其实一直在那儿等我们利用，他们会怎么想？如果我们希望成功地应用系统性创新，这是另外一种我们需要特别注意的心理因素。简单的答案是，要认识到成为某领域成功的管理者需要全身心投入。了解你的竞争者、你的客户、你的供应商在做什么不只是全身心投入就行了。在这种情况下，你肯定没有足够的时间关注其他行业和领域在做什么。那么，你需要每年参加一次年会，或在飞机上会见你感兴趣的人，但对于要真正了解其他领域正在发生什么，这只是冰山一角。这正是系统性创新研究人员为你们一直在努力做的工作，目的是使你们能够综合利用你们已知的和还没有机会发现的优秀解决方案。因此，本章的目的并非强调外部视角"更好"或者需要在内部和外部的创新策略之间做出选择——根据消除矛盾以及"A和B"而不是"A或B"的观点的重要哲学意义——应该注意把你所在的领域的专业知识和系统性创新提供的通用的全局性知识相结合。因此，贯穿全书的观点如图3-1所示，最好的创新方法包括综合利用内部和外部的最佳方案。

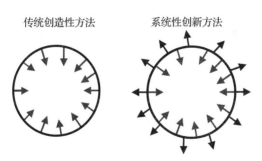

图3-1 结合"内部"和"外部"的系统性创造策略

所有传统的用于解放你大脑中不断浮现的数不胜数的好主意的创造性方法对我们来说都是极为有用的。任何有此能力的工具都是受欢迎的。某些人在某些场合已经解决了你遇到的问题，因此，如果某种工具、方法或策略能够有助于我们更有效地定义和解决问题，那么可以肯定的是，它一定会在系统性创新的工具箱、方法或全局性的哲学基础的某些内容中有所体现。

我们非常清楚和明确的是，综合利用内部和外部的资源对于有效的创新是绝对有必要的。另外，我们也非常明确的是，在这样做的时候要尽可能条理清楚、通俗易懂。因此，除本章以外，其他章节不再区分"内部的"或"外部的"方法。特别是当我们介绍或展示某种工具的使用或系统性创新过程的某部分时，我们将尽量不露痕迹地对"内部的"和"外部的"方法进行综合，以便我们专注于其效用而不是其特征。

尽管如此，这里仍有几点需要说明，以便为创新过程的"内部"元素做好准备，并明白当开始定义和解决实际问题时我们希望和可以得到什么。

我们将说明 5 点内容。在 3.1 节讨论系统性创新中的重要术语"思维惯性"的含义。在这一节将解释思维惯性为什么是不好的，以及如何解决由其引起的问题。在 3.2 节，继续讨论我们的大脑解释和应用系统性创新工具提供的解决方案"触发器"的机制。3.3 节的内容与更高层次的心理学有关，将说明在最常见的背景下，我们的大脑在"问题解决"阶段的运作方式。在 3.4 节将阐述有助于创新思维的组织和排序的机制。然后，在本章的最后一节，即 3.5 节，我们简要归纳了心理学在团队解决问题过程中的重要性。包罗万象并不是我们的目的——本章后面的参考文献为希望找到更多信息的读者提供了很多有用的链接，我们仅仅是希望读者对心理学的作用有足够的了解，以便在应用系统性创新工具时有更多的获益。

3.1 思维惯性

Edward de Bono 关于横向思维的早期开拓性的研究大多源于在他更早期的研究[1]中发明的"挖坑"的类比。在此类比中，我们要解决的问题的答案是一条埋在某处未知的地下金矿带。

如果要解决的问题与曾经解决过的问题"类似"，我们可能会尝试使用所谓的"纵向"或"逻辑性的"思维解决此问题。在这种情况下，我们便已经开始挖坑，我们已经在坑中发现了一些金矿，而且希望只通过挖掘——垂直地、按部就班地向更深处挖掘——就能找到问题的答案。所有行业都建立在此原理之上。下一个进入市场的汽车轮胎几乎可以肯定将在名为"模压橡胶，径向缠绕强化"的坑中发现，下一种司机保护系统一定来自"方向盘内嵌的气囊"坑中，等等。我们要解决的各种问题——从宏观到微观各个层次——概莫能外。一般来说，新出现的每种产品或解决方案都是在已有的坑中再深挖一些得到的。

不幸的是，一旦我们开始挖坑，我们很快就会被竞争者发现。在像汽车制造业这样的成熟行业，我们可能已经挖出了·座采石场规模的大坑，我们和所有汽车企业都在其中，拼命地四处翻找，以生产出那些能在一两年内与其他企业不同的产品。

同样不幸的是，我们都有系统性创新中所谓的"思维惯性"（Psychological Inertia，PI）。在挖坑比喻的语境下，PI让我们留在我们已挖好的深坑中。它让我们认为，只要我们继续挖，再挖深一些，我们最终肯定能找到解决方案。它劝我们，"你们看，我们挖这个坑已经花费了多少时间和精力，我们怎么可能让它白白地浪费呢？"它给我们提供了一幅颇具说服力的图景——各行各业都在挖掘越来越深的坑，身在其中的人们也越来越难以自拔。

Edward de Bono用"横向思维"（lateral thinking）这个术语来表示与纵向/逻辑性思维不同的思维模式。水平思考法引导我们在寻找更好的解决方案的过程中把目光移向其他地方。横向思维把我们从标为"马车"的坑中拉出并进入现代化的"四轮，内燃机驱动"的坑。它还会把我们带入其他的坑，无论其结果如何。

当然，这里的困难在于如何知道我们到哪儿去挖新坑。过去，我们大概在很大程度上凭运气或直觉、猜测。现在，极少有组织能够负担得起用在这种随意挖坑游戏上的时间和金钱。经济和竞争的压力要求我们，如果要挖个新坑，在拿起铁锹前最好先想好要从哪里开始。

Edward de Bono 推荐了很多有助于找到挖新坑的好地方的技术，如 PMI、"Po" 或词汇关联（"在词典中随机地找出词汇……"），其中有些技术效果不错。但是，在发现机会方面，这些技术都没有系统性创新方法那么有效。

在寻找挖新坑的合适地点方面，恐怕没有哪种现有的技术比本书中详细介绍的解决方案生成工具更为有效。实际上，系统性创新强调的是，我们能够找到的有利可图的挖新坑的地点非常少。

一些从事应用性创新的研究人员建议对问题定义——决定我们要挖什么——应该给予更多的关注（与相对简单的找挖坑地点和挖坑本身相比）。不幸的是，另一种令人沮丧的人类心理特性——很明显我们希望别人看到"我们正在工作"，展示挥汗如雨的辛勤劳作——常常意味着我们远未给予问题定义应有的足够的关注。无论如何，思维惯性也纳入了问题定义的表达式。从这个意义上看，思维惯性就是对我们说，"我一直在掘金，我对此很在行，人们一直购买我挖到的金子，我将继续按部就班地干下去。"思维惯性使我们根本不会想到，人们可能有一天知道实际上他们需要的并不是金子。

那么，这种挖坑的比喻到底是什么意思？它与思维惯性到底有什么关系？我们能够由此学习到什么？我们提出 3 点想法供参考：

①勘探有效的金矿带需要地图。系统性创新的解决方案生成工具可能是目前最好的绘制地图的工具。例如，意识到有 40 条发明原理，而且任意 1 条对于解决问题都可能很有效，这将给我们提供 40 种极为有效的克服 PI 的方法。

②认识到自己陷于超过 1.6km 深的陡岩峭壁的采石场底部是最好的告诫，可能 PI 已乘虚而入，所以我们最好开始考虑寻找更好的地方挖掘。更好的办法总是有的。

③思维惯性不但阻碍我们从已挖掘的深坑中挣脱出来，而且还使我们想当然地认为已经开始的挖掘应该一成不变地继续下去。情况通常并非如此，所以我们既需要了解与问题定义有关的 PI，也需要了解与解决方案有关的 PI。

3.2 通用解决方案和具体解决方案的差距

如前章所述,系统性创新在很大程度上建立在抽象的概念之上。抽象的过程使我们把假设的独一无二的问题与已有人找到了解决方案的普通问题相联系。如前章所述,抽象的全过程见图 3-2。

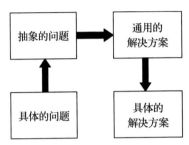

图 3-2　通用的系统性创新抽象模型

我们遇到的第 1 个问题是,如何克服思想障碍以接受可能已有人找到了我们的问题的解决方案的现实。我们遇到的第 2 个问题,通常也是最大的问题,即如何把系统性创新方法提供的抽象解决方案转化为适用于具体问题的方案。我们希望本书中的案例研究能为读者提供有说服力的证据,说明确实有人已经解决了我们的问题。关于第 2 个问题需要进行较深入的讨论。

不幸的是,在上述模型中系统性创新提供了通用的解决方案后便止步了。这些"通用的解决方案"包括 40 条管理发明原理、测量标准和进化趋势,这些内容将贯穿全书的后续章节。虽然这些解决方案颇具价值,但仍然有很多人发现这些通用的解决方案触发器与理想的具体解决方案之间存在巨大的差异。这种差异见图 3-3。

系统性创新正在越来越广泛的领域中成功地应用。因此,通用的和具体的解决方案之间的差距并非真空。然而,无论是什么,它确实被乌云遮盖着。问题是乌云后面是什么,以及它是否能以某种方法揭开?

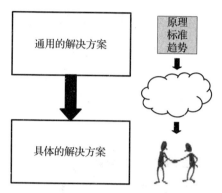

图 3-3　通用的和具体的解决方案之间的差距

3.2.1　好思路的不可逆性

了解乌云后面的事物的最好（也许不是唯一的）办法是研究案例。每项成功的商业创新都提供了潜在的信息，而且有大量案例研究的资料可选。可惜，我们还面临一个问题，并且这是与每项案例都相关的根本性问题。这个问题就是其不可逆性：从问题出发直到解决问题都是非常模糊和难以把控的过程——此过程其实隐蔽在乌云之后。在灯泡最终点亮之前，被问题困扰的人通常完全处于黑暗之中。图 3-4 归纳了这种不可逆过程。

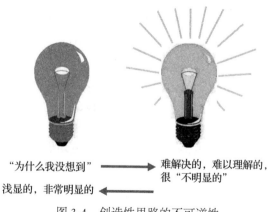

图 3-4　创造性思路的不可逆性

另一方面，当我们找到了解决方案后，再回顾问题则认为是另一回事了。这时，解决方案是显而易见的，甚至经常显得不足挂齿。这就是我们常见的"为什么我没想到"的经历。实际上，解决方案是否显而易见经常被作为判断此方案是否正确的依据。答案越显而易见，解决方案就越好。

例如，考虑一下车轮的解决方案是多么显而易见；再想一下它对于人类前98%的历史进程来说是多么神奇；或者想想工艺对企业极其重要的这种观点在现在看来是多么显而易见，但在50年前根本就没有人这样想过。

这种"显而易见"的不可逆性和按下开关后灯瞬间点亮的速度使人们难以理解开关闭合的实际过程。如果不掌握解决问题的工具——大多数情况都如此，解决问题会变得非常困难。

在试图到达"乌云后面"的过程中，不可逆性问题是个关键。

无论如何，让我们先看一些案例研究，以便获得对乌云之后的未知事物的更准确的感性认识。

3.2.2 案例研究1：创始人

这是一个实际案例，其细节将在第12章中介绍。某家预制食品公司最近流失了2个主要客户，净销售额与设定的业绩目标相比下降了20%。此公司由X运营。他白手起家，创办了这家公司并悉心经营了20年。X一直是该公司几乎所有销售额的来源，公司甚至因此没有销售团队。X成功的基础一直是他在公司经营过程中与客户建立的个人关系。6个月前，X决定退休，开始逐渐将经营权交到大儿子手中，并希望在转让过程中，仍能在销售领域提供帮助。然而，他儿子上任伊始就任命了一位销售经理。他这样做是因为：a) 他对公司的销售业务没有兴趣；b) 他希望帮助父亲尽快过上愉快的退休生活。不过任命销售经理不到2个月，客户流失和销售下降的问题已初见端倪。

找到针对这个问题的优秀解决方案的关键可用前述的"去与留"矛盾的定义表示。由此引出了把X的照片印在公司产品上的主意，以作为强调其重要性的手段（因为他退休而不再购买该公司产品的客户可据此感知到他的重要性），如图3-5所示。

获得这个巧妙而简洁的解决方案的办法是应用发明原理27，即"廉价品替代"。案例1将"廉价品替代"和把X的照片印在食品罐上的想法分别作为可能存在于乌云背后的创新过程的入口和出口。

图3-5　"创始人"矛盾的解决方案之一

3.2.3　案例研究2：维珍婚庆

对于大多数夫妻来说，为了使婚礼成功，安排婚礼仪式的过程需要大量的后勤运作技巧和努力，以便把所需要的各种元素有效地组织好。英国的维珍婚庆公司应运而生。它实际上是一家提供一站式婚庆服务的公司（如图3-6所示），使新婚夫妻能够在此处搞定一切流程。

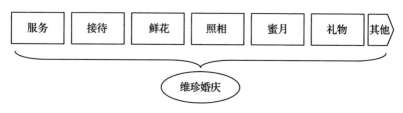

图3-6　一站式婚庆服务公司

在本案例中，系统性创新解决方案生成工具提出的建议是"合并"（发明原理5），所以我们就有了"合并"发明原理和一站式服务分别作为乌云背后的创新过程的起始点（入口）和结束点（出口）。

3.2.4　案例研究3：硬币数量

第3个案例是由Edward de Bono著作中的故事改编的[2]。这个故事讲的是一位目击者观察几个小孩戏弄一个小男孩。领头的孩子有 3 枚硬币,一只手里有 2 枚,另一只手里有 1 枚。他交换手中的硬币,此时即使是离较远的目击者也能很清楚地看出哪只手有 2 枚硬币。那几个孩子让那个小男孩说出哪只手中有 2 枚。那个小男孩想了一下,选择了拿着 1 枚硬币的那只手。那些孩子们便嘲笑男孩的选择。那个小男孩把硬币装进口袋,那群孩子带着嘲笑跑开了。第 2 天如出一辙,但有 2 枚硬币的手更为明显。那个小男孩这次仍然选了拿着 1 枚硬币的那只手,那群孩子又跑开了,对他的愚蠢更是笑得前仰后合。如此这般,第 3 次后,目击者因不忍再继续看到小男孩被戏弄,便在那群孩子跑开后去问那个小男孩。"他们在取笑你,"目击者说,"为什么你一直选那只没握着 2 枚硬币的手?"那个小男孩看着目击者,显得有点儿莫名其妙,答道:"如果我选择有 2 枚硬币的手,你认为他们还会给我硬币吗?"

在此案例中,我们提供了与那个小男孩提出的创新解决方案相关的系统性创新工具,即发明原理 13 "反向作用"("上下倒置或另辟蹊径")。

3.2.5 思维的机理:模式识别

为揭示关于通用的和具体的解决方案乌云背后的秘密,首先就要解决困扰人类几百年的问题。所以,若认为解决方案可信手拈来,这是愚蠢的。尽管如此,系统性创新研究人员已经为揭开创新的神秘面纱取得了很多成果。例如,发明原理提供了 40 种寻找解决方案的非常好的起点。

系统性创新为此建立了坚实的基础。关于如何找到发明原理和解决方案之间步骤的线索可能来自于人类大脑功能,特别是对其模式识别能力的研究。

作为示意,最早由 Edward de Bono 提出的"关联"思想[2]提供了有用的参考。在"关联"思想中,如果随机选择 2 个词汇,大脑几乎肯定会试图找到另外一个能够使这 2 个词汇相关联的词汇。这种过程常用类似于图 3-7 的方式表示。在这里,随机选取的词汇是香蕉和铅笔。乍一看,这2个词汇互相之间没有任何关系,但是大脑总会试图建立某种关联。实际上,经过几分钟思考,大多数人能够提出10个或更多联系这2个词汇的关联词汇。

图 3-7　关联词汇

这种建立关联的能力无疑是非常强大的。然而,更令人兴奋的是,如果多人参加同一项活动,大家出现重复的词汇的可能性非常小[3]。出现重复词汇的平均比例大概为5%。换言之,如果10人各写下10个关联词,将出现超过90个不同的关联词。(抽时间试一下,看看其结果。)发生这种现象是因为每个人在脑海中都储存着显著不同的经历,所以我们会提出不同类型的关联词汇。

那么,从系统性创新和解决问题的角度看,这意味着什么?

从有利的方面看,这意味着对于给定的问题和某种发明原理,例如重画的案例研究1中的关联方式(图3-8),大脑会产生有趣的关联。

图 3-8　案例研究 1 中的关联

在已知案例研究1的最终解决方案的情况下看此图,要理解如何得出解决方案似乎非常容易。我们在前一节已知道不可逆现象,这看起来是否容易得难以置信?

可能案例研究2更是如此。然而,历史事实表明,世界上直到最近才开始考虑一站式婚庆服务。

对于其他案例研究来说同样如此。

那么其他的案例研究如何？有没有事先不知道答案的案例？你来尝试一下！

图 3-9　关联发明原理和理想的管理成果

对此问题的答案可参见参考文献［4］。

那么，我们对这些问题到底怎么理解？用什么填补通用和具体解决方案之间的差距？不幸的是，目前仍没有回答此问题的明确理论，而且我们也不清楚是否会出现这种理论。从另一方面看，我们想知道是否有相关的理论？如果某种学说在实践中正确，我们是否有必要证明其在理论上也正确？对某些人来说，答案是"是"。幸运的是，对于其他人来说，在 Edward de Bono 关于"关联"的研究中有一些重要的信息：任取 2 个词，大脑会找到把它们联系在一起的途径。有时我们给出的关联是非常宝贵的，但在大多数情况下却相反。"关联"的概念离为我们提供系统的过程还有相当远的距离。但是，这确实给我们指明了方向。如果把这个方向与系统性创新中只有少量有效的策略的思想相结合，那么得到的结论是，实际上可能不必把词典里面的词汇都尝试与我们的问题关联，我们所需要的词汇量其实很小。根据参考文献［5］报道的研究结论，所有以随机词汇为起点产生的有用的解决方案与由系统性创新解决方案生成触发器产生的方案列表是相匹配的。换言之，生成有用的解决方案的起点词典只需要包含 40 条发明原理、进化趋势和测量标准。虽然这还不是理论上的最终结论，但是它意味着有用的解决方案的关联词汇确实是有限的。我们把这些词汇视为标志杆（sign post）。这些词汇告诉我们："如果你把这些词汇互相关联，就会获得有效的解决方案。"虽然这还不是理论上的最终结论，但是我们认为把这些关联词汇作为标志杆的思想至少是一个迈向正确路径的非常有效的起点。此外，这也是一种有效的策略，能够针对各种各样的问题产生有突破性的解决方案。

3.3 六帽思考法

Edward de Bono 的"六帽思考法"的概念[6]与系统性创新有很多异曲同工之处。本节讨论如何将六帽思考法与本书中介绍的系统性创新问题定义和生成解决方案过程相结合。

六帽思考法的概念建立在人类大脑根据其需要解决的问题类型在不同的生理模式下工作的事实之上。因此，考虑两个极端：大脑在产生新思路时的工作机制；当我们权衡已有思路的利弊时的工作机制。总之，Edward de Bono 把在问题解决全过程中存在的不同但相关联的重要思维模式分成六种（图 3-10）。

图 3-10　六顶思考帽示意图

每种模式用一种颜色表示。

白帽子，表示在思维的过程中需要客观地分析数据和信息的思维模式。

红帽子，表示与情感、预感和直觉有关的思维模式。

黑帽子，表示与问题的负面因素如谨慎、批判和逻辑分析有关的思维方式，黑帽子常被描述成"唱反调"的思维模式。

黄帽子，表示与分析给定问题的可行性和收益相关，并根据逻辑分析其正面因素的思维模式。

绿帽子，表示与产生新思路的、创造性的以及"横向"思维相关的思维模式。

蓝帽子，表示与思维过程的整体控制和组织相关的思维模式。

我们在这里描述如何把帽子概念与系统性创新过程结合，包括推进创新问题解决过程中的所有活动——从初始的处境评估，到问题定义，再到获得问题的解决方案。首先，我们将分析不同的帽子模式，以及当应用系统性创新工具的不同元素时，这些帽子的佩戴时间。

3.3.1 白帽子

当试图客观而非感情用事地分析数据和信息时，我们戴白帽子。在系统性创新的问题定义和生成解决方案过程中，以下几种情况最有可能应用白帽思维策略。

- 在初始的问题评估和定义阶段。特别是在功能分析的第 1 步——此时我们试图描述现有系统的实际功能，以及当我们分析对所希望的问题结果的描述时，还有根据现有系统（及其子系统）在相应的进化 S 曲线上的位置对现有系统的成熟度进行分析时。
- 在已完成初始的问题定义，要解决问题的客户希望选择最合适的解决方案生成工具时。
- 在定义最终理想解（IFR），并用理想化的问题解决工具从 IFR 倒推出实际可实现的解决方案时。
- 当开展感知映射分析时——构建和解释感知映射图。
- 当定义矛盾，以及把某个特定问题转化为商业冲突矩阵或者矛盾消除分离策略的一般术语时。
- 当记录生成的解决方案时。
- 在整个过程的选择工具部分，对解决方案的质量进行评估和排序时。
- 在问题定义和生成解决方案的全过程中与九屏幕工具协同

应用时，以保证给予空间和时间维度足够的关注。

由于本书展示的方法具备"系统性"，因此在系统性创新过程中白帽子戴得最多并不令人惊奇。然而，另外5顶帽子在此过程中的特定阶段也是非常关键的。

3.3.2 红帽子

当我们利用直觉并依靠我们的感觉和情感时戴红帽子。红帽子的思维模式乍一看显得与系统性创新过程格格不入，但它是有用的，而且最重要的是我们应该知道，大脑运作的方式意味着我们大部分时间自然地处于红帽思考模式。因此，至少我们应该知道有红帽思维模式，还应该知道在很多时间里我们应该跳出这种状态。在系统性创新的问题定义和解决方案生成过程中，我们最有可能在下列情况下采用红帽思维策略。

- 几乎肯定的是，在大脑工作模式和传统的解决问题的思维方式下，当有人向我们提出问题，我们会立刻进入红帽子的"问题解决"模式。我们应该知道这种现象并正确地利用它。因此，通常我们会在某个阶段开始或在初始的问题定义阶段之后留出5～10分钟时间用于传统的头脑风暴。我们通常会记录由头脑风暴得到的结果并公开展示，展示的地方要使所有参与者都能看到他们的建议已经记录在案，不会被忘记。
- 如果使用可用的解决方案生成工具没有产生任何有价值的结果，红帽思维模式也可作为克服思维惯性的工具。
- 如果参与者在很长时间里一直采用其他思维模式（特别是白帽子），也可在问题解决阶段有效应用红帽思维模式打破常规。类似"花5分钟思考可能的最差的解决问题的方法"（参见第20章的PI工具）常会产生一些有趣的和随后可能切实可行的解决方案。

尽管如此，在应用系统性创新方法的情况下，除了上述几点外，应谨慎使用红帽思维模式。

3.3.3 黑帽子

当我们以谨慎和批判的态度以及逻辑分析的方式看待特定情况下的负面因素时，我们戴黑帽子。在系统性创新的问题定义和生成解决方案阶段中，我们最可能在以下几种情况下采用黑帽思维模式。

- 在初始的问题定义阶段，此时我们试图识别问题本身及其周围存在的所有约束。
- 在问题的功能和属性分析阶段，当试图识别现有系统中有害、不足、冗余和缺失的功能时。（注意，黑帽思维和白帽思维是两种截然不同的模式，而且在正确的功能分析中两者都需要，我们了解这些是非常必要的。当依次采用白帽和黑帽模式时，我们就能实现最有效的功能分析。首先用白帽模式，然后只有在研讨会主持人认为应该变换为新的模式之后才能开始用黑帽模式。）
- 在"我们如何彻底抛弃现有系统"的颠覆分析阶段。
- 在评估解决方案选项阶段，试图分析这些正在考虑的解决方案的相对缺点时。
- 在每项任务完成，并回答问题"选定的解决方案是否足够好"时。人类的一个共同特点是倾向于接受和认可自认为新颖的解决方案。当我们成功地解决了冲突或矛盾时，这一点尤为明显。

3.3.4 黄帽子

当我们分析某个解决方案的可行性和收益，或研究给定情况下的正面因素时戴黄帽子。在系统性创新过程的以下节点我们最可能采用黄帽思维策略。

- 在问题定义阶段初始期间，分析在当前系统内部及其周围存在的资源时。
- 在评估解决方案选项期间，要尝试衡量所考虑的解决方案的相对优势时。
- 当我们想对最初定义的问题约束提出质疑时。
- 当我们使用解决方案生成工具箱中的剪裁工具时——特别是当我们提出诸如"我们是否需要这项功能""现有系统中已存在的元素能否提供相同的功能"或"某种资源能否提供此功能"的问题时。（注意，有些人觉得剪裁工具在白帽模式下更有效，但笔者却发现黄帽模式下取得成功的更多。）
- 当我们应用第13章中的"测量标准"解决方案，并把它们与要解决的问题联系起来时。类似"消除测量的需要"的解决方案触发器对于某些人来说可能有些含混；如果专门让这些人戴上黄帽子，他们就不会感觉那么含混了。

3.3.5 绿帽子

当我们想产生新思路或寻求"创新性"时，戴绿帽子。在处于系统性创新的问题定义和生成解决方案过程的下列节点时最可能采用绿帽思维策略。

- 在初始的定义阶段，在应用黄帽模式搜索资源之后，花费一段时间采用绿帽思维模式，常会涌现大量之前没有出现的思路。（注意，前面的黄帽模式非常重要，不应用绿帽子取代。）
- 在问题定义阶段使用最终理想解工具期间，当我们思考"还有什么"之类的问题时，或当我们使用问题探索中的重新定义工具时。在传统的问题解决过程中，通常"正确的问题"只能在我们开始考虑相关的问题一段时间之后才变得明晰。在系统性创新过程的这个阶段采用某些有创造性的思维方式是非常有益的。
- 在系统性创新的感知映射过程。在这个阶段我们要完成：a) 列举感知；b) 对每条感知回答"将引向哪里"的问题。
- 在任何应用解决方案生成工具并试图把通用解决方案触发

器转化为具体解决方案的过程中。其中的解决方案触发器包括发明原理、进化趋势、由理想化工具转化而来的概念性解决方案、极端人士看法以及规模–时间–界面–成本等。绿帽思维的重要性在这里不可低估，它将决定系统性创新过程的成败。

3.3.6 蓝帽子

当我们要提供控制功能，或组织思维全过程时，我们戴蓝帽子。蓝帽子是当我们判断何时何地戴其他帽子时戴的。蓝帽子用于组织思维全过程。在为解决问题而召开的系统性创新研讨会上，主持人几乎会一直戴着蓝帽子，但不需要团队成员都戴。尽管如此，有时团队可能因集体戴蓝帽子而受益。蓝帽子的典型佩戴情形包括：

- 在会后记录会议情况时。
- 在颠覆分析过程中，有时用于保证充分地追踪和记录所有失败模式。
- 当解决问题团队在系统创新过程中的某些细节问题上陷入僵局时，主持人让团队成员转向蓝帽思维模式以避开这些细节，并重新研读资料或重新确定方向，以弄清他们在整个过程中所处的位置。

3.3.7 总结

系统性创新方法目前还没有最终版本。一般来说，这种最终版本都是因人而异的。从另一方面看，为弄清在"典型的"问题定义和解决过程中如何从一种帽子转向另一种，我们介绍了许多适用于大多数情况的通用步骤。我们将在下面说明这些步骤，同时描述在完成各步骤的过程中如何从一种帽子转换到其他帽子。

从更高的层次上看，正如前章所述，系统性创新过程包括4个主要步骤——从问题定义开始，之后选择最合适的解决方案路径，再生成解决方案，最后评估和选择具体参数。我们会看到这些步骤形成了循环,不断重复,直到获得满意的解决方案,如图 3-11 所示。

下面对这 4 个步骤逐一介绍:

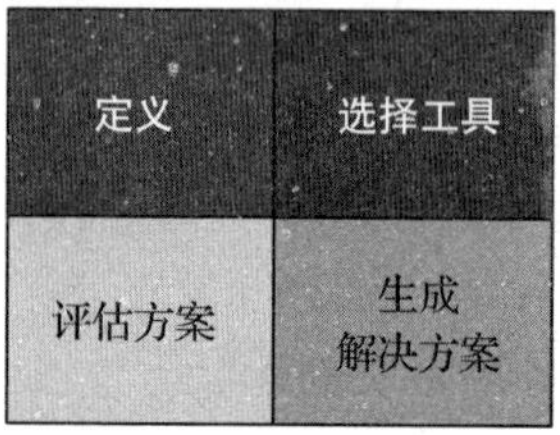

定义

- 我们期望得到的收益有哪些,如何知道我们已得到?(白帽子)
- 我们是否在解决正确的问题?(绿帽子)
- 有哪些约束?(黑帽子,也可能随后再用黄帽子)
- 有哪些可用的资源?(黄帽子,也可能随后再用绿帽子)
- "痛点"在哪儿?(白帽子)
- 现有系统有哪些功能和属性?(用白帽子定义需要的功能,然后用黑帽子逐一找出有害的、不足的、冗余的和缺失的功能)
- 现有系统成熟度(系统本身和子系统在 S 曲线上所处的位置)如何?(白帽子)
- (可选)理想度和最终理想解分析。(绿帽子)
- (可选)感知映射分析。(白帽子和绿帽子)
- (可选)头脑风暴和"公开展示"解决方案的初步思路。(红帽子)

图 3-11 系统性创新过程的 4 个主要步骤

选择工具

- 针对给定的问题确定最合适的解决方案生成工具。(白帽子)

生成解决方案

根据 TRIZ 工具的相关性,有很多选择:

- 理想度(白帽子)
- 知识(白帽子)
- 冲突/矛盾(用白帽子产生和查找矛盾;用绿帽子把通用的触发器转化为具体的解决方案)

- 趋势（黄帽子，之后再用绿帽子）
- 剪裁（黄帽子，之后可能再用绿帽子）
- 测量标准（最好用黄帽子，之后可能再用绿帽子）
- OLV/STIC/九屏幕法等克服惯性思维工具（绿帽子）
- 重新聚焦/重新构架（在解决方案生成阶段，主要用白帽子，期间也用绿帽子）
- 颠覆分析（黑帽子；可能有时也用蓝帽子）

评估方案
- 是否已生成了解决方案？如果还没有，那么需要重新思考如何解决问题。（黑帽子，可能之后再用红帽子、绿帽子，或者蓝帽子，大概按这个顺序）
- 如果已生成解决方案，那么需为它们排序。（用黄帽子，之后系统地用黑帽子）
- 决定下一步做什么（是继续循环还是结束）。（白帽子，但主持人一定要鼓励参与者只要可能就再次进入黑帽子模式）

当然，以上这些都不是绝对的，相反，我们在解决问题的过程中应经常系统地把它们视为判断是否需要转换思维模式的参考。

无论你在应用系统性创新工具过程中是否结合这些方法，成功的应用都要求我们认识到人类大脑是以截然不同的模式工作的。Edward de Bono 的六帽思考法向我们展示了 6 种主要的模式。了解这些不同的模式将极大地增加我们创新成功的可能性。

3.4 信息结构——系统性创新和思维导图

你是否有这种经历：写一封信或一个报告，虽然已完成了所有需要的信息的搜索，并成功地了解了相关的事实，但当要开始写作时忽然觉得完全不知如何下笔。如果你有这种经历，这很正常。

系统性创新手册（管理版）
HANDS-ON SYSTEMATIC INNOVATION

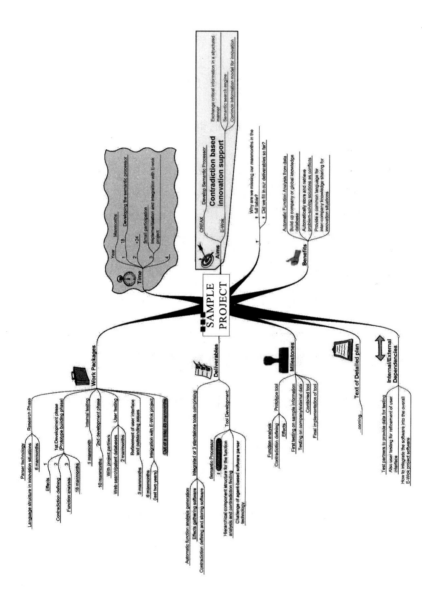

图 3-12 典型的思维导图中的信息组织结构

绝大多数人写报告通常会按线性方式写——从头到尾叙事。这种方式的特征之一是，我们会花费很多时间思考从哪儿开始。另一个特征是，报告写了一些之后发现漏掉了一些内容。对于这两种情况，都在要求我们的大脑同时完成两项功能：1）确定写什么；2）按正确的层次结构和顺序安排要写的内容。我们一般很难平行地完成两种活动，这样做的结果是，我们会很快因为其复杂性而变得疲惫不堪。思维导图是一种能使我们应付这种复杂局面的方法。它试图把"确定"和"顺序"功能分离。它与我们在系统性创新过程中定义和解决问题的方式有特殊的关系。虽然它对我们是否成功并非必需，但我们还是强烈推荐。

Tony Buzan[3]提出了思维导图，作为高效利用大脑组织信息以及在不同思路和概念之间产生联想的方法。联想在几乎所有心理功能中，特别是创造性方面都起着主导作用。

为绘制思维导图，我们通常从一页纸的中心开始，关注问题的主题。然后，如图 3-12 所示的一般性思维导图，我们向四面八方以分支的方式画出围绕该中心主题的树状结构。我们可以从主干、分支、细枝，直到树叶，画出层状结构——每层代表问题或解决方案的不同级别。

思维导图可在问题定义、生成解决方案和评估阶段的多个步骤中得以应用。我们一般用其定义问题，分析资源和约束，并为生成问题解决方案提供基本框架。

如希望更深入了解在系统性创新过程中如何应用思维导图，可阅读参考文献［7］。

3.5 群体心理学

如果说个人的创造性问题还没有很好地解决，那么多人共同工作的有效性的问题恐怕更是如此。

六帽思考法的目的是保证在团队会议中思维模式的一致性

("现在大家都用绿帽子模式"),并由此把非常复杂的现象分解为通常容易理解的框架。然而,任何主持过团队讨论会的人可能都十分清楚,有些人更喜欢戴特定颜色的帽子。

换言之,如果某人不习惯或不喜欢绿帽思维模式,那么不论你多么希望大家都处于这种思维状态,也无法强迫此人戴这顶帽子。有些个性似乎只适合戴少数几种思维帽子。

划分世界的方法有无数种,同样,创新的著作中介绍的定义人的个性特质的方法以及这些个性应如何融合(或不能与其他个性融合)的方法也几乎不可穷尽。

解决团队这种动态问题唯一实用的方法是:首先,在解决问题过程中的不同阶段尽量选择合适的个性类型成员组成团队;其次,在我们对谁能或谁不能进入团队无法控制的情况下,更实用的做法是把团队划分成更小的组,使具有不同个性的成员承担项目的不同部分。例如,考虑在"定义—选择工具—生成解决方案—评估方案"各阶段对思维帽的不同需求,可让有创新精神的人承担绿帽子的任务,随遇而安的人承担黑帽子和白帽子的任务,而不能互换。类似地,创新过程的某些部分(或至少是在其第 1 次循环中)通常不宜以团队方式工作。例如,由于在功能分析(第 6 章)阶段很难使每位成员都积极地参与,所以难以采用团队工作的形式。

应尽量鼓励大家尝试采用与其本能的思维模式不同的模式。短期内他们可能不会感谢你,但经过长期努力,你可能会使团队更成熟,并获得更多高质量的成果。

下一个问题是我们如何确定哪些个性类型能或者不能很好地融入团队工作。这是另一个复杂的问题。我们并不想全面评述衡量个性的工具,而只想介绍 3 种已经被证明在创造性问题解决方面显示出重要作用的方法和工具。

第 1 种是经典的 Meyers-Briggs 的个性判断法[8],第 2 种是 Kirton 的适应–创新量表[9]。两者都强调截然相反的个性组成的团队(例如,极具创新精神的人与极度循规蹈矩的人组成的团队)在共同完成需要创新的任务时非常容易失败。

第3种是介绍自己的创造性自我评估工具。与系统性创新方法这个大主题特点一致，此工具的思想是提炼能够找到所有最好的实践经验。这个工具是一个在线问卷（见www.systematic-innovation.com），用户可把自己与创新相关的优势和劣势以及与创造性相关的各种指标的范围进行比较。图3-13展示了客户将在问卷结束后收到的输出结果。

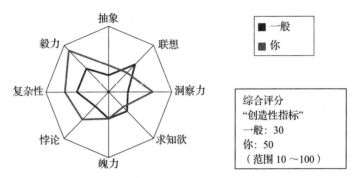

图3-13　创造性自我评估工具输出格式

首先需注意的是输出格式是把测量创造性问题分为8个关键参数，我们认为这些参数决定了创造性是什么，以及如果人们想有效地创新时需要哪些技巧。这8个参数是：
- 抽象，把各种思路抽象为概念的能力。
- 联想，在看起来没有任何逻辑联系的不同事物之间产生联想的能力。
- 洞察力，从空间和时间上，以及与其他人交流方面，改变人们观察其处境的视角的能力。在很多情况下，洞察力是理解他人看法的能力。
- 求知欲，改变或改善大家都习以为常的事物的意愿。
- 魄力，把边界扩大到超过普遍认知程度的信心，也是消除对其他人会如何看你的恐惧的能力。
- 悖论，同时接受和处理互相冲突或矛盾的观点，并与其合作的能力。

- 复杂性，掌握大量信息的能力，以及理解和处理这些信息之间的关系的能力。
- 毅力，即使已获得一些好的解决方案，也能够强迫自己持续尝试更多更好方案的能力。

参与问卷调查的人数现在已达几万人。我们从中了解到如下对解决创造性问题是否成功具有重要影响的事物。

表现欠佳的团队：
- 通常团队整体缺乏毅力、抽象能力和好奇心。
- 在悖论得分方面，高低分出现强烈的两极分化。
- 在联想得分方面，高低分出现强烈的两极分化。
- 魄力的高分很多，但没有复杂性方面的高分。
- 普遍在好奇心方面得分较高，但在洞察力方面得分较低。
- 当把每个成员的雷达图逐一叠加后得到一个非常"扭曲"的雷达图。

另一方面，表现优秀的团队可能具有如下部分或全部特征：
- 团队整体在毅力、抽象能力和好奇心方面普遍得分较高。
- 在悖论得分方面，每位成员都接近或超过平均值，而且很可能有一两位成员得分很高。
- 在联想得分方面比较一致，如果有一两位成员得分很高会有一定优势。
- 至少有一位成员的复杂性得分高。
- 当把每个成员的雷达图逐一叠加后得到接近"圆形"的雷达图。

我该怎么做

1）了解大脑如何工作对于最大化系统性创新方法的收益大有裨益，应了解相关知识并（更为重要的是）加以应用。

2）了解创新过程的不同阶段需要不同的心理思维模式，并考虑这些差异。

3）理解你本人和你周围的人喜欢的思维模式，尽量把不同思维模式的偏好与创新过程的不同需求进行匹配。

4）在系统性创新过程中尽量关注心理学问题，特别是要关注思维惯性问题。思维惯性告诉你，你在定义问题方面已经花费了足够长的时间，没有其他可能的解决方案了，你已获得的解决方案已经足够好了。在大多数情况下，它告诉你的这些都是错误的。

最后的观点："对，但是……"

每个人都知道屡试不爽的扼杀创新思想的办法是说"对，但是……"。这里举出3个例子：

对，但是有些其他事情变得更糟……

对，但是我不知道如何做……

对，但是已经有人拥有了这个解决方案……

系统性创新对这3个问题提供了非常好的反驳："已经有人在某地解决了你的'对，但是……'问题"；"对，但是……"只是意味着你已经发现了你的系统需要解决的下一对矛盾。不要让这句话轻易地扼杀你的任何思路。不管你认为有什么可能阻碍你解决问题，不管下一对矛盾是什么，已经有人解决了这些问题。本书的方法将帮助你找到它们。

参考文献

[1] De Bono, E., 'The Use of Lateral Thinking', Penguin, London, 1967.
[2] De Bono, E., 'The Mechanism Of Mind', Penguin, London, 1969.
[3] Buzan, A, 'The Mind Map Book', BBC Books, London, 1993.
[4] Mann, D.L., 'Systematic Win-Win Problem Solving In A Business Environment', TRIZCON2002, St Louis, April 2002.
[5] Mann, D.L., 'Klondike Versus Homing Search Strategies', TRIZ Journal, February 2002.
[6] DeBono, E., 'Six Thinking Hats'. Penguin, 1988.
[7] Care, I., Mann, D.L., 'Mind-mapping and TRIZ', TRIZ Journal, www.triz-journal.com, January 2001.
[8] Bayne, R., 'The Myers-Briggs Type Indicator', Nelson Thornes, 1997.
[9] Kirton, M.J., 'Adaptors and Innovators: The Way People Approach Problems', Planned Innovation, 3, pp51-54, 1980.

[10] Boden, M., 'The Creative Mind: Myths and Mechanisms', Basic, New York, 1991.
[11] Cooper, L., Shepard, R.N., 'Turning Something Over in the Mind', Scientific American, December 1984, pp106.
[12] Regis, E., 'Who Got Einstein's Office?: Eccentricity and Genius at the Institute for Advanced Study', Addison, Reading, MA, 1987.
[13] http://www.buffalostate.edu/~cbir/ cbirgenb.htm
[14] Hofstadter, D., 'Fluid Concepts and Creative Analogies', Harvester Wheatsheaf, London, 1995.
[15] Mitchell, M., 'Analogy-Making as Perception', MIT Press, Cambridge, MA, 1993.
[16] Dasgupta, S., 'Creativity In Invention And Design', Cambridge University Press, 1994.
[17] Claxton, G., 'Hare Brain, Tortoise Mind', 4th Estate, London, 1997.
[18] Hudson, L., 'Frames Of Mind', Methuen, 1968.
[19] Root-Bernstein, R. & M., 'Sparks of Genius', Houghton Mifflin, Boston, 1999.
[20] Gelb, M., 'How To Think Like Leonardo Da Vinci', Thorsons, London, 1998.
[21] Levesque, L.C., 'Breakthrough Creativity: Achieving Top Performance Using the Eight Creative Talents', Davies-Black Publishing, April 2001.
[22] Ramachandran, V.S., 'Phantoms In The Brain', 4th Estate, London, 1998.

04

第 4 章

系统算子：九屏幕法

HANDS-ON SYSTEMATIC INNOVATION

FOR BUSINESS AND MANAGEMENT

> 我们总是从自己的视角去看待事物，而不能看到事物的本质。
>
> ——Anaïs Nin

虽然从时间和空间的角度进行思考，以及这种方法在整个系统性创新中的重要性，在前面的章节中已经提及，但是系统算子或者九屏幕法仍值得利用一章来论述。我们把九屏幕法放在深入探讨系统性创新过程中每个个体元素的细节之前，是想要表示，如果想在这个过程中取得重大的成功，必须在这个过程的每个环节都意识到并且使用这种方法。

本章共分 5 节。4.1 节研究和描述标准形式的系统算子；4.2 节从全局的视角分析这个工具；4.3 节介绍解释和利用这个经典工具的不同方式；4.4 节研究在某些问题中，需要经常用到的拓展工具；4.5 节研究如何利用现有的、基于其他视角的创造性工具拓展系统算子方法。

4.1 系统算子概念

系统算子"工具"是一种帮助用户从时间和空间视角思考的简单方法。这种方法的基本规则是把"整个世界"分成 9 个部分，如图 4-1 所示。

九屏幕法中间的那个屏幕表示我们自然而然就会想到的问题的当前状态。换句话说，也就是我们当前的研究和关注对象。当被问到"如何设计更好的销售模式"时，我们的脑海里很可能立即就会浮现出现在时兴的某种产品的销售模式（系统），这种模式是当前已知且流行的（现在）。九屏幕法让我们从更大的背景（超系统）（组织、所有的客户以及目前还不是客户的人、可能是渠道之外的人，以及互补企业等角度）去考虑销售模式。这个工具也能够让我们尽力近距离观察，看清楚对象的细节。这些更精细的细节也就是"子系统"，包括销售人员、必须填的表格、交流的方式以及同意的折扣等。也包括未来的销售模式，比如提供新的网站地址（不远的未来，时间比较短），销售模式将如何变化；或者如果出现新的竞争者、新的销售渠道，或者市场趋势发展到了退出市场的阶段，改变了整个市场的动态性（时间很长的未来），销售模式将如何变化。图4-2说明了当我们更彻底地去考虑销售模式的设计时，有可能要考虑的主要时间和空间特征。这样做的关键在于帮助我们克服只考虑当前和当前系统的心理惯性。

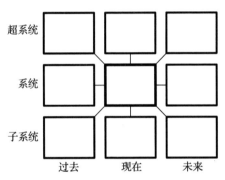

图 4-1　系统算子的"九屏幕"

第20章我们将探讨这个工具更多的细节内容。现在，更重要的是我们要意识到，当我们在思考一个问题的情景时，习惯思维总是把我们停留在"现在和系统这个层面"上，以及九屏幕法是如何帮助我们克服这种负面影响的。

为了有效地利用九屏幕法，我们需要做的第一件事情就是定义什么是"系统"，什么是"现在"。在销售模式这个例子中，我们定义"系统"为，我们的组织以及它的客户/供应商；我们定义"现在"为目前向客户销售的方式。

基于以上定义，我们可以进一步定义什么是超系统、子系统,以及什么是过去、未来。把这些东西标注在九屏幕法图上,如图4-2所示,通常是很好的想法。这样做不仅帮助我们如何选择分割一个给定的问题,而且帮助我们从其他可能的角度去定义问题。在分析的最后阶段,我们是如何来定义我们认为的"系统"和"现在"的分界线并不重要,重要的是在解决问题的全过程中,我们要始终保证这种定义的一致性。这是九屏幕法的重点。

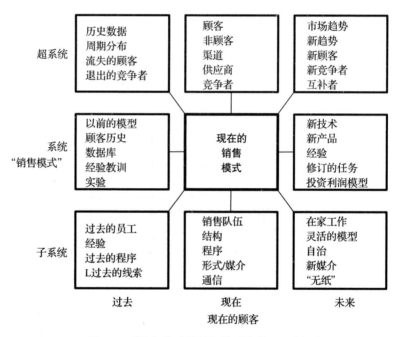

图4-2 "销售模式设计"的系统算子示例

从"销售模式设计"的角度来看,系统算子希望我们更全面地考虑我们的任务;因此改善我们的设计,不仅包括当前客户的体验,而且也应包括图4-2所示的所有方面(还有在真正设计销售模式时,我们可能也会考虑的其他因素)。

系统算子概念用于问题解决的全过程(注意,在本书的后续章节中,把"问题解决"作为简称,表示从问题定义、问题解决、机会寻找，到机会开发的全部创新过程），但有可能我们经常陈述不够。在问题定义过程中（参见第 5 章"问题探索"），当我们在寻找资源、识别限制条件、详述设计要求时，我们应当利用九屏幕法；在思路产生过程中，我们也应该利用这个工具；在评估我们的方案时，我们也要用到它。

其他视角

系统算子的九屏幕法是一种简单而有效的方法，引导问题解决者从不同的视角查看他们的问题情景。然而，九屏幕法这种工具在很多方面还是很粗糙的。比如，当使用"过去"或"未来"这两个模糊概念来提示问题思考者时，其粗糙是显而易见的。在上述销售模式例子中，"未来"有可能是几天，也有可能是几年。一个简单的囊括这种思考的广泛性的方法是扩展的系统算子，如图 4-3 所示。

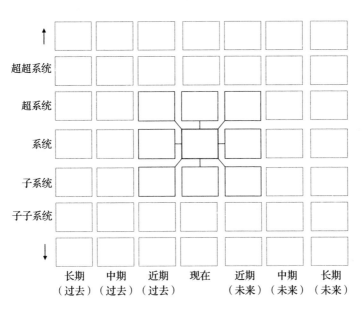

图 4-3　扩展的多屏幕系统算子

在时间和空间维度上，这种扩展的屏幕可以被进一步扩展为无限的数目。在空间轴上，分割子系统、系统、超系统为许多不同的视角，就如同相机在一个取景对象上"拉近、拉远"一样。在时间轴上，笔者曾遇到过一些具备高创新性能力的人，他们把时间屏幕分割到足以在他们头脑中放映电影的程度，从最初到最后追踪问题的演变。电影影像似乎是把时间和空间结合起来的非常有效的方式——胶片随着时间放映，影像在特写或远景之间拉近拉远。

4.2　全面的九屏幕法

在本节中，我们尝试把系统操作与全面的时间和空间框架结合。其实我们这样做并非是想要得出包罗万象的哲学结论，而只是强调我们在利用系统算子工具的过程中能够获得的变化视角。

跨学科团队经理面临的一个需要考虑的问题是，在他的团队中的每个人看待事物的视角都是不同的。在这些不同的世界观中，有一部分可能只是感知不同——这个问题我们留到第 9 章讨论——但是另外一部分更具根本性，往往与不同人的教育背景和禀赋相关。

将上述"电影"扩展分割的思想进一步扩展，就会把我们引向更加完整的事物全景图。一幅"完整"（不管它是什么，就按我们现在的理解）的时间和空间图，如图 4-4 所示。上下方向的纵轴代表空间，横轴代表时间，左边代表消失的过去，右边代表未来，如同九屏幕法，现在把这两个数轴扩大到它们的极限，这幅图显示的是巨大的时间-空间框架。框架的边界是从 100 亿年前的大爆炸开始的，假设未来延续足够长，但也不必无限长（没人说任何事物都必须对称，对吧？），在纵轴上，将空间放大到质子或者电子，拉远到由于大爆炸产生的整个宇宙。

这个想法至少有一部分灵感来自于 Charles 和 Ray Eames 的著作（参考文献［1］）以及他们关于观察身边事物的视角放大缩小时所获得的精妙结论。如同 Eames 模型，用对数就可使整个地球的历史与未

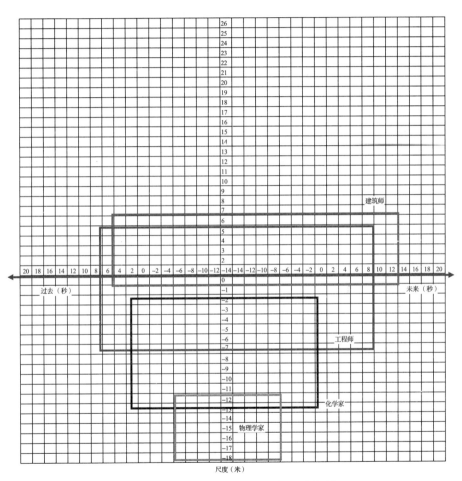

图 4-4 经典九屏幕视角的时间 - 空间域

来在一张图上展现出来，虽然我们也不必为这种细节问题而自寻烦恼。

除了完整的全时间和空间标尺外，这张图还示意性地显示了拥有不同技术的不同人如何定义问题边界。因此，这是该部分的一个重点——其他科学、工程或者管理学科可能有不同的超系统、系统、子系统、过去、现在、未来的时间和空间定义。物理学家对未来电脑芯片的概念是，越来越对 10^{-9} 或者更少的时间测量单位感兴趣，因此，对他们来说，代表现在和未来的不同线条很可能离中心轴很近，而以数年来考虑"过去"和"未来"似乎很荒唐。

同样，宇宙学家、考古学家、生物学家、物理学家，或者管理某组织中的某部门的管理人员所画的地域图，各有不同的视角。这不能说他们中的任何一个是错的，而只是表示他们是不同的，在各自的领域中，他们很可能在不同的地方定义他们的 9（或无论多少）屏幕的边界。事物的差异性是绝对的。

当然，我们也不是说，在设计新的销售模式时我们应当始终从大爆炸开始考虑。虽然不全是这样。这里的时间 - 空间图表要做的是，让我们能够意识到现实世界远比我们个人的视角大，更重要的是，我们每个人都有潜在的思考边界在哪里的不同方式，而且，别人的视角有可能有助于我们解决问题。在 4.3 节，我们将看到，当我们的知识一步步朝向子系统时，不同人的视角可以相互启示。

4.3 屏幕之间——改变视角

系统算子工具使用过程中，常见的问题来自于我们制作和审视图表的方式。制作和审视图表时，我们几乎总是与 9 个屏幕处于分离状态，我们或者从上而下，或者从外向内观察 9 个屏幕。虽然取这样的姿势有时候是非常正常的（在 4.4 节，我们将更详细地研究至关重要的三维情形），但这样做也会妨碍我们对问题真实情况的理解——我们希望在此说明，这会严重削弱我们有效地解决问题的能力。

本节的目的在于研究我们作为站在外面的观察者看 9 个屏

幕，与我们走进屏幕从里面看这个问题时的不同。

一种方式是把我们自己放在每个屏幕里，然后从这个屏幕的新角度看其他的屏幕，如图4-5所示。

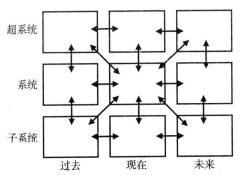

图4-5 用九屏幕法改变看问题的视角

如果这幅图你很难想象（毕竟我们生活在三维的空间里），那么一些人发现可以把这些屏幕看成自己身在其中的"房间"，然后从这个房间看向其他的房间，如图4-6所示。

图4-6 把9个屏幕变成9个房间

对于任何给定的问题或者机会，如图4-5所示的任何视角都可能给我们提供宝贵的解决方案的新见解。从大量案例来看，以下的视角证明可能是最有用的，而不需要查看所有的这16个视角。

4.3.1 换位思考

把自己放在别人的位置上是使我们更好地理解从别人的角度是如何看待问题的非常好的方式。很多管理人员不管不顾下级的感受。也有很多管理人员不能够领会他们的顾客以及供应商现正在经历什么。对于与下级有关的问题，我们把自己放在标有"子系统，现在"的屏幕里，然后向上看系统，这是一个很好的基于换位思考的视角。同样，如果我们现在面临的问题与外面的人或系统有关，那么我们把自己放入标有"超系统，现在"的屏幕里，然后朝下看系统，也能帮助我们更好地领会外部视角。第20章将通过所谓"极端人士观点"工具来探讨后者。该工具有意识地强迫我们不仅要从在不同屏幕里的"一般"人的视角看问题，而且要研究位于极端极限上的人的观点。

"超系统，现在"的意思是"成为超系统的一部分然后向里看系统"，或者"当我们从外部视角看系统时，系统看起来像什么？"。粗略地理解，这个视角可以被看作一个用户看一个产品。更重要的是，从问题解决者的视角，不仅仅要鼓励他们意识到超系统的存在（这是传统的九屏幕法工具尽量要做的），而且要鼓励他们将自己置于客户的位置，从客户的视角看系统。对于很多人来说，这个概念是老生常谈。不幸的是，世界上太多的"坏"的商业模式告诉我们，经理和战略家们（他们常被限制在特定的工作系统里）并没有换位思考。

机场或许是一个很好的例子。大部分称为"机场"的系统都没有从乘客的角度考虑。尤其可悲的是，当我们经过某国家的机场时，机场建设会为我们展示该国家最初和最后的印象。那些不得不经常拜访机场的人，感觉到作为"乘客"是渺小的，显然也是超系统中感到不方便的那部分。这种超系统主要是为满足机场经理们的快速通道要求以及建筑师的脆弱的自尊心而设计的。

如果有更好的方法会怎么样？如果建筑师和经理们从超系统视角看待事物又会怎么样？

- 他们是否想过，让乘客在等候大厅干坐着，然后在飞机上更加无所事事地过几个小时，然后强逼他们忍受可能另外几个小时办入境手续，是让乘客享受出行时间吗？
- 他们有没有考虑到乘客的笔记本、手机、随身听等在过去

5年里变化惊人，但是电池电源并没有跟上，所以他们会有电量耗尽的问题？
- 他们是否意识到越来越多的顾客希望随身携带行李，因此，如果他们能做主的话，他们越来越不喜欢自己的行李被检查？
- 他们有没有意识到许多商务旅行者旅行是为了参加会议，如果在机场有便捷的会议场所，而非让他们找地面交通工具载他们去不熟悉的会议地点，他们会非常开心？

诸如此类，不一而足。更不必说如果再看所谓的航班系统（"折磨人的工具"？），我们会如何讨论"换位思考"问题。

4.3.2　站在未来，回看现在

以这样的视角解决问题的人所获得的收益的例子包括目前所知的周期性问题（"你的顾客是你的孙子"）、变化的人口统计学（20年后，当我自己已成为社会保障的受益者，我对养老系统会怎么想？）、维修问题（笔者有亲自设计用于传统环境中的解决方案的经验，结果发现，仅仅经过很短时间，实际应用时，这种"传统环境"便已完全落伍），还可想想社会的不同阶层以不同的速率发展所造成的各种矛盾所构成的未来超系统。我们还会在第14章专门返回讨论进化趋势问题，以及这些问题如何影响我们思考设计和管理商业系统的方式。

4.4　另一个维度

上节中，我们探讨了当我们把自己放在系统算子的九屏幕之外时，会发生的一些问题，以及我们如何去解决这些问题。在本节，我们将分析为什么会产生这种分离状态，以及这种"为什么"对一些问题和机会场景的影响。在研究这种情况的过程中，我们也会看到，系统性创新是如何通过神经 – 语言程序（Neuro-Linguistic Programming，NLP）来整合类似但开发得更完善的工具并获益的，以及这种整合反过来是如何影响我们定义和解决问题的。

我们用如图4-7所示的立体经典九屏幕来研究当我们根据TRIZ的几何级进化趋势，跳出二维模型的视角进而加入第三维视角时，会发生什么。

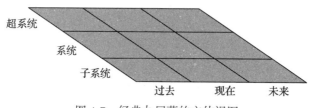

图4-7 经典九屏幕的立体视图

第一个问题是，我们用这个第三维能够表达什么？神经－语言程序（NLP）和Robert Dilts的著作[2-3]给出了答案，他绘制了如图4-8所示的版本。如果经典的九屏幕法描述了空间－时间平面，那么Dilts建议的第三个平面应当表示为不同层次的人类意识。第一个平面代表物理现实。后续平面表示我们感知物质世界和受到物质世界影响的方式的意识层次体系，从最下层表示我们置身于物质世界的反应方式，直至上层表示我们本身如何受到物质世界影响。

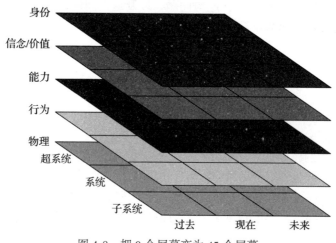

图4-8 把9个屏幕变为45个屏幕

由这张图引发的哲学问题的深入细节不在本书的讨论范围之内，但对于任何感兴趣的人来说，可以参考相关文献。此外，我们将探讨，我们能从这张图中得到哪些有助于我们解决现实问题的启示。

Dilts 实际上用第一、第二、第三人称依次代表九屏幕法定义的子系统、系统和超系统。这为我们利用九屏幕法的方式增加了一个有趣的视角，但这也不在本书讨论的范围之内。

许多管理人员都本能地觉得从时间和空间角度考虑问题的九屏幕法不错。这种视角对于实体组织的设计和管理是适合的。另一方面，这种二维视角对很多管理问题和"人"的问题就不那么适合了。如果想成功地定义和解决实际问题，这种与"人"相关的问题必须要考虑与人类行为相关的所有问题。从神经‒语言程序视角看，这需要分析所有的 5 个层次。关于管理类型的问题，只要用下面的两个层次，就比目前大部分看待和解决问题的方式好得多。

4.4.1 地图和领地

根据 5 个层次中的底部两个层次——"物理"层和"行为"层（如图 4-9 所示）——我们即可直接意识到"现实"与我们对"现实"的感知之间的不同。用更加一般的说法，这两个层次分别代表"领地"和"地图"；"领地"表示现实的存在，"地图"代表人对领地的认识。有时候，这两者非常接近，但有时候并不如此。当有差异的时候，它们就成了矛盾的来源。一旦有了矛盾，我们就可以利用相关的矛盾消除工具（第 11 章和第 12 章）来帮助改善目前状况。

4.4.2 地图和领地的不同

关于因地图和领地之间的不同而导致矛盾的例子的文献资料非常多。在参考文献［4］的"解构公司文化"中可以找到作者搜集的例子。该书作者 Eileen Shapiro 是这样描述这种"内部游戏"的：

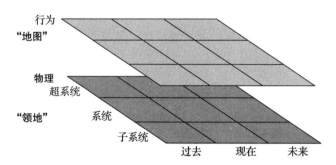

图4-9 地图不等同于领地——物理层与我们对它的感知的区别

制订的规则（"地图"）	实际执行的规则（"领地"）
"质量第一"	"不管质量如何，只要能售出即可"
"从不销售给顾客不需要的东西"	"订单第一，销售与奖金挂钩"
"从长远角度来看我们的生意"	"超出季度预算，你死定了"
"我们有宽松的环境，知无不言，言无不尽"	"报喜不报忧（除非你不想干了）"
"开发人才是我们的重要任务之一"	"花时间开发人才的经理是弱者，不能胜任管理工作"
"提高效率……"	"……尽量减少岗位"

意识到"内部游戏"的矛盾，当然不等于有了解决方案，但是对地图-领地矛盾的认识至少是好的开端。

4.4.3 玛莎百货

玛莎百货（Marks and Spencer，M&S）一直把自己定位为高档连锁百货的高端水平。它的顾客群传统上由中产阶级家庭构成，竞争对手也是其他高档连锁店。从一般的盈利和零售业价格折扣来看，它们保持在稳固的中间位置。

很不幸，最近越来越明显的是，由玛莎百货绘制的闹市区商场的收益-价格地图不同于零售业高得多的收益-价格领地，如图4-10所示。

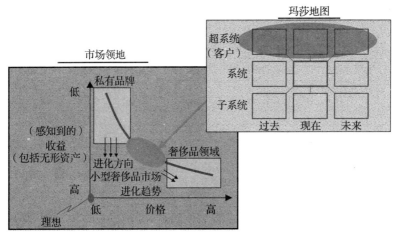

图 4-10 玛莎百货的地图与领地

以上现象并非绝无仅有,事实上,我们可以观察到从家居到身体护理、从汽车到航空的各种各样的市场中企业绘制的相似地图,领地成了处于中间位置的企业的威胁。在玛莎案例中,领地实际上也包括在收益－价格的低价格区域的贴牌产品和大量细分市场,但更值得注意的是收益－价格另一端的"轻奢侈品"(参考文献[5]有这个趋势的更详细的讨论)。在这个庞大的零售业中,玛莎只是一个角色,除非它意识到它的地图与领地的不同,否则当贴牌和"轻奢侈品"按应有趋势逐渐吞食玛莎的地图时,玛莎的实际市场会越来越小。

(针对像玛莎百货这类情况,简单但非常有效的补救措施是发明原理13(第11章),然后问这样一个问题:"谁不会买我们的产品?"市场份额扩大的原因可能往往存在于现存的客户群之外。)

4.4.4 约翰——迟钝的生产线经理

因地图和领地的不同而引发问题的另外一个例子是"迟钝的生产线经理"问题,这是 TRIZ 的一个著名案例,在参考文献[6]中讨论过。本质上说,问题来源于图 4-11 描述的因果图的分析结果。

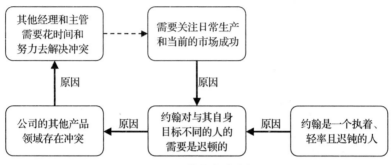

图 4-11　迟钝的生产线经理

关键冲突在于约翰利用他控制之下的所有资源来实现团队的目标，但是他的这种做事风格削弱了士气，致使组织的其他目标低效率。上述分析在参考文献[6]中有详细的论述，展现了解决"约翰应当在但却不在"的矛盾应采用的发明原理的简单应用。

如在参考文献[7]中讨论的，对矛盾背后根本性原因的理解有助于找到更好的解决方案。在此我们建议，要更好地理解问题，不仅要意识到"地图"与"领地"的不同，而且应知道不同的参与者有不同的"地图"。图 4-12 描述了这一观点。

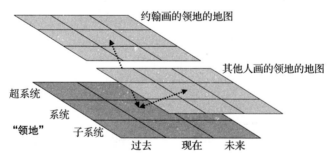

图 4-12　迟钝的生产线经理——同一领地的不同地图

图 4-12 可以为每一个人理解相同问题的多样性提供基础。它不仅帮助我们认识到"约翰应当在但却不在"的矛盾，而且还帮

助我们理解其他更适合解决的矛盾,如约翰对地图与领地的理解,以及其他人对地图与领地的理解。在第 12 章中我们会再次更仔细地讨论这个问题。

4.5 整合其他视角

前面章节介绍了表示感知、人的信念和人际关系的第三维的内容,下面我们假设"空间 – 时间 – 界面"(如图 4-13 所示)的三维观察系统可以应用到以上所有对象。但是,为了清晰地说明问题,我们主要关注传统的空间 – 时间层。

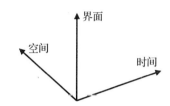

图 4-13 三维的时间 – 空间 – 界面系统算子的轴系

4.5.1 合作性竞争

参考文献 [8] 中讨论的"净价格"中的合作性竞争(co-opetition)概念提供了九屏幕法与其他方法的结合,以便为给定的问题或者机会确定范围和框架。当你从整体上考虑商业导向问题时,在合作性竞争中讨论的价值网络(参考文献 [9])非常有意思,它提供了比传统方法更加宽阔的解决思路。事实上,"价值网络"出现在系统算子工具内的每一个屏幕中,如图 4-14 所示。

如参考文献 [8] 所述,顾客 – 供应商 – 竞争者 – 互补企业的合作性竞争模型与九屏幕法的整合很重要,这是因为价值网络随着时间和空间的变化而变化。

4.5.2 SWOT 分析

根据九屏幕法与合作性竞争的第一次拓展,图 4-15 说明了把经典 SWOT(Strengths,Weaknesses,Opportunities,Threats,优势、劣势、机会、威胁)分析方法整合入系统算子框架。

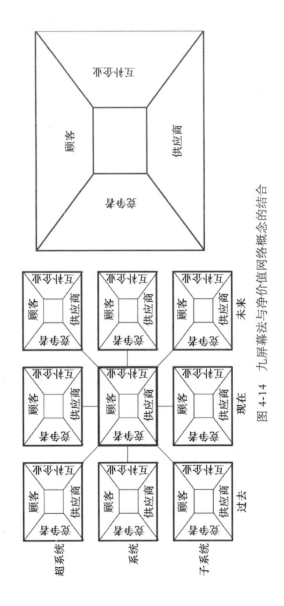

图 4-14 九屏幕法与净价值网络概念的结合

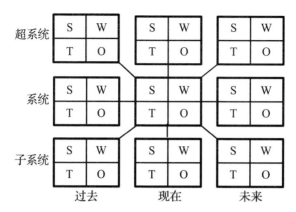

图 4-15 九屏幕法与 SWOT 分析法的结合

SWOT 分析作为处理问题、机会或者创新的方法,广泛应用于商业领域。它使人或者团队在分析问题时,从不同的角度看待问题——什么是我们擅长的,什么是我们不擅长的,什么事物可以帮助我们变得更好,什么事物阻止我们变得更好。

把这种思想方法与九屏幕法结合起来,给了我们更多有用的视角。在很多情况下,可特别关注在九屏幕法的"未来"位置和"超系统"位置重复使用 SWOT 分析方法。关于"未来"视角,重新考虑关于机会和威胁的问题非常重要,因为这可以强迫团队不仅考虑未来会发生什么,也应考虑他们的竞争者以及市场会做什么。类似地,从超系统的视角问相同的问题,将拓展团队的视野,超越自己现在所处的行业,看到其他的行业。

针对上述两点举例,假如自己是极力想开发商业上可行的电动车的汽车制造商,从系统的现在层面考虑"威胁"(按传统的 SWOT 分析的做法),我们很可能会想到其他汽车制造商在做什么。这很可能使我们进入心理惯性的陷阱,不停思考其他制造商一直在开发的相同的混合动力汽车和燃料电池技术。无疑这是必要的,但还远远不够。从超系统的角度做 SWOT 分析,会将我们引向已经可行的电动车辆系统,如高尔夫球车、邮政货车。根据参考文献[10],这些产品很可能通过进化和改进来代替由福特和通用汽车开发的电动汽车。从"未来"视角进行SWOT分析将进一步促进包括太阳能和电池技术的进化（可能还包括进化极限），而且在未来超系统层面，考虑内容还包括全球变暖、交通堵塞和更好的公共交通系统的发展。

考虑图4-13展现的第三维（"界面"维度），应注意SWOT分析方法与界面的不同等级层次（环境、行为、能力、信念、身份）以及在不同视角分析时是如何变化的（地图不是领地），这些分析已经在神经-语言程序的一些形式中得到应用——应用的案例见参考文献[11]。

4.5.3 联合/分离

当我们考虑联合（association）与分离（dissociation）战略时，神经-语言程序（NLP）给了我们另外一个更好利用九屏幕法的方式。我们是否能够既从内部（即我们是相关问题的一部分，并且有情感上的关联）又从外部（我们在相关问题之外，客观地看待此问题）以分离状态研究事物，参考文献[11]讨论了这样做的重要性和好处。在某些方面，这种思路与本章第3节讨论过的9屏幕的思路很相似，尽管这里我们非常强调比较分离和联合两个视角。图4-16在九屏幕法工具背景下更加明确地展示了这种基本思路。

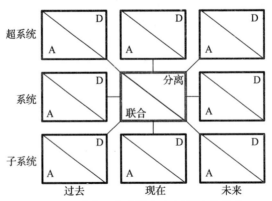

图4-16 联合/分离法与九屏幕法的结合

如同参考文献［11］中描述的，联合和分离我们所选择的情景的能力是 NLP 的基石之一。通过借鉴过去成功的经验，并把这些成功经验应用于未来情景，以便帮助人们解决（基本的）人与人之间关系类型的问题，NLP 模型可以更加充分地利用空间 – 时间轴。

4.5.4 VAKOG

VAKOG 表示视觉（Visual）、听觉（Auditory）、触觉（Kinesthetic）、嗅觉（Olfactory）和味觉（Gustatory）。首字母缩写是为了让我们更好地记住人类的 5 种主要感觉。重点是，至少从问题解决的角度看，我们容易忘记系统中不曾使用的感觉。在许多问题场景中，应用所有感官都是很重要的。为了在发明原理（原理 28 "机械系统代替"，见第 11 章）中增加关于增强各种感官作用的参考，会进一步强调增强更多感官的协调作用对于解决问题的重要性。关于九屏幕法，重要的是，如果我们不仅在当前系统中能意识到这 5 种感觉，而且在其他 8 个屏幕中也能如此，那么我们就能创造新的问题定义和解决方案。

图 4-17 说明的基本观点是强调这章的主题——我们能够获得的问题定义工具中的任何一种在系统算子中都可重复利用 9 次。如果我们选择利用三维空间 – 时间 – 界面屏幕结构，就可以重复利用 45 次。

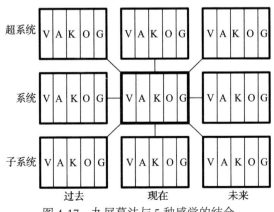

图 4-17　九屏幕法与 5 种感觉的结合

4.5.5 屏幕太多？

任何使用过 SWOT 分析方法、联合/分离方法或者其他任何分析方法的人，都知道在全部分析过程中始终保持精力集中（需要求生的意志？）是非常困难的事情。在系统算子工具中，所分析的组成部分可能增加了 9 倍，那么在这种情况下，如何对如此众多组成部分保持专注？答案是，这取决于具体情况。如果是一场单一的头脑风暴会议，那么其结果很可能是几乎不会产生任何影响。如果召开多次头脑风暴会议，或者是分成若干个分别讨论不同部分的小组会议，那么获得有益效果的机会就会显著增加。根据修正的墨菲定律，一个不幸的事实是，你选择不分析的内容，很有可能包含可以产生最大积极影响的创造性灵感。

总结

1）要促使解决问题的人认识时间-空间的重要性，并据此思考问题，九屏幕系统算子工具是一种非常有效的方法。如果我们想取得好的效果，在使用系统性创新工具的任何不同部分时，这种思想都应当贯穿始终。

2）然而，这是对连续的实际问题的简单分割。有些人似乎对这种放大、缩小电影式的方式很习惯，但其他人依然需要一些帮助。

3）这个工具明确地帮助我们避免常规思维的瓶颈，即习惯于只考虑问题的"系统"层和问题的"现在"情况。

4）"地图不是领地"是在我们不能有效解决问题的情况下常用的表述。问题的实际情况和我们对这种实际情况的感知可能存在很大差异。然而，我们在这里看到，九屏幕法是让我们依据时间和空间考虑问题的有效方法，但是如果我们不小心，那么也可能使地图与领地相去甚远；"领地"在时间和空间上是连续的；它不是一系列分割的屏幕；"领地"通常也比我们的九屏幕视角大得多。

5）不同的人画出不同的对应于领地的地图。"不同的地图"代表了分歧和矛盾的根源。意识到这些不同——通过了解系统算子中的第三维（"界面"维度）——至少提供给我们机会去更好地理解冲突是如何产生的，以及我们如何利用系统性创新工具解决这些冲突。

6）在一定时间内，我们的大脑似乎只习惯于在很小的空间和很短的时间范围中工作。九屏幕法有助于我们自觉地突破思维定式，由此我们建立了一幅心理地图，这幅心理地图允许我们把自己放到时间轴上的任何一个时点。

7）原始的九屏幕法，不管是有意还是无意，把我们与问题分离；让我们从每个屏幕的外面往里面看。在某些情况下，这是非常有用的看问题的方式。然而，在另一些情况下，九屏幕法以错误的方式把我们与问题分开。意识到这个问题，也就有了一半的解决问题的方案。

最后的思考

无论我们选择九屏幕法的哪种形式，在整个系统性创新方法中，它都是很重要的元素。在应用系统性创新工具箱处理任何问题时，我们都会感受到（或应该感受到）九屏幕法的存在，这也正是在本书中随处可见其身影的原因。从时间和空间的视角考虑问题的思路在很多管理学书籍及其相关领域中经常被提到。加入"界面"或者"关系"的第三个维度，提供了另外一个重要的思考方向。无论把事物分成9个屏幕或45个或者更多，我们都只是利用分割原理，来帮助我们更有效地处理复杂问题。在本章中我们已暗示过，有比仅对时间和空间分割更多的分割方法。已有人解决过你面临的问题；不同的人喜欢不同的分割方法。在某些情况下，某些分割法比另外一些有用，但是，最终适合你工作方式的方法才是最好的。

我们将在后续章节中说明应从时间、空间、界面角度思考相关情况，以及在九屏幕法工具基础上给出如何把利用这个工具的思考纳入问题定义以及生成解决方案过程中的建议。

我该怎么做

1）考虑你的问题和机会。定义"系统",定义"现在"（这种定义可以是比较随意的,只要在定义后,保持一致）。

2）画9个屏幕。在"系统"和"现在"定义基础上,定义"过去""未来"的含义,以及"超系统""子系统"分别包含什么。关于时间,应考虑"问题之前"和"问题之后"。对于过程类型问题,可能需要更细的时间分割,而不仅是分为"过去、现在、未来",见图4-1。

3）接下来阅读第5章。

参考文献

[1] Eames, C. and R., 'Powers of Ten Interactive' CD-Rom, http://www.eamesoffice.com/
[2] Dilts, Grindler, 'Neuro-Linguistic Programming Volume 1', Meta Publications, November 1989.
[3] Dilts, R., et al, 'Tools For Dreamers', Meta Publications, 1991.
[4] Shapiro, E.C., 'Fad Surfing In The Boardroom – Reclaiming The Courage To Manage In The Age Of Instant Answers', Addison-Wesley Publishing Company, 1995.
[5] Popcorn, F., 'EVEolution', Harper-Collins, 2000.
[6] Kowalick, J., 'THE TRIZ APPROACH Case Study: Creative Solutions to a Human Relations Problem', TRIZ Journal, November 1997.
[7] Mann, D.L., Stratton, R., 'Physical Contradictions and Evaporating Clouds', TRIZ Journal, July 1999.
[8] Mann, D.L., 'Laws Of System Completeness', TRIZ Journal, May 2001.
[9] Nalebuff, B.J., Brandenburger, A.M., 'Co-opetition', Harper Collins Business, 1996.
[10] Christensen, C.M., 'The Innovator's Dilemma', Harvard Business School Press, 1995.
[11] Merleverde, P.E., Bridoux, D., Vandamme, R., 'Seven Steps To Emotional Intelligence', Crown House Publishing Ltd, 2001.

05

第 5 章

问题定义：问题探索

HANDS-ON SYSTEMATIC INNOVATION

FOR BUSINESS AND MANAGEMENT

> 如果我真的问公众他们想要什么，他们会要一匹跑得更快的马。
>
> ——Henry Ford

> 如果我真的问公众他们要什么咖啡，恐怕他们会要一杯双份焦糖脱脂的卡布奇诺。
>
> ——Modern day equivalent，J. M. Dru

在这一章中，我们研究问题定义过程的基本内容。我们将用"问题"这个术语表示任何我们想要对其做出某些改变的情况。对于"问题"，从字面上看，这表示我们有了问题（"如销售下降了"），或者它也可以表示事情处于正常状态，但我们想看看是否可以通过一些变化让事情变得更好（"银行业下一个杀手级应用是什么？"）。问题探索阶段就是让我们为问题或机会设定语境，并且在开始制定解决方案时，确定什么可做什么不应做的规则。

1）效益分析；
2）资源识别；
3）约束条件识别；
4）"痛点"识别。

这4个部分可以按任何顺序执行，尽管从效益分析开始较好，因为这样可以为其他3部分设定合适的背景。

本书后附录B包含了一张适用于各种类型的问题和机会场景的思路表格。你可在解决问题时复制这张表格。这张表格也包括功能和属性分析（第6章）、S曲线分析（第7章）、最终理想解分析（第8章）和感知映射（第9章）。本章我们仅研究表格中与问题探索和条件设定相关的内容。喜欢电子版的人，可以在www.creax.com的"free downloads"页下载。

在研究完整的问题探索分析的典型例子之前,我们将逐个详细描述问题探索的 4 个部分。

5.1 效益分析

问题探索过程的第一部分,主要为问题的场景设定条件。如表格的首页所示(见图 5-1),这个部分要求我们问一系列问题。

图 5-1 效益分析表

首先要弄清楚问题中涉及哪些人物——谁是顾客,谁是出资人,以及由谁来解决这个问题。除非明确说明,顾客和出资人的区别有时并不明显。在大部分情况下,顾客是问题解决过程结果的接受者,而出资人则是出钱解决问题的人。通常,后者是内部的,前者是外部的,尽管有可能出现他们是相同的情形。看清这两者确实存在的不同是非常重要的,因为他们的动机可能非常不同。

看一下这组问题——"我们想去哪里(目标是什么)?"和"我

们如何知道自己已抵达目的地？"——就可知道情况是否如此。建议首先从顾客的角度回答这些问题，然后从出资人和问题解决团队的角度重新去问这些问题。

建议（但这不是必需的，这并非标准思路的特征）从九屏幕视角考虑"我们想去哪里"。有时还可考虑"顾客/出资人/团队未来想去哪里？"这仅是一种检查问题持久性的方式，以判断在未来解决方法是否有可能发生变化。如果这个问题和对问题的答案在未来会改变，那么我们应更周密地考虑重新回答"我们想去哪里？"。

5.2 问题层次探索

"除非涉及定义问题，否则顾客总是对的"，这是常识。人类大脑总是倾向于认为首次定义的问题是正确的问题，这个看似简单的结论，实则是一个重要的一般原理。许多公司和个人花了难以估量的时间和金钱去解决结果证明是错误的问题，这样的故事数不胜数。探索问题层次是阐明原始定义的问题的周围空间的一种方式。这个工具框架是建立在 Min Basadur 的著作[1]以及根原因分析的人人皆知的"问5遍为什么"哲学基础上的。图 5-2 是这个工具的示意图。

这个工具暗含的基本意思是，利用"何因"和"何物阻止"这两个问题，来各自拓宽和缩窄原始定义的问题。多次重复这些问题的结果产生了一张问题定义的层次表，从这张表中，问题定义者可以选择定义的问题。

下面用一个简单的例子说明这个工具的机理。假设一个人带着员工士气低迷的问题来找我们。这可以作为"原始问题"。然后我们利用上文中的思路表格拓宽和缩窄问题。示例见图 5-3。

这样，我们便可以对问题有更清晰的理解，并明确最终要解决的问题是什么——是不是需要形成创新文化氛围，或者组织关于时间管理的培训，学会如何更有效地沟通，并认识到不充分沟通要花费的成本。

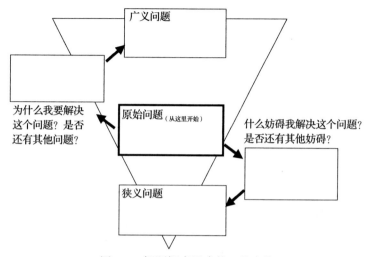

图 5-2 问题探索层次的工具表格

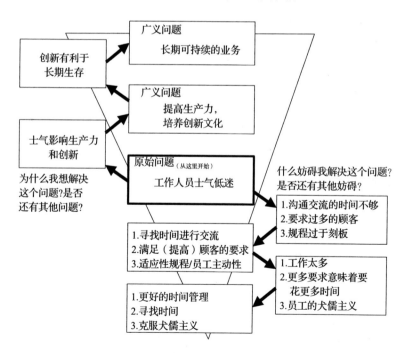

图 5-3 "士气低迷"问题的层次探索

当然，我们可以在两个方向上进一步延伸，并在每个层次上强迫我们自己问"是否还有其他问题"和"是否还有其他因素"这两个问题，以便进一步拓宽空间。越往上层分析，将越接近我们想要实现的主要有用功能（此处就是"长期可持续发展"，这恐怕是在现有组织框架内能得到的最好结果。如果我们跳出这一框架，即分析"何因"问题要求我们所考虑的因素，那么我们就可以将其拓展为地区或者国家可持续发展的问题）。相反，越向下层分析，就越能从微观层面理解事物的本质（比如，"克服犬儒主义"接下来的层次可能是"寻找与过去管理历史完全不同的管理方式，"或者"找出并说服员工中最有话语权的那些人"，或者与我们具体情况相适应的其他任何东西）。

我们用于确定这种工具能最终解决的"正确的"问题的因素通常由我们受到的约束决定（例如，如果知道用于解决问题的经费很少，那么我们很可能在"安排更多时间以满足顾客的要求"的层次而非重建企业文化的层次上解决问题）。在问题探索的约束定义部分，我们的工作仅是探索问题空间。

（最后的思考：这个"何因-何物阻止"工具，在系统性创新过程的其他场合下，从一般的心理惯性消除视角来看，也是有用的。在第 20 章中，可以找到这个工具的应用示例。）

5.3　资源识别

问题探索工具的下一部分内容包括在当前系统或者当前场景的内部和周围识别资源。资源识别一般可表述为"系统内部或者周围没有被最大化利用的任何事物"；尤其当考虑不连续进化趋势以及进化潜力的概念（第 14 章）时，这意味着通常可找到的资源能够列出很长的清单。

系统性创新过程针对资源识别的主要思路是用系统性方法帮助我们寻找资源。如图 5-4 和图 5-5 所示，最好先用九屏幕工具分割搜索空间，然后分析有形资源（事物）和无形资源（知识、人员）。

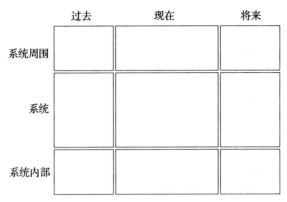

图 5-4　有形资源识别表格

一般来说,头脑风暴法是开展资源识别活动的最简单的方法。把思路图看成动态的文档也很实用——一直伴随问题,而且当新资源被识别后也不断加入文档。通过这种方法,解决问题团队中的每一个人都可以连贯和持续的方式利用文档来分享问题。

没有规则限定用什么顺序填空格,或者所有的方格都必须要填。所要求的是,至少每个空格都要提出问题。

建议参考第 15 章的资源触发器列表,确认你已经考虑了所有可获得的不同类型的资源。有些人发现,在此阶段,研究进化趋势和执行进化潜力评估也很重要。再次强调,这样做并无对错之分。值得一提的是,在资源识别活动中最后要思考的是,在系统内部或者系统周围找到一些没有被充分利用的资源,通常是解决问题的一个非常重要的步骤。资源有助于解决问题。

在知识资源搜索中(如图 5-5 所示),需要问的主要问题是,"以前是否有人已经解决过这个问题?""谁知道这个问题的真正背景?"。对我们周围的人和知识进行检验是很有用的,目的是把我们从另外一个心理惯性效应中解放出来,处于这种心理惯性中,大脑误导我们把自己与外界环境区分开。在其他地方已有人解决了与你的问题类似的问题。系统性创新的这个步骤有助于发现系统内外的知识资源。

	过去	现在	将来
系统周围 （出资人）			
系统 （包括顾客）			
系统内部 （团队）			

图 5-5　知识资源识别表格

5.4　约束条件识别

对问题的约束条件识别形成了下一个在探索问题空间时需要考虑的问题集。所有真实的问题都与约束条件如影随形。当只能用现有员工，成本要降低，又已有解决方案时，这些约束告诉我们，这个不能碰，那个不能碰，不要移动这个，只能移动那个。这些约束中，有些是真实存在的，有些只是人们认为应该有的。无论如何，任何可行的真实世界的系统性创新过程都必须考虑约束条件。

约束条件分析的表格与资源识别的类似，九屏幕法在此也是重要的方法，而且也应区分技术性和其他类型（此处应为"商业"性）的约束条件。参见图 5-6 和图 5-7 推荐的思路图。对于技术性约束条件的识别，我们主要的关注点是不能改变的部件、工艺、工具和设备。

关于商业性约束条件的定义，我们主要对经典的时间、成本、风险和成功的项目管理的关键措施感兴趣。我们也应当考虑任何由技能的可获得性（或缺失）引起的约束条件。如同资源识别，在分析结束后，有可能一些方格依然是空的，重要的是针对每个方格我们至少都要提出问题。

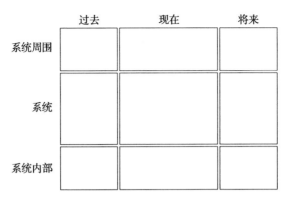

图 5-6　有形 / 技术性约束条件识别表格

	过去	现在	将来
系统周围 （出资人）			
系统 （包括顾客）			
系统内部 （团队）			

图 5-7　商业性约束条件识别表格

关于所有的约束条件，有一个非常重要的问题，即心理惯性作祟；结果是，我们识别的约束条件，经进一步分析证明根本不是约束条件。一旦填完约束思路表格，解决问题的团队应将其作为动态文档，周期性地更正每个约束条件。"为什么这是一种约束？"这个问题是应该经常问的有用的问题。一些经典的问题解决教科书提到过一些扼杀创造性的短语，比如"是，但是……"，此处的"但是"就是人们自以为是的约束条件，意思是我们已经尝试过，或者会花费太多，或者我们不知道如何做。系统性创新方法总是尽力告诉我们的一个至关重要的信息是，无论"但是"指什么,已有人在一些地方找到了这个问题的解决方法。"是,但是……"是人们自以为是的约束条件,不是真实的。

与系统性创新哲学和方法接触越多,人们越相信没有不能解决的问题。这种信念的对与错的争论可能不会终结。无论对与错,有一点是清楚的,那就是,那些问题之所以变得不可解决,是因为我们对其强加上了本不存在的约束。我们不断对已定义的约束提出质疑。

5.5 "痛点"识别

系统中的"痛点"(sore point)是阻止系统获取收益的元素。这个术语和生产或其他过程中的"瓶颈"相类似。根据约束理论[2],如果我们想要改善某种工艺的生产能力,那么痛点与瓶颈没有区别。一般而言,在解决问题过程中的"痛点"也是如此。根据约束理论,在过程的某个时间点,很可能只有一个"痛点"。不清楚该结论是否可进一步推而广之。然而,这个模型毕竟有助于我们集中思考问题症结,思考为什么我们不能实现我们的目标。可以帮助我们识别什么是系统的"痛点"的技术有很多。值得我们关注的技术有:

- 效率审计——针对与系统的性能和效率相关的问题;
- 约束理论——针对与工艺相关的问题;
- 颠覆分析——针对以可靠性为重点的问题;
- 根矛盾分析/有限性矛盾。

效率审计——分析系统内部和系统周围价值流的过程。如果我们要处理的问题具有"提高效率 X%"的性质,那么效率审计无疑是我们需要执行的,以便识别低效率发生在什么地方,以及我们把改进集中在什么方向上。比如,考虑太阳能汽车问题,我们可以建立如下的能量消耗轨迹:

来自太阳的能量

太阳能量转换

能量储存

驱动电机
传输损失
轴承摩擦损耗
轮胎摩擦损耗
车辆阻力
……

通过提供量化的数据，就能知道商业上可行的太阳能汽车需要完善各种性能，其中最重要的包括提高太阳能转换效率，减小轴承摩擦阻力——也许这点比其他方面更令人惊讶。

这个例子实际上是连续能量链。在这种系统中，无论我们改善什么，总体产出中的净收益都增加。另外，许多系统（尤其是制造过程）经常都包含许多平行流的路径。在这种情况下，系统中一些部分的改善并不能增加系统的净收益。在这些情况下，我们需要不同的方法。

约束理论——包括许多识别系统中瓶颈的工具和战略。通常，简单的关键路径分析就能帮助我们识别瓶颈在哪里，或找出"痛点"是什么。

颠覆分析——如果你处理的是鲁棒性问题，那么与效率审计或关键路径分析等价的便是诸如"系统的问题是如何发生的？"的问题。同样，这类分析也同时包含对于商业系统内部及周围脆弱性和非稳健性因素的连续性分析和平行性分析路径，因此我们需要构建一个更加宏大的分析框架，以确保能够找出对系统现有稳健性水平约束最为严重的问题。比如，如果确信由于缺乏顾客反馈、经济的通货膨胀和缺乏竞争情报致使销售和市场模型的稳健性受到威胁，那么颠覆分析可帮助我们理解这三者之间的联系，从而指引我们了解哪些因素比其他因素更重要。

根矛盾分析——许多读者更熟悉根原因分析。有许多有效的工具和技术，帮助问题解决者确定根原因。最简单的技术可能是"问5遍为什么"。包括"为什么失败？""为什么系统没有阻止这么做？""为什么系统没有预测到它？"等问题。

根原因分析最主要的意思是，确定为什么事情会变糟，以便我们既能更正它，（更重要的是）又能阻止它再次发生。

相关的理论就介绍到此。另一方面，当我们真正接触到根原因的机制时，很快会发现，我们对其失去了控制。简单来说，这是因为根原因分析需要数据。问"为什么"，意味着我们必须理解系统。理解系统需要数据。成本和时间经常成为我们继续前进并获得数据的障碍。

一般情况下，用根原因分析问题，只有当根原因并找到的时候分析才会停止。如果这只需要花几小时，那么便没有问题。但是，如果需要一年的时间进行调查、实验和模拟，却仍然没有结果，那么我们应当考虑是否还有更好的办法。

对于在商业和管理背景下根原因分析的一个更严重和特明显的问题，即使我们能够找到根原因，结果也是我们什么都做不了。接下来我们该做什么？如果问题的根原因与政府的法规或银行的利率有关，那我们该怎么办？或者，要解决我们的问题，需要改变其他人正在做的工作，而且我们的问题也不是他们感兴趣的，我们又该怎么办？大多数管理人员都可对其手下发号施令，他们还有一群受其影响的同事，也可能拥有一个愿意倾听其解释的老板。如果问题的根原因属于这个范畴，那么可能有解决它的机会。但是如果问题的根原因属于组织内二三个层级以上的决策，那又该怎么办呢？我们能够影响在那个层次上的决策吗？或者，更重要的是，值不值得花时间和精力，并冒职业风险去处理这样的根原因？大部分案例告诉我们，职业风险是我们难以承受之重。现在，我们的处境是知道根原因却于事无补。

无论是找不到根原因，还是我们对已确认的根原因无可奈何，我们的建议都是，其实有更好的解决方法。我们称之为"根矛盾分析"。根矛盾分析和根原因分析的关键共同点在于，两者都建立在"为什么"的问题上。关键区别在于，根原因分析过于依赖分析和数据，而根矛盾分析仅要求对系统的当前情况有定性的理解。

第二个关键（甚至比第一个更重要）区别在于，根原因分析是与工艺优化相近的方法，而根矛盾分析是识别系统的极限，即在这之上，系统不能再进行任何优化。换句话说，你可能得花无限的时间收集数据以帮助优化系统，但系统却已无进一步优化的余地。

根据我们的经验——现在包括几千个技术和商业的问题——**超过80%** 的问题的根原因是，系统已经优化到了极限。好好想想吧，我们每一个人在组织中的工作是什么，就是用最少的资源获得最大的收益。我们的工作就是要发挥我们设计和运营的系统的最大价值。如果事实是80%以上的问题处于这种情况，那么显然我们需要另外一种方法，而不是根原因分析。

系统性创新工具的矛盾消除工具，是一种帮助我们系统性地从一个优化系统中跳出来，进入更优的系统的唯一的方法。如果我们想要跳到新系统，根矛盾分析可以帮助我们找到我们需要解决的关键矛盾。

这并不是说根矛盾分析无所不能。我们依然需要很多思考——"为什么"通常是5W中最难的——但是至少我们不需要大量的通过高昂代价获得的数据，而且我们很清楚，在任何情况下，解决矛盾都是正确的方向。

W. E. Deming 说："最重要的数字是不知道的和不可获知的。"引用的这句话，尤其与传统的根原因分析相关——这种方法对数据的要求过高。找到根矛盾，通常比找到根原因简单、便宜和快速。这并不是说，我们要完全抛弃根原因分析，仅仅要说明，如果我们花了一个多星期确定根原因却毫无结果，那么也许是尝试使用根矛盾分析的时候了。至少根矛盾分析可以于几个小时之内快速粗略地尝试一下。

根原因分析有时候对优化系统是很有用的。如果系统已经优化到了其性能的极限（许多制造工艺已达到——感谢多年来的持续改善），那也就没有可优化的空间了。改善已经完全优化的系统的唯一方法是改变系统。解决矛盾是实现这个目的的很好的方法。根矛盾分析是找到要解决的关键矛盾的好方法。第11章的案例分析有关于这个主题的详细内容。

图5-8是当我们在系统内部寻找根矛盾时，预先设计好的帮助我们思考的思路图。本章中关于折中技术矛盾和矛盾消除的第5个问题示例证明了这个过程。

当在做这类根矛盾分析时，应记住商业冲突矩阵的31个参数，以便快速从具体问题转化到一般性问题。

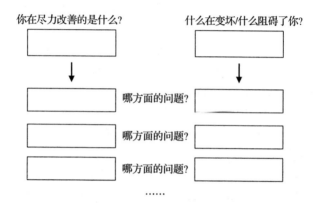

图 5-8　问题痛点识别表格

5.6　最后两点

在创造性活动中，我们的大脑一般会急切地进入解决问题的阶段，这是人类大脑玩的一出恶作剧。问题定义的时间应占解决问题时间的90%，但通常（根据帕累托法则）我们只花了10%的时间在问题定义上。从心理角度来说，在产生解决方案时，我们感觉好像在取得进展。或许更重要的是，在产生解决方案并解决问题时，我们看起来好像在取得进展（至少我们看起来很忙）。问题定义过程常常使我们感觉好像我们在习以为常的方向上前行——我们有可能在解决方案的基础上取得更多成果，或者也可能发现有些因素使我们退步了。结果，我们倾向于说服自己，我们在问题定义上已经走得足够远了，可以开始再次考虑"要取得进展"。系统性创新过程的问题探索部分，可能是我们的大脑感觉最迫切地需要转换到问题解决模式的地方。强烈建议你不要这么着急。也许你讨厌这么做，而且你的大脑也尽力说服你，你已经做得够多了，但是我们所有的证据清楚地表明，那些即使在有了"意外"的收获后依然深入研究问题定义任务的人，他遭受的痛苦和挫折都是值得的。必要的话，阶段性地进行问题定义，或者把不同部分分配给不同的参与者。这点必须坚持。想想你在职业生涯中花的所有时间，再多花15分钟来确保你正在处理"真正"的问题是值得的。

在问题探索工具的最后，第二个经验就是你的智慧（或者集体智慧）会突然爆发出一些解决问题的思路。不应让大家忽略这些思路并直接继续执行系统性创新的过程。在这种情况下，最好的策略就是在思路表中增加名为"停车场"的空格。在停车场的空格里填入所有提出的新思路，以便每个人知道这些思路已记录，随后可以回到这些思路上来。强烈建议在问题探索的最后阶段，安排一个短暂（10分钟）的"思路存储"单元。只是用来证明，当我们回到系统性创新过程的剩余部分时，将出现多少更好的思路。

然后呢?

当完成所有的问题探索步骤后，我们应该继续研究问题定义过程的其他部分，包括第6章和第7章，以及第8章（最好包括）和第9章（如果是涉及与人相关的问题）。在此之后，将跳至第10章，以便找出解决我们定义的问题的最佳工具。

在这些工作之前，下面是一个问题探索的示例。

示例

我们现在只提供针对假设的案例如何填好思路表格的示例，以说明相关技巧，并希望有一些深入分析，而不是解释问题的背景，以及是如何再把背景扩展为问题探索工具格式的。（注意：当我们尝试生成一些有效的解决方案时，我们会在第12章再次遇到这个问题。）

表单 1 利益

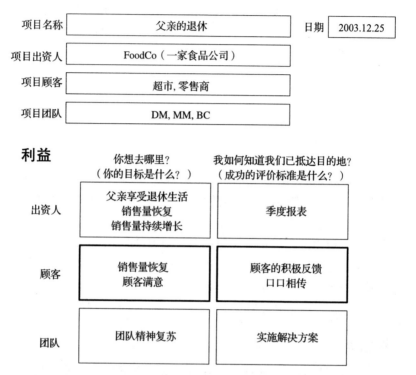

（注意区分"顾客"和"出资人"的重要性——两者可能有不同的目标和不同的成功衡量标准。这个项目旨在不仅要满足这两者，而且要满足"团队"的利益目标。）

在本例中，层级模型已经帮助我们把模糊的"销售下滑"转化为较清晰的表述。"父亲既要退休，又要继续为企业做贡献"的问题至少可以引导我们对问题做更进一步的探讨。事实上，当我们选择利用第12章中的生成解决方案工具的矛盾消除部分时，利用的正是这个起点。

请注意，我们决定在此定义的"系统""过去""现在"和"未来"就是字面的含义，以便每个人与其他人对这些概念都有相同的理解。正如一般习惯，在问题定义过程的这个阶段，我们要评估系统的进化潜力。在资源识别练习中，已经包括了两幅雷达图——一幅显示公司内部组织（在"系统，现在"窗口中），另一幅显示公司与外部顾客的关系（在"系统周围，现在"窗口中）。生成这些图的内容和方法的详细描述见第14章。

表单2　问题层次

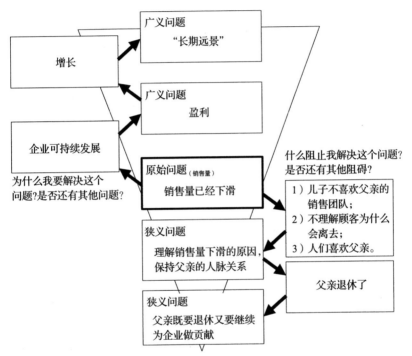

考虑"未来"的约束条件可能有困难，但是总的来说，尝试和预测是极有价值的。当我们在所有的九屏幕表格中确定问题范围和定义"未来"时，把我们希望包括的事件的界限弄清楚是很重要的。当我们思考未来的约束时，尤其要关注在立法、标准、新兴技术、竞争对手和未来可能出现的资源短缺等方面出现的变化。注意，在这里我们已经把来自问题探索工具思路表格中的两种约束表整合成一张表，这是因为在这个问题场景中，没有技术问题。

表单 3　有形资源

	过去 成功的公司-顾客 销售模型	现在 销售量下降20%	将来 企业可持续发展
系统周围	顾客基础	现存的80%顾客源	企业
系统 "公司销售模型"	父亲-顾客关系	父亲、儿子、销售经理	销售经理 儿子
系统内部		父亲-儿子关系 儿子-销售经理关系 父亲-销售经理关系	

表单 4　知识资源

	过去	现在	将来
系统周围 （出资人）		竞争者/竞争者战略	销售计划，针对竞争对手的计划
系统 （包括顾客）	以前的 商业模式	商业模型	市场趋势： 电子商务、 大规模定制、 小奢侈品； 老龄化的自我实现
系统内部 （团队）	父亲关于 顾客的知识	儿子关于生意的知识； 销售经理的背景	

表单 5　商业约束

	过去	现在	将来
系统周围		失去顾客 不会告诉我们为什么	
系统		父亲确实退休了	现金流要求在接下来的3个月中销售恢复
系统内部		销售经理合同	

表单 6　痛点

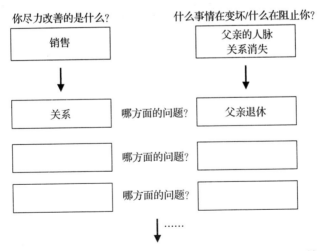

现存系统中痛点的研究清楚地强调了一个事实，那就是在这个问题中，父亲退休了，但我们需要他，那是因为他与顾客建立的关系。这个痛点分析确认了早期问题等级分析的建议，那就是

这个问题包含矛盾。如早期提到的，当我们更详细地研究这个矛盾时，我们将回到第 12 章中生成解决方案背景下的父亲退休的这个例子。

我该怎么做

在系统性创新程序中，我们完成的所有定义的顺序都不重要，可以凭读者的个人偏好确定。然而，许多人选择始于填问题探索思路表格。

思路表格可以通过复印本书后面的附录获取。

完整的问题开发问卷表一般在 1～2 小时内完成。如果你填这张表格用时少于 30 分钟，那么要么你的问题很简单，要么（非常可能！）你对问题没有认真思考。

参考文献

[1] Basadur, M., 'The Power of Innovation', Pitman Publishing, 1996.
[2] Scheinkopf, L. J., 'Thinking For A Change – Putting The TOC Thinking Processes To Use', St Lucie Press/APICS Series on Constraints Management, Boca Raton, 1999.

06

第6章

问题定义：功能和属性分析

HANDS-ON SYSTEMATIC INNOVATION

FOR BUSINESS AND MANAGEMENT

> 有机体不是与外界隔绝的静态系统，也不总是包括相同的组成部分；它是处于（准）稳定状态中的开放系统，在这个系统中，物质从外部环境进入和离开。
>
> ——Ludwig Von Bertalanffy

> 因为你理解1，你以为你也理解2，其实，因为1加1等于2，所以你必须理解"加"。
>
> ——Sufi Teaching

功能和属性分析（Function and Attribute Analysis, FAA）是问题定义流程的3个基本元素之一。它代表了一种系统性方法，用这种方法可分析系统工作的细节。本章我们将研究一种分析方法，这种分析方法专门用于解决组织和商业系统中巨大的复杂性问题。本章分为七个主要部分：

1）简要历史回顾；
2）功能和属性分析方法的基本描述；
3）延伸至无形元素对FAA模型的影响；
4）延伸至时间对FAA模型的影响；
5）延伸至属性建模问题；
6）工具的可选择的增强项；
7）针对影响FAA模型的解释和应用的复杂性问题的研究。

那些对功能分析的历史演进不感兴趣的读者，可能希望直接进入第2部分。第2部分是第3～7部分的必要前置内容。关于本章结构的编排，目的是逐步提高建模的复杂性；对有些问题只需要建立简单的模型，而对另外一些问题则需要额外的特性和能力。

6.1 简要历史回顾

功能分析起源于 20 世纪 50 年代后期到 60 年代早期的通用电气公司 Larry Miles[1] 的开创性工作。初创的 Miles 的方法已认识到在系统设计中功能与功能性的重要性，而且毫无疑问给使用这个方法的用户带来了利益。功能分析的这个版本提供了第一代的初步功能，这无疑是有用的，但是它的应用并不广泛，这是因为在初始功能之外，这种方法的用处不大。Miles 的第一代功能分析方法的应用主要包括对系统内组成元素的识别，以及对每对元素之间功能的关系的定义。

当 Miles 工作中的基本思想与基于 TRIZ 的思维方式结合时，功能分析的第二代出现了（见图 6-1）。第二代的主要创新除了分析系统内元素间有用功能的关系，也鼓励用户分析负面（有害的、不足的、多余的、缺失的）功能的关系。增加的这个简单但是意义深远的功能，使功能分析方法由"有用"变为在问题定义过程中举足轻重的重要角色。

图 6-1　功能分析方法的进化

当把时间和属性也纳入建模时，功能分析的第三代出现了。建模时加入这两个变量，使用户能够分析系统中不同元素之间的关系随时间的变化。比如，假设我们为超市收银台建立功能分析模型，我们可能会发现，系统的功能对只买少数几件商品的顾客和买了满满一推车的顾客是不同的；或者晚上来购物的顾客和中午来的顾客，对功能的要求是不同的。第三代建模的能力，使我们能完整地为这些情况建模。

现在的建模能力，可以认为是第四代。这一代整合了多种工具，有助于针对根据人类本性的缺点而形成的高度复杂的系统的建模和"管理"。新版本中加入的主要内容包括整合在建模时可考虑无形因素和复杂系统理论的问题。像知识、技术、交流或者品牌效应等无形资产，往往是决定商业成功的非常重要的因素。在开发无形资产的建模方法时，我们已经借鉴了 Verna Allee[2] 的开创性工作。在这些情形下，当我们把 Allee 的"价值映射"方法与系统性创新方法中的一些思路结合时（在这种情况下，为正面和负面的无形资产建模），其所形成的方法有 1 加 1 大于 2 的效果。

这个最新版本的功能分析建模方法也包括来自复杂系统理论的元素。复杂系统理论对我们看待事物的方法具有深远的影响。这是系统性创新方法的支柱之一，相关细节将在进化趋势（第 14 章）中讨论。关于本章的主要目的，我们希望读者了解和相信系统是否具有功能主要取决于系统中正负关系的比例。换句话说，系统由它包含的个别关系之和决定；负面关系太多，系统就会失败。在 6.7 节，我们将研究"太多"这个问题，并且尝试提取一些有助于设计成功的系统的指导思想。

然而在这之前，我们需要先介绍功能分析过程的基础。这些内容可参见 6.2 节。

6.2 功能分析方法基础

尽管可能被误解为功能分析建模只是与简单的系统相关，但我们仍会用一个简单的顾客 - 供应商关系例子来介绍功能分析过程。我们不完全清楚是否曾经有涉及人的"简单"关系这样的事情，希望读者能够谅解，并意识到功能分析方法的重要性。功能分析就是针对所有系统开发的。这里介绍的模型仅包含了几个元素。真实的模型可能会——通常确实如此——纳入尽量多的因素。

基本的功能分析有 3 个主要阶段。这 3 个阶段应按顺序依次完成：

①系统元素的定义。这里的"元素"是统称，包括人、部门、实物，以及系统内可以找到的任何其他事物。

②确定第一阶段中定义的各元素之间有用的关系。

③确定第一阶段中定义的元素之间的负面关系。

在顾客 – 供应商例子中，我们只将顾客和供应商作为系统中的元素。在建模阶段，把系统的每个元素填入矩形框。当模型的复杂性增高时，可以引入其他图形和颜色代表不同的事物。在这里，我们仅用长方形。

图 6-2　顾客 – 供应商关系中的元素

在建模的第二阶段，我们要确定系统中有用的关系。这个阶段的主要思路是，依次研究每对元素所具有的有用的关系，并提出这样的问题：这两个元素之间是否存在有用的关系？每对元素最终都要考虑，尽管结果证明有些元素对没有关系。对那些存在关系的元素对，我们画一个箭头连接这两个元素，表示它们有关系，并简明扼要地描述这种关系。此步骤的主要目的是形成一张表示系统正在发生什么（至少我们认为正在发生）的图。关于如何描述这种关系，尽管存在很大的灵活性，但是最好用主动动词，形式如"元素 X 对元素 Y 做了什么"。因此，对于这个简单的"二元素模型"，有诸如"顾客购买供应商的产品"这样的关系。

确定了所有正面的关系后，我们转到功能分析建模过程的第三阶段。在此阶段，我们确定并记录了系统中存在的负面关系。在功能属性分析中，我们发现了如下 4 种基本的负面关系类型：

- **有害关系**——使我们希望发生的事情发生。
- **不足关系**——存在的关系基本上正面的，但是当我们问

"我们愿意加强这种关系吗?"时,回答是肯定的。
- **多余关系**——类似"不足关系",关系基本上是正面的,但是当我们问"我们愿意这种关系少一点吗?"时,回答是肯定的。
- **缺失关系**——这是负面关系的4种类型中最难确定的。缺失关系指我们希望它存在的正面的关系,但是现在它不存在。帮助我们确定缺失关系的主要问题包括:我希望在这两个元素之间存在目前没有的关系吗?

记录正面和负面关系的方法是使用如图6-3所示的表格结构。可以看到,我们已经完成这些表格,每张表代表一个关系的方向,包括了假设的顾客-供应商案例中已经确认的所有的正面和负面的关系。

表格中的"类型"栏记录一种特殊的正面关系是不足关系(I)、多余关系(E)还是缺失关系(M)。

顾客对供应商

正面关系	类型	负面关系
支票(信用背书)	E	延迟支付
订单来源		
确认单	I	
支付货款	E	

供应商对顾客

正面关系	类型	负面关系
回应	I	延迟
解释	I	
交付		
确认付款		

图6-3 正面和负面功能关系的表格

呈现这些信息的一个可替代方式是功能分析模型。与图6-3

描述的顾客–供应商关系相对应的功能分析模型如图 6-4 所示。下面马上会看到，当我们开始向模型中不断添加更多元素时，功能分析模型反映系统正在发生的情况的灵活性非常重要。我们的例子只有顾客和供应商两个元素，但是许多真实系统可能包括数以千计的元素。

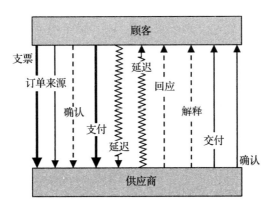

图 6-4　在顾客–供应商例子中各元素间的正面和负面关系

在这个阶段还应特别注意的是，要仔细考虑系统中现存的功能。功能分析工具引导我们重点关注事物之间的关系，而不是事物本身。从心理惯性的角度来说，这是很重要的，因为我们的大脑通常习惯思考事物本身，而不是思考事物与事物之间的关系。

两个元素之间可能的不同类型的关系，在功能分析模型中的表述稍有不同。用于描述每种可能的不同关系类型的线的符号如图 6-5 所示。

考虑图 6-4 系统中呈现的功能（尤其当把我们的思考同九屏幕法对

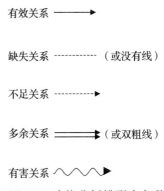

图 6-5　功能分析模型中各种关系的符号约定

问题的缩放的思路结合起来时），我们应当认识到事实上比我们当前画出来的图复杂得多。举个例子，如果我们关注供应商，我们可以观察到，实际上，供应商是由许多不同部分组成的——顾客、财务、运输、后勤等，每个部门都有不同功能。有时候，我们必须扩展模型，使其中的所有元素都作为独立的变量。下面，我们将说明如何决定在细节上深入到什么程度。现在，我们已可清楚地说明在图6-4中填入的内容，并且知道已经把系统中所有必要的元素以及它们之间所有正负面关系都填入了图中，这样，我们就可以考虑应如何改善系统了。

把模型"解剖"成更多更小的组成部分通常是很难的。不幸的是并没有普遍适用的规则确定系统要分割到什么程度。一般来说，系统性创新方法有自我更正的能力，如果我们没有办法改善系统，那么系统将引导我们拉近看到微观的细节，或者拉远看到较为宏观的情况。与普遍适用的规则相接近的规则（我们不妨把它叫作"凭经验"）是分析时要记录系统应有的功能。我们选择两个元素来画图6-4，这是因为我们希望深入讨论功能分析的机理。你也很可能从图中意识到，即使只有两个元素，模型也能非常快地变得复杂。

当执行功能分析时，另外一个可以应用的有用规则是定义系统的主要有用功能（Main Useful Function，MUF），并在FAA图上用某种方式记录。它使我们关注系统主要功能，这很重要。示例中系统的主要有用功能是"供应商给顾客供货"的功能。图6-6记录了这一点。这很重要，因为如果考虑系统向理想解方向进化，那么我们可以看到，围绕主要有用功能的功能都会逐渐消失。只要系统需要向顾客供应产品或者服务，就会有进化的压力来消除其他次要功能和元素，只保留MUF，即供应产品或服务这个主要有用功能。

如同我们后面看到的，图6-6会帮助我们完成许多问题定义的工作。具体做法是，把大问题分割成一系列元素对之间的关系——首先正面关系，然后负面关系。

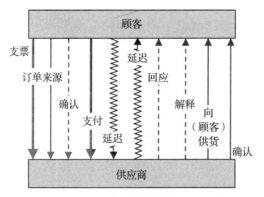

图 6-6 记录主要有用功能（MUF）

6.3 向模型中加入无形元素

功能关系建模是充分理解机构和商业系统运作的重要步骤，但它不是全部。其中，无形元素越来越是区分一个系统与另外一个系统的元素。据布鲁金斯学会定义，无形资产是"非物理因素，这些因素贡献于或者应用于生产商品或者提供服务，或者希望这些因素将来为控制这些因素的个人或公司产生收益"。当考虑无形资产功能关系时，图 6-7 提供了应该考虑的无形资产列表。

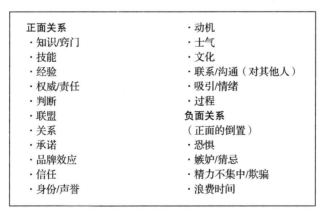

图 6-7 "无形"关系类型列表

尽管在功能分析模型中考虑无形元素增加了新的复杂性，但幸运的是，使用与上一节介绍的完全相同的程序就可以加入无形元素。这意味着我们需要研究系统中的每一个元素对，并提出问题："在这些元素间是否有任何无形功能的关系？"如前所述，应分别考虑正面和负面的。

就上一节的顾客-供应商例子而言，当我们开始明确地考虑现有的无形因素时，我们可以看到大量其他的关系。图 6-8 显示了这些关系中的一部分。这些数据扩大了图 6-3 中显示的基本关系表，增加了关注无形关系的新的一行。

顾客对供应商

	正面关系	类型	负面关系
有形的	支票（信用背书）	E	延迟支付
	订单来源		
	确认单	I	
	支付货款	E	
无形的	推荐（给朋友）	M	缺乏信任
	知识（未来设计）		

供应商对顾客

	正面关系	类型	负面关系
有形的	回应	I	延迟
	解释	I	
	交付		
	确认付款		
无形的	品牌形象	I	
	声誉		
	窍门（使用）	I	

图 6-8　正面/负面以及有形/无形功能关系列表示意

在图 6-8 例子中的供应商对顾客负面无形关系的方格中，我们可能无法找出任何连接。关键点在于，表中的每个方格都代表了一个问题。如果在问了这些问题后，有的方格依然是空的，那么至少我们已经问了问题。

正如我们在前述章节中所看到的，表格的内容也有可能转化为功能分析模型。图 6-8 中顾客 – 供应商例子的信息转换为图 6-9 所示的功能分析模型。乍一看模型，我们能明显地感觉到，简单的二维元素模型突然呈现出更加复杂的形式。当我们在建立这种类型的模型时，这是常见的现象。当我们开始画包括更多元素的模型时，复杂性水平显著提高。当发生这种情况时，我们往往倾向于知难而退。我们切不可妄自菲薄，这很重要。一定要记住，每个可以确认的负面关系都代表了可以改善系统的机会；因此我们确认的负面关系越多，便会发现改善的机会也就越多。

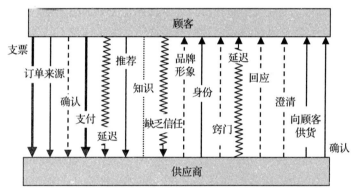

图 6-9 顾客 – 供应商例子中不同元素间的正面 / 负面以及有形 / 无形关系

一般来说，到此，关于无形因素的问题的讨论已可结束。然而，在结束之前，值得对关于无形因素中的情感问题做一个简单的评论。系统性创新的支柱观念"顾客购买功能"是很令人关注的，但也被某些工作在创新领域的人认为不完整。关于"不完整"的证据大概来自于设计师 Donald Norman[3]的著作。Norman 是两本有关设计过程的重要书籍《日常事物的心理学》和《情感化设计》的作者。在《情感化设计》中，Norman 介绍了大脑处理信息的 3 个层次。这 3 个层次是本能层次、行为层次和反思层次。在本能层次，大脑快速判断。这个层次是"直觉性的"，告诉我们是战斗还是逃跑，或者我们喜欢什么不喜欢什么。行为层次控制我们的日常行为，也是与事物功能关系最密切的。最后是大脑活动的"反思"层次。在此层次，我们周密考虑进入我们大脑的感官信息，并对这些信息做出反应，以影响我们的行为。Norman认为，人造物品（我们也可比较确信地拓展到服务）的功能性是唯一导致我们行为偏好的因素，另外还有更高层次的决策过程也可以影响我们的决定。因此，无论是美学上让我们赏心悦目，还是让我们自我感觉更好，或者是否能在朋友眼里提高我们的地位，都在购买/不购买行为中起到一定的作用。FAA工具的"无形因素"的重点之一是允许我们把这些因素纳入我们建立的模型中。我们继续把它叫作"功能分析"模型，但是美学上的愉悦，或者提高地位，或者只是自我感觉上提高了地位，也是这种工具工作时考虑的因素。换句话说，无形因素也是功能，至少当我们在以后应用各种工具来改善在功能分析模型中找到的负面事物时是这样。

6.4 向模型中加入时间元素

有时候，只建立一个功能分析模型来描述系统是有可能的。如果系统的功能随着时间发生变化，那么这种单一的模型就不能充分地表述系统正在发生什么。加入时间变量，使FAA建模过程的复杂性进一步增加。在我们描述FAA之前，请记住在FAA过程中的所有阶段，我们的目的是准确定义问题，而不是仅为了建模而建模。因而，当我们开始考虑时间如何影响问题定义时，我们至少应当关注以下3种情况：

1）任何问题产生前的系统；
2）问题发生时的系统；
3）任何问题发生后的系统。

不是所有的时间点都需要相关，考虑到相同的原因，3个时间点也许不够。特别是当我们要建模的事物本来就发生在不同阶段时，情况就更如此了。因为甘特图无处不在，所以与功能分析模型相比，我们中的许多人更熟悉画进度图。

幸运的是，前两节介绍的基本 FAA 建模方法，既适用于基于流程的问题，也适用于在时间上独立的问题。然而，这个方法需要增加一两个因素，以便在系统定义部分和解决系统性创新过程的细节问题时都能取得好结果。

我们研究一个典型的基于流程的问题，以便说明这些增加的因素。这个问题中的流程是假设的新产品开发的开始阶段。图 6-10 是这个流程的框架图。

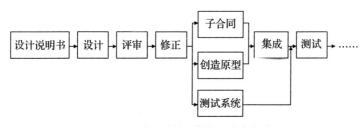

图 6-10　假设的订单处理流程概览

在定义 FAA 模型时，基本思路是为过程中每个关键时间步骤建立一个不同的模型。在每个步骤中，我们都使用与前两节介绍的完全相同的功能分析方法。在这里，我们将说明几个最重要的分析步骤。在真实的问题中，可能有必要为每个步骤都建立一个 FAA 模型。FAA 模型的第 1 个关键步骤"规格说明"如图 6-11 所示。

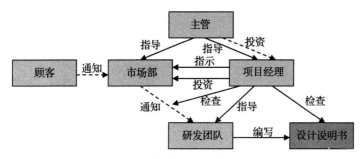

图 6-11　"规格说明"部分的 FAA 模型

图 6-11 显示，在为基于流程的系统建模时，我们应当意识到

的所加入的最重要元素为：

1）FAA 的第一个阶段所加入的文字是"设计说明书"。它作为元素纳入模型中，并从这个模型带入图 6-10 过程中的下一个阶段模型。有时候，我们会对各阶段的"结果"或"产品"使用不同的颜色标示。

2）你可能注意到项目经理要检查市场部是否通知了研发团队。在功能模型中，我们用一个连着项目经理与"通知"功能关系箭头（而不是一个元素）的箭头表示这个行为。连接箭头与箭头而不是连接箭头与方格来描述系统正在发生的情况是常见且非常合理的方法。一些软件工具不允许这种箭头到箭头的连接。在这种软件工具里，如果读者要用这类软件工具为这样的关系建模，那么可以加入新的元素，以便准确地表示各功能的关系。对于这种情况，需要的修改很可能看起来像图 6-12 显示的模型那样。

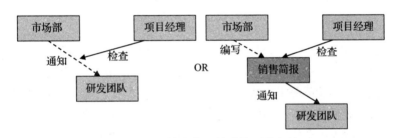

图 6-12　用箭头表示关系的两种方法

从此例中，我们可以总结出一条简单的一般规则，那就是，可以通过增加新的元素来表示箭头 - 箭头的关系。这个新的元素，可能是一条消息，也可能是一条有形的事物。

图 6-13 显示了图 6-10 所示的流程的另外一个重要步骤，时间点是流程即将结束，此时要做的是检查原型。记住，在实际建模的情况下，当我们确认系统中出现负面事物时，FAA 模型应考虑时间因素，反之，如果在测试阶段没有明显的负面事物，那么我们在模型中就不必考虑它。在假设的例子中，我们已确认这里有一些负面事物（如果我们要求自己把工作做得更好，就会经常

发现负面的事物),因此我们画了图 6-13 的模型。

从初始的流程图中可见,测试阶段应有测试系统和已集成的原型,如图 6-13 所示。由于没有一个功能,另外一个功能就会无效,因此 FAA 模型通过标有 L 的连接线表示这两种功能的连接本质。这条连接线提醒我们,没有另外一个功能,这个功能也无法实现。

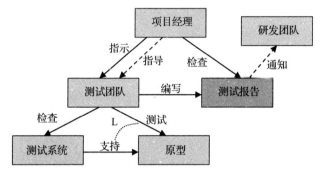

图 6-13　测试阶段的功能与属性分析模型

另外值得关注的是,项目经理和研发团队在图 6-13 中再次出现。当我们为逐步增多的流程建立模型时,我们可以看到有些元素(如项目经理)在所有阶段中都存在,但其他元素(如测试团队)可能仅出现在一两个阶段中。当看到元素出现和消失,我们应谨慎地考虑这些元素是否有必要在所有阶段中都存在,尤其当我们开始考虑负面关系的"是否有缺失关系"问题时。

除了这里显示的基本的基于时间的指导原则之外,问题解决者将继续建立其他类型的 FAA 模型,其中可包括流程的其他元素。对我们推荐的关于定义当元素组合或分割,或者当元素与其他功能(指与元素不同的事物)互相作用时正在发生的事物的表示方法,我们已做了必要说明。接下来,我们需要研究的是,在我们建立模型时,另外一种可能发生的现象,即功能不作用于元素本身,而只改变那些元素的某些属性。所以,下面我们讨论功能和属性建模的"属性"部分。

6.5 向模型中加入属性元素

我们选择的功能模型中的每个元素都具有属性,如果元素是实物,那么就有诸如大小、质量、数量等属性,如果元素是人或者团队,那么属性就有技术、毅力、创造性等。当元素和其他元素之间存在功能上的关系时,通常是属性而非元素本身在起作用。思考属性和其与系统中元素的关系的最好方法是想象双击屏幕上的元素就打开一个新的信息层。图 6-14 中列出了来自前面这个例子中的研发团队的部分属性。当有像"项目经理对研究团队施加更大压力"的功能关系时,这种属性列表变得很有用。当然,我们也可用前文提及的"某事物对其他事物产生的作用"的方法来记录这类关系,但在这种情况下,对"产生的作用"的描述就需要很长的篇幅。图 6-14 提供的描述关系的方法一般来说更为简洁。

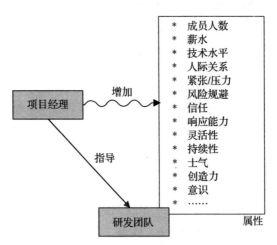

图 6-14 作用于属性而非元素的功能之间的关系

碰巧,这两种表述影响元素属性关系的方式没有大的差别。当然,在将 FAA 模型作为向产生合理的解决方案工具过渡的方法时,"选择"工具主要关注的是所描述线条的类型或者其组合关系(即不足、多余、有害等),而不是它们所包含的文字。另外,我们之所以提及 FAA 方法的属性建模，是因为无论何时，只要我们面临诸如增加、减少、改变或者测量等功能性关系，这些功能几乎肯定是作用于元素的属性而不是元素本身。还应使属性和第 11 章中的冲突消除矩阵的参数相关联，因为这些列表也与属性相关。因此，通过仔细地记录在 FAA 模型中与属性相关的关系，我们能够加速从具体到一般的过渡。例如，在图 6-14 模型中，我们可以看到项目经理做了有用的工作（"指导"）和有害的工作（"施压"）。我们将在第 10 章中见到，只要正面和负面关系同时存在，我们即可确认存在冲突，并且冲突消除工具有助于我们找到好的解决方案。为了利用这个工具，我们需要把对正面和负面的功能关系的表述转换成关系矩阵中的文字说明。因此在这个例子中，我们可把图 6-14 的情况看成研发界面和张力/压力的冲突。只要我们能把它们这样联系起来（不要着急，第 11 章会告诉我们怎么做），我们就能明白，别人是如何解决这样的冲突的。

归纳前四节描述的基本的、基于无形因素的、基于时间的、基于属性的例子，可以充分说明 FAA 分析的机理，使我们为所有的问题建立模型。下面让我们看看，我们有可能用来帮助改善的、FAA 工具能够提供的问题定义信息可选项中的一些内容。

6.6 可选的增强项

6.6.1 功能的层次

增加 FAA 模型中信息量的简单思路是以更便于信息交流的方式来组织各元素，而不是在一张纸上（"屏幕"，如果我们正在用软件版本的工具）随意地摆放它们。这样做不会增加多少工作量，却很可能为功能分析过程提供更好的结构。

"一般"的 FAA 模型看起来就像图 6-13 所示的第 2 个案例。这张图是用常用的顺序画成的：①定义元素；②定义每对元素之间的正面功能关系；③定义反面功能关系。

图 6-15 是具有完全相同信息的修改过的功能分析图。这张图与前面那张图的唯一不同之处在于，这张新的图考虑了功能的层次结构。

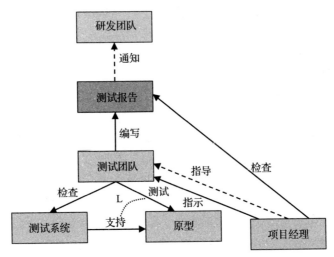

图 6-15　功能与属性模型的元素层次结构

层次结构的思路可以引导用户更仔细地考虑系统的功能。考虑系统的功能从问"主要有用功能（MUF）是什么"开始。在本示例中，主要有用功能是"把测试报告发给研发部门"。这是功能层次结构的起点——系统中所有其他功能都服务于它。例如，在下一个层次，主要有用功能也是非常清楚的，那就是要求"测试团队编写测试报告"。

从以下几个视角看，完整的层次功能分析是有用的：在最基本层次，已经为功能分析的执行方式提供了更多结构，另外，会使阅读更方便，因为相互交叉的线很少。另一个更重要的层次是为系统元素的整理提供了可能的裁剪顺序——在层次结构底部的元素，比上层元素更有可能被"裁剪"。

从这个建立 FAA 模型的层次结构方法中可总结的结论，是这样做能使我们的思考更好地结构化，在不增加或少量增加工作量的情况下即可获得更多信息。

6.6.2 关系矩阵

当系统内的元素和功能数目很多时,很快你就会意识到,弄清楚哪个元素对是已经分析了的、哪个是没有分析的,是一件很困难的事情。解决这个问题的简单方法是使用功能关系矩阵。图6-16呈现了早前的测试过程案例。这个例子的系统是否足够复杂,以证明建立这个矩阵是合理的,我们并不清楚,但至少它说明了有必要建立。

来源＼目标	研发团队	测试报告	测试团队	测试系统	原型	项目经理
研发团队	×					
测试报告	通知(i 不足)	×				
测试团队		创造	×	检查	测试	
测试系统				×	支持	
原型					×	
项目经理		检查	指导(i) 指示			×

图 6-16 测试过程例子的功能关系矩阵

除了提供一张检查清单,以便确保考虑了每个元素对(两个方法都应考虑),这种类型的关系矩阵还提供了额外的好处,那就是更方便了解每个元素提供了多少功能(数这个元素所在行中的记录数量)和收到了多少功能(数这个元素所在列中的记录数量),看起来非常清楚。

6.6.3 因果映射

对 FAA 模型的最多的批评是,它没有解释"为什么事物以这种方式存在"。当我们考虑系统中的负面功能关系时,这个问题很重要——它们为什么存在,原因是什么。这种因果关系分析的重要性在于它是约束理论(Theory Of Constraints,TOC)[4]的基础,约束理论有特殊的工具和方法有助于在这方面系统性地分析问题。有兴趣的读者可参考约束理论中的现实树工具。参考文献[5]针对系统性创新环境下的这个工具进行了讨论。

此处简要讨论的目的主要有两点。第一，确认了用约束理论判断系统或者元素产生的效应或结果的所有因素的重要性。这种方法说明关系的必要和充分条件。它是使我们更好地理解系统，尤其是两个元素之间的关系。系统中的每个负面关系都是由某种（或多种）原因产生的。必要而充分的思考工具是确保所有的元素都被标注，元素之间的关系也能够被理解。看一个简单的例子，假设我们研究来自于之前的测试流程功能分析模型的不充分的"项目经理指导测试团队"关系。对有害关系的传统的根原因分析可能（假设如此）告诉我们项目经理提供的指导不充分，因为他把时间花在了其他方面，或者不理解测试团队的工作。尽管我们可以把这些看作产生不充分关系的原因，但是它们单独还无法全面地解释这种问题。在这种情况下，可以问"如果仅有这些原因，充分的关系能产生吗？"。对于这个问题，如果根据我们确认的原因，答案将是否定的，那么约束理论将告诉我们应当判断我们的列表上缺失了什么。我们应尽力找到必要而充分的原因列表来解释不充分关系。在这个例子中——也是假设的——我们认为项目经理的另外一个问题是不能完全理解研发团队实际想要从测试中获得什么。虽然这几乎是一个浅显的例子，但我们希望它能够证明，常用的、传统的问题定义方法本质上不能全面提供对问题原因的必要而充分的分析。在这个例子中，明确地强迫我们自己思考充分而必要的原因，我们有3个需要关注的方面，而不仅仅是1个。

第二，我们建议要么把必要充分原因画在FAA模型上，要么通过对元素的缩放来判断原因，或者，如果你有软件工具，把模型纳入与系统中每个功能关系相连接的另一块屏幕上。在所有这些情况下，模型应该看起来像图6-17所示的图形。图中的椭圆借用了约束理论的表示方法，表示这3个条件对于产生不充分问题是必要的。

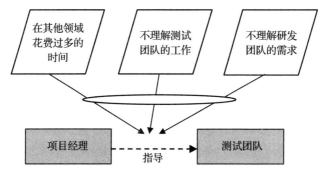

图 6-17 必要充分条件与功能关系之间的联系

在本章的最后,我们讨论 FAA 模型的另外一个可选择的拓展项。然而这次,由于主题(复杂性)足够丰富和重要,因此值得较详细的讨论。

6.7 七倍和向下的螺旋——复杂性理论效应

> 如果有些人认为我们对他们不好,他们不会只告诉 5 个人,肯定要告诉 5000 人。
>
> **Jeff Bezos,Amazon(墙街杂志,1996 年 5 月)**

坏消息比好消息传得快,顾客告诉他们的朋友不好的体验比好体验的可能性大得多,也听到过,还有公司内部被少数几个人搅得一团糟,这样的故事不在少数。我们也可能迟早有这样的亲身经历。这似乎是人类大脑的另外一种基本特征,至少是进化了的现代版。本节尽力从这些现象中总结一些经验,并提出判断这些问题何时发生以及采取什么措施可以防止负面因素引起恶性循环的方法。

6.7.1 特殊原因 / 一般原因?

当思考自我强化螺旋时——无论是上升还是下降——我们首先需要考虑的问题之一就是一般原因和特殊原因。当考虑统计过程控制以及改善制造系统时,W. E. Deming(参考文献 6 可能给我们最好的描述）第一次提出这两个术语。问题的一般原因与系统的一般功能相关，特殊原因通常是一次性的事件，定义上不属于系统的"一般"功能。例如，不同时期（圣诞节、元旦等）的促销宣传标语可以看成是"一般原因"。因邮政罢工引起的暂停销售则代表"特殊原因"。

讨论特殊原因和一般原因的意义在于，一般来说，仅后者才会导致螺旋的产生。当系统被特殊原因以某种方式干扰时，如果系统是在受控状态，那么干扰消失后，系统将回归稳定状态。图 6-18 是两幅由特殊原因干扰引起的可能图形。

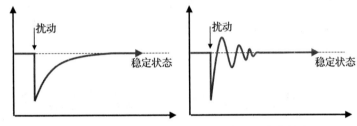

图 6-18　特殊原因引起波动后系统回归稳定状态

据左侧子图可见，系统在扰动后逐渐回到稳定状态。在右侧子图中，回到稳定状态前有明显的振荡。这两张图的区别在于，它们分别表示的系统的阻尼不同。左边系统的阻尼大，右边图则显示的是系统具有较小的阻尼。举个例子，可把前者看成全球事件后股票市场的恢复。这里的阻尼来自于大规模投资者的巨大惯性。较小的、局部的系统不可能有这么大的惯性，因此更可能产生右图显示的较小阻尼的行为。

在自我强化的系统中，这两种情况中的任何一种都不是我们感兴趣的，因为最终它们都会回归稳定状态。然而，对于特殊原因干扰，还有第 3 种反应是我们感兴趣的。这第 3 种是对扰动的"无阻尼"反应，看起来像图 6-19 显示的曲线。

在第 3 种系统中，受扰动后，振幅变得越来越大，系统越来越不受控制。如果采取措施，这第 3 种反应会最终破坏系统。冲突常因这种无阻尼系统而产生，例如邻居聚会，噪声很大，又没有通知邻居，导致邻居向警察抱怨，接着，聚会的人放了报怨者小汽车轮胎的气，如此这般，直到发生更严重的事件。

这种类型的无阻尼振荡是典型的零和思维的结果。如果有人聚会让你整晚睡不着，那么你的第一反应就是施以某种形式的报复。

因此，特殊原因事件引起赢-输反应，接着又引起以牙还牙反应，这种情境可能是（而且常常是）恶性循环的源头。下一节，我们讨论在一般原因的情况下，这种情况如何引起向下的螺旋。

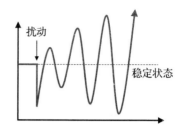

图 6-19 受扰动后无阻尼的系统

6.7.2 自我强化环

TRIZ 对功能分析方法的关键贡献在于把负面功能关系纳入模型，包括负面关系中有害的、多余的、不足的或者缺失的元素。最近，针对商业和管理应用，新的功能分析方法把功能关系分为有形的和无形的元素。"无形"的意思是所有传统上不写入流程的关系——如人与人之间的关系、知识转移、品牌效应、自尊心等，可参见本章中图 6-7 定义的内容。

由正面与负面以及无形与有形关系的组合形成的功能分析模型说明了 4 种不同类型的关系：正面有形、正面无形、负面有形、负面无形。这样形成的典型的功能分析模型如图 6-20 所示。为清楚表达，在实际情况中，很多都只能省略，这是因为在实际模型中，即使是这么简单的四元素系统，也经常会产生有几十对不同类型的关系的功能分析图。

这种类型的功能分析模型的思路是分析系统的稳定状态。当然如同我们在 6.4 节看到的，随着顾客与顾问之间关系的演化，作为时间功能，模型会变化，但是，一般情况下该模型代表系统的当前"正常"状态。

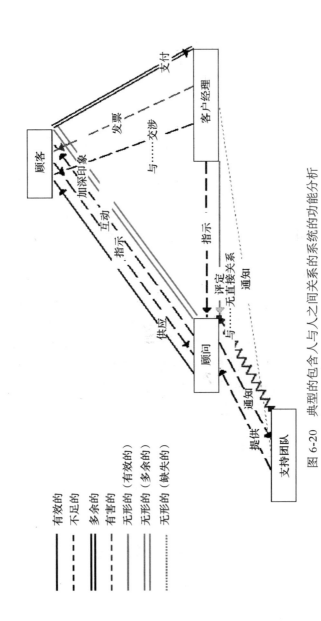

图 6-20 典型的包含人与人之间关系的系统的功能分析

如果现在研究的仅是系统的一部分——例如只与内部关系有关的部分（图 6-21）——那么我们可以看到包含一系列负面关系的环。在这个例子（当然是假设的）中，我们可以看到，环中包含两对特殊的负面关系——第 1 对是在顾问和支持团队之间的不充分关系，第 2 对是在客户经理和支持团队之间的连接缺失，这导致了内部系统中 3 个部门之间的工作环缺失。

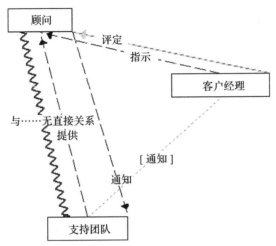

图 6-21　说明负面关系环的部分功能分析模型

存在这两种情况，或者存在其他形式的负面环或缺失环，都表示有自我强化的负向螺旋可能性，正面关系的环表示有自我强化的正向螺旋的可能性。

因此，我们可以看到功能分析模型的作用是分析系统在"可控"的正常状态下不同部分之间的关系，并理解只要在正面或者负面关系环存在，就有可能产生自我强化环。因此，功能分析模型成了判断向下或者向上的螺旋存在的有效方法。

6.7.3　七倍向下螺旋

功能分析模型的弱点之一就是难以直观地表示不同功能关系

的重要性和权重。因此，只要我们看到在某个环中有正面和负面关系的组合，就很难知道哪一个更重要，也很难知道图6-22所示的向上和向下的螺旋是否会产生。

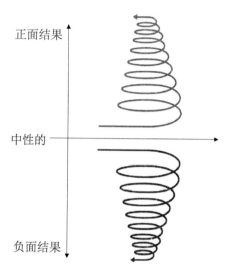

图6-22　正向和负向螺旋

目前，还不清楚这种缺点如何或者是否能克服。从实践经验来看，我们清楚的是，负面环的向下效应比等价的正面环的向上效应大得多。现在，我们应考虑人类的心理，以及人类天生更关注坏消息。例如，正如6.7节最开始引用的Jeff Bezos的名言一样，大家知道"好事不出门，坏事传千里"——可以看一下某个新闻栏目，比较"坏"新闻故事与"好"新闻故事的比例。对消费者的研究告诉我们，当一个人对某产品或者服务有不满意的经历时，写抱怨信的可能性近10倍于当遇到的产品好于预期时写感谢信的可能性。这些研究中并未提供好/坏的确切比例。根据不同情况，这个答案十有八九是未知的或不一致的。在本书中我们用数字7代表好消息与坏消息之间可能的界限，这样做只是为了方便，贴上一个示意性的标签。传播的坏消息是好消息的7倍，负面消息变为向下的螺旋的可能性7倍于正面消息变为向上的螺旋的可能性。

因此，当我们看功能分析模型时，应当考虑相对于正面环，负面环的重要性明显更为重要，如图6-23所示。

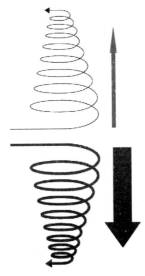

图6-23　相同的正面和负面自我强化环的向下螺旋可能是向上螺旋的7倍

当遭遇长时间堵车时，我们经常经历这种自我强化的向下螺旋——我们的大脑突然让我们感觉遇到了无法摆脱的大麻烦，以至于只能以苦笑回应了。有可能我们甚至开始希望交通堵塞持续更长时间，以便我们能够告诉朋友这交通有多糟（在这里我们的潜意识是，如果交通只是稍有些不顺畅，不会使大家感兴趣，反之，如果堵车持续几个小时，就可以成为津津乐道的谈资）。足球俱乐部中长期痛苦的球迷，也会遇到类似的事情。看到对方球队进了三四个球，心情肯定不好，但如果进了五六个，我们可能想干脆再进第七个、第八个，索性继续进下去，只有这样，我们才有话题。或者，我们其实希望我们的球队从向下的螺旋中猛醒，下次赢回来（第19章解释了为什么这种自我补偿行为会发生）。

更严重的是，在类似情况下，我们可以看到，多少区域和国家的冲突在增加。

"七倍向下螺旋"的重要性在于，它反映了系统中不同元素间正向和负向关系的相对重要性。尽管数字"7"只是示意性的而不是科学事实，但实践经验清楚地显示，人们对负面消息的反应比对正面消息的反应强烈得多。这种现象似乎是人类的一种本性。这时我们的启示是，当我们发现系统中有负面关系环时，我们应当非常小心地确保它们不会转化成最终破坏系统的自我强化的向下螺旋。

功能/属性分析使我们能够对正处在"可控状态"的系统建模。因为针对处于可控状态的系统的特殊原因的干扰也可能产生向下的螺旋。破坏性的向下螺旋经常在参与者具有"非赢即输"的心理状态的系统中产生。聪明的参与者对于任何负面的特殊原因引起的干扰都以"赢-输"的心态应对。这是很难的，尤其是在你感觉到别人对你做了不好的事情时。大量的政府和商业经验表明，在这种情况下常见的反应是反击。但是，当我们选择用传统的"以牙还牙"的策略时，我们就种下了向下螺旋的种子。这里的关键词是"选择"。开始或者停止向下螺旋完全在于我们选择。

只要我们在功能分析模型中发现负向的环，当过渡到系统性创新的产生解决方案过程时，我们就都应该特别谨慎。当我们在选择最先处理模型的哪个部分时，产生闭环回路的负面关系应该在优先列表的最上部。

我该怎么做

功能和属性分析模型是问题定义过程的三个基本部分之一，也是三者中最复杂的。完成 FAA 模型分析意味着我们知道了如何改善系统。

成功的功能分析建模需要定义元素和建立这些元素之间的关系的过程。关于定义正面关系，这个方法是非常有用的，因为在许多情况下，这将是人们第一次在功能视角下看待系统。关于接下来对系统的负面关系（有害的、不足的、多余的和缺失的）的判断，这是用户判断问题所在的关键。从问题和机会定义的角度看，"我是否希望增强这个功能？""我是否希望减弱这个功能？""在系统里是否还能找出任何有害功能？"和"是否还有没找出来的关系？"等必问的问题，以及应充分考虑地点和时间对系统中元素的影响，都是极其重要的。

针对简单的、复杂的和基于时间的流程的系统，可分别根据案例研究中的详细步骤建立 FAA 模型。一般顺序如下：

1）识别系统元素；
2）识别不同元素对之间的正面有形的关系；
3）识别不同元素对之间的正面无形的关系；
4）识别负面（有害、不足、多余、缺失）的有形关系；
5）识别负面无形关系。

完成 FAA 模型分析，我们即可进入系统性创新过程的"选择"部分（第 10 章）。"选择"工具使我们能研究各种组合的关系类型，找到最合适的方案产生工具，从而消除现有的负面关系。它也应该是一个伴随着系统进化的活动文档，因此，虽然对很多人来说，这是系统性创新过程中最乏味的部分，但至少我们知道自己只需要做一次这样的工作。

温馨提示

迄今为止，团队性系统性创新活动最大的失败常出现在 FAA 建模阶段。这是因为这种活动很难纳入多人。结果，一个人做了所有的工作，其他人把所有的时间都花在了使自己觉得系统性创新"十分乏味"这件事上，因此对它没有兴趣。因此，强烈建议，不要以团队的形成建立功能分析模型。

以下两条建议可在一定程度上解决"无趣的"和参与度问题：

a) 分割要建模的系统，每个人负责其中一个部分；或

b) 在团队一起工作前，先让一个人建立一个初始的模型。这个模型可能不是"正确的"，但是经验清楚地告诉我们，让一个团

HANDS-ON SYSTEMATIC INNOVATION

队去挑剔已经存在的模型问题在哪里，远比让他们从零开始建立模型简单得多。

参考文献

[1] Miles, L.D., 'Techniques of Value Analysis and Engineering', McGraw-Hill Book Company, New York, NY, 1961.
[2] Allee, V., 'The Future of Knowledge – Increasing Prosperity Through Value Networks', Butterworth-Heinemann, 2003.
[3] Norman, D.A., 'Emotional Design: Why We Love (Or Hate) Everyday Things', Basic Books, Perseus, New York, 2004.
[4] Scheinkopf, L.J., 'Thinking for a Change: Putting the TOC Thinking Processes to Use', St Lucie Press, Boca Raton, 1999.
[5] Mann, D.L., Stratton, R., 'Physical Contradictions and Evaporating Clouds' TRIZ Journal, April 2000.
[6] Neave, H., 'The Deming Dimension', SPC Press, Knoxville, TN, 1990.

07

第 7 章

问题定义：S 曲线分析

> 做我们正在做的事情，并把它们做得更好、更便宜、更快，这将让我们走得更远。但这样还不够，我们必须用新的方法做新的事情。
>
> ——Peter Bonfield

> 理解了模式才是真正的理解。
>
> ——Yoko Ono

来自许多不同领域的研究人员都观察到了系统进化的特有方式。生物学家[1]、组织分析人员[2]、工程师[3]和经济学家[4~5]都发现，当把系统中的某种"指标"与时间的函数关系用图形画出后，进化中存在明显的 S 形轮廓。如今，如图 7-1 所示的典型 S 曲线特征几乎无处不在。

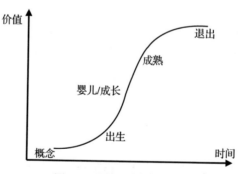

图 7-1　通用 S 曲线特征

人们往往用不同的方式描述这种 S 形曲线，但通常会用如图 7-1 所示的"概念""出生""婴儿/成长""成熟"和"退出"中的至少 4 个阶段表示。这些细微的差别只是因为不同的研究者在同一空间中以不同的方式分段。通常，一旦用 S 曲线定义了一个系统，这些差异对我们实际理解此曲线并没有什么影响。

早期的 TRIZ 研究人员也注意到了 S 形曲线的特征[6]，所以 S 曲线的突出特点贯穿着整个系统性创新方法也就不足为奇了。

实际上，在系统性创新中对 S 曲线的解释和应用比其他已知的场合更为详细具体。本章将讨论如何运用 S 曲线及 S 曲线族。在概述后，将从理论上阐明 S 曲线的重要性——特别是在与问题和机会的定义有关的情况下。最后，我们将介绍在给定的 S 曲线和 S 曲线族中为系统定位的方法。

7.1　S 曲线和系统进化

在系统性创新之外的大部分应用中，通常把 S 曲线视为单一的曲线——任何系统都有一条 S 曲线。在系统性创新中，把 S 曲线看成是多维度的。在系统 S 曲线族和 S 曲线动态特征的研究中，5 个维度特别重要。这 5 个维度是：

1）x 轴上的参数；
2）y 轴上的参数；
3）S 曲线在 y 轴上的相对定位；
4）S 曲线的系统 - 子系统层次结构；
5）S 曲线的系统 - 功能层次结构。

7.1.1　x 轴上的参数

在 S 曲线的 x 轴上几乎都是"时间"。当然这也是我们在书中绘制 S 曲线通常使用的参数。在此提到 x 轴定义的主要原因只是要提醒读者，给定的 S 曲线和系统所涉及的实际时间可能是几分钟，也可能是几千年，所以时间刻度可以绘制成线性的或者（有时）是对数的。总之，时间并不是评估系统成熟程度的好指标，因为市场对与时间相关的 S 曲线的动态有非常大的作用。例如，从罗马时代开始，大多数游泳池中使用的过滤系统技术都没有什么变化，但这并不意味着这个系统是"成熟的"（实际上它与成熟还有相当大的差距），仅在过去的 2000 多年里市场还没有对更好系统的需求。

7.1.2　y 轴上的参数

用以定义 S 曲线图中的 y 轴参数有各种形式。在系统性创新中，通常会将其绘制为理想度。事实上，在 S 曲线上通过"绘制"点形成曲线图像并不能准确描述构造 S 曲线的方法，因为只有在非常特殊的情况下才会根据量化值"绘制"曲线。更为常见的是定性地绘制曲线。本书采用的理想度定义是：

$$理想度 = （感知）\frac{收益}{（成本 + 损害）}$$

公式的其他等价形式（最常见的：收益 / 成本）的曲线也具有相同的基本形状特征。绘制其他形式的 S 曲线也如此。其他最常用的 y 轴参数包括测量理想度的指标——最常用的是"收益""成本"和"损害"（为了保持 S 曲线中的重要特征，实际上是 1/ 成本或"下降的成本"，或者 1/ 损害或"降低的损害"）。

如图 7-2 所示，可把"理想度"S 曲线看作是由理想度公式中的各种元素组成的。最重要的是，关于理想度公式中"收益"元素的 S 曲线的绘制，通常是在 y 轴上绘制系统中可能的利益元素，特别是与系统主要有用功能（Main Useful Function，MUF）相关的参数。我们将看到用曲线形式绘制的市场占有率、ROI（投资回报率）或者我们可能感兴趣的其他任何业务绩效指标的组合。

现在，纵观所有 S 曲线的分析，可以明显发现：目前还没有足够的证据证明哪种形式的 y 轴定义能得到精确的 S 曲线。一开始，我们在许多情况下几乎不可能提取足够精确的量化信息。但幸运的是，从我们已能把 S 曲线的概念应用于系统性创新的角度来看，这并不重要。

根据以上讨论，有一点是明确的，y 轴所有形式的共同特点是曲线的顶部都变得平缓。这种平缓的趋势是系统内出现矛盾的表现，并且其存在正是在 S 曲线分析过程中可用问题解决工具改善系统的最有力的证据之一。

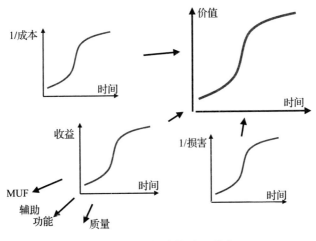

图 7-2 y 轴参数的不同形式

综上所述,为了将 S 曲线的动态特性进行概念化,S 曲线上 y 轴不同的表示方式都将产生同样的基本 S 曲线形状。将这一点牢记于心大有裨益。虽然这在某些情况下不免有过度简化之嫌,但是毫无疑问的是,S 曲线的顶部一般而言总是趋于平缓。在问题定义向最佳解决方案路径转换的过程中,这一平缓特征将有助于发挥有效引导作用。

7.1.3 S 曲线在 y 轴上的相对定位

S 曲线复杂性的第 3 个维度涉及定位,或更具体地说,是不同 S 曲线彼此之间的相对定位。简单来说,一个系统的不同客户对系统理想度的理解可能不同。事实上,我们可以进一步理解为每位顾客每次情绪的变化都有可能改变他们对理想度的理解。换句话说,由于 y 轴尺度比例选择不同,S 曲线的相对位置在本质上往往是极为不同的,见图 7-3。

当我们考虑两条不同的 S 曲线的相对定位时,这种动态的曲线定位现象是最重要的。如何看待两条不同 S 曲线的相对理想度将决定人们如何选择。对大量的客户而言,改变不同 S 曲线的相对位置将是确定从一条到另一条曲线颠覆性转变时机的决定因素。

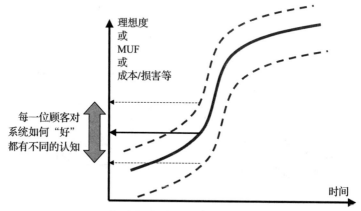

图 7-3　一条 S 曲线的相对位置取决于个人的感知

对现有系统 A，在给定的时间 t（见图 7-4）内，看到任何可选的替代系统（S 曲线 B）的顾客会把解看成相对比较理想或相对不太理想的选择。不同的顾客对相对理想有不同的看法，因此对于一些顾客来说，系统 B 看起来更理想，而对于其他顾客来说，系统 B 则显得不太理想。

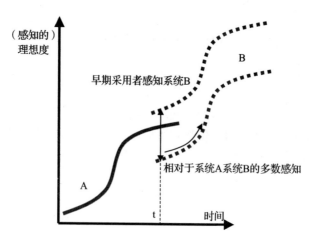

图 7-4　不同 S 曲线的相对位置取决于个人的感知

从一个系统到下一个系统的突变基本上是由那些认为新系统更好并愿意购买的顾客驱使的。这些"早期用户"购买并提供资金支持科研和开发，以使系统 B 提高到高于所有顾客眼中系统 A 的理想度可实现的最高水平。

举例来说，如果考虑洗衣粉和新兴的可重复使用的洗涤球[7]的 S 曲线的相对位置，我们可能认为洗涤球较为逊色的洗涤能力意味着对于大多数客户来说，该产品比洗衣粉具有较低的理想度。从另一方面来看，对于那些重视环境问题和洗衣服只是为了使衣服新鲜亮丽而不是去除污渍的客户来说，洗涤球可能有明显更高的整体理想度。如果洗涤球公司的战略正确，他们将会把他们通过早期用户购买获得的收入投入到提高产品洗涤性能的研发上，使其洗涤性能达到与洗衣粉一样的水平，从而使相对理想度的平衡点将从洗衣粉转移至洗涤球。这样他们就可向顾客提供比洗衣粉更理想的服务。

7.1.4 S 曲线的系统/子系统层次结构

传统的方式通常把 S 曲线看成是"一条"的，与此不同，从系统性创新角度来看，S 曲线分析最为重要的原理之一是把系统中的每个元素都看成是由其所属的 S 曲线族组成的。因此，我们不应该只看到一条曲线，例如在关于银行的模型中，我们不仅要考虑银行业务模式的"S"曲线，还应该意识到银行是由并购、零售、人力资源等业务构成的——每项业务都有各自的 S 曲线。这种思想如图 7-5 所示。

图 7-5（为清楚起见，已简化）基本上表明了 S 曲线是分层结构的事实，系统 S 曲线由其各种组成元素的 S 曲线组成，这些 S 曲线又由其子元素的 S 曲线组成，更进一步，这些 S 曲线又由它们的子元素的 S 曲线构成；如此这般，直至有足够多的层次以画出能够表明其整体结构的图。这种不断重复的 S 曲线族的层次结构也是递归的另一个例子。

当我们为一个问题添加时间维度时，上述关于 S 曲线层次结构的基本思想也适用。当我们对某个过程进行 S 曲线分析时，这是特别有用的。图 7-6 说明了一个假设的客户订单处理过程是如何被分割成不同的生产制造阶段的，以及如何根据当前 S 曲线上的位置来分析每个阶段。

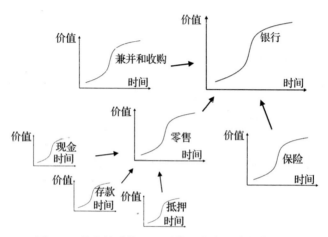

图 7-5　基本的系统 / 子系统 S 曲线层次结构模型
（注：每个层次实际上由 S 曲线链唯一地表示——"当前的 S 曲线"——为明确目的已绘制了每一个层次水平）

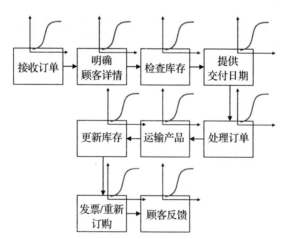

图 7-6　基于过程的系统的假想 S 曲线分割

7.1.5 S 曲线的系统 – 功能层次结构

关于 S 曲线层次结构值得注意的另一个重要问题是，系统的 S 曲线和描述该系统可提供功能的更高层次的 S 曲线之间的区别。这是一个必须阐明的重要区别，因为我们对自己在系统 S 曲线（我们需要用其指导选择正确的系统性创新工具以改善现有系统）上所处的位置认知会因两个定义的不同而有很大的差异。

这个问题用一个例子来说明最为简单。假设我们在从事提供国内线路的电话服务业务，并且正在寻找如何改善当前所提供业务的方法。提出问题："我们处于当前电话服务的 S 曲线哪个位置？"我们可能会（正确地）得到结论，目前的系统处于 S 曲线的成熟阶段。如果我们从"电话"转变为电话服务提供的功能（"语音通信"），然后再提出这样的问题："我们在'语音通信'的 S 曲线上所处的位置在哪里？"我们很可能（正确地）得出我们距离其曲线成熟阶段还有相当大的距离的结论。

表示解决方案的 S 曲线和较高层次的"功能"的 S 曲线之间的区别如图 7-7 所示。

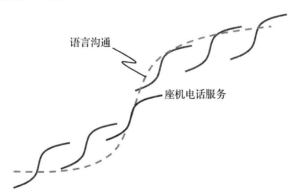

图 7-7 解决方案和功能在 S 曲线方面的区别

由区分解决方案的 S 曲线和功能的 S 曲线的区别引出的问题是："我们是希望改善目前的解决方法，还是寻找能提供相同功能的其他方法？"这两种方法需要完全不同的解决方案生成工具，以获得最有利的解决方案。

7.1.6 最后的思考

如果有读者因没有看到"下降"阶段（S曲线达到最高值后掉头向下（见图7-8））而充满疑惑，那么答案有助于我们理解S曲线现象的另外两个机制。

1）实际上，实际的S曲线产生很明显的下降是非常罕见的，因为很少有生产商故意降低其产品的利润，或增加成本，或增加损害——当系统正处于S曲线成熟阶段的时候当然不

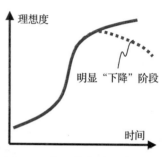

图7-8 在S曲线上绘制"下降"阶段

会这样（虽然也有特殊情况，见下面的2）。然而，系统中顾客的感知能力（理想方程式中包含的第4个元素）常常是变化的。事实上，他们的变化可能会相当大；如果我们画出"感知"元素，曲线就可能出现向下的轨迹。手机就是一个很好的例子，当公众被告知由天线发出的微波有潜在的伤害时——系统的实际理想度并没有改变（其设计与消息传出去前相同）；但是已感知的理想度已明显下降。

2）另一方面，也确实存在曲线轨迹下降的罕见情况。这种情况通常在新的S曲线影响现有S曲线和取代现有S曲线的过程中发生。这种情况的典型实例是，新系统造成老系统的销售下降；这又导致原系统的单位成本大幅度上升（在大部分情况下，制造成本和生产数量有强烈的相关性）。以光盘取代黑胶唱片为例，如今黑胶唱片极低的产量意味着它的单位成本增加，所以那些仍然想购买黑胶唱片的顾客不得不为此花费更多，也就是说，他们在购买过程中实实在在地经历了理想度降低的情形。对于这些黑胶唱片生产商来说幸运的是，某些利基市场中的顾客认为，这一理想度下降的程度使其总体理想度仍然高于光盘理想度。

由于这两个原因（特别是第1条）都没有涉及所讨论的系统

的实际形式或内容，所以我们后面绘制的所有 S 曲线都没有下降阶段。原因很简单，从创造更好的系统角度看（毕竟这是本书的主要目的），讨论下降阶段的问题会转移我们的注意力。

7.2　S 曲线和问题定义

讨论使我们能够在现有 S 曲线上找到系统或子系统的正确位置的方法之前，有必要先花一点时间弄清我们为什么需要这些信息，以及获得这些信息后可以用它来做什么。

如前所述，在问题定义过程中开展 S 曲线分析的主要目的是能够更好地确定哪些系统性创新解决方案生成工具能给我们更多的帮助。（还有次要目的：更好地理解系统中的 S 曲线族有助于我们确定应优先解决哪些问题，也有助于我们在解决方案和市场需求之间架起桥梁。）

就把问题定义与"正确的"系统性创新解决方案生成工具相联系而言，S 曲线的 3 个阶段有助于我们确定什么是"正确的"：

1）系统处于 S 曲线的开始阶段；
2）系统处于 S 曲线的成熟末期；
3）系统处于"最复杂的点"的前后。

这 3 点并不要求我们精确地量化在 S 曲线上的位置，只需确定我们是否接近了某些特征点。对系统和其所有组成部分而言，严格的 S 曲线分析可能需要几小时甚至几天。幸亏这不是我们所需要的分析深度或持续时间；事实上，在绝大多数情况下，我们只需几分钟即可得到关于"正确的"解决工具问题的答案。

第 10 章包括关于 S 曲线分析信息时我们需要的细节——该章介绍系统性创新过程中"选择"的技术细节。现在，我们只介绍判别 S 曲线上的上述 3 个阶段所需的信息。

7.2.1　系统处于 S 曲线的开始阶段

一般而言，如果系统在其 S 曲线的开始阶段，我们有可能解决的问题涉及对系统的改进。在子系统或其组成部分的层次，很有可能目前根本就没有系统来交付功能，或者我们可能处于寻求增加功能的阶段。在S曲线的末尾阶段，确定需要添加的功能是S曲线分析的一个重要内容。为了说明这一点，以第13章列出的问题为例，重新考察一下有线电话服务，这次我们从如何衡量类似顾客满意度这类因素的角度来进行分析。如果问题是："与了解顾客满意度有关的子系统的成熟程度如何？"我们很可能会立刻回答：其实现在还没有这样的子系统存在。也就是说，具有"找出顾客满意程度"功能的子系统恰好在其S曲线的开始阶段（如果不是在S曲线出现之前的话）。

7.2.2 系统处于S曲线的成熟末期

到目前为止，从系统性创新角度来看，S曲线最重要的是当系统接近根本性的理想度极限时，处于曲线顶端固有的平缓趋势。这里的关键词是"根本性"——任何系统的极限确实都是根本性的，超越系统极限的唯一方法是以某种方式改变系统。确定我们正处在S曲线的顶端是使我们自己确定需要采用解决方案生成策略，以便使系统产生变化的可靠方法。业务流程（也有自己的S曲线族）特别容易在S曲线成熟末期出现这种情况——通常是"持续改善"措施实施的对象，这些措施的目的是优化系统性能使其达到第 n 阶（见第23章中关于六西格玛的注释）。用S曲线分析可证明进一步优化不会提高理想度，从而为采用不同的方法提供强有力的论据：在S曲线的成熟末期，"优化"极少（如果有的话）成为问题正确的解决策略。

7.2.3 最复杂的点

所有系统都沿着复杂性先增后减的路径进化，详细内容将在第14章中介绍。我们需要知道我们的系统（及其子系统）是处于"增加"还是"减少"的发展阶段，因为在这两个阶段需要不同的问题解决策略，其中有一些是相互矛盾的，在错误的时间尝试应用它们将根本无法奏效。一种常见的情况是，当系统进化过程中复杂性仍然处于上升阶段时，人们将尝试运用诸如剪裁（即在系统中减少元素数量）等系统性创新工具。

7.3　找出系统在 S 曲线上所处的位置

系统性创新描述了使人们在解决问题时能够确定系统在当前的 S 曲线上位置的 4 个特点。这 4 个特点是全人类对成千上万商业系统透彻分析的结果。第 1 个特点与知识产权起重要作用的企业和行业相关。它的出现与在系统整个生命周期中产生的专利数量和增长的速率有关。其他 3 点如下：

1）行业的关注点；
2）管理流程；
3）市场和竞争动态。

对于上述 4 个特点的第 1 个——知识产权产生速率——图 7-9 展示了其特点。

系统性创新研究发现，基本上，在系统演变的成熟期，行业中申请的发明数量显著增加。任何希望亲自观察到这个现象的人，只要通过对网上专利数据库进行简单搜

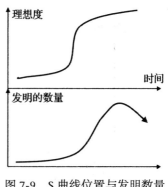

图 7-9　S 曲线位置与发明数量的一般关系

索，就足以证实相关性的正确性。由此特点得到的最有用的关联点出现在发明的数量开始下降之时——这是 S 曲线达到衰退阶段的明确信号。

这种 S 曲线特征通常是由行业内相互竞争的公司试图对已接近发展极限的系统再挤出些利润来而形成的。发明数量的上升的驱动力也可能是由于颠覆性的新系统的出现，以及现有行业延长原有系统生命周期的尝试（最终其实是徒劳）所推动的。第 14 章将更详细地讨论关于在商业和技术领域非连续与颠覆性的创新。

关于 S 曲线的提示是，由于知识产权领域的变化（例如，一些公司/行业选择不申请专利，另一些公司/行业通过大量的"烟幕弹"专利使该领域专利饱和），这个特征可能开始转变。这种转变发生的可能性是系统性创新研究持续活跃的原因之一——当任何变化确实发生时，我们希望自己是先了解这些的人。

7.3.1 企业的关注点

在当前 S 曲线上判断系统的定位最简单的方法是分析企业管理普遍的关注点。本书编写过程中开展的研究关注的是，企业在其发展过程中的战略关注点有时会发生微妙但又显著的变化。变化归纳如图 7-10 所示。

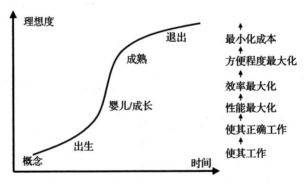

图 7-10　S 曲线位置与企业战略关注点之间的关系

图 7-10 的右侧展示了发展的各个阶段，从开始只是保证系统提供主要的有用功能，直至使其功能充分发挥（分别为"使其工作"和"正确工作"）。然后，当顾客获得的功能足够时，关注点就转移到最大限度地提高性能和效率，再之后，当顾客已不再感到新奇时，关注点将再次转移向便利性（包括可靠性和耐用性）问题。最后，系统已经提供了它可以提供的所有好处，而且对效率和便利性的关注已使系统的损害最小化，此时的关注点就只剩下成本了。

因此，通过跟踪这些进程（见第 14 章相关的"顾客的关注点"趋势），我们就可以获得对系统整体成熟度较为可靠的估计。可以帮助我们确定不同阶段的事情就像改进措施的关注点转移一样（从"顾客永远是对的"开始，到"迫切的需求"，再到成熟期的过度竞争，看起来都比后面提供的"零缺陷""一次成功""全面质量管理"等更急切）。

降低成本的措施往往也表明我们关注的系统的 S 曲线已经达到最复杂点，如上节所述，该点将在我们选择问题解决策略中扮演重要角色。

图 7-11 来自最近的研究[8]，强调 S 曲线上最复杂点的相对位置有相当大的可变性。此位置的出现确实与系统的相对复杂性有关系。对于包括几百个或更多元素的复杂系统来说，最复杂的点会趋于向 S 曲线的中心汇集；但对相对简单的系统来说，最复杂的点将可能较多地偏于 S 曲线右侧。这种变化意味着即使在系统当前 S 曲线上得到了可靠的位置估计，我们也未必能回答系统是否已经到达该点。因此，以"面向制造的设计"、减少零部件数量、"业务流程再造"或"规模优化"为重心的改进措施无疑表明已过了最复杂的点。

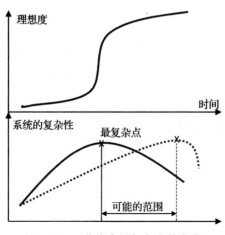

图 7-11　S 曲线上最复杂点的变化

7.3.2 管理流程

虽然不是绝对的规则，但当分析 S 曲线（特别是系统内子元素的曲线）时，值得牢记的是在这些元素的定义中管理人员的角色。管理人员的工作经常是要将系统的组成元素推进到其能力的极限。例如，试想一位管理某个系统的管理人员要为客户提供一定数量和质量的服务。这位管理人员要完成的工作就是使两者的输出最大化，并最大限度地降低成本，因此他需要努力才能达到预期的绩效。这种冲击极限的努力在商业界普遍存在——往往是由理想度公式的上半部分（收益）和下半部分（成本和损害）的对抗所驱动的。

业务流程优化的动机使我们明白了一个简单的道理，即管理者往往试图把他们负责的系统推向 S 曲线的顶端（见图 7-12）。换句话说，他们的触角达到了矛盾的边缘——试图在系统中得到尽量多的收益但还不至于造成任何"冲击"。这在部门或分支机构的级别特别常见。因此，当问到"这个元素在其 S 曲线的哪个位置"时，有必要将负责的管理人员的动机与这个问题联系起来。这些管理人员很有可能会使系统达到极限，但只能用新的方法才能超越这些极限。根据我们过去 8 年从事商业战略问题的工作经验，我们估计超过 80% 的企业或企业内部的机构已趋向其现有能力的极限。当然，这也没什么不对——如果我们要批评那些没有将时间花在充分利用可用资源，以获取最大收益的管理人员——这只是说我们所受的教育灌输给我们的所有美妙的数学模型和优化技术都不再适用。你根本不可能以逐步优化的方式跨越式发展。

7.3.3 市场和竞争动态

文献[4]包含通过对创新的潜在基本原则进行大量研究而获得的成果。书中介绍的研究结果之一经修正后可帮助我们识别系统（这里是在"系统"级别，而不是在子系统或某个组成部分的级别）在现有 S 曲线上的位置的提示。经修正后的研究结果如图 7-13 所示。

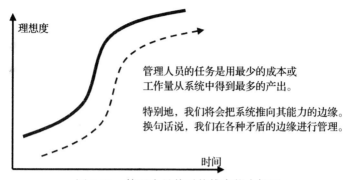

图 7-12　管理人员将系统推向能力极限

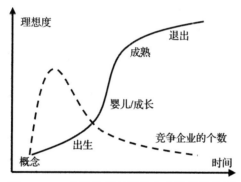

图 7-13　S 曲线位置与竞争企业数量的关系

这一特性表明，在市场发展的初期阶段，很多商家有尝试进入的愿望。然后，随着市场的逐步成熟，会出现少量的"赢家"——要么因为实力较弱的企业失败，要么因为那些拥有大量资金的企业收购了别的企业。在 S 曲线的"成熟"阶段，市场通常由"三巨头"（big-3）主导。参考文献 [9] 中有很多已达到或正在接近于神奇的"3"这个数字的行业实例。在这个时间点上，我们可以看到诸如全球范围内的航空航天、化妆品、家用电子产品行业在很大程度上已达到多样化的最后阶段。在其他行业中（从运动鞋到航空公司再到地毯）向三巨头的转变已经在国家或大洲范围发生。另一方面，电子商务和互联网类公司数量仍然处在爆炸式增长阶段，这表明目前的消费类电子产品和电子商务还处于 S 曲线的左端。

我该怎么做

本章主要介绍如何使用 S 曲线指导选择工具以帮助解决给定的问题。一个系统、子系统或者一个组件在其当前 S 曲线的位置将影响选择解决问题的策略。我们需要特别注意的有 3 个点——系统是处于开始阶段、结束阶段,或者是在最复杂点之前还是之后?

当确定这些位置时,我们不需要精确地量化。本章介绍了一些确定 S 曲线位置的简单方法:a)专利数量/时间段;b)企业的关注点;c)所采用的管理流程;d)所考虑的系统中参与竞争的企业数量。

本章的第二个目的是鼓励读者熟悉 S 曲线的概念,因为 S 曲线在系统性创新过程中发挥了重要的纽带作用。

如果你希望将本章内容简单地用作构建 S 曲线分析的方法,并在 S 曲线上确定当前的位置,我们建议你画出类似图 7-5 和图 7-6 所示的 S 曲线层次结构,然后参考图 7-10、图 7-12 和图 7-13 以帮助确定系统所处的位置。

如果你希望对 S 曲线和 S 曲线动态有更广泛的理解,你可能需要细读全章,并阅读本章引用的参考文献。

参考文献

[1] Hofbauer, J., Sigmund, K., 'Evolutionary Games and Population Dynamics', Cambridge University Press, 1998.
[2] Handy, C., 'The Empty Raincoat, Making Sense of the Future', Hutchinson, London, 1994.
[3] Burgelman, R.A., Maidique, M.A., Wheelright, S.C., 'Strategic Management of Technology and Innovation', Richard D Irwin Inc., Burr Ride, IL, 2000.
[4] Utterback, J., 'Mastering The Dynamics of Innovation', Harvard Business School Press, 1993.
[5] Nelson, R.R., Winter, S.G., 'An Evolutionary Theory of Economic Change', Harvard University Press, 1990.
[6] Altshuller, G., 'Creativity As An Exact Science', Gordon & Breach, New York, 1984.
[7] Re-usable washing ball – www.ecozone.co.uk
[8] Mann, D.L., 'Trimming Evolution Trends in Complex Technical Systems', TRIZ Journal, June 1999.
[9] Sheth, J., Sisordia, R., 'The Rule Of Three: Surviving And Thriving In Competitive Markets', The Free Press, New York, 2002.

08

第 8 章

问题定义：理想度 / 最终理想解

HANDS-ON SYSTEMATIC INNOVATION
FOR BUSINESS AND MANAGEMENT

> "我不是反对研究，但是我喜欢先想个好主意，然后去验证，而不是不断地试验、试验、试验，然后想出好主意。过度依赖研究有点儿像看倒视镜开汽车。"
> ——Robert Lutz Dodge

> "……领导是攀越最高的树，勘察所有形势，然后大喊，'错了，不是这片丛林'的那个人。"
> ——Stephen Covey, *Seven Habits of Highly Effective People*

提高理想度进化方向和"最终理想解"这两个孪生概念是系统性创新非常重要的哲学元素。在本章中，我们将从二者在问题定义过程中的可应用性视角出发，探讨这两个概念。第2章对系统性创新过程进行了概述，其中，理想度和最终理想解是我们推荐使用的方法而不是问题定义过程中的必需元素。当然，严格来说，这种"非必需"地位是因为给定问题情形的实用要求所致。简而言之，许多问题不允许我们为了追求一个不容易实现的更理想解决路径，而随意放弃原来走过的所有路径。你可以想象，这种实用主义的态度给我们带来大量的危险——后面我们会提到，历史表明任何不从理想度角度处理问题的组织将逐渐在市场中消失。因此，本章将为读者表现出，在处理问题过程中，基于理想度的思考方式是多么重要。

本章分为3节。8.1节基于问题定义工具，详细描述理想度/最终理想解问题定义工具的机制。8.2节结合一系列案例，说明其他人如何成功地利用这个工具定义了"更好的"问题。8.3节简短地补充了一些关于理想度概念如何与系统性创新其他工具相结合的想法，以及我们如何利用这个概念改进这些工具的应用效果。

本章主要讨论理想度概念在问题定义阶段的应用方法。这个概念中包含的一些元素使其同样适用于解决方案生成阶段。我们将在第19章中详细描述这些应用。

8.1 理想度/最终理想解作为一种问题定义工具

理想度作为一种问题定义工具,其作用基础始于提高理想度是系统进化最重要的趋势的逻辑。我们可以通过多种方式定义理想度,其中最有用的方式如下:

$$理想度 = (感知) \frac{收益}{(成本 + 损害)}$$

因此,如果我们接受提高理想度作为进化方向,基本表示,当系统进化时,系统有用作用(收益,公式的上半部分)日益增加,有害作用(成本和损害,公式的下半部分)日益减少。如果一个系统进化至极致,那么系统只会提供我们要求的有用作用,而且,就字面上而言不会产生任何有害的事物。这样的进化状态就是最终理想解。接下来就会产生以下想法:如果任何事物都会朝这个方向进化,那我为什么不从这个终点开始思考,而偏要从现有的情况开始呢?这个简单的思考过程代表了大多数组织(和许多个人)思维方式上微妙但意义深远的转变。大部分组织是按照图8-1所示的方式进行思考的。这种思考方向以"当前系统"为起点,接着所有的改进工作都将基于这个起始模型进行。而大部分人都熟悉的"持续改进"阶段也将是这种"从当前出发"思考模式的直接结果。我们知道,收益递减规律(事实上是S型进化曲线的基本机制)表明,随着时间的推进,无论付出多大的努力,系统获得的改进都将越来越少。

图8-1 大多数组织的思考方式

但是有人发现了更好的行事方式。这种新的行事方式，用系统性创新术语来表示就是一条新的S形曲线，如图8-2所示。

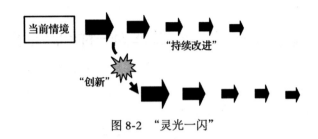

图8-2 "灵光一闪"

系统性创新研究人员发现了一个有趣的事实，这些重要的灵感闪现往往来自于现有产品和服务领域以外的某个人。James Utterback在其经典著作《把握创新力》中发现了这一事实[1]。Utterback写道，对于重要的产品创新（诸如喷气发动机、雷达电子干扰仪、冰箱、制冰器、子午线轮胎、圆珠笔、柴油机车、白炽灯、晶体管、赛璐珞胶片、计算器、并行超级计算机等）而言，往往是由行业以外人员实现这种创新性跳跃。换句话说，从历史上看，你的组织开发出使自身现有产品退出市场的产品的可能性几乎是零。

理想度和最终理想解是黄色的创新火花驶向何方的一种系统性方法。

由理想度激发的思维方式转变存在一个有趣的悖论。现实约束以及惯例告诉我们，应当从当前的状态出发解决问题。这确实是大多数人思考问题的方式。但是与此同时，当问到一个经理或者任何一个人，如图8-3所示的难题如何解决时，他们第一时间的回答是"从奖杯出发，然后往回走"。

这个简单的模型为最终理想解定义工具试图达成的目标提供了一个非常简单的类比；如果我们把最终理想解看作奖杯，然后从奖杯出发，往回寻找答案，我们就具有了更有效的行事方式。

当然，真正的工具没有那么简单。但其基本思路一致，如图8-4所示。

图 8-3 "哪一条线通向奖杯"理想度类比

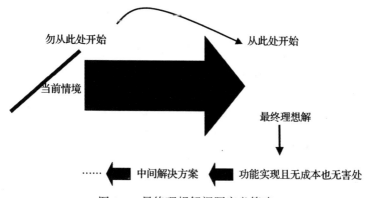

图 8-4 最终理想解问题定义策略

使用该工具的一个客观要求是：首先定义最终理想解，之后是通过一系列概念性步骤往回倒推。执行这项倒推工作的基本思路是沿着以下路径进行思考：如果我不能获得最终理想解，那么往回倒推的最小步骤是什么？以及进一步地，如果我不能通过往回倒推那一小步而获得解决方案，那么下一个我要往回倒推的最小步骤是什么？如此类推，直到获得可实施的概念性方案。

在讨论最终理想解问题定义工具的实际运行机制之前，最后需要注意的一点如图 8-5 所示。

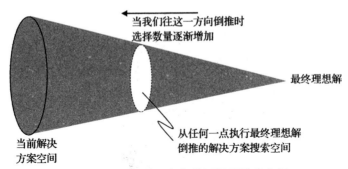

图 8-5　使用最终理想解的圆锥形搜索空间

这张图说明了从最终理想解（至少从概念上来说，它是一个非常具体的终点）往回走时，解决方案的搜索空间不可避免在逐渐拓宽。在现实中，拓宽意味着是当我们从最终理想解往回倒推到其他概念性方案时，我们从最终理想解倒推的步骤越多，我们就倾向于创造更多概念性方向。我们将在 8.2 节一些案例当中看到这种现象。

此外，也可以考虑在系统性创新心理因素章节（第 3 章）问题解决与挖洞类比揭示的锥体思想。在这个类比中，需要反复挖掘锥体，使其指向一个垂直向下的方向（如图 8-6 所示）——它象征着挖掘埋藏的财宝，最深的洞代表着最理想的财宝埋藏位置。

以上两个图片的重点都是，当我们从最终理想解倒推回当前位置时，搜索空间在不断拓宽。

因此，现在让我们讨论一个简单的工具，以展示最终理想解的概念如何帮助引导我们的问题定义思路。这个工具是基于一份作为结构化思考方式的简单问卷。该问卷如图 8-7 所示。

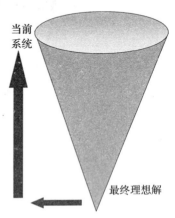

图 8-6　垂直锥体 / 挖掘宝藏的最终理想解图像

> 1）系统的最终目的是什么？
> 2）最终理想解是什么？
> 3）什么事物阻止你实现这个最终理想解？
> 4）它为什么会阻止你？
> 5）怎样才能使阻止你实现最终理想解的事物消失？
> 6）有什么资源可以帮助你创造这个条件？
> 7）是否已经有人解决过这个问题？

图 8-7　最终理想解问题定义工具问卷

问题的顺序非常重要。第一个问题代表第一个挑战。这个问题要求问题定义者考虑系统要求实现的功能。功能是系统存在的关键，因此"最终目的"应当确切地反映这个功能。

第二个问题"什么是最终理想解"是问题定义练习中非常容易的第一次迭代。这个问题的答案是：实现系统的功能/最终目的/收益，且零成本零危害。

第三个问题似乎是第一个最具挑战性的问题。这个问题的答案有可能既不明显又纷繁复杂。在这个阶段，问卷的重点是激发"强有力的思考"，因此要确保把所有能找到的答案都记录下来。

第四个"为什么"和第五个"怎么样"这两个问题，从所需要思考的重要性来看，具有同等程度的挑战性，它们的潜在挑战是质疑前面"是什么"这个问题的答案。有时候，这些问题所引发的答案会产生某种循环式的争论，但是，不要让它分散这一工具的整体目的，让它帮助你充分地拓宽问题空间。

第六个问题是寻找理想度与资源之间的明确关系，其中资源应当在整个问题定义过程的问题探索部分就已经被识别。理想度与资源密切相关；如果在系统周围存在能够代替系统执行系统功能的元素，那么它就可以为我们实现所需要的最终理想解提供非常好的路径。理想度/资源关系将会在第 19 章中更详细地讨论，在那一章我们会讨论理想度在问题解决过程中的应用问题。

最后一个问题是与下游的问题解决工具相联系的。在所有以理想度为中心的问题定义思考方式中，绝大部分情况都将形成一个"知识"问题（我想做某事，但是我不知道怎么做）或者一个冲突/矛盾问题（我想做某事，但是其他事物阻止了我）。最后一个问题将帮助我们决定到底形成哪一类问题。它也是使问题从具体向一般进行转化的起始点。

回答上述所有问题之后，问题情形总体而言就变得更加清晰。但是，它绝不是一蹴而就的事情。如果第一次通过问卷调查得到的问题定义无法解决，那么此处描述的理想化问题定义流程提供了两条可能的探索路径：1）我们不能实现预想的最终理想解，希望探索其他难度相对较小的最终理想解问题定义；2）阻碍我们实现最终理想解的因素不止一个，我们希望对这些因素进行详细的探索。

第一条路径相当于沿着当前情境方向往回走到一个如图 8-4 标注的"中间解决方案"；第二条路径相当于当我们以某个给定的最终理想解定义探索搜索空间时，对相关圆锥的拓展。

两种不同探索方向的结果导致我们可能需要几组问卷，每组问卷都在锥形搜索空间上具有自己的对应位置，如图 8-8 所示。

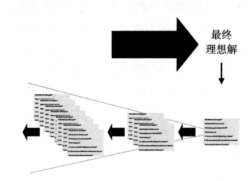

图 8-8　最终理想解问卷如何与锥形搜索空间相匹配

我们应用上述问卷集合将给定问题映射到可用解决方案空间中，然后使用问题清单中最后那些问题所提供的触发器作为导入系统性创新工具箱中解决方案部分的工具。下一节，我们将通过案例的形式来说明这个过程。

8.2 案例研究

8.2.1 洗衣服

近年来，一些具有前瞻性的洗衣粉制造商在经营策略上发生了显著转变，由以前的"卖更多的洗衣粉"转变为"卖更多干净的衣服"的思考方式。这样的转变早在 1975 年便出现了，这也告诉了我们一个想法从出现到实现所耗费的时间可能会有多长。第一个和第二个目标之间的简单而具有深远意义的区别在于，第一个代表实施方案，而第二个则代表功能。这种区别非常重要，因为同样的功能具有多种不同的实施方案。换句话说，当某人找到更加理想的方式（再一次强调，"利益与成本及危害的和之比"）实现与洗衣粉相同的功能时，任何自认为处于洗衣粉行业的组织都可能会破产。

"解决方案改变，功能不变"的现象不仅仅适用于洗衣粉行业，而是适应于所有的行业。例如人们需要的是一个洞而不是钻机，需要的是"通信"而不是手机，需要的是"推力"而不是喷气式发动机，等等。这种基本功能制定经营战略的思维方式与最终理想解问题定义工具的第一个问题十分贴合：系统的最终目的是什么？

以洗衣粉行业为例，其最终目的（实施的功能）是"干净的衣服"。经过良好的最终理想解定义之后，此问题的方案 – 功能联系就转变为"衣服自己会洗干净"或者"衣服不会脏"。第一次通过最终理想解问卷进行定义可以获得如图 8-9 所示内容。

第一次使用问卷的结果是，虽然我们可能在如何实现衣服自我清洁上有点思路，但是我们仍不清楚如何获得一个可行的实际解决方案。这时，最终理想解定义过程要求我们从最终理想解往回退一小步，并定义一个如图 8-10 所示的替代方案。

如图 8-10 所示，当我们往回走时，有几种可能性需要考虑。实质上，如果我们不能够实现衣服"自我清洁"，那么我们往回走的步骤中需要包括一些外在的清洁机制。我们可以挑选出各种不同的概念——"无洗衣机式衣物清洁""无水式衣物清洁"等。当我们（暂时）从洗衣粉制造商的视角讨论问题时，我们将从可能的选项中选择"无粉末式衣物清洁"，或者，更正式一些，"无外部清洁剂式衣物清洁"。然而，如果我们将自己严格限制在"清洁衣物"领域，在探索上述各种不同视角时，我们在战略上会异常谨慎。从最终理想解往回走最小一步的关键在于，确认在若干可行选项中，哪些选项需要比其他选项进行更多的妥协。正如我们将在后文中讨论的那样，往回走一步的跨度大小也很可能取决于价值链上不同主体的视角。

> 1）系统的最终目的是什么？
>   干净的衣服。
> 2）最终理想解是什么？
>   衣服自己清洗自己。
> 3）什么事物阻止你实现这个最终理想解？
>   纺织纤维不能够执行这个功能。
> 4）它为什么会阻止你？
>   如果纺织纤维不能够执行这个功能，衣服就不会干净。
> 5）怎样才能使阻止你实现最终理想解的事物消失？
>   如果有一种纤维或者纤维结构能够自我清洁。
> 6）有什么资源可以帮助你创造这个条件？
>   纤维、空气、穿衣服的人、衣柜和阳光。
> 7）是否已经有人解决过这个问题？
>   在自然界中，自我清洁功能是存在的（如荷叶），但在纯人类的自我清洁结构（如烤箱、玻璃）中，则要使用其本身没有的资源。另一种可供选择方案是：一次性衣服。

图8-9 "自我清洁衣服"最终理想解定义问卷示例

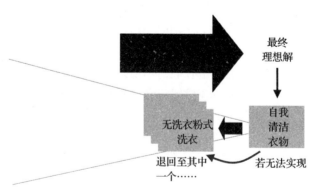

图8-10 "清洗衣服"的最终理想解定义空间

洗衣机制造商起初很有可能选择"无洗衣机式衣物自我清洁"选项。同时，为了说明的目的，我们沿用"无外部清洁剂式衣物清洁"这个选项。因而，这个新的最终理想解定义形成了一组新的问题，如图8-11所示。

> 1）系统的最终目的是什么？
>   干净的衣服。
> 2）最终理想解是什么？
>   清洗衣服不需要外部清洁剂。
> 3）什么事物阻止你实现这个最终理想解？
>   需要外部清洁剂来打破衣服和污垢之间的连接。
> 4）它为什么会阻止你？
>   如果这种连接不被打破，衣服就不能被清洗干净。
> 5）怎样才能使阻止你实现最终理想解的事物消失？
>   当存在其他的方式可以打破衣服与污垢之间的连接时。
> 6）有什么资源可以帮助你创造这个条件？
>   水、衣服、污垢、洗衣机、其他家庭用具、电等。
> 7）是否已经有人解决过这个问题了？
>   只有洗衣行业必须解决"清洁衣服"这个问题，但是其他行业必须解决更普遍的"清洗"或者"去掉污垢"等问题。

图8-11 "无外部清洁剂式衣物清洁"最终理想解定义问卷示例

这时，这组问题把我们带回到之前已经识别的"知识问题"上。我们知道其他行业能够执行"清洗功能"，但是不知道它们是怎么做的。这组问题的结尾应当是一个把我们引向系统性创新的技术知识／效应数据库[3]的提示。如果我们这样做，我们有可能找到一些途径实现所需的"无外部清洁剂式衣物清洁"功能——尤其是超声波。现在，也许我们不喜欢这个发现，但是，至少我们知道威胁是存在的，如果超声波被证明能够比洗衣粉更好地实现"清洗衣服"功能，洗衣粉制造商就有麻烦了。因此，这是一些组织机构在问题定义时，不喜欢使用最终理想解方法的原因。当你发现有人出现并取而代之，使你投入的所有时间、精力和金钱打水漂时，这绝不是一个好消息。有兴趣的读者可以注意一下三洋公司最近推出的超声波洗衣机。注意，三洋公司不是一家以洗衣机制造为主的公司。

然而，故事到这儿并没有结束。尽管最终理想解定义已经认识到了可能的未来选项，但是此时此刻它们毕竟只是"未来选项"。如果我们需要在"无外部清洁剂式衣物清洁"选项中迅速得到一个更好的方案，该怎么办呢？例如，由于三洋的超声波洗衣机还处在进化的早期阶段，因此，其理想度公式中的各种参数目前还不大可能全面优于传统洗衣机。然而，快速发展的消费品市场每6个月便会更新超市货架上的部分产品。如果我们处于这种情况，那么问题的解决办法是沿着最终理想解再往回走一步，如图 8-12 所示。

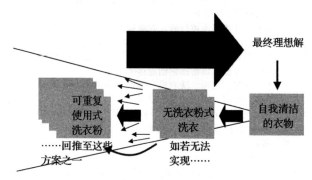

图 8-12 "清洗衣服"最终理想解定义空间——新的迭代

再次注意，在回退过程中，越接近当前情境，每个概念阶段延伸出的选项通常就越多。这就是为什么解决方案搜索空间能形成锥形的原因。

从"无外部清洁剂式衣物清洁"往回走将产生若干概念定义。图 8-12 强调了"可重复使用式洗衣粉"，这是因为该行业的某些公司正在致力于开发这一功能，而另外一些选项则包括"浓缩洗衣粉""浓缩洗衣液""基于场的添加剂""混合物"等。

从这些选项中的任何一个往回再走一步很可能会回到当前的情境。在这一点上，如果不考虑概念定义的宽度，至少从最终理想解到当前情境的深度而言，我们似乎已经绘制了关于最终理想解的完整图景。

最终理想解定义空间的另外一个有趣的方面是，我们可以利用它来识别有效的战略规划路线，该路线不仅可以识别我们应走向何方，而且可以帮助我们洞察所需要的可行技术以及待解决的矛盾。

（从"销售方案"到"销售功能"的转变也开始出现在洗衣机行业中了。再一次需要注意的是，这一理论强调的是"顾客需要干净的衣服，而不是洗衣机"。了解更多"功能销售"资料，请阅读参考文献[4]。）

8.2.2 零售银行

零售银行业是一个在最终理想解思考方式导向比较成熟的行业。图 8-13 是一个应用最终理想解问卷示例，用于重新定义为顾客提供服务的方式。按照惯例，使用调查问卷的最好方法是把自己置于顾客位置上进行考虑。

> 1）系统的最终目的是什么？
> 　　管理资金。
> 2）最终理想解是什么？
> 　　资金自己管理自己。
> 3）什么事物阻止你实现这个最终理想解？
> 　　银行会失去收入，因为顾客将不会付费让银行管理资金。
> 4）它为什么会阻止你？
> 　　没有收入，银行便不能持续地与其他银行竞争。
> 5）怎样才能使阻止你实现最终理想解的事物消失？
> 　　如果没有收入损失，或者收入可以通过其他方式产生。
> 6）有什么资源可以帮助你创造这个条件？
> 　　顾客、互联网、手机－电话/短信、互动电视、银行、自动柜员机。
> 7）是否已经有人解决过这个问题了？
> 　　一些基于互联网的服务（如 Amazon）具有自我管理的资产。由于系统建立了能使客户生活变得更轻松的知识体系，因此这些解决方案能实现获利。

图 8-13　零售银行最终理想解定义问卷示例

正如许多情况下发生的那样，问卷调查鼓励我们回答一些问题，当我们回答这些问题时，解决方案的方向就已经相当明显了。许多银行确实开始尝试基于互联网的服务。一些银行，如维珍直线（Virgin Direct）已经有了一些自动化系统，在这些自动系统中，举个例子，资金会自动地从通货转到储蓄再到抵押等账户，以便保证顾客的钱始终处于最有效的利用状态。因为系统由软件运行，银行成本减少，所以收入会得以保持（然而，通过把抵押打包，银行实际上有可能提高收入，因为它鼓励顾客所有的金融资产打成一个包）。

许多银行也开始利用智能软件来监测顾客个人账户的使用模式，以便当模式突然发生变化时，银行能够假设信用卡被盗，并与顾客联系进行确认。到目前为止，还没有银行将这类智能的学习型软件算法整合应用于资金管理任务中。实现这一功能并没有任何技术问题，实际上在这个高度竞争的行业，也许在不久的将来，智能软件就会引入系统，并代表顾客，不仅帮助顾客管理资金，而且能学习顾客的习惯并预测未来的交易。

正如银行业一样，很多可以利用虚拟网络世界的行业，正以前所未有的速度在世界各地进化。因此，对于一家银行来说，越来越难以与其他银行相区别。任何类型的竞争优势都是短暂的。当银行越来越接近顾客的最终理想解时，参考文献［5］的"免费、完美、现在"定义也许需要做出修改，这一点很可能会真正发生。完美就是完美（假如每个人对世界有不同定义（可能随着时间推移而变化）的观点得以认同），就如同现在就是现在。那么剩下的就只有"免费"问题，因此，该定义还要多久才能趋向于不仅只是零成本，而且是负价值？的确，为什么银行不能因为获得管理我们资金的特权而向我们付费呢？

8.3 与其他工具的联系及进一步思考

8.3.1 谁的最终理想解

理想度/IFR作为一种问题定义工具，在使用过程中所面临的最大挑战之一就是，如何区别顾客所需的和制造商/供应商所愿意提供的。在绝大多数情况下，价值链上不同参与主体关于最终理想解（IFR）定义的想法迥然不同。当我们比较顾客认为的 IFR 定义与供应商所希望的理想解定义时，通常会显现出较大的差异，如图 8-14 所示。

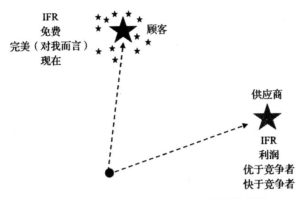

图 8-14 顾客与供应商 IFR 定义之间的差异

代表顾客 IFR 的这组五角星试图反映每位顾客都可能有他们自己关于理想解的个人定义。位于中央的大五角星表示尽管每位顾客在定义方面各有不同，但总会有一些明显的共同因素，比如"免费""现在"。

当采用顾客和供应商二元视角时，举一个简单的例子以说明会产生的冲突。请思考一下在包含制造、供应和使用割草机的价值链上的不同元素。以下就是各利益相关者假设的最终理想解的不同定义：

割草机制造商——一个能有效割草的机器，不仅要外观美丽，噪声微小，无须用户维修，容易操作，不耗燃料，有利可图，此外（至少从短期来看）如保修卡过期，则立即需要更换。

割草机经销商——一个销量好的产品，不仅要拥有很高的利润率，而且保修卡过期后立即需要售后服务或更换。

能源供应商——一台需要大量燃料、电力和石油的机器。

割草机拥有者——一个很漂亮，无须打理的草坪。

由此可以看出，公司有一套自己的目标，但问题的关键是，顾客往往有一套不同的目标。割草机制造商的目标是，经过足够的研发努力，总有一天他们会生产出无噪声、百分之百有效、无任何问题并且没有一点重量的理想机器。不幸的是，他们的"理想机器"理念与顾客所需的理想机器相比还差一大截。顾客的理想机器是在没有任何成本和危害的情况下能满足所需功能的机器（换而言之，就是根本不存在机器）。从另外一个角度来看，顾客可能想要的是草坪自己知道怎么看起来漂亮并且会自我打理（当然，也有一些顾客很爱修剪他们的草坪，这也是为什么我们需要考虑不同 IFR 定义的原因）。

顾客 IFR 理念很重要（如果这种理念还不明显的话）的原因在于，过去那些被动的老顾客通常都受控于制造商，基本上只能接受制造商的观念；而日趋全球化市场则意味着极有可能"某人"在某处能准确地提供顾客所需之物。如先前所述，从历史上来看，那些作为新入行者的"某人"不存在既得利益促使他们去维持现状。随着公司的不断成熟，那些践行顾客 IFR 理念的组织将更具前瞻性。一家明智的、有远见的割草机公司，认识到自己将来很有可能成为一个"有魅力的会自我打理的绿草种子"公司。

总之，顾客永远是对的。顾客的 IFR 也总是对的。"某人"会依照 IFR 给顾客提供产品的可能性将与日俱增。

作为一个通用的顾客 IFR 方向，"免费、完美和现在"这几个词对于到底什么最终理想解，给出了一个出色的、对顾客友好的诠释。顾客到底想要什么？他们想要的是能完美满足他们个人需要的物品，不用耗费额外的花销，现在就能拥有的物品。

参考图 8-15 所示的模板，我们可以增强 IFR 定义过程的严密性。这个模板促使用户审视所有现行或规划的系统中与利益相关者有关的每一种属性。然后，用户需要对每个利益相关者定义其"理想"状态到底是什么。

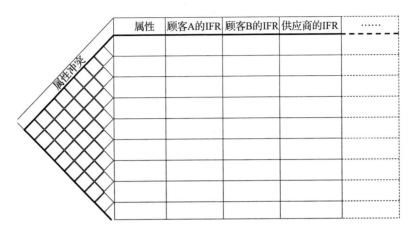

图 8-15 利益相关者属性 IFR 定义模板

通过对割草机问题的深入讨论来展示模板的使用方式及用途。图 8-16 是一个部分完成的模板,该模板展示了一些可能与割草机行业相关的主要属性。第一个属性是噪声。当噪声被定义为一个主要属性之后,让我们研究一下顾客的理想噪声值。在此,我们可能会回答是"零",因为噪声通常被认为是一种对系统有害的属性。

下一步我们将探讨"是否有客户并不想要零噪声值?"对于这个问题应该尽可能详细地进行探讨。当我们来回答这个问题时,可能有以下两种情形。

- 我们意识到无噪声可能会是一件糟糕的事,它可能会产生安全问题。例如,一个无声割草机可能会碾压我们的脚,因为我们并不知道它已经打开了。在此,我们发现,噪声和安全在这个系统中是相耦合的两个属性。现在我们所做的就是对它们进行退耦,并且提出以下问题:"如果我知道自己将会是安全的,我还会想要无噪声割草机吗?"如果回答"是",那么我们已经确定了所有的耦合效应。我们可以通过在模板左侧的"属性冲突"三角形中对相关的方框着色来记录我们找到的每个耦合效应。

- 我们知道并不是每位客户都想要无噪声的割草机。例如，一些人可能需要一些噪声，以便邻居可以听见；或者他们想要收音机的声音。无论是什么原因，我们现在要做的是在模板中的客户 A 列和客户 B 列确定这两个极端客户的要求是什么。在这个模板里，我们总结了噪声的属性极端一个是 0 分贝，另一个是 80 分贝。

属性	顾客A的IFR	顾客B的IFR	供应商的IFR	
噪声	0	(80)	0	
使用寿命	∞	∞	保修期	
尺寸(宽度)	0（储存）	大/小	标准	
速度(时间)	∞（0）	∞（0）	∞（0）	
成本(初始)	0	-ve	成本0; 价格∞	
能源使用	0	0	0	
地位/时尚	∞	∞	总是流行	
安全性	100%	100%	100%	
重量	0	(100)滚动函数	0	

■ 源于顾客的属性冲突
■ 源于供应商的属性冲突

图 8-16　割草机问题完整模板示例

现在我们已经完成了这个模板——假设我们已经做得很全面——我们已经识别了现有系统和最终理想解之间存在的所有矛盾。事实上，我们已经识别了 3 种类型的冲突：第一类冲突是，不同的客户想要不同的东西（也许是在不同的时间，例如，在使用期间，我们想要的是尺寸大小可变的割草机，但是当存储机器时，理想值会趋近于零）；第二类冲突是，客户想要的和供应商希望的不一样；第三类冲突是，不同的属性之间存在冲突。一般而言，第三类冲突是最简单的，第二类冲突是最难的，第一类冲突是最重要的。

从这个模板以及关于"找到所有矛盾"的理念中得出的一个非常重要的战略思想，即创造一个可能的指导性清单。正如参考文献［6］中所讨论的，一个非常简单有效的商业模型应该是让我们"在竞争中领先一个矛盾"。在第14章（图14-8）中我们会讨论"评估哪一个是最好的矛盾"的问题。在许多方面，鉴于向最终理想解进化具有收敛性，因此"选择哪一对矛盾"似乎变得没那么重要。这种看似缺乏系统性的战略奏效的原因之一是很多时候，当我们解决一个矛盾的时候，它也会消除一些其他矛盾。

就我们进行的所有研究而言，只有两种方法可以带来突破性的商业创新：一种是解决其中的一个矛盾；另一种是识别并增加一个竞争对手没有想到的新属性。后一种思想实际上就是蓝海战略[7]的核心概念之一。后一种战略（蓝海战略）唯一存在的实际问题是，由此产生的想法比因解决矛盾而产生的想法要难以保护得多。因此，两种战略都是值得考虑的。

8.3.2 作为时间函数的最终理想解

对最终理想解概念进行拓展，通常是将时间因素合并到理想度/最终理想解的定义过程中。由此可得到两种结果，首先，它将产生一个关于理想度情景的更加全面的观察；其次，它告诉我们，理想度的定义能够（并且通常可以）作为一个时间的函数而进行改变。

理想度公式：

$$\text{理想度} = (\text{感知}) \frac{\text{收益}}{(\text{成本} + \text{损害})}$$

这是一个动态化十足的公式。这一公式中的"感知"一词非常重要，因为变幻无常的客户经常转一下眼珠就可能改变他们关于"什么是好的，什么不是好的"的看法。这当然不是说他们错了（客户永远是对的，不是吗？），只是我们应该随时都先预测一下他们的观点可能会如何变化。幸运的是，关注功能使得这个过程具有稳定性——功能将始终保持一致。

移动电话是一个关于理想度公式平衡性如何进行转变的恰当例子。人们提升理想度的最初驱动因素是在手机的形式上下功夫，例如更小、更轻，延长通话时间，以及增加很多其他的特点。当人们意识到无线电波会对大脑造成潜在的伤害时，这种动态性一度在一段时间内发生了很大的变化，而最近又回归到增加功能和与其他系统兼容的动态转变路径上。

尽管理想度变化非常难以预测（就像之前说的那样，理想度公式明确提示问题定义者去思考"损害"可能的含义），但我们能从中得出一个简单的经验教训，并且可以使用一个简单工具，用于帮助我们构建对最终理想解定义的结构化思考，那就是九屏幕工具。

图 8-17 概述了我们如何运用九屏幕工具为每个窗格分别定义其最终理想解。有时，我们会发现最终理想解的定义与我们从每一个窗格中所了解到的一致，但是我们经常发现它会发生显著变化。我们将体验到最有可能发生这类定义改变的窗格是：

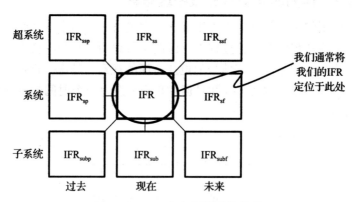

图 8-17　IFR 与九屏幕法的关系

- 未来子系统。从一个系统内各个组件的角度来看，未来它们将逐渐演变为它们的 IFR，并因此从系统中消失，也就是说它们的功能由系统中的其他元素来执行。因此，对系统中的每个组件逐一进行 IFR 评估，有利于判别哪些组件在未来将继续存在，哪些将不复存在。
- 未来超系统。系统周边的事物如何演化将对我们如何定义评估系统的最终理想解具有深远影响。最重要的问题是，在超系统中是否有某些事物将会使系统本身变得冗余？超系统的某些改变是否将改变我们定义 IFR 的方式？后一个问题更加困难。
- 未来系统。这里的一个重要问题是，当前所评估系统的 IFR 定义在将来是否会随着时间的推移而产生变化。

在最后一个观点上进行一点扩充：值得记住的是九屏幕工具是一种将实际上的时空连续统一体进行分隔的方法。对于 IFR 思维的进一步精细化是将自己定位在未来时间轴线的各个不同点上，并且观察在这些不同的时间点上，关于 IFR 的观点是否发生改变（图 8-18）。

图 8-18　IFR 是否会随着时间函数变化

另一种观察这一图像的方式是，模仿理想度思维模式转变中，处于核心位置的从后往前的逆向思维转变。首先猜想最终的 IFR 定义；然后将估计的时间表放在其中（记住我们只是试图思考一个概念，而不是明确的细节内容）；最后从将来的这一点逐渐倒回至当前，以便观察 IFR 在每个时点上如何被重新定义来满足当前的约束条件。

例如，我可能对手机有一个最终的 IFR 定义，即"不用随时携带手机，我就能够随时随地与任何人进行通话"。当在商业环境中以此作为奋斗方向时，通常必不可少的一点是，至少在中间阶段需要具有一些更加明确的、可实现的目标，比如，5 年内推出第四代手机，明年推出第三代手机。换句话说，即基于 IFR 的里程碑设置。

8.3.3 与进化趋势的联系

对于一个给定系统而言，一些用户会很难想象，从最终理想解往回倒推的不同概念步骤可能是什么。这种现象不无道理，因为可以得到的解决方案空间通常是非常巨大的。如果这种类型的思维方式不是与生俱来的（而且，几乎可以肯定，这种思维对于大多数人而言都不会是与生俱来的），那么我们建议采用两种战略。

第一种战略是与第18章的剪裁趋势相联系。这种趋势表明系统最终会进化到与实现相同或更高级别的功能，但系统元素会逐渐减少。当我们正在思考 IFR 及其倒推工作时，我们可以把这个现象反过来加以应用——当我们从 IFR 倒推到目前系统时，系统中的元素量将会逐渐增加。因此，我们可以得到一种较为粗糙但比较实用的思考概念方案的方法，如图 8-19 所示。

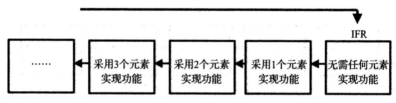

图 8-19　IFR 问题定义策略与剪裁趋势之间的联系

如果沿用之前我们使用的零售银行案例，并在一个更加宏大的背景中讨论它，我们就可以得到一个可实施上述模型的例子。这一更加宏大图景中的系统"元素"可能是银行提供的一系列不同金融产品。此时，客户可使用的产品范围是相当广泛的，那里有一整套的不同产品系列，所有的产品满足仅仅存在细微差别的功能要求（如活期存款、30天通知储蓄存款、60天通知储蓄存款等）。图 8-19 所示趋势表明，随着时间的推移，这些不同的产品将会合并或者消除。伴随这一趋势的一个至关重要的思考是，当我们减少可用元素数量时，我们不会增加任何妥协。举个例子，我们可以设想一个唯一的存储账户系统，能够依据客户提款后的时间长短自动计算利率——通过这种方法，客户会获得提款次数越少所得利息更高等所有便利之处，而银行则可节省管理不同产品系列的日常开支，同时消除因管理这些不同产品系列而带来的复杂性。

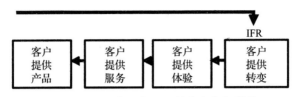

图 8-20　IFR 定义指导下的客户期望趋势

使用趋势作为 IFR 问题定义空间向导的理念同样适用于一些其他趋势。特别是客户期望趋势（第 14 章）可作为一个非常重要的向导。该趋势所描述的从商品到产品、到服务、再到体验，以及进一步超越的进化路径，提供了非常有用的概念地图，如图 8-20 所示。

我该怎么做

尽管进行 IFR 分析并非问题定义过程中的必经环节，但它仍然值得强烈推荐付诸实施。

定义 IFR（尤其是影响深远的在零成本或零危害条件下实现所需利益的观点）并将它倒推成某个实现的目标的想法对大多数人来说并不是与生俱来的。尽管如此，对于实现"跳出思维定式"这一常见目标而言，它仍然不失为一种非常有效的策略。

为了最有效地利用 IFR 作为问题定义工具，我们建议将图 8-7 中所阐释的基本问卷作为一个起点。在从概念设计阶段返回至当前状态尽可能多次使用这一问卷以便逐步倒推并拓展视野。

从客户的角度进行所有的 IFR 思考是非常重要的。客户最终会得到他们所想要的；如果你不能提供，自然有其他人会愿意提供。将我们自己的 IFR 与客户的 IFR 相比较经常会令人感到不自在，除了这一点之外，它其实是一种非常有用的比较，因为我们识别的冲突最终会为使用冲突消除工具并实现所需成果提供机会，如此一来，客户和我们将会实现双赢。

客户与客户之间是存在差异的。因此我们应该定义和思考一系列不同的客户 IFR 定义。正如顾客与供应方之间的冲突一样，客户与客户之间的冲突也意味着应用系统性创新工具箱中冲突消除工具的机会。它通常有助于构建一个表格，这个表格将刻画客户和供应方的不同观点并进行对比。如果我们对定义 IFR 的所有关键属性（成本、效率、寿命等）都进行这样的处理，那么我们就可以清楚地了解到需要解决的冲突和矛盾将会在何处发生。

在你所从事的业务中，思考一下"在竞争中领先一个矛盾"的策略。下图是需要你牢记的一幅有用的图像。

奶酪是最终理想解（由客户定义）。在我们和 IFR 之间隔着的墙壁代表尚未解决的矛盾与冲突。

这种概念性思维能够以系统创新工具箱中的进化趋势作为向导——特别是分割和剪裁趋势。

参考文献

[1] Utterback, J., 'Mastering The Dynamics of Innovation', Harvard Business School Press, 1993.
[2] Ohmae, K., 'The Mind Of The Strategist', McGraw-Hill Inc, New York, 1982 (first published in Japanese in 1975).
[3] Mann, D.L., 'Hands-On Systematic Innovation', CREAX Press, April 2002, Chapter 15.
[4] Electrolux - functional sales web-site, http://www.corporate.electrolux.com/
[5] Rodin, R., 'Free, Perfect and Now', Simon & Schuster, New York, 1999.
[6] Systematic Innovation e-zine, 'Staying One Contradiction Ahead Of The Competition', Issue 16, May 2003.
[7] Kim, W.C., Mauborgne, R., 'Blue Ocean Strategy: How To Create Uncontested Market Space And Make The Competition Irrelevant', Harvard Business School Press, 2006.

09

第 9 章

问题定义：感知映射

HANDS-ON SYSTEMATIC INNOVATION

FOR BUSINESS AND MANAGEMENT

> 人性这根曲木，决然造不出任何笔直的东西。
> ——Immanuel Kant

不同主体对给定现实有不同的感知，对于这类问题，人们通常可以从不同视角考虑。本章将讨论这类技术。本章描述的工具主要用于处理在涉及人员的管理问题中出现的情感和感知的复杂性。这些技术的目标在于通过使持有潜在冲突观点的主体获得相互理解和欣赏的方式来处理这些复杂性。这些技术并不是为了证明"对与错"或者划分责任，而仅仅是为了引出事实，并使相关各方看到和领会这些事实。经验表明，在过半数的案例中，对于给定问题的"解决方案"在使用这些工具期间变得显而易见。在其他案例中，我们将演示如何使用这些工具确定应该采用何种系统性创新方案生成工具解决相关问题，以及应关注问题的哪些方面。

本章分为 6 个主要部分。9.1 节介绍问题定义过程中的主要工具——"感知映射"。9.2～9.5 节详细介绍问题定义过程的 4 个实际案例。最后，9.6 节讨论在应用上述基本方法已取得一些成功后，读者可能希望尝试的对基本方法的可行拓展。

前 3 个案例代表了不同的极端现象，以便涵盖这些工具的可应用范围。第 1 个案例研究分析伦理因素对处理问题的行为方式的影响。虽然这个案例研究看起来相对简单，但是我们会论证：首先，处理伦理问题时没有"简单"可言；其次，感知映射工具为何能帮助我们处理这种复杂性。第 2 个案例研究涉及在同一组织结构中面临冲突情境的 4 个不同部门的感知映射。该案例研究的目的是想说明如何使多主体在非情绪化的环境中一起以多视角共同解决问题，即使问题的实际情况会妨碍大家在交流过程中说明他们采取某个特定视角的"真实"原因。第3个案例研究讨论当我们无法与各类顾客直接接触时，为其不同的感知建模。在这种情况下，该案例研究的目的是想说明当可用的数据不足且无法获得更多数据时，我们如何应用感知映射过程处理相关问题。该案例的意图同样是再现目前管理领域中经常发生的情形。第4个案例研究是第3个的扩展和转向，说明感知映射对积极问题的解答也是适用的。

9.1 感知映射

感知映射工具是一种被称为"流景"（flowscape）工具的衍生物。流景是由 Edward de Bono 在20世纪90年代早期开发的工具[1]。它和由它衍生而来的感知映射工具都代表一种观察复杂问题或机会的特征和特性的方法。这种工具以人脑的工作方式运作，形成关于待评估的情境的*感知清单*，进一步分析这些感知如何互相联系。因此，感知映射图可表示对某些情境的感知。感知映射提供了与人脑类似的处理复杂问题的方式，可以用于分析情况或提出解决方案，以便弄清楚你想要的方案是什么。在某种意义上，这种方法的工作方式与根原因分析截然相反；在根原因分析中，我们希望找出导致事情发生的原因。在运用感知映射时，关键是提问"这将导致什么？"。虽然这看起来只是相当细微的差别，但是其实施过程却经常是迥然不同的。这是因为前者强调消极的、逻辑推理的、收敛的思维方式，后者要求我们以更为积极和发散的方式思考。因此，感知映射使我们能够利用人脑的创造性能力，而不是在根原因分析过程中所依赖的逻辑推理能力。感知映射方法的操作过程包含以下4个基本阶段：第1个阶段是记录对于给定问题的感知。第2个阶段是针对每条感知记录询问"这将导致什么？"，其基本思路是，使用者在当前的感知记录及其最可能导致的另一条感知之间画一条线。需要注意的是,在每个案例图中的每条感知有且仅有1个由该点出发的"指向"箭头。第3个阶段是检验所有的感知记录,并找出表示矛盾或冲突的感知对。第4个阶段是对所得到的感知图的解释。

综上所述,这种方法包括:

①根据你所面临的问题,列出尽可能多的感知。将它们标注为A、B、C等。通常情况下,你的目标应该是最少列出10条感知陈述。

②对于每条感知陈述,从清单上的其他感知陈述中,挑出1条(且仅仅1条)你认为是由它"导致"或者"流向"它的感知陈述。将第2条感知陈述对应的字母放于第1条之后。例如:

A 我感到很高兴 B

B 生活充满了矛盾 A

③识别互相矛盾或冲突的感知陈述对。

④第4个阶段绘制反映不同感知相互联系的映射图。

在上述(简单的)案例中,我们看到互相反馈的感知构成"循环"——A导致B,B又导致A。根据定义,如果每条感知陈述有且仅有1个箭头,那么一定存在至少1个环,这个环可能仅由2条感知陈述构成(像上述案例一样),或者也可能包含许多条感知陈述;也可能存在多个环。另外一种可能性是多条不同感知陈述同时"导致"同一条感知陈述。当出现这种情况时,我们就得到了所谓的"汇集点"。最后,还应注意在前述阶段识别出的冲突感知对之间构成"链"的感知陈述。当我们开始绘制映射图时,这些环、链以及汇集点就是我们最应关注的部分。因此,通过绘制感知图及其如何相互关联,我们就可以更清楚地看出"核心问题"是什么。在第4个阶段,通过讨论具体案例,能够更容易地观察感知映射图是如何识别核心问题的。这正是我们将在随后的3个案例中所要做的事情。

至少形成1个环,并且出现链和汇集点,这是感知映射分析最重要的 3 个结果。任何特性出现都有助于我们在所罗列的感知陈述中确定哪些感知相对重要，从而为我们提供一种方法来处理不同感知并存情形中的复杂性。现在，我们开始分析第 1 个案例来证明这种方法的效力。

9.2 案例研究 1：来自上司的压力

第 1 个案例研究是参考文献 [2] 中首次介绍的案例的改编版本。在那篇参考文献中的问题主要是通过折中方式解决的。该案例基本不涉及对影响问题动态性的潜在感知的分析。在介绍案例时，我们会对这些动态性稍作解释，使相关的情境尽可能接近实际。在该案例中，我们对于相关情境的感知是否"正确"无关紧要，因为我们的主要目的是展示这一过程。通过选取常见的类似案例，我们希望读者能够模仿这种分析过程形成自己的感知，以取代我们的感知。尽管如此，我们仍希望读者把该过程对具体案例的分析看成是真实的，并能够与任何类似的现实情境相关联。

案例研究的主角是 Alice。Alice 最近因业绩优秀而被提升为一家大型银行旗下分支机构的经理。Alice 上任伊始，便接到了一个来自公司总部的电话，电话是她的直属上司，即公司的一位副总打来的。在电话中，这位副总说 Alice 的一位员工 Janice "很麻烦"，并建议她最好迫使 Janice 以某种方式辞职。虽然这位副总的想法是以建议的方式提出的，但 Alice 认为这实际上是命令，而且这位副总在未来几周内将检查这一命令是否得到执行。通话过后，Alice 感到棘手。在接下来的几天里，她决定先对 Janice 做一些独立的调查。调查结果表明，虽然 Janice 之前的业绩很正常，但是最近几个月的表现确实糟糕。通过进一步调查，Alice 发现 Janice 刚刚离婚，需要独自抚养两个孩子，这两个孩子都有学习困难。这些使 Alice 对 Janice 充满同情，因为她本人就是由她母亲离婚后独自抚养长大的。

从许多方面来看，Alice 面临的问题非常典型，其中最值得注意的是，这个问题看起来十分复杂，而且基本上是由对信息收集不完整情境下的感知而形成的。虽然获得更多的信息将会很有帮助，但是感知映射工具提供了一种从现有信息中挖掘有用信息的方法。在这个案例中，Alice 能够亲自获得更多信息以弥补信息不足的可能性较小，因为涉及的主体通常不愿透露他们各自行动背后的真实动机，从这点看，这个案例研究也是比较典型的。

因此，感知映射过程的第 1 步就是，当我们对问题情境产生感知时，将这些与问题情境相关的感知简明地写下来。本例的感知清单如下：

- 副总要求 Alice 迫使 Janice 主动离开。
- Janice 的表现不好。
- Janice 的表现对其他人的士气产生了负面影响。
- Janice 是一位单身母亲。
- Alice 对 Janice 的家庭状况心生同情。
- Janice 的孩子们学习上有困难。
- Alice 需要证明其成功。
- Alice 需要赢得副总的尊重。
- Alice 需要赢得部门内其他人的尊重。
- Janice 之前的表现正常。
- Alice 想给 Janice 一个获得成功的机会。
- Alice 想在公司里长期工作。

查看这份清单之后，我们觉得虽然可以因为已掌握了所有可获得的信息和感知而感到欣慰，但是问题的解决方法并未变得更明朗。这是我们在这个阶段的典型反应。

随后，该过程的第 2 步包括分别给每条感知标上唯一标识符，并对其逐一提出以下问题：这条感知最有可能导致其他的哪条感知？本例的分析结果如表 9-1 所示。

表 9-1　感知陈述及"这将导致什么"的分析结果

编号	感知	导致
A	副总要求 Alice 迫使 Janice 主动离开	H
B	Janice 的表现不好	C
C	Janice 的表现对其他人的士气产生了负面影响	I
D	Janice 是一位单身母亲	B
E	Alice 对 Janice 的家庭状况心生同情	K
F	Janice 的孩子们学习上有困难	B
G	Alice 需要证明其成功	H
H	Alice 需要赢得副总的尊重	L
I	Alice 需要赢得部门内其他人的尊重	G
J	Janice 之前的表现正常	K
K	Alice 想给 Janice 一个获得成功的机会	G
L	Alice 想在公司里长期工作	I

同样，这项工作结束后，我们发现仍然只是揭示了这个问题确实复杂，并没有感觉到离解决方案更近一步。这种现象非常常见，不过更重要的是，这刚好是与这种方法能最终成功密切相关的特征。虽然我们知道这种方法的最终结果是形成某种包含环和汇集点的图，但是在提问过程中并不会呈现出清晰的图案。正因如此，想人为控制答案以获得某种"期望"的形式是极其困难的。所以其分析结果是对不同感知如何互相作用并导致其他感知的真实反映。

在第 3 个阶段，当我们从上述清单中寻找相互冲突的感知对时，发现感知 A 与 K 似乎是定义冲突的最佳选择：在感知 A 中，Janice 不得不离开，但在感知 K 中 Janice 要留下来。

在第 4 个阶段，系统性创新开始"处理"问题的复杂性，包括描绘不同感知之间的关联。这个过程通常需要一些试错，以便把所有感知放置在适当的位置，使其连线不产生交叉。因此，最好采用便于修改和控制各个感知的演示软件。Post-Its 或者 MagNotes 都是很好的选择。特别是二者都允许用户与感知发生物理上的交互作用。

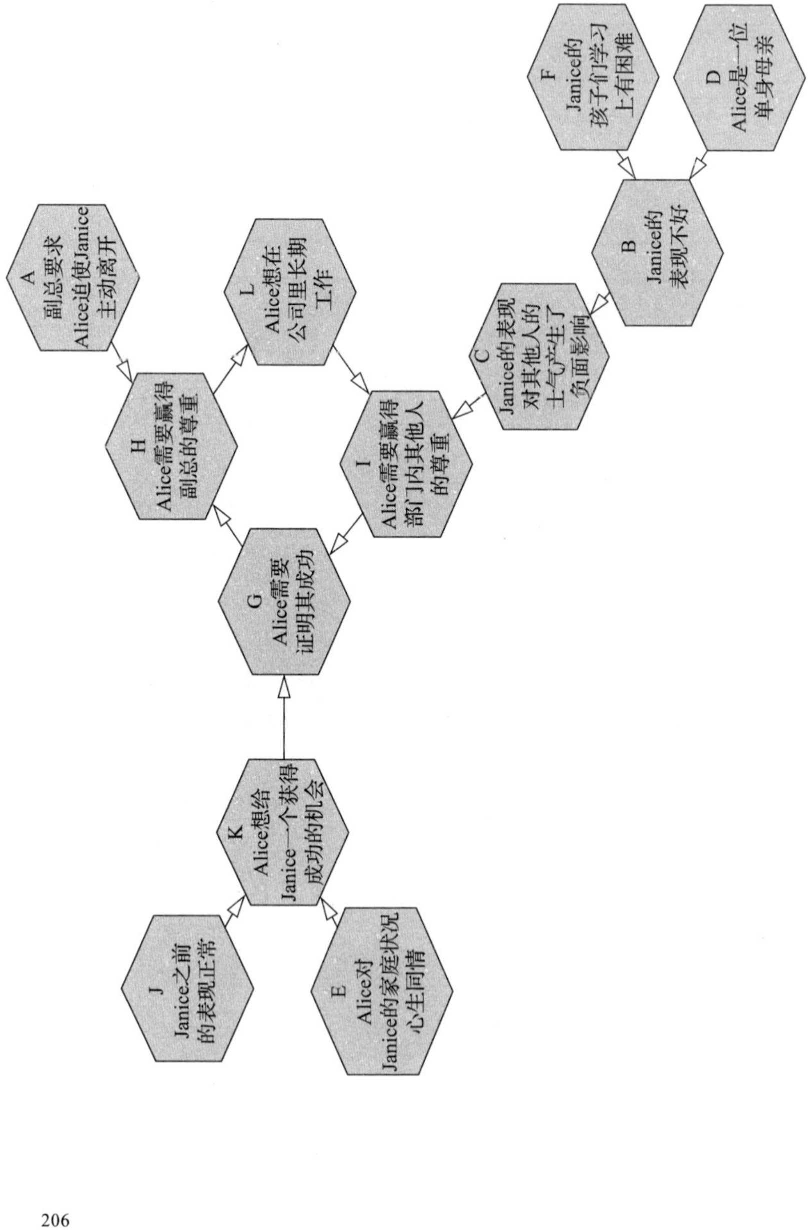

系统性创新手册（管理版）
HANDS-ON SYSTEMATIC INNOVATION

图 9-1 "来自上司的压力"问题情境中的主要利益相关者

- A：副总要求Alice迫使Janice主动离开
- L：Alice想在公司里长期工作
- F：Janice的孩子们学习上有困难
- D：Alice是一位单身母亲
- B：Janice的Janice表现不好
- C：Janice的表现对其他人的士气产生了负面影响
- H：Alice需要赢得副总的尊重
- I：Alice需要赢得部门内其他人的尊重
- G：Alice需要证明其成功
- K：Alice想给Janice一个求得成功的机会
- J：Janice之前的表现正常
- E：Alice对Janice的家庭状况心生同情

本案例的感知映射图如图 9-1 所示。就像我们在另外 2 个案例研究中将要看到的一样，每张感知映射图都可能互不相同。这种适应性实际上正是这种方法的优点之一。事实上，所有感知映射图的唯一共同点就是至少包含 1 个环。这一点在本案例的感知映射图中即可看出。本案例有一个由 4 条感知陈述构成的环：G-H-L-I-G。我们从对感知映射技术的一般性描述中知道这些环是非常重要的。当然，"汇集点"——那些有多个其他感知指向的感知——也是非常重要的。在本案例中，感知 B 和 K 都有 2 个指向来源，但是它们都不是有"多个"指向来源的汇集点。

该映射图构建完成之后，冲突的感知 A 和 K 就显而易见了。图 9-2 是截取的映射图的一部分，以便重点显示连接冲突双方的感知链。

将图 9-1 所描述的感知映射图以及图 9-2 的摘录放到一起，即可在各种感知的混乱中获得一些发现。例如，可以把图 9-1 中的环视为一个 Alice 在企业中长期发展，与部门成员、副总的角色相关的自我强化环，仅凭这一点就可以提供有用的见解。另一方面，就 Alice 的伦理困境而言，图 9-2 所示的冲突双方应有助于找到解决这个问题的途径。

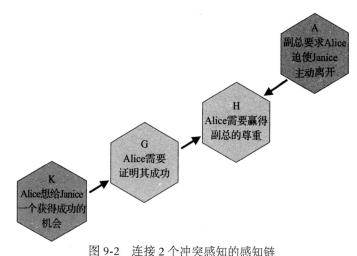

图 9-2　连接 2 个冲突感知的感知链

连接冲突感知的感知链中所包含的感知常常是解决冲突的关键。在本案例中，我们注意到感知 H "Alice 需要赢得副总的尊重"处于感知链上。这条感知也出现在感知映射图的主环中，这进一步显示了其重要性。如果我们仔细观察链条的这一部分，就会发现两个冲突的感知最终都指向同一个点：如果 Alice 迫使 Janice 离开，这将导致 Alice 赢得副总的尊重；同样，如果她在工作中获得成功，也将使得她赢得副总的尊重。根据上述分析，如果 Alice 给予 Janice 获得成功的机会，可能会得到双赢的结果。确实，如果她将相关情况以合适的方式告诉 Janice，那么应会产生多赢格局——Janice 的绩效提升，部门士气高涨，故而自我强化环能更高效地发挥作用。本案例欲传达的信息是：处理复杂性能促使人们更好地理解双赢所带来的结果。

本案例说明了一个基于伦理因素的感知映射方法的工作机制，问题虽然复杂，但 Alice 完全可以独自应付。在下一个案例研究中，我们将要讨论更为错综复杂的问题，其中涉及多个参与主体，并且这些主体都不愿公开坦诚地与其他人交流。

9.3 案例研究 2：设法降低缺陷率

案例研究 2 与一家罐装厂的运作相关。该厂为不同客户灌装、粘贴标签和包装瓶装食品。工厂已经运营多年，虽然盈利状况一直不错，但它的全部产品平均缺陷率高达 7%。整体停机时间平均处于 5% 的水平。工厂所面临的竞争越来越激烈，而且据估计本年度将由盈转亏。除了加强市场营销外，该公司管理层认为有必要大幅度降低缺陷率和整体停机时间。

工厂生产按两班倒制度运作。工厂希望两个班次的操作员都记录缺陷及其来源。该厂还有一个特别维修部门负责机器调试和维修工作。为了降低缺陷率，工厂将召集与该问题相关的 4 个主体——管理人员、机器操作员、维修部人员和行业工会（图 9-3）——共同讨论。虽然看起来每位与会者都表达了降低缺陷率的意愿,但是我们很快就会发现,并不是每个人都会像厂方希望的那样公正坦率地表达自己的意见。因此,厂方决定让这 4 个主体分别进行一次较短时间的自我讨论,并记录他们对于该问题的想法。每位与会者都被要求回答问题:我们该如何降低停工期和缺陷率?厂方要求每组记录他们的想法和观点,其中使用了 MagNotes[3] 软件。

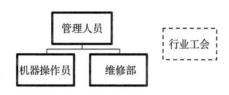

图 9-3 "设计降低缺陷率"问题情境中的主要利益相关者

管理人员团队所记录的感知如下所示:
- 获得对根本原因的更好理解。
- 操作员对生产工艺有更多的主动权。
- 提升维修部的反应速度。
- 避免犯同样的错误/引入"经验教训"数据库。
- 引入正规的统计过程控制计算机监测系统。
- 不同瓶子的统一设计。
- 引入全自动化系统。
- 将操作员的工资与缺陷率及停工期挂钩。
- 对操作员组织正规的质量培训。

对于机器操作员而言,他们记录的感知如下所示:
- 降低生产量以免系统超负荷运转。
- 替换老化的机器。
- 缩短维修部的反应时间。
- 改变瓶子的设计。
- 在不同批次之间实现机器设置调试的自动化。
- 延长交班过程持续时间(以便不同班次之间更好地交流)。

- 引入"经验教训"系统。

对于维修部的成员而言,他们记录的感知如下所示:
- 邀请维修部人员参与瓶子的设计。
- 缩短设备生产商的备件供应周转时间。
- 更换老化设备。
- 减少官僚主义作风。
- 授予维修部购买备件的权力。

较之其他三方,工会代表记录的想法较少。他们记录的感知如下所示:
- 改善工作环境。
- 参考借鉴其他可比较的工厂的情况(以评估目前的绩效是否正常)。
- 更换老化设备。
- 生产率与工作岗位脱钩。

在感知映射过程的第 2 个阶段,整理上述所有感知陈述,并重新召集 4 个参与主体讨论已获得的资料。用表 9-2 突出不同群体之间存在的相同想法。

表 9-2 四类参与主体的感知陈述

感　　知	管理人员	操作员	维修部	工会
获得对根本原因的更好理解	×			
操作员对生产工艺有更多的主动权	×			
提升维修部的反应速度	×	×		
引入"经验教训"数据库	×	×		
引入正规的统计过程控制计算机监测系统	×			
不同瓶子的统一设计	×			
引入全自动化系统	×			
将操作员的工资与缺陷率及停工期挂钩	×			
对操作员组织正规的质量培训	×			
降低生产量以免系统超负荷运转		×		
替换老化的机器		×	×	×
改变瓶子的设计		×	×	

（续）

感　　知	管理人员	操作员	维修部	工会
在不同批次之间实现机器设置调试的自动化		×		
延长交班过程持续时间		×		
缩短设备生产商的备件供应周转时间			×	
减少官僚主义作风			×	
授予维修部购买备件的权力			×	
改善工作环境				×
参考借鉴其他可比较的工厂的情况				×
生产率与工作岗位脱钩				×

将所记录的想法解释为仅仅是感知而非决策，在汇聚各种想法时所产生的对立便可得到缓解。该过程的第3步就是明确那些互相冲突的感知。事实上，该小组识别出了两对互相冲突的感知：

①管理层关于维修部反应迟缓的感知与维修部关于官僚主义作风浓厚的感知。

②管理层关于缺陷率问题可由自动化解决的感知与工会关于任何生产率的提高都会导致失业增加的感知。

对于这两对冲突而言，大家一致认为第2对冲突是更严重的。在感知映射过程的这个阶段，厂方要求各部门记录冲突并且转至下一阶段。很明显，在这一阶段并非要忽略冲突，而是要强调它们。感知映射过程的下一步将帮助我们探索，并有希望找到参与各方均满意的冲突解决方案。

感知映射过程的第4步是对每条感知记录分别编号。如表9-3所示，我们用字母A～V为这些感知记录编码。该表也呈现了感知映射过程最重要的结果：有了各部门对每条感知记录的关于"这条感知将导致什么"的问题的答案。很好的一点是，这项任务是通过适当的集体讨论以便对所记录的观点达成一致的基础上完成的。因此，大家对所获得的答案几乎没有异议。如果存在异议（根据许多其他真实案例的相关经验，这似乎是例外而不是常态），那么必须把所有不同答案都记录在案并展开讨论，直至达成共识为止。

表9-3 每条感知的映射关系

编号	感　　知	导致
A	获得对根本原因的更好理解	D
B	操作员对生产工艺有更多的主动权	K
C	提升维修部的反应速度	T
D	引入"经验教训"数据库	A
E	引入正规的统计过程控制计算机监测系统	A
F	不同瓶子的统一设计	G
G	引入全自动化系统	R
H	将操作员的工资与缺陷率及停工期挂钩	B
J	对操作员组织正规的质量培训	E
K	降低生产量以免系统超负荷运转	T
L	替换老化的机器	G
M	改变瓶子的设计	K
N	在不同批次之间实现机器设置调试的自动化	C
P	延长交班过程持续时间	K
Q	提高设备生产商的备件供应速度	C
R	减少官僚主义作风	C
S	授予维修部购买备件的权力	C
T	改善工作环境	B
U	参考借鉴其他可比较的工厂的情况	K
V	生产率与工作岗位脱钩	T

编号G和V分别代表之前所记录的冲突：管理层关于"缺陷率问题可由自动化系统解决"的感知与工会关于"任何生产率的提高都会导致失业增加"的感知。

完成上述表格之后，就可开始绘制感知映射图。在分析过程中形成了2个独立的自我强化回路，有时确实会出现这种情况。其中1个环（见图9-4）与"数据"问题相关。

大家基本上同意这个模型的逻辑，同时认为需要引入一个系统，不仅能记录缺陷，而且能记录哪些维修起了作用，哪些维修没作用。分歧主要来自维修部。但是，维修团队没有说明他们不同意的原因。

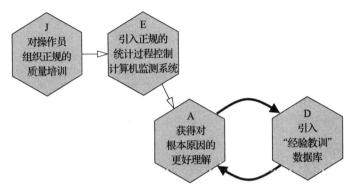

图 9-4　个体感知陈述的集成感知映射图 I——数据环

第 2 个环系统要复杂得多。主要是因为大家认为这个环是与人相关的问题。第 2 个环的感知映射图如图 9-5 所示。

这幅感知映射图揭示了一个非常有趣的自我强化环：这个环通过在管理上给操作员对生产工艺更大的主动权所带来的收益为中心。它也揭示了感知 C "提升维修部的反应速度"是最为重要的感知汇集点。

厂方立即注意到这个环包含了（由操作员提出的）现有系统运行过于繁忙的感知，事实上他们对此难以接受。对于厂方来说，这个环意味着操作员通过为自己设定较容易的目标以改善他们的工作环境而产生了恶性循环。相反，操作员对此的看法却截然不同——通过给予他们对生产工艺更多的主动权（这只有他们自己能够真正理解其含义），他们才能提高生产率。他们认为，感知 H "将操作员工资与缺陷率及停工期挂钩"是厂方确保实现其目标的有效措施。

在映射图（见图 9-6）中标出 G/V 冲突双方，从而进一步突出了这个环的重要性。在连接 G/V 冲突双方的感知链中，汇集点 C 的存在同样非常重要。

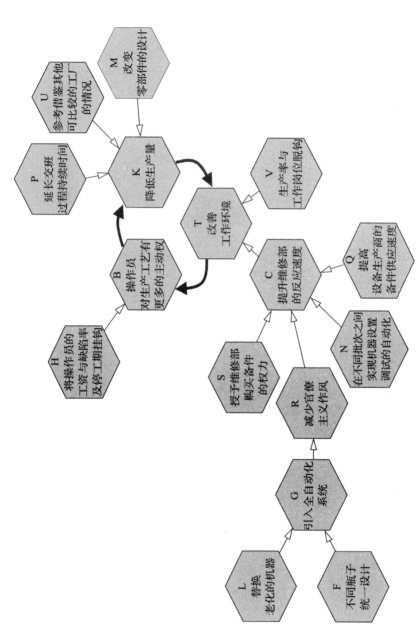

图 9-5 个体感知陈述的集成感知映射图 Ⅱ——与人相关的环

一般来说，当解释感知映射图时，对于冲突双方指向，同一感知的情境——像此处所呈现的一样——以某种形式打破关联链条，通常会产生双赢结果。从很多方面看，打破关联链条与约束理论（TOC）[4]采用的策略相似。然而，这2种方法的主要区别在于，TOC的"蒸发云"工具将冲突简化成为2条不同的连接路径，而感知映射工具提供了一种更灵活的能映射所有与问题相关的感知的方式。

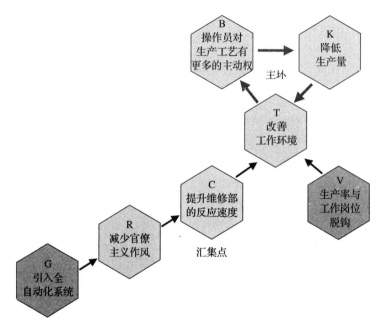

图9-6　集成感知映射图的核心强化环及其与所识别的冲突的关系图

通过分析图9-6并关注冲突链中的汇集点C"提升维修部的反应速度"，便可发现最终解决问题的关键。感知C与感知V"生产率与工作岗位脱钩"之间的冲突把关注点直接投向维修部门，以及结合他们在之前（图9-4）数据环讨论中表现出不愿记录经验教训的态度。

在这些情形中，当"真正的"问题浮出水面以后，解决方案通常变得不言自明。在本案例中，每个人都明白真正的问题在于，维修部门知道减少缺陷将致使他们自己失去工作。在感知映射分析以前，他们根本不愿意承认或者讨论这种联系。事实上，甚至他们在研讨过程中的创意产生阶段记录其感知时也不愿意将其记录在案。但是，上述分析已将问题清楚地展示在所有人面前；如果消除缺陷，维修部将不复存在。维修人员甚至认为他们会被裁掉。

既然情况已经不妙了，维修人员索性坦白他们不仅害怕失去工作，而且在短期内他们还担忧失去他们的加班费。

在诸如此类的涉及情绪的情形中，让每个人达成一致的唯一方法在于寻找双赢的解决方案。这恰好是我们要转向系统性创新流程的"生成解决方案"阶段的节点，特别是感知映射图已经明确了存在的冲突，则应转向第 11 章的冲突消除工具。此处定义的冲突消除问题在第 11 章有详细讨论。对于那些暂时不想了解解决方案产生过程的读者而言，最终的解决方案是，对维修部门的维修工作不予奖励，但他们如果没有可维修的工作则应该获得奖励。换句话说，缺陷率越低，"维修"部门获得的酬劳就越多。经过这种简单的思维转换之后，维修部门突然有了记录经验教训和积极主动地改进设备的强大动力。

实际上，这一方案以及感知映射图使每个人都成为赢家；维修部有了增加收入的机会；由于低缺陷率意味着高生产率，因而操作员也获得了增加收入的机会；管理人员因为生产率提高，而且不再因为缺陷而支付 2 次费用（第 1 次是因为有缺陷，第 2 次是向维修部门支付的维修成本）；因为工作稳定，并且可能会由于生产率及企业效益的提升而变得更加稳定，所以行业工会也成了赢家。

9.4　案例研究 3：若 TRIZ 如此之好，那为何并非每个人都用

本案例研究是先前发表在系统性创新电子杂志上的一篇文章

的修订版本。讨论的问题涉及 TRIZ 方法的传播——或者说在本书写作的时候——TRIZ 没有得到广泛传播的问题。虽然最终要解决实际问题，但本案例研究的主要目的是要说明处理诸如此类问题中所存在的复杂性的新方法，以便读者在面临其他类型的问题时可以自行解决。从这个意义上讲，我们可以用其他任何方法和技术或者公司的解决方案的名字代替本例中的 TRIZ。当我们面临的问题，是由许多各不相同、不易沟通的人所主导时，主要需要考虑的是我们如何判断哪些感知比其他感知更重要。

感知映射练习是关于"为什么不是 TRIZ……"的问题，组成了 3 人讨论组。为了有助于管理感知的产生、整理和组织，我们使用了 TRIZ 工具 LVT 中的 MagNotes[5]。

为了理解 TRIZ 现状，首先要做的是写下每人对"为什么并非每个人都使用 TRIZ"的各种感知。最开始，每人独立地把自己的每条感知都写在 1 个 MagNote 的六边形中。重要的是，在每个 MagNote 的六边形中仅记录 1 条感知。当花了大约 15 分钟写下他们的感知之后，收集所有 MagNotes 文件，并将所有相似的想法分类整理，他们看到其他人写的想法也会促使他们提出新的想法。这些都记录在 MagNotes 文件中，并同步添加到清单中。当完整的清单完成时，我们会欣慰地发现我们得出了 27 条与"为什么并非每个人都使用 TRIZ"相关的感知。这些感知是（没有特定的顺序）：

A TRIZ 专家之间的内斗
B 缺乏容易学习的产品/书籍
C 对未知的恐惧/鸵鸟效应
D "歪理邪说"
E "我对抗 TRIZ"的效应
F 涉及机械/技术方面的知识太多
G 真实案例研究不够
H 大多数人从未听说过 TRIZ
I 未能很好地融入公司文化

J "简单的解决方案无法展示我的聪明才智"
K 缺乏可信性/验证
L "不适合我的问题"
M 赶潮流的顾问
N 昂贵的顾问
O "这不起作用"
P 没有"官方"期刊/出版物
Q "俄罗斯人干过的事……"
R 过度兜售TRIZ
S "与他人伴侣睡觉"
T TRIZ "太复杂"
U TRIZ "产生的创意过多"
V "不是创意，而是你对它们的处理起作用"
W 其他方法的不利经验
X 适合于工程师而非管理人员
Y TRIZ专家"不理解我的工作方式"
Z 西方学术界没人教授/研究TRIZ
ZZ "培训之后缺乏完整的实施过程"

带引号的感知是（经常是多次地）直接从TRIZ领域内或相关人员那里听到的。这些感知不言自明，但有几条需要稍加解释：

"我对抗TRIZ"效应——刚接触TRIZ的人认为他们与TRIZ是竞争关系，他们想要证明他们比TRIZ "更好"，或者说他们能够"打败"TRIZ。由此产生的唯一确定的结果是，如果有人决心与TRIZ对抗，他们肯定会赢。

"与他人伴侣睡觉"——一个有时对非常严肃的问题（故意地）非常情绪化的类比。这个说法背后的意思是让TRIZ顾问解决他的客户与其伴侣不能生育的问题，TRIZ顾问通过与其客户的伴侣睡觉来解决问题。虽然这种行为可能达到预期的怀孕，但在他的客户看来却是根本不可能接受的。用怀孕来指代问题的解决方案，这个类比说明局外人把他们的想法强加于人会引起对方的不满，因为你并没有权利做这样的事情。这是关于对解决方案的所有权问题的感知。

鸵鸟效应——一些人故意回避了解 TRIZ，以防 TRIZ 改变他们看问题或者行事的方式。

"这不起作用"——一种常见的抱怨，准确地说应该是"我们聘请了顾问 X，但他／她没起作用"。不幸的是，TRIZ 似乎常常成为某些人失败（或者以为失败了）的替罪羊。

"俄罗斯人干过的事……"——部分民众持有的非常严重的误解。他们通常是那些无法真正理解苏联解体根本原因的人。

接下来，我们将针对上述感知逐条提出以下问题：这条感知将导致哪些其他感知？对上述每条感知，我们各自找出 1 种"最佳"的关联关系，然后将其汇总以便达成一致的看法。对于绝大多数感知而言，可以自然而然地得出一致的看法。而对少部分感知存在则有争议。感知映射过程方法的主要功效——以及关于每条感知仅仅确定 1 种关联关系的要求——就是通过这种有争议的讨论获得的。

对于本过程的第 3 阶段"识别冲突"而言，我们认为上述 27 条感知之间没有什么冲突关系。因此，在这个阶段没有在映射图上添加任何内容。

现在我们可以绘制出有详细分析各种感知之间如何互相关联的映射图了。此时，MagNotes 的主要作用是可以在图上方便地移动感知框，直到得到一幅条理清晰的映射图。这些操作的最终结果呈现（用与 MagNotes 配套的 Visual Concept 软件[5]）于图 9-7。建议读者花点时间思考一下其中的某些关联关系。

感知映射要做的是从杂乱无章的初始想法中识别出模式与结构。就像之前已说明的那样，汇集点（被多个箭头指向的那些感知）和环是主要的关注点。环尤其重要，因为它们代表自我强化系统——一件事将引向另一件事，然后又引向另一件事，……，直至最后又引向第 1 件事，从而又回到环的起点。

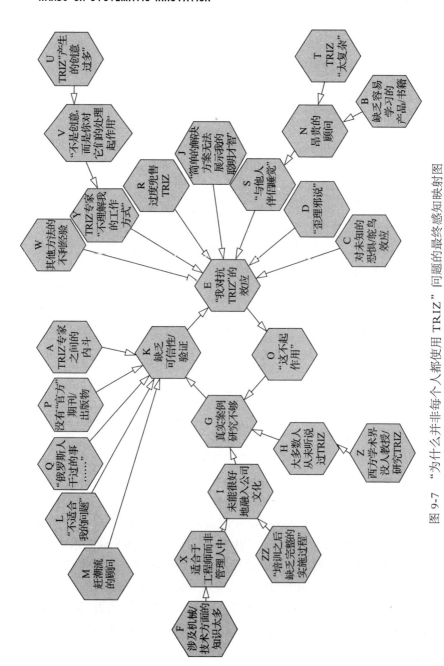

图 9-7 "为什么并非每个人都使用 TRIZ"问题的最终感知映射图

本案例的映射图突出了一个由 4 条感知构成的闭环，其中有 3 条感知是汇集其他感知的密集的汇集点，如图 9-8 所示。

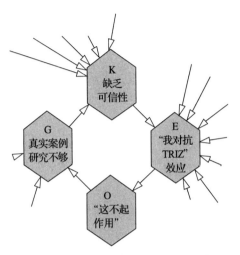

图 9-8 突出中心强化环的感知映射图细节

感知映射过程的后续分析部分明确指出在试图解决问题时打破这些自我强化环的重要性。打破这些环将消除在典型双输情境中出现的恶性循环（向下螺旋），而且（根据流景经验）将使其他非关键感知消失或者变得更加不重要。显然，打破"为什么并非每个人都使用 TRIZ"这个问题的自我强化环可能就是解决问题的关键。在该环中，缺乏案例研究导致缺乏可信性，进而导致"我对抗 TRIZ"效应，这种效应又导致"这不起作用"，最终又重新回到缺乏案例上，如此这般不断循环，这可能就是导致当前 TRIZ 传播缓慢的恶性循环的原因了。

为检验该环是否反映了"真实"情况，在对某条感知将导致什么的问题出现异议的地方，我们单独针对个人重复上述感知映射过程，并用每个人的观点代替群体的结论。这个过程的结果是一系列明显不同的映射图，其主要特征是有 3 个共同因素——有害的自我强化环总是包含"我对抗 TRIZ""这不起作用"以及"缺乏可信性"，说明之前获得的映射图具有很强的稳定性。

当然，认识到自我强化环的存在并不等同于解决问题。但是，感知映射练习使读者第一次意识到它的存在，因而是非常有价值的。而且，练习团队后来确信，对于这种毋庸置疑非常复杂的情况，任何形式的根原因分析都不能达到同样的理解水平。

为思考如何真正打破上述自我强化环，并使分析更进一步，我们可以发现该环中的 4 条感知中仅有 2 条是值得进一步深入分析的。第 1 条是"真实案例研究不够"，很明显，TRIZ 理论与现有策略正在（缓慢地）解决这个问题。第 2 条是"我对抗 TRIZ"效应，虽然人们意识到这种效应已经有一段时间了，但是在进行感知映射分析以前，没有任何迹象表明其对 TRIZ 的传播产生了如此关键的负面影响。

对这个问题思考（并继续思考！）得越多，人们看到的可能愿意使用 TRIZ、而不是与其对抗的人越多，他们就越有可能产生较好的结果，TRIZ 就会越"有用"，我们所获得的真实案例研究也会越多，这种方法的可信性和有效性越高，愿意使用这种方法的人可能越多……成功解决"我对抗 TRIZ"问题，使破坏性的双输环转变为良性多赢的自我强化环。

我们以上开展了针对 TRIZ 的分析，现在回过头来想一想，显然我们可用其他任何名字代替 TRIZ 而得到同样的结果。如果 QFD 这么好，为什么并非每个人都使用它？如果约束理论这么好，为什么并非每个人都使用它？如果公理化设计这么好，为什么并非每个人都使用它？

解决"我对抗 X"的问题，或许是许多领域的关键。

9.5 案例研究 4：什么能促使 TRIZ 真正繁荣

第 4 个案例研究沿用了第 3 个案例研究的主题，并且对其进行转向。这次的问题是：什么能使大家都使用 TRIZ？提出这个问题的主要目的是想验证感知映射工具不仅对消极的问题适用，而且对积极问题也同样适用——与最初设想的只是一种解决问题的方法不同，感知映射也可以尝试识别和创造可能的机会。

与"常规"的解决问题的方法一样，本案例研究的第一步也是尽可能多地列举有关所提问题的答案。本案例所提出的问题，是作为标题的"什么能促使TRIZ真正繁荣"。通过对这个问题可能的答案的思考，可以说，在探寻什么因素阻碍TRIZ繁荣方面，相较于之前"为什么并非每个人都用TRIZ"问题的答案，本案例所获得的答案少得多。在本例中我们提出了正好10种策略，它们是（没有特定的顺序）：

A 出版一本"好"的介绍书籍

B 引入资格证书和/或认可的资质（类似于六西格玛的"黑带"）

C 政治支持

D 解决一个重大问题

E 在学校/大学开设TRIZ课程

F 制作大众媒体/流行电影/流行节目

G 名人代言

H 找到"转折点"（转折点[6]基本上就是使某事物从微不足道变为普遍现象的事件——通常相对于当前实际问题而言在其发生的当时是非常次要的）

I 舆论支持

J 向使用者"保证"成功

有趣的是，如果用以上清单与之前阻碍TRIZ繁荣的"消极"清单中的"对立的"项目比较，我们将发现从积极的方面考虑问题会产生与预期几乎截然不同的结果。换句话说，思考积极因素并不意味着就要否定消极因素。这看起来是专门从不同起点思考上述问题得到的重要结果。

本案例研究的下一阶段包括对所列举的每种创造机会的策略提出"这将导致什么"的问题。此阶段的规则与之前完全相同；每种策略都与其他9种策略中的1种（且仅仅1种）相连接。分析结果如图9-9所示。与之前的案例研究一样，我们也用Visual

Concept 软件绘图。

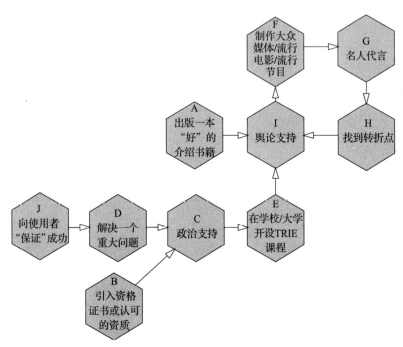

图 9-9 "什么能促使 TRIZ 真正繁荣？"问题的感知映射图

与之前案例研究中感知映射步骤相同，输出的图中重要的元素是环和汇集点（被多个点"指向"的点）。因此，图 9-9 中的关键元素是"舆论支持"（最强劲的汇集点），并与 TRIZ 的大众媒体产品、名人代言，以及找到转折点共同构成自我强化环的一部分。舆论支持（尽管这迄今为止是偶尔和暂时的）的影响可能属例外，似乎极少有人尝试过利用这些元素为 TRIZ 创造更大的应用空间。人们更倾向于采用一些乍一看非常"明显"的策略，例如法国强调将 TRIZ 引入学校/大学课程[7]或尝试引入认证和资质等级中。

至于实际回答"什么能促使 TRIZ 真正繁荣"问题，以上分析似乎提出了与当前普遍采用的不同的策略。在自我强化环包含的 4 个要素中，只有名人代言看起来像是相对"容易实现"的方式。

在不久之前有过一两次这样的尝试（也许是最负盛名或者是臭名昭著的，这取决于从定义发明家的角度看，你认为他是一项资产还是负债，想象一下一个在花园小屋里注意力不集中的男子形象，以达到相关效果），即请英国的发明家特雷弗·贝里斯（Trevor Bayliss）代言[8]。诀窍（如果有这样的诀窍的话）看起来在于找到"合适的"名人，请他说 TRIZ 的好话。找到"合适的"先生或女士需要一些创造性思维，例如，就像在绝对伏特加（Absolut vodka）广告那样——Andy Warhol 或者 David Bowie（他们与伏特加酒都没有必然联系）恰到好处的表演使该品牌获得了现在拥有的品牌效应。

更概括地说，我们认为在分析处理类似 TRIZ 这类经常出现的复杂和差异化的感知时，感知映射工具的积极思考版本具有极好的发展潜力。实际上，同样显而易见的是，可以非常容易地将本例中的 TRIZ 替换成其他几种工具或技术的名字，结果也不会发生什么变化。一般来说，当读者需要简单易用的工具来处理复杂的机会发现或解决复杂问题时，我们建议他们试一下这种方法。

9.6 基本感知映射方法的拓展

本章介绍的简单 4 个步骤的感知映射方法仍然处于进化潜力的早期阶段。就其现有形式而言，我们认为感知映射方法为用户提供了对复杂性事务管理的易学有效工具。

为避免使这种技术过度复杂化（特别是当用户已经熟悉下述方法时），我们下面将简要介绍一些可进一步增强感知映射方法功效的方法。

9.6.1 九屏幕法

把自己置身于不同的视角通常有助于形成自己的感知。在第 4 章中详细讨论的九屏幕法就是确保从所有可能的视角观察问题的最常用系统性创新工具。从增强感知映射方法功效的特定角度来看，九屏幕法提供了一个针对问题产生不同感知的有用框架。将九屏幕法和感知映射方法结合后，典型的问题是"在超系统将来屏幕中，情况会如何？""从系统的过去状态看，情况会如何？"等。通过这种方式，九屏幕法为获得全面的感知提供了有效的途径。

9.6.2 SWOT

针对给定的问题情形，著名的优势–劣势–机会–威胁（SWOT）分析模型是另一种可以产生一系列对所研究问题的不同感知的方法。在SWOT分析中，我们通常是通过关注优势来产生感知。然后，我们可以依次将视角转向该分析模型的劣势、机会和威胁部分，分别重复上述感知产生过程。

9.6.3 六帽思考法

SWOT方法能使我们在感知映射图中加入更多感知陈述的原因之一在于，它迫使我们应用大脑的不同部位。Edward de Bono的六帽思考法™[9]是另一种迫使使用者应用大脑的不同部位的著名方法。在应用六帽思考法，我们会提出诸如"当我们从直觉性/情绪性（红帽）的视角思考这个问题时，会获得什么感知？""当我们从非常谨慎的、消极的（黑帽）视角思考这个问题时，会获得什么感知？"之类的问题。

9.6.4 联想/移情

在感知映射语境中的联想（association）/移情（empathy）的意思是，迫使我们设身处地地在现实情况中以其他人的角度换位思考，这不必涉及神经语言规划中的复杂问题。以案例研究1为例，如果Alice这样分析，那么联想（即"移情"）模型将促使她在以自己的视角思考的同时分别站在副总以及Janice的角度产生感知。她所思考的典型问题将是：副总将怎样看这种情况？Janice会怎么想？

9.6.5 螺旋动力学

将上述联想/移情的思路再推进一步，Beck 和 Cowan 关于螺旋动力学的先驱性研究成果[10]为实施感知映射方法提出了另一种方式。螺旋动力学展现了人类在其一生中所经历的许多不同意识（或者"思维模式"）层次。其基本模式可以在第 14 章的趋势参考部分找到。将我们自己置身于每种不同的模式之下，并且询问在那种视角下我们对某个问题的感知，是一种发现在所研究的系统中，不同个体的视角之间所存在的冲突的非常好的方法。

9.6.6 冲突/问题层次

当我们面临一个情境，可能定义许多不同问题或冲突，但又无法确定哪个问题或冲突更重要时，便出现了感知映射工具的另一种应用。一一列举不同问题并提出问题："如果我解决了这个问题，其他哪个问题会因此迎刃而解？"这是一种非常好的理解不同问题之间关系的方法。

我该怎么做

涉及不同主体对同一个问题可能产生不同感知时，可以采用感知映射工具。

感知映射的过程实际上相当简单，包含以下基本步骤：

① 确定希望回答的问题。
② 获得与该问题的可能答案相关的感知清单。
③ 针对每条感知提出"这条感知最有可能导致其他那条感知？"的问题。
④ 找出所有互相冲突的感知。
⑤ 构建感知映射图并突出环、汇集点和冲突链，因为它们代表了解决方案应出现的区域。

当我们至少已经确定了产生问题解决方案应该关注的关键区域时，我们可以由此转向系统性创新的其他部分了。

适合于感知映射分析的问题种类繁多，而且并非一成不变。通常在句子的前半部分明确阐明问题不失为一种好方法，随之产生的感知清单应表明句子的后半部分。典型的问题包括：

- 员工失去斗志，因为……
- 人们不想为企业资源计划（ERP）埋单（一个出乎意料的普遍问题！），因为……
- 人们不想为改变埋单，因为……
- 我们将更加成功，如果……
- 交流将会更有效，如果……
- 提高质量可以通过……
- 为更有效地解决问题我们应该……

参考文献

[1] DeBono, E., 'Water Logic', Viking, 1993.
[2] Badaracco, J.L., 'Leading Quietly; An Unorthodox Guide To Doing The Right Thing', Harvard Business School Press, 2002.
[3] Blake, A., Mann, D.L., 'Making Knowledge Tangible', TRIZ Journal, December 2000.
[4] Scheinkopf, L., 'Thinking for a Change', St Lucie Press, January 1999.
[5] LVT for TRIZ product, www.changeandinnovation.com, 2003.
[6] Gladwell, M., 'The Tipping Point', Little Brown, London, 2000.
[7] Cavallucci, D., 'The Role of TRIZ in Technology Development', keynote address at TRIZCON2003, Philadelphia, March 2003.
[8] 'A Breakout for British Invention?' article in Eureka magazine, March 2003.
[9] DeBono, E., 'Six Thinking Hats', Penguin, 1988
[10] Beck, D.E., Cowan, C.C., 'Spiral Dynamics: Mastering Values, Leadership And Change', Blackwell Publishers, 1996.

10

第 10 章

选择工具

HANDS-ON SYSTEMATIC INNOVATION

FOR BUSINESS AND MANAGEMENT

> 一旦我们总是根据解决方式来决定问题,"如何解决"便不再成为无法面对和接受问题的借口。
>
> ——Peral S. Buck

在我们所界定的情境与将采用的工具之间,存在着一个鸿沟。本章的主旨在于,在这个鸿沟上搭建一座桥梁,找到最适合的方式去改善那些情形。对于许多 TRIZ 使用者来说,这一鸿沟是要掌握的系统性创新过程中最艰难的一部分。因此,本章主要讨论如何在定义问题和解决方案之间尽可能建立起无缝连接。

系统性创新解决方案生成工具箱中有多种不同的工具和技术方法。每一项工具和方法都是为特定的目的而设计的。因此,对于任何给定的问题类型,都有一个最适合的工具与之匹配。然而,不是每一个系统性创新的使用者都能全面掌握所有的解决工具(至少在初期不可能),每个解决工具都有不同的操作方式。在一定程度上,工具之间也有重叠的部分,这样的重叠不但存在于它们的运行方式上,也体现在它们指引使用者寻找问题解决方案的方向上。在系统性创新中,不同的工具以这样的方式呈现出共同之处,这并不令人惊讶,反而说明系统的进化是收敛的而非发散的。对于某些(或大部分)使用者,特别是那些未学过如何使用所有工具的使用者来说,这样的共同点是有利的。最主要的好处可能在于产生想法,尽管我们不了解所有的工具,但可能有某个熟知的工具能帮助我们想出一些有用的方法。因此,本章以顺次排列的形式呈现工具的选择方式。换句话说,本章将为你提供一个路线图的排序,如,"对于 X 类问题,应先使用 Y 工具,如果不起作用,再使用 Z 工具,如果仍不起作用,再使用 A 工具",等等。这也表明,即使不熟悉 Y 工具,你仍然可能从 Z、A 等工具中获取一些好的方法或其他一些好的建议。

问题的类型和可能的情境很多,所以选择的范围非常大。本章首先单独描述每类问题,随后以矩阵的形式将整个工具选择策略归纳为一个紧凑的、易于阅读的形式。一些读者更倾向于直接查看汇总表。对其他用户而言,在寻求问题的解决工具时,最希望得到的是问题与答案之间的逻辑顺序。

需要注意的是,在后面的一系列问题探讨中并未包含绝对唯一的逻辑性;你可以根据自己处理问题的方式来调整顺序。

在深入探讨工具选择过程的细节前,还需要提醒一点,尽管本书讨论的是商业和管理中的一些情形,但不能将其与周围的技术及技术性问题分开。对商业问题,可能采用技术性方法进行处理;同样,对技术性问题,也可能采用商业方法进行处理。不幸的是,如果我们判定某些商业问题实际上是技术性问题,那我们就不得不使用本书的技术版来帮助我们产生解决方案。幸运的是,另一方面,尝试定义一套同时适合于技术和管理问题的系统性创新流程能够获得一个不错的结果:确定一个具体问题情境究竟构成"矛盾问题"还是"知识问题"或者是其他任何类型问题(其在技术和管理这两个领域几乎都是一模一样的)所遵循的规则。因此,如果我们面对商业问题时,能使用一系列确定的解决方案生成工具,那我们也能合理地推断,在技术版中,一些同样的工具也能帮助我们处理那些技术性问题。

把那些想法抛到一边,我们首先从第一大解决工具选择鉴别器——S曲线——开始。图10-1解释了典型的S曲线特征。正如第7章所述,系统(或子系统、组件)在S曲线中的相对位置,对于选择解决方案工具的类型和次序都有影响。我们特别需要关注的是,所观察的系统正处在S曲线的哪个阶段(概念/出生/成长或成熟/退出),以及是否已通过最复杂点。

因此当从问题定义过渡到解决方案生成工具时,我们应首要考虑系统所处位置,也就是说,我们应明确需要改进系统的哪一部分(在当前S曲线的何处)。

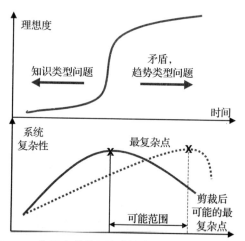

图 10-1　S 曲线上的位置怎样影响问题解决工具的选择

10.1　根据问题选择工具

10.1.1　限制性矛盾

如果在 S 曲线分析和痛点分析中,都发现了一个限制性矛盾的存在,那么你应该直接选择矛盾解决方案生成工具。这条路线可能会指引你采用冲突或矛盾消除方法。你如何界定系统冲突决定着你采用什么样的路线。如果你能够辨别冲突和矛盾,那么建议你直接前往第 11 章,关注冲突和折中消除的工具箱。

如果冲突/矛盾路线未能成功,第二个你最好的选择是前往第 14 章,发掘系统中一些未使用过的发展潜能,以便揭示出解决限制性矛盾的方法。

第三个选择是去查阅"知识"的那一章(第 16 章),看看是否有人已直接解决了你的问题。一些人会在选择前两个路线之前本能地使用这一路线。这虽然确定不是"错的",但确实会陷入某种潜在的心理惯性。如果你发现一些事情可能是相关的,一个现存的解决方案往往会使我们的大脑一头扎进"这已足够好"的满足模式中。因此,本书建议大家首先尝试冲突、矛盾消除和趋势分析。

10.1.2 其他的妥协与冲突

正如图 10-1 所呈现的,系统已发展到当前 S 曲线的上半部分,最可能包含矛盾。如果你已经开发了功能和属性分析(FAA)模型,那么在研究中定义问题情境,它会有利于辨别系统中这些矛盾的存在。当系统中存在某些与其他因素同时发生有益和有害相互作用的因素时,就可以辨别矛盾。FAA 模式引用了图 10-2 的解释,例如,一个冲突与部门经理相联系,因为经理执行了某种有益的协调功能,但却创造出另外一个有害的(非物质的)功能消除。

这里有许多可能的组合,但是箭头方向(我们应该关注从一个组件指出来的箭头方向)以及"好的"和"坏的"功能的表现形式是最关键的。任何一组向外的箭头都能表明至少一个积极和至少一个消极的功能,这也指出存在着某种妥协。

图 10-2 妥协/冲突在 FAA 模型中的表现

10.1.3 矛盾

系统中的功能分析模型也有助于辨别矛盾的性质。两个主要特征往往预示着矛盾的存在,如图 10-3 所示。在第一种情境中,我们举了一个 John 同时告知或不告知的例子(即就某件事,他告知了一些人,同时没有告知另一些人),然而在第二个情境中,John 在 X 时刻,实施了告知功能,但是未能在 Y 时刻实施告知。这表明,当同一功能(这里是"告知")既有积极的方面,也存在消极的方面时,矛盾就会出现。

图 10-3 中的两个简单例子有助于我们识别出用于矛盾解决的不同策略的类型。事实上,如果一个问题在某个时间存在,而在另一个时间不存在,便表明我们可以使用时间分离的策略来消除矛盾(见图 10-3b)。另一种情况,John 告知系统中的某些人,而不告知另一些人,但不涉及时间,这表明此时使用物理分离的策

略是合适的（见图 10-3a）。

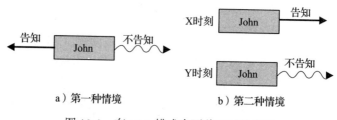

a）第一种情境　　　　　b）第二种情境

图 10-3　在 FAA 模式中两种矛盾的表现

10.1.4　功能不足

FAA 模型表明系统中存在功能不足，有两个基本的选择可以帮助改善功能，那就是知识和进化趋势。在这两者中的取舍主要取决于对问题的约束；如果没有约束条件阻止你去寻求方法来实现功能，那么你应该从"知识"那一章开始，以便能仔细研究其他可用的方法，从而更好地实现功能。如果问题情境之上的约束不允许我们从根本上改变功能的交付方式，我们就应该使用进化趋势分析去改善当前功能实现的方式。

功能不足也会带来冲突和矛盾。比如，当我们发现一个功能不足时，总会问这样的问题："是什么阻止我们进行功能改善？"如果你不知道答案，那么就建议采用上文推荐的方法。如果能够识别造成阻碍的因素，那我们建议你考虑采用冲突和矛盾消除。

10.1.5　功能冗余

在 FAA 模式中，功能冗余与功能不足的解决策略是相似的。对于此类问题的解决，我们建议首先考虑趋势分析，然后是知识分析（如果问题的约束条件允许考虑其他功能实现方式）。对于功能冗余，恰当的"冲突 – 发现"问题陈述是"是什么阻止我减少此功能"。

10.1.6 功能缺失

我们建议使用资源分析工具来对待功能缺失问题，以此来识别系统内部或系统周围是否存在某种因素能帮助实现这种功能。如果无资源可用，那我们就不得不在系统中引入一些新的因素，以实现这一缺失的功能。可以使用趋势分析（尤其是 Mono-Bi-Poly 趋势分析）、最终理想解（IFR）和知识分析来引入可能的因素。

上述一系列问题类型的建立来自于 S 曲线分析或 FAA 模型。但在某些情境下，我们想要处理的问题却比较模糊。

10.1.7 系统或功能目前不存在

如果你没有 FAA 模型，且这个问题的研究者也是脑中一片空白，那么你寻求传递功能的机会还未出现。或者，系统可能已存在，但它无法交付你需要的功能。在这些情境中，推荐的问题解决策略是首先使用 IFR 工具，帮助定义和仔细研究此情形。除此之外，资源检查清单可用于识别是否有某物能被用来交付功能，或者可能的话，尝试"知识"那章的部分方法，以识别是否有人已成功找出你正在试图寻找的交付功能的方法。

10.1.8 是否存在问题

如果你已经构建了功能和属性分析模型，并且该模型中并不存在有害的、不足的或冗余的相关因素，或者你发现当前的系统很难再提高，那么最好的办法就是戴上黑帽子，仔细考虑九屏幕法并努力尝试。你确定不会再使用系统的主要有用功能？如果仍然找不到方法，就必须使用 IFR 工具重新定义问题。如果仍得不到任何结果，剪裁（第 18 章）就是下一个出路（首先检查系统是否处于剪裁可行的进化状态，见图 10-1）。

10.1.9 测量问题

测量问题构成了整个系统性创新工具箱的特殊范畴。谈及测量问题方法的内容首先出现在第 13 章中。第 19 章的"理想度"

对此进行了补充。如果这两章对你都没有用，那就看看第16章，是否有人已经提出了解决问题的方法。如果这些方法都不奏效，那就说明你的测量问题很可能是技术性而非管理性问题。这种情况下应该寻求解决技术性测量问题的策略。

10.1.10 相关问题的可靠性或稳健性

关于组织稳健性的统计数据清晰表明：很少有组织可以保持持续稳健。当你期望向商业或者组织系统中注入更多的稳健性因素的时候，不妨采用第21章中所推荐的策略。再来看看趋势部分，特别是有关业务流程和稳健型商业模式的设计趋势。稳健性因素的合理比例跟当前的冲突和矛盾是有关的。有些因素会阻止你提高系统稳健性，如果你能够识别出它们，那么你可能会希望探索冲突和妥协的消除工具——需要特别注意风险和适应性参数。

10.1.11 降低成本？

如果流程的问题定义部分显示该问题要求降低初始成本，那么很明显，我们要从剪裁工具着手。它肯定会提供一些初步的、与降低成本的正确方向相一致的挑战行为。你也要考虑将从最终理想解工具（见第19章）中提炼出来的"自我"的想法与剪裁工具相结合。剪裁既可能带来麻烦（如果我们移除某个特定的因素，反而会引发冲突或者矛盾，从而使事情变得更糟），也可能带来好处。在此类问题上，我们推荐使用冲突和矛盾的消除工具。正如上文所提到的，问题中的系统超过了它的最复杂点，你可能会倾向于在一个系统内重点考虑专门针对减少部件数量的发明原理，详见11.3节。

10.1.12 特意寻找不连续的转变

我们会遇到这样的场景：我们特别希望从当前的做事方式（例如S曲线）跳转到新的方式中。这可能发生在系统、子系统或者个体层面。当我们在寻求系统级别的进化时，首先应该明确当前系统所提供的主要有用功能，然后检查系统性创新工具箱中的知识储备部分是否有能够实现该功能的可替换方案。如果答案是肯定的，那么这应当看作一个实践的开始，即确定这些特定的知识是如何转化成即将被替换掉的系统的特殊要求的——这些是作为系统性创新过程的完整循环所必需的。如果没有找到提供这项功能的可替代方案，次优策略是查找在第14章末尾参考文献内提到的进化趋势，努力找找看是否存在新的认识。

如果试图在子系统或者组件层面寻找新的S曲线，那么，从探寻现有子系统或者组件的进化潜力入手，而不是从知识积累开始，这种搜索方法通常是较好的。关于知识的搜寻可以看作是第2条路径，但需要关注的是，是否存在显著事物的组合，它们与整个系统内部其他组件有关。

10.1.13 特意寻找颠覆性的转变

Clayton Christensen在他的《创新者的窘境》《创新者的解答》等[1]书中讨论了3个主要的创新方向。最常见的一个被他称为"持续性创新"。持续性创新是指我们希望提高某方面的现有能力来为现有顾客提供更强大的功能和好处。这对应于前文讨论的"不连续的转变"情境类型，我们应该对其进行相应处理。第2个创新策略被Christensen描述为"颠覆性的"。在这个情境中（我们将在第14章更详细地讨论），顾客（或者他们中的部分人）已经拥有了足够的功能和好处，这些"过量供给"的顾客很有可能适合某项创新，但实际上他们却被提供了"劣质"的性能，而不是一些"优势"的功能。这些优势包括很多，可能体现在功能的不同、便利性或者价格等方面。当我们相信自己处在寻找下一个颠覆式创新的情境中时，那么在系统性创新工具箱中的第一个停靠港应该是进化趋势（第14章）。一旦有这样的情况，我们可能会希望对这种趋势的使用可以跟以前的习惯有些许不同。尽管我们很有可能根据趋势创造颠覆式创新，但是很大程度上这些颠覆式创新呈现出来的结果是"倒退"。因此，当我们在借助趋势来寻找颠覆性机会时，应该了解这些趋势的过去和将来。

当我们寻找颠覆性机会时，第二个特别有用的工具是极端人士观点（Omega Life View，OLV；见第 20 章）工具。这些工具被用来寻找此类消费者，他们一方面被过度供给，另一方面又在寻找不同的功能。无论我们使用哪种工具（极端人士观点工具或者趋势分析工具），都应该始终留意颠覆性创新没能提供的那些功能。

Christensen 提到的第 3 个创新方向被其称为"新市场"。找到一名顾客或很可能当前还不是顾客的人，寻找比现状更好满足他们的方式，这在系统性创新中被称为"机会寻找"。

10.1.14 机会寻找

如果你正在研究的类型是所谓的"机会"类型（例如，"对我来说那个地方可以利用情境 X"），那你有必要回顾第 2 章末尾的评论。确认成功机会的关键在于，你要识别出解决方案交付的有用的功能和属性。消费者购买的是我们的产品和服务提供的某种功能。当运用机会寻找模式时，我们也应该寻找那些消费者，他们目前购买了某些功能，但那些功能的提供方式劣于我们的方式。

在机会寻找中，我们首先要关注的是工具箱中的知识/效应部分（第 16 章）。我们在检视创新工具的商业版本时，很有必要同时检视技术版本，特别是当我们服务于工厂时（以产品为基础）。

相对于我们的解决方案，某些系统正处于系统进化的初级阶段，并正在受到我们所提出的先进方案的潜在威胁，问题解决工具箱中的趋势分析部分能对其有所帮助。在机遇寻找过程中，成功运用趋势分析的关键在于指出为什么我们系统的先进进化趋势能使其他系统上的用户获得收益。请参看第 14 章中的相关内容。它解释了消费者之所以放弃已习惯的方法，并采用我们的方法的原因。

10.1.15　市场和营销

在系统性创新课程中，诸如"如何才能使我的产品和服务卖得更好？"的问题不绝于耳。问题解决工具箱中包含了一系列的方法来回答这个问题。参考文献［2］描述了一个研究方案：检验俗套的广告和人们公认的最成功的广告之间的不同之处。在两者之间最让人吃惊的不同（6%与85%）是：最成功的广告试图明确并解决一个冲突。在这种理念下，冲突和妥协消除工具在聚集轰动性的内容方面是有帮助的。冲突和妥协的定义在产品或者服务方面显得更为实际，此外，我们试着鼓励消费者去购买，这并不总是很容易的（我们发现产业往往失败于此[3]）。如果这是你的处境，那么建议你要特别关注功能而不是试图去增强属性。如果还是不能定义冲突，我们建议运用40个发明原理，进行系统性头脑风暴以便产生创意。此外，第14章末尾提到的趋势工具，对于实现突破性的跳跃也是有帮助的。

10.1.16　自我强化环

无论是功能分析模型还是感知地图均可以凸显系统内部自我强化环的存在。这样的环既可以造成坏的效果也可以提供积极的导向。在组织优化行动中，应该将去除有害环放在优先地位。当我们试图消除包含在环中或者感知地图的环中的一个有害关系时，冲突和妥协消除工具以及矛盾工具是好的开始。在类似的情境中，IFR（第19章）和颠覆分析（第21章）工具都能产生积极作用。

10.1.17　零风险

在一定情形下，创新被要求零风险——第一次就正确。对于有些人来说，将创新和零风险相结合本身就是一种矛盾的说法，无论是与否，当"零风险"是必要的约束条件时，"早有准备"无疑是有益的。在这样的情境下，知识/效应工具是理想的起点，可优先使用内部知识。有些时候，通过资源分析会发现，相比目前而言，系统中已存有的某些东西可以有更好的使用效果。作为第三种可能性，将风险参数工具与冲突消除工具结合使用，会有更好的效果。

10.1.18 优化

在这些解决方法中，优化是一个合适的解决策略。我们可以将优化定义为一个寻找绝对平衡的任务，这一绝对平衡是处于系统的冲突参数之间的，以便能获得可能最好的结果。一个有用的观察优化过程的方法是与"问题解决作为挖掘财富"的类比相联系的，这在第 3 章中有所描述：优化是一项技术，可帮助我们挖掘最深层次的方法。图 10-4 中解释了此观点，同时表明：在另一个方向上发现某种更好的解决方案的同时，也会存在潜在的风险。

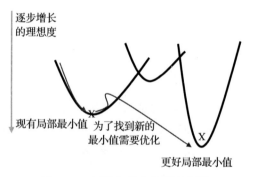

图 10-4　创新和优化的原理区别

（欲了解更多关于此类比的知识，见参考文献 [4]。）下一章中"袋子充满液体"的模型是另一个有用的潜在图景，它描述了创新过程中消除冲突及妥协的重要性。在此模型中，所做的创新是改变了袋子尺寸，所进行的优化是尽可能地美化了袋子的形状。

在优化什么与什么是创新之间画一条线可能是无意义的，然而可以明确的是，系统性创新方法大体上不适合去改变袋子形状以替代优化的作用，将妥协从一处移至他处。优化与数学高度相关，今天的优化呈现出更复杂的数学形式（我们还不能使这个流程自动化，这是创造力和创新的另一个区别）。

在此建议你认真自问：你正在处理的问题是否真的是关于优化的，或者，你在改变袋子大小的问题上是否还未以更好的方式思索？如果你真心认为这一回答对于优化是有必要的，具有更好技术的系统比系统性创新中的工具箱更好，那么在本章结尾处，我们建议你从列举出来的参考书目中寻求帮助。参考文献[5]需特别留意，因为商业系统是复杂的适应性系统，认知较复杂，因此相比使用"自上而下"的解决策略而言，"自下而上"的优化方法更有效。"建立在优化策略上的软件机构"以及"在 GM Fort Wayne 油漆行获得的利益"，这些内容的讨论是非常值得仔细研究的。

10.1.19 不知道

如果通过之前的问题定义步骤，在本章中，你仍不能将列举出的问题类型联系起来，那么建议转向第17章的重新聚焦／重新架构工具。

10.1.20 无解决办法？

如果你遍尝所有工具都无法解决给定的问题，建议你使用克服思维惯性的工具（第20章），首先确认你正在解决的是不是真正的问题，然后再寻找替代的解决路线。那些工具有助于你"置身事外"，从根本上审视你所处的问题情境。

10.2 问题解决的优先次序

通过系统性创新过程中的情境界定部分，辨别大量用于改进的问题和机会是可能的。尽管没有绝对的规则来排定问题的优先次序，但还是会提出一些重要的策略，帮助我们进行问题优先化处理，以排列问题处理的次序。

总体来说，在现有的系统中，矛盾解决应该有更高的优先级。相比冲突和妥协，矛盾的消除更加有力。如果矛盾被成功解决，那么更可能会产生一些预想不到的效益。在这之后，优先级应转向有害功能的消除,再就是不足/冗余功能的消除。首先关注主要的(有用的)功能,再关注辅助的功能,应该是个好主意。

如果系统还不存在,或者我们期望开发一个新的系统,那么应优先做的事情是去认知所需的有用功能,应用 IFR 工具,使用功能标杆分析,决定我们下一步做些什么,以什么样的顺序做。

最后,必须将定义的问题和限制相结合,以决定选择哪一种解决路线,以怎样的次序进行处理。第 5 章中详细描述了约束条件的管理过程。

在一些情境中我们不确定哪一个问题更重要,而感知映射(第 9 章)这一工具的新兴用法之一就是帮助我们在这些情境中确定优先问题。在思考使用何种工具时有一个好的方法,即从辨别一系列不同问题开始,建立一个"等级制度",通过诸如"如果我解决这个问题,其他哪些问题会被消除、阻止或变得不相关"这类问题,来运用感知映射,并且引导分析部分。最后的感知映射能用于理解不同问题间的联系,通过检测问题形成自我强化环和汇集点,帮助鉴别问题解决需努力的方向。

我们以一个全面的汇总表来结束这一章。汇总表的主要用法是:在问题/机会情境一栏中寻找,直到找到与你问题相匹配的描述。

表 10-1　工具选择汇总表(括号中为相关的章节号)

问题/机会情境	解决工具的第一选择	解决工具的第二选择	解决工具的第三选择	解决工具的第四选择
限制性矛盾	矛盾(12)	冲突(11)	趋势(14)	知识/效应(16)
其他的矛盾	冲突(11)	矛盾(12)	趋势(14)	
有害功能	剪裁(18)	矛盾(12)	资源(15)	
功能不足	知识/效应(16)	趋势(14)	冲突/矛盾(11/12)	资源(15)
功能冗余	趋势(14)	知识/效应(16)	冲突/矛盾(11/12)	
功能缺失	资源(15)	趋势(14)	IFR(19)	知识/效应(16)
系统不存在	IFR(19)	资源(15)	知识/效应(16)	

（续）

问题/机会情境	解决工具的第一选择	解决工具的第二选择	解决工具的第三选择	解决工具的第四选择
系统改进/"没问题"	IFR（19）	剪裁（18）	冲突/矛盾（11/12）	
测量问题	测量问题（13）	IFR（19）	知识/效应（16）	冲突（11）
可靠性/稳键性问题	颠覆分析（21）	趋势（14）	冲突（11）	
降低成本	剪裁（18）	IFR（19）	冲突/矛盾（11/12）	
不连续的转变（系统级）	IFR（19）	知识/效应（16）	趋势（14）	
不连续的转变（子系统级）	IFR（19）	趋势（14）	知识/效应（16）	冲突（11）
颠覆性转变	趋势（14）（向前和倒退）	极端人士观点（20）		
机会寻找	知识/效应（16）	趋势（14）		
市场/营销	冲突（11）	趋势（14）		
自我强化环	冲突/矛盾（11/12）	IFR（19）		
"零风险"	知识/效应（16）	资源（15）	冲突（11）	
"优化"	优化方法			
"不知道"	重新聚焦/重新架构（17）			
"无解决方法"	克服思维惯性工具（20）			

我该怎么做

在问题解决策略选择中，我们可从表10-1开始，去辨别问题的逻辑顺序。如果需要的话，可从前文中找到更多的支持。

请记住：系统性创新过程中工具选择的主要观点是工具指引思考，而非替代思考。对于机会和问题，你思考得越多，那你从思考中获得的也越多。"过程"并不是万能药。它意味着如果我们要有效地和系统化地解决问题，应有一个结构性的框架。我们希望本章成功地表达了这个思想。

参考文献

[1] Ahuja, R.K., T.L. Magnanti and J. B. Orlin, 'Network Flows. Theory, Algorithms and Applications', Prentice Hall, Englewood Cliffs, NJ, 1993.
[2] Avriel, M., 'Nonlinear Programming: Analysis and Methods', Prentice-Hall, Englewood Cliffs, NJ, 1976.
[3] Bazaraa, M.S., Sherali, H.D., Shetty, C.M., 'Nonlinear Programming', John Wiley, New York, NY, 1993.
[4] Bertsekas, D.P., 'Nonlinear Programming', Athena Scientific, Boston, MA, 1995.
[5] Birge, J.R., Louveaux, F., 'Introduction to Stochastic Programming', Springer, New York, NY, 1997.
[6] Chvatal, V., 'Linear Programming', W. H. Freeman and Company, New York, NY, 1983.
[7] Duff, I.S., Erisman, A.M., Reid, J.K., 'Direct Methods for Sparse Matrices', Oxford University Press, Oxford, 1986.
[8] Gill, P.E., Murray, W., Wright, M.H., 'Practical Optimization', Academic Press, London, 1989.
[9] Gondran, M., Minoux, M., 'Graphs and Algorithms', Wiley-Interscience, Norwich, UK, 1986.
[10] Horst, R., Pardalos, P.M., Thoai, N.V., 'Introduction to Global Optimization', Kluwer Academic Publishers, Dordrecht, 1995.

优化书目

- Horst, R., Tuy, H., 'Global Optimization: Deterministic Approaches', Springer Verlag, Heidelberg, 1996.
- IBM Corporation, 'IBM Optimization Solutions and Library', QP Solutions user guide, 1998.
- Kall, P., Wallace, S.W., 'Stochastic Programming', John Wiley & Sons, Chichester, England, 1994.
- Minoux, M., 'Mathematical Programming. Theory and Algorithms', Wiley, New York, 1986.
- Nemhauser, G. L., Wolsey, L.A., 'Integer and Combinatorial Optimization', Wiley, New York, NY, 1988.
- Nesterov, Y. Nemirovskii, A., 'Interior-Point Polynomial Algorithms in Convex Programming', SIAM, Philadelphia, PA, 1994.
- Papadimitriou, C. H., Steiglitz, K., 'Combinatorial Optimization. Algorithms and Complexity', Prentice Hall, Englewood Cliffs, NJ, 1982.
- Rockafellar, R.T., Wets, R.J.-B., 'Variational Analysis', Springer-Verlag, Berlin, Germany, 1998.
- Schrage, L., 'Optimization Modeling with LINDO', Duxbury Press, Pacific Grove, CA, 1997.

11

第 11 章

问题解决工具：冲突和妥协消除 / 发明原理

HANDS-ON SYSTEMATIC INNOVATION

FOR BUSINESS AND MANAGEMENT

> 我们正在从一个狭窄的、个人选择有限的社会，进入一个随心所欲的、选择繁多的社会。
>
> ——**John Naisbitt**, *Megatrends*

> 我是一个乐观主义者，但我总是带着一把雨伞。
>
> ——**Norman Blake**, *Teenage Fanclub*

冲突（或者冲突的消除）、悖论、妥协（trade-off）以及其他一些类似的概念，都是系统性创新理念的核心部分。尽管许多作者开始认识和报告不要接受习以为常的"矛盾"的重要性，但系统性创新仍然是独一无二的，其独特之处在于它能给问题解决者提供有形的工具，以帮助"消除妥协"。

这一工具箱有两部分：一种用来处理妥协的情形，即两个事物彼此冲突（比如成本与质量，或者风险与回报）；另一种用来解决与某一参数相关的矛盾（例如利率，我们可以看到同时存在着升高利率和降低利率两种主张）。我们使用"妥协"与"矛盾"（contradiction）作为术语对这两种情形进行描述。在本章后面部分，我们会理解为什么它们彼此联系，但是现在我们把它们当作独立的部分。我们先从"妥协"开始。

在我们探究"妥协"和"消除"定义的细节之前，我们需要花一点时间来了解"消除妥协"或"消除折中"（com-promise）这两个在系统性创新领域被频繁用到的词汇。这两个表达都是有用的，但同时也是危险的。之所以有用，是因为它们提醒我们做事时应该采取不同于大多数商学院教给我们的方式；之所以危险，是因为我们会从字面上先入为主，认为我们可轻易地消除妥协。尽管存在着一些轻易消除妥协的案例，但"无妥协"的概念还是应该被当作一个正确的奋斗方向，而并非是检验一个方案成功与否的标准。一个可以显著减少妥协的方案（同时不会使任何因素变得更坏），往往可以有效地提出一个范式转变意义上的创新。

这一点值得我们进一步去探究，因为我们使用这一种系统性创新工具箱的方式，受到一种重要哲理性因素的显著影响。一个有用的比喻是液体包概念，如图 11-1 所示。

在此类比中，包里充满着一种不可压缩的液体，代表我们商业管理中需要思考的典型参数，如时间、成本、质量和风险，外加其他更加具体的，如同员工、同行及客户关系，沟通渠道、压力、稳定性等，以及其他一些我们要进行成功持续的商业运转所必须考虑的因素。

图 11-1　管理过程类似于液体包

关于组织、商业和商业系统，我们学会的最主要的事情就是，这个袋子里液体的体积或者总量是相当固定的。因此，如果我们试图提高这一系统的某一方面时，该系统中另外某些东西就一定会被削减。或者，打个比方，如果我们挤压这个袋子的某一处，假设为削减成本，那么这个袋子的另一部分就必然会凸出，可能出现质量下降，或者士气低下，抑或是其他任何可能的情况。商学院所做的一件非常好的事情就是提供给我们数学工具，这些工具可以允许我们在所有的对立性参数之间进行权衡（即妥协）；它使得我们非常擅长优化这只袋子的形状，并将其呈现给消费者或者利益相关者。

另一方面，系统性创新领域里的妥协消除指的是，如果我们能够改变这个袋子的大小是不是更棒？如果这个袋子里液体的数量代表的是一定数量的有害物或者非理想之物，我们将数量减少是不是更棒？

这才是真正的本质，即"消除折中"。妥协消除工具可以帮助我们减少袋子里的液体总量。如果我们能按字面意义严格地"消除折中",那么它就是移除袋子里所有的液体。我们可能达不到这样的目标,或者至少不能直接达到(可参见第 18 章的理想度和最终理想解),但这再次证明,重要的是移除液体的思路。

妥协消除工具是使用其他商业领袖和问题解决者所采取的成功策略,这些人没有遵循常规去塑造袋子的形状,而是寻找减少不利事物总量的方式。

正如我们将要看到的,这种方法可能不简单,因为"消除妥协"的过程几乎不可避免地会创造出某些新的东西,但是如果我们能实施这一过程,其好处也无疑将是巨大的。参考文献[1]讨论了消除妥协的基本收益,事实上这篇文章最早发表于 1998 年,但它所谈的关于"妥协消除"的主题,至少在管理领域,至今仍然是比较新的。这篇文章分析了分别处于 3 个成熟市场中的 3 家成熟公司(嘉信理财、西南航空和沃尔玛),时间跨度为 7 年。图 11-2 展现了以上 3 家公司的表现与相应行业平均水平的对比。

	1988～1995 年行业平均增长率(%)	同时期行业领导者的增长率(%)
证券经纪业	90	520
美国国内航空业	80	370
家居零售业	40	1500

图 11-2 妥协消除管理策略的收益

从这篇文章和以上对 3 家公司的分析得到的证据显示,消除妥协是非常可能的。如果我们接受这样的现象:一些公司能做到,那我们也可以——实际上,我们改变袋子的尺寸是可能的,即实现鱼和熊掌兼得,那么这会鼓励我们用完全不同的思路去审视自己的管理模式。如果这个袋子的尺寸能够被改变,冲突和折中能够被消除,那么很明显我们应该找到这些折中之处。在系统性创新语境中,假设系统存在,它必然包含妥协与折中。换句话说,我们能够识别的每一个妥协和折中都是我们做得更好的一个机会。

这是一个重大的思路转变，甚至可以说是深远的转变。将"折中就是机会"这样的哲理跟通常发生的情况相比较，折中之处通常没有被认识到，要么被假定成"根本"性的障碍，那么我们讨论它们的意义是什么？或者更糟的是，折中经常被随意地忽略掉，从人们的视野里消失。

在研究这些工具箱是如何做到折中消除之前，我们在考察折中消除和缩小袋子的案例过程中，需要思考的最后一个问题是如何连续地运用这些工具。通过这些工具的运用，我们在挤压这个袋子（解决一个问题）的同时，会使得袋子在另外一处出现一个新的（更小的）凸出。那么接下来我们就要继续运用工具，再一次解决这个新凸出，直到这个袋子的尺寸被有效地削减。在接下来的学习中，我们将会了解到一些关于这个"折中链"思路的案例。

如图 11-3 所示，两个不同参数之间冲突可用曲线图表示。

一般不会明确地画出图中的双曲线，但在绝大多数情况下，我们通过商业数学及计算，可在曲线上找到某个点，使这两个冲突参数达到一个"可接受的"量值。我们将此视为设计能力恒定线，或设计的既定规则。

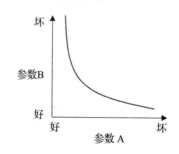

图 11-3　妥协的图形表示

系统性创新工具中妥协消除部分的作用是：尽量改变和转换这条线，使之更加靠近图片原点；在原点，妥协被完全消除。曲线转换的基本思路如图 11-4 所示。对于那些更倾向于靠图表来理解妥协消除的人来说，这是需要牢记于心的。

下面我们来看看运用系统

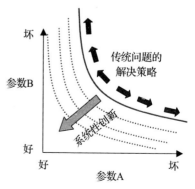

图 11-4　妥协消除过程的图形表示

性创新工具实施妥协消除的步骤。

本章余下部分包含 4 点内容：第一，我们将要检验主要的工具；第二，我们提供了一系列案例以供学习；第三，我们提出一些策略，在主要工具不起作用或者不符合你的工作方式时进行替换；第四，也是篇幅最长的一部分，是参考资料部分，在这个部分里面，妥协消除工具箱被整体展现出来。下面我们首先开始介绍工具。

11.1 管理冲突矩阵

回想一下图 11-1 中液体包所包含的因素，每一位经理人或者商业领袖在设计或者改善一个系统时都应该考虑这些因素。

从广义上来讲，当它们形成一个对问题进行分类的系统时，它们就是我们所使用的一个参数的集合。这个工具的雏形（以及对其体系结构进行定义的框架）是那些原始的系统性创新研究人员在研究技术问题解决方案的过程中，所开发出来的一种二维矩阵。鉴于消除妥协的重要性，这个工具生成的基本形式是一个二维矩阵。我们所感兴趣的参数随后会在矩阵中从上至下列出，然后通过识别出哪些参数是我们需要改进的，哪些又将阻碍我们进行改进（或者恶化），便可导览至一个合适的行，以及一个合适的列，行列相交后，就会找到一个可以存储其他问题解决者成功解决相似问题的采用策略的地方。技术问题的原始矩阵上具有 39 个这样的改善以及恶化的参数[2]，随后被拓展和更新至 48 个参数[3]。管理问题矩阵包括 31 个不同的改善和恶化参数，这些参数将"管理"划分为 5 个主要领域——研发（R&D，即在产品或服务提供给消费者之前所发生的活动）、生产、供给、支持，以及一个与客户相关的大集群。然后，每个领域内的参数——风险、成本、时间、关系等——都是管理者和领导者最可能感兴趣的东西。总体的思路是：矩阵将有可能使任何管理妥协以及冲突情形映射到参数当中。有兴趣的读者可以在本书的参考文献[4]中找到更多关于选择参数并构建管理冲突矩阵过程的资料。

矩阵利用方式主要是冲突参数的选择（在下一部分中我们会有几个例子）。首先是一个我们试图改善的参数；然后是一个我们试图改善第1个参数时可能恶化的另一个参数，或者是会阻碍我们实现上述所需改善的某个参数。矩阵最左侧第1列是第1个（改善的）参数，与其冲突的参数则放在矩阵上方第1行。这个选择的过程被总结为图11-5。

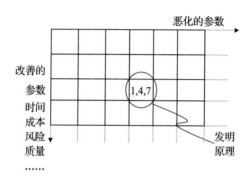

图 11-5　矩阵操作原理的示意图

碰巧的是，此刻矩阵是对称的，不管是否互换改善和恶化的参数——相同的解决方案建议将会同时出现在行–列或者列–行搜索方法上。

我们所选择的改善和恶化参数交叉之处的单元格，包含很多其他问题解决者最成功地解决相关冲突问题的发明原理序号。快速扫描矩阵会发现：事实上，这样的原理非常少；对于这个管理矩阵而言，仅有40个。这并不是说没有其他原理有待进一步发现，仅仅是到目前为止，从所有已交易的专利、科学发现、管理理念创新与创造性方案（总共大约300万件，散布于人类活动的所有领域）来看，只有这些原理被发现了。在本章的参考资料部分将列出所有40个原理并详细阐述它们如何运用于管理问题解决，并给出使用原理的相关案例。

同样，有可能存在更多的原理（其实有更多的人更倾向于选择"策略"或者"触发物"之类的词语），对于一个给定的问题来说，矩阵框中所包含的某个原理不应该被认为是唯一潜在相关的原理——见本章的第三部分"当冲突矩阵不起作用时会发生什么"。另一方面，各个领域的应用经验表明，合理使用矩阵是一个良好的开端。

虽然在概念上相当简单，但实际上刚开始使用矩阵时会显得有点不自然，特别是将你所面临的具体问题映射到 31×31 矩阵上。建议你最好写下那些尝试改善的和阻碍你的因素，或者是恶化的因素尽量简洁地写下，然后尝试着将这些因素与矩阵上的 31 个可能的参数建立联系。对于参数的全面定义可以在本章参考资料的第一部分中找到。有时候这些参数会非常明显，但有时候，你会发现矩阵中有多个参数"可能"与你的问题有关。在这种情况下，建议不要急着去强制建立关系；如果你不确定提高"效率"参数比"时间""成本""收入"或者"稳定性"参数能更好地进行匹配，那么就全面地看待它们。(你会经常发现，如果你做到了这一点，你所经历的不确定性都将被矩阵所提供的一些多次出现的发明原理所消除。)

关于如何利用矩阵的问题就到这里了。在参考资料部分，对于矩阵的每一行都有两页的内容进行介绍。因此，利用矩阵时非常有必要的是，首先，要识别你所要进行改善的东西，将它与矩阵中的参数进行最好地配对连接，然后找到特别描述这一参数的两页内容。数据表将会相应指出与每个相关恶化参数最为相关的发明原理。不用担心，其实际操作会非常明显。

让我们现在就开始看看利用矩阵来解决冲突和折中的一系列相关案例。

11.2 冲突消除案例研究

在冲突消除过程中，有好几个不同方面值得研究。我们会探讨几个不同的案例，每一个案例都试图突出某一个特殊的方面。我们先从一个简单的例子开始，这个例子着眼于描述矩阵运用的基本方法。

11.2.1 维修部的问题

这个例子的背景来源于第9章所描述的感知映射案例。这是一个非常典型的定义冲突的例子——问题定义过程中的某些部分将会帮助我们识别问题存在于哪儿，然后带领我们来寻找解决它的方法。

先来简要概括一下这个问题的背景：产品缺陷率和停工时间会阻碍工厂的生产。机构周围的很多人（管理人员、机器操作员、维修部员工和工会成员）都会被问到怎样才能解决这个问题，同时也出现了这样一种情况，即维修部觉得如果没有机器保养的任务的话，自己的岗位将会受到威胁。

这就成了冲突解决过程中的起点；对于这个具体的情境我们有一个广泛的定义，并且我们也看到存在冲突——存在某些我们需要改善的东西（缺陷率）和一些阻止我们对其进行改善的因素（维修部的工作岗位受到了威胁）。常规情况下，管理人员可能会选择一些妥协和折中路线来解决这个问题。很显然，这个案例中的一个方案，就是让维修部员工（或者至少是其中令人烦恼的人员）变得多余。这种方法的巨大妥协就在于不考虑周围的环境——像其余工人的士气就是一个很显著的例子。这个冲突消除的过程旨在引导我们采用不同的处理方式，特别是要尝试得到一个双赢的结果。

管理冲突矩阵背后的相关理念是：已经有人在某处找到了对于我们所面临问题的优秀解决方案。如果我们准备检验这个假设，那么我们下一步所需要做的工作就是将我们所面临的特殊问题转化为矩阵中的通用问题。本质上而言，我们这里将会遵循在系统性创新工具箱内其他工具中已经使用的问题抽象方案。图11-6回顾了针对冲突消除工具的问题解决流程。

在维修部的问题上，我们已经定义了我们的特殊情境。下一步我们需要做的就是将这个问题转换成管理冲突矩阵中的一对参数。

从特殊到一般的映射工作的关键就在于，找到矩阵中的参数与我们所面临的特殊问题具有"相同意思"的联系。

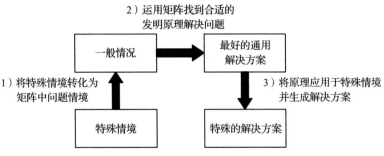

图 11-6　消除冲突过程简图

映射过程通常是这样工作的：
- 我们希望得到改善的是，降低次品率。
- 在矩阵中与此最匹配的参数是，生产质量。
- 阻碍我们的因素是，维修部将会失去工作。
- 在矩阵中与此最匹配的参数是，影响系统的有害因素。

这里我们可能会质疑这些因素之间是否是最为匹配的。改善的因素好像是非常匹配的，但是阻碍因素却可能不那么清楚。为什么"稳定"不是一个更好的匹配呢？或者"生产界面"？对于这个质疑我们有两个回答：首先，并不存在一个确切的唯一正确匹配，所以如果我们与任意一个参数之间建立了联系，那么我们可以很简单地在矩阵中找到所有的因素。在这种情况下，唯一缺点就是时间上的一点代价，这时我们可能会回顾"相同意思"的问题来尝试并且关注这个联系。第二，更重要的地方在于，矩阵会尝试着"自我纠正"。我们在这个问题上进行映射的不确定性，将会和每次新方案加入数据库中时的不确定性是完全相同的。以这个案例为例，如果查找产品质量与有害影响因素和稳定性以及生产界面的交叉单元格，我们将发现，原理 13 和原理 35 将会出现在所有 3 个地方，并且其他的一些参数将出现在两个地方。这就是"自我纠正"运行的过程。当我们在矩阵中查找多对冲突时，看到同样的原理作为解决方案一遍又一遍地出现，我们可以相当肯定的是，在找寻我们自己的优秀解决方案时，这些原理将会变得非常有效。

根据这个案例的研究，以及讨论问题解决流程基本机制的需求，我们将会在矩阵中简单地将产品质量与影响系统的有害因素进行配对。如果我们这样做了，根据图 11-6 中的过程总结，我们就是在识别对于这一冲突对的最有效的已知通用解决方案。图 11-7 说明了矩阵的搜索过程以及由此产生的发明原理建议。

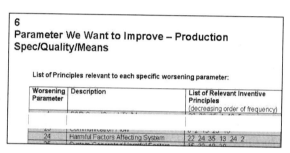

图 11-7　管理冲突矩阵对维修问题的建议

矩阵向我们展示了最常见的用于解决产品质量与"影响系统的有害因素"冲突的发明原理是：

22，24，35，13，24 和 2

这个顺序显示了每一条原理被用于解决特定冲突时的使用频率。在这个案例中，原理 22 是最常用的，原理 24 是次常用的，以此类推。

在获取了这些建议之后，图 11-6 所示过程中的第三个以及最后一个阶段就是将这些原理建议转换成对此问题的具体解决方案。这个过程可以通过好几种方式来实现——不论是用个体的思考或者群体的讨论，不论是通过一个严格的处理方式，还是更简单的，以它们为焦点进行头脑风暴来找到解决方案。在这个案例中——一个真实的案例——有一群人参与讨论，但其中没有人受到过事先训练。对这一讨论唯一施加的影响就是在开始时对这些发明原理加上一个简短的描述。然后这个群体以矩阵推荐的发明原理为焦点进行头脑风暴，寻找问题解决方案。经过 1 小时的方案思考过程，共产生超过 50 个想法，然后对这些想法进行评估，大家都认为原理 13（反向作用）提供了一个最好的整体解决方向。从其他原理中生成的一些想法对于此方案的详细实施也有一定的贡献，但是从原理 13 中生成的想法是主要解决方案，即通过对维修部门进行奖励来代替对设备的维护，如果他们不需要对设备进行维修的话，应该对他们予以奖励。换句话说，缺陷率越低，维修部所得到的薪酬将会越高。通过这个简单的思维转换，维修部将会有更多的热情去总结记录经验教训，并且会积极寻找方法来改进系统。

实际上这个解决方案和感知映射将得到多赢的结果——维修部有可能得到更多的报酬；因为缺陷率的降低意味着更高的产量，那么操作员也将会有更多机会来增加收入；而因为工厂将得到更多的优良的产品，管理人员也将不用再为次品付出双重的代价（一次是为次品，一次是付给维修部门）；工会也将有所受益，因为随着产品质量的愈发稳定，工作机会也将更加稳定。由此来看，整个组织效率也将得到提升。

到现在为止，这个案例向我们清晰地展示了矩阵解决问题过程的基本机制。下一个例子中我们会探寻到更多的关于如何将发明原理转换成具体问题解决方案过程中的细节。与第一个案例相类似，我们对这一过程的展示将持续至获得推荐发明原理阶段为止。

11.2.2 负载/容量的平衡

第二个案例向我们展示了在很多管理活动中很常见的一个问题——对于负载和容量的平衡。就说明这个过程而言，本案例中的管理细节是不重要的。就像图 11-8 中展示的那样，这个问题最重要的方面在于：这个公司有固定数量的员工，因此它也就有固定的员工容量，但是随着季节的变化，消费者的需求变化又会对系统负载产生一定的影响。

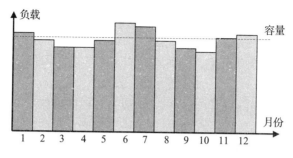

图11-8 典型的负载/容量平衡情境

这个工厂通常通过雇佣合同工来实现负载和容量之间的匹配。不幸的是,一项最近的调查显示,这些合同工的产出低于永久性员工的产出,并且这也导致了顾客的抱怨和收入的减少。为了达到预期的产品质量水平,这个公司决定未来将仅仅雇佣永久性员工,因为永久性员工对公司的成功有更稳定的责任感。然而,这个工厂负载面临的不可避免的(无法控制的)波动,就使得有时候工厂并不需要所有的员工都来工作。

为探索这个案例的更多细节,首先要做的就是识别可能存在的冲突。这个过程中的一个很好的方法就是识别我们希望提升的是什么。既然我们称之为负载/容量问题,那么它们应该就是我们所需要改善的地方。下一个问题是"什么阻止我们解决这些问题",其对应答案显得不那么清晰,也许在这一点上我们所能说的只有将我们目前的工作方式——只录用永久性员工——作为一个潜在的重要因素。

下一步我们需要将这些(模糊的)描述转化到矩阵当中。我们知道我们此时正处在生产环境中,所以看起来矩阵中的"生产"元素是一个很好的起点。然后考虑到"负载/容量平衡"的改善问题,可以看到随着季节(时间)的变化,平衡的问题就出现了,因此矩阵中的"生产时间"参数看起来与这个问题最为吻合。而"我们当前的工作方式"就是这个冲突对的另一面。对于这个描述来说,最好的搭配就是生产方式。然后我们就可以以此建立一对冲突:

我们想要改善的是，生产时间。

阻止我们的是，生产方式。

矩阵就会告诉我们，其他人解决这类冲突的原理是：

1，35，15，4，10

现在应该开始把这些建议转换成与我们的具体问题相对应的可能解决方案。这一次，相对于上一个案例，我们将探寻更多的转换过程中的细节。我们将会把关注的焦点放在原理 15（动态化）上，因为它将会给我们带来最终所要实施的解决方案，虽然如此，但我们承认同样的方法也可以应用于其他推荐发明原理（实际上，将有可能从我们所没有关注的原理中产生更好的解决方案——把这看成一个对你的挑战）。

如果我们看一看在本章末尾给出的原理清单中的更多细节，我们将看到发明原理 15 中包括以下内容：

原理 15　动态化

A. 容许（或设计）一个系统、对象、外部环境或者过程中的特征变得最优或者找到一个最优的运行条件。

B. 把一个系统或者对象分解成几个部分，并且每个部分之间可相对移动。

C. 如果一个系统、对象或者过程是硬性的或者固定的，那就让它变成可活动的或者能适应变化的。

现在的这些就是我们所能获得的所有细节。如果我们想取得对此问题的进一步进展，现在需要做的就是把这些建议方案转化成一些我们可以应用到这个具体问题中的方案。这就意味着需要就我们所处的情境建立一些联系。例如：原理 15B 就要求我们将这个系统分成几个部分。第一个我们可能建立联系的地方在于我们的工厂确实是一个"系统"。一旦建立了这个联系，我们就可以开始应用这个原理所提供的建议——在这个案例中就是"把工厂分成几个部分"。相似地，我们也可以把日历年"对象"联系起来。一旦我们建立了这个联系，那么进一步这个原理就会建议我们"把年份分成几个部分",同样更有趣的是,"允许这些部分之间相互移动"。所以我们可以将二月移到八月?或者春季转移到夏季?那种移动方式将会提供何种解决方式并不是非常清晰,但这却向我们展示了一个很好的冲突解决工具的工作过程。发明原理在很多方面都有可能不奏效;它们只是告诉我们通过朝某个方向思考,其他人找到了很好的解决方案。在这种意义上,它们可以看作是帮助我们打破陈规的方式。如果这听起来有点乱,请记住,接近 300 万的解决方案可以证实这是一个达到"更理想的"系统的方向;"如果你按照这个方向思考的话,会得到好的结果的"。

我们来试验一下原理 15 的其他方面将会给我们带来怎样不同的影响。原理 15C 说的是"如果一个系统是固定不变的,那就让它变得可变"。如果想利用这个建议,那么我们需要再一次建立一些相对于我们的具体问题之间的联系。在这个案例中我们需要问问自己,在当前这个系统中哪些东西是"固定不变"的。可能的答案包括:

- 工人的数量
- 我们制造的产品
- 员工容量
- 一周的工作时间
- 换班的时长
- 换班的次数

……

一旦建立了这些联系,那么发明原理就会提供关于我们如何解决此问题的建议。在此案例中,就是"使固定不变事物可以变动或具有自适应性"再一次强调,一些解决方案可能并没有太多直接的意义(例如"自适应产品"),但有些方案却可以给我们带来直接的成功。就像让每周的工作日变得更加灵活这个方法?或者换班?而且我们并不知道哪些方法就会比其他的更好或更坏,仅仅只是知道在某些场景下,"可变的"概念将会帮助人们解决问题。在这个例子中这种情况就会出现，当所有的员工都需要工作的时候，"将每周的工作天数变得可变化的"这个方案就不适合现在的约束条件了，因为那些工人最有可能在周末离开岗位。另一方面，灵活的工作时间这个想法（即一些天工作 7 小时，其他的时间工作 8、9 或者 6 小时），将会带来非常有效地实现多赢并且得到实际采纳的结果——管理层将会得到更好的负载/容量匹配方案；工人们也将在给定的工作日中工作不同的时长，并可更好地计划工作日以外的时间。改善的业绩表现当然也将保证工人们的工作在很长一段时间内都是相当稳定的。

11.2.3　嘉信理财的丰富性和范围

证券经纪商嘉信理财公司（Charles Schwab）的向电子股票经销商领导者转型的案例已经在好几个地方进行了讨论[5-6]。正如参考文献[6]所示，该公司在现代生活的很多方面成功解决了丰富性（信息或服务质量）和范围（服务客户数量）之间的冲突。图11-9 展示了他们为扩展业务范围，如何首次引入电话经纪业务和按键拨号业务。在这个例子中，如图所示，业务范围的扩大是以丰富性的降低作为代价的：一家提供全面服务的经销商建立的与客户之间的关系网络，是无法通过电话经纪业务和自动电话交换平台来实现的。图中也显示当公司于 1998 年建立网上交易平台（www.schwab.com）之后，这个公司成功打破了丰富性和范围之间的矛盾。他们能够在扩大顾客范围的同时，保证提供比一个全方位服务的经纪人所能提供的更加丰富的服务。随着网络服务平台的建立，公司能够提供大量先前只能通过经销商才能提供的服务信息，这个冲突自然也随之得到了解决。我们很清楚没有经销商会直接参与到网络服务当中，但是想象一下，如果我们能将很多经销商的信息集中起来而不仅仅是一个经销商独占这一部分信息，我们就会发现在很多方面，网络服务平台都将提供比单个经销商更丰富的服务。

就管理冲突矩阵而言，"丰富性和范围"之间的冲突与矩阵中的"供应规范"以及"供应界面"两个参数最为匹配。网络解决方案的应用反映出原理35（实物状态到虚拟状态的转变），以及来自于"总是考虑这些原理"部分（在矩阵中的供给规范部分）中的原理6（即网络提供了通用的通信协议）以及原理40——这就产生了把来自多个资源的知识组合起来的想法。

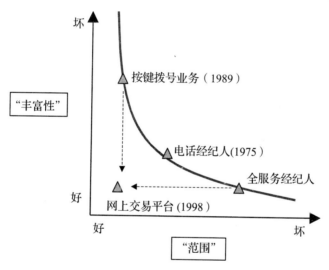

图11-9　网络打破了丰富性和范围之间的冲突

图11-9还进一步向我们展示了两种解决方法的区别，一种方法是仅仅把妥协从一个地方转移到另一个地方；另一种方法是真正寻求不需要妥协的最终状态。这个例子也额外向我们展示了冲突消除的过程。然而，这个例子的要点还在后文。

现在，商业问题的在线解决方案非常普遍，以至于我们为找到一个想法而去仔细寻找发明原理35的做法似乎变得没有一点价值。尽管在线解决方案是有效的（如果正确执行），但从根本上来说，它仅仅是一个（颠覆性）更接近于最终理想解的步骤。我们认为，对于妥协消除，真正的技巧是比竞争对手率先找到下一个冲突。

还记得在本章开头所提到的"如果系统存在,就必定包含妥协"这一说法吗?这意味着,如果我们足够聪明,我们就应该积极寻找一些仍然存在于系统当中的妥协和冲突;重新回顾这个过程,看看我们是否能找到一个更加理想的解决方案。

对很多人来说,牵涉到丰富性/范围的问题而出现的新冲突就如图11-10所展示的那样。

我们多数人所面临的突出的新冲突是:存在着大量的我们可获得的信息,但是我们获取信息的时间却是固定的(或者说,实际上时间是在减少的)。如同系统性创新方法表明的那样,某些人在某些地方已经解决了丰富性/范围之间的问题,这一次,

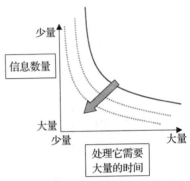

图11-10 丰富性与范围之间的新的冲突

它仍然将告诉我们某些人(其他人)在某些地方(其他地方)已经解决了这个新的问题。因此,我们再次进入循环,将新的问题映射到矩阵中(信息/(研究)时间上的损失);得到推荐使用的发明原理是7、2、37、20和25。我们并不会过多地纠缠于如何利用这些原理来生成新的解决方案——尽管通过对原理2进行粗略的检查将很快让我们得到利用新兴语义处理技术来解决这个问题的想法——而是强调整个冲突消除的动态过程中包括了妥协和折中的连续出现和解决。综上所述,重新思考一下在本章的开头所提到的液体包的比喻,我们的目标是通过对发明原理的应用来逐步减小袋子体积,就像图11-11所展示的那样。

图11-11 成功地消除冲突和液体包

11.2.4 根原因分析失效

本章最后一个例子可能会带给我们更多的争议。2002年我们发表的一篇文章（参考文献[7]）使我们不会受那些利用根原因分析方法来解决问题的专家和信徒们的欢迎。那篇文章和本章所讲述的东西当然会有一点挑战的意思。当时我们相信我们的挑战是有充分的理由的，正是因为我们为了解决问题，有很多的时间都被用来寻找那些可以用来锁定根原因的数据上，这才导致了很多经济利益的损失。最后一个案例——比前几个案例更加一般性的讨论——我们将尝试向那些在过去我们曾得罪过的那些人表明我们的立场。

让我们从考虑问题开始。两个基本的情境将足以覆盖所有相关的可能性。第一种情境是：某个问题一直存在在那里，但是我们才刚开始考虑这个问题（举例来说，电脑芯片领域，在很多人都因为电脑芯片赚足了钱的时候，没有人会去考虑缺陷率的高低）。很明显，在这个例子中我们需要找一些相关的数据。我们需要问"为什么"。为什么这个问题会存在？我们可能要对这个系统做一些试验来建立一些解决问题的条件。这就是我们所需要的数据——用来为解决问题做出理性决策。如果回避数据方面的需求，将有可能做出不合理的决策。这些事情会发生，但是在业已运转很久的组织中一般不会存在。所以，如果我们没有数据，那我们就需要寻找一些。

在第二种情境中，因为某些元素发生了改变才使得问题显现出来。我们通常已经有了一定的数据——我们知道我们可能已经跨越了一些界限；在某种情况下不存在这个问题，但是换种情况的话，问题又会出现。在这种情况下，为了找到出现问题与不出现问题之间的界限，我们通常都会有很强的收集一系列数据的需求，来了解系统中所有可能的变化将对问题是否出现产生怎样的影响。

这两种情况定义了"根原因分析"和"根原因分析失效"两

种刚好相反的情境。为了明智地解决问题我们需要数据。现在，新的问题就是，如何平衡我们为了寻求数据所需要的花费和问题解决后给我们带来收益的大小。没有数据是个不好的情况，但是数据太多也会带来问题。根原因分析方法意识到数据不足的问题，但是很少意识到数据太多的问题。

根原因分析依赖于数据，很多的数据，数据越多越好。在根原因分析方法中很少有"足够"的概念。

对数据难以抑制的需求，是受一些根深蒂固的心理惯性影响的结果。下面两种情况非常明显：

1）数据越多，我们越容易认为我们对系统理解得更深入。在这方面，心理惯性的影响非常明显。这会让我们感到，如果我们收集了很多的数据之后依然没有解决问题，那么一定是因为数据还没有收集够的原因。数据不断地催生更多的数据。通常都会超出常识的界限。

2）数据越多，那么一旦系统发生变化，我们就需要舍弃更多的数据。舍弃那么多昂贵的数据对我们来说并不是一件容易的事情。结果，数据就会推动我们固守于现在的系统，并且，当我们更换到新的系统的时候，数据越多，我们也将失去更多。固守于现在的系统，以及未能解决所存在的问题，会让我们进入一个怪圈——我们其实并没有找到"正确"的数据，所以我们应该继续寻找"正确"的数据。

简单的经济学原理会告诉我们实际上确实有这么个东西："太多的数据"。

所以，在第一种情境中，数据太少，但是在第二种情境中，却有得到过多数据的倾向。太多的数据？太少的数据？嗯……或许这就表明存在冲突吧。

我们是否应该尝试寻找"合适"数量的数据呢？做折中么？或者我们应该尝试消除冲突？

系统性创新方法会建议我们考虑第二个选择。实际上，在这种太多和太少之间的妥协情况中，它会进一步告诉我们：数据实际上不应该是我们关注的焦点。或者说,至少根原因分析方法实际上并没有让我们去获取这种数据。利用发明原理35,为了解决冲突,我们应该寻找不同类型的数据。

根原因分析方法是一种妥协和优化的工具。它需要我们去获取那种能够促使我们更有效地解决妥协和优化问题的数据。它会让我们去分清问题和非问题之间的界限。那么如果出现"错误类别的数据"呢?

那么其他选择是什么呢?

非常简单,考虑这样一个可能性:你所遇到问题的"根原因"其实是系统的一个基本极限。

虽然难以置信,但根据我们的经验,所有这些问题解决案例中,有80%～90%的问题恰恰就是这种情况。如果我们花一点时间来想想为什么会这样,我们会开始思考为了尽可能地摆脱现有系统,在尽最大努力推动系统变革的过程中,一个经理或者领导者的角色应该是什么。因此,本质上来说,经理或者领导者的任务是要去驱使系统的能力随着时间的推移而逐渐到达其极限,即S曲线的顶峰,如图11-12所示。

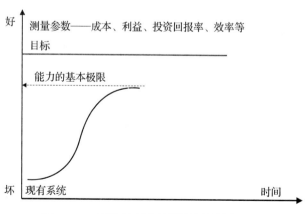

图11-12 系统的基本极限是问题的根原因

如果一个系统已经达到S曲线的顶端,那么很简单,已经没有必要花钱去取得那些为妥协和优化而需要的数据了。就系统进化而言，基本极限才是根原因。你可能想去改善系统中的某些部分，但是存在着一些阻挡你去这样做的因素。嘿，你已经找到冲突了。对于本节开头所说的两个问题情境来说，这都是适用的。在第一种情况中，你所需要改善的因素是问题所在；并且你需要明晰是什么在阻碍你做出改善。在第二种情况中，你已经知道在你的系统中，是什么发生了变化，所以你已经知道是什么引发了冲突。在这两种情况中，我们都会建议省下你们为了获取根原因分析所需的数据而付出的时间和金钱，并把它们花在冲突解决上面。解决冲突的方法打破了我们只为获得妥协和优化的心态。它会驱使我们去寻找新的 S 曲线。

找到系统极限的行为被我们称为"根冲突分析"[8]。在第一个案例中，包含两个问题：1）我们想要改善的是什么？ 2）是什么在阻止我们做出这样的改善（或者说让问题恶化）？为了回答这些问题——或者说至少第二个问题——可能不会那么快就很明确地知道答案（在这个案例中，我们需要把焦点放在数据寻找上）。压倒性的证据告诉我们，这是比设立一个试验项目获取"更多的数据"来满足根原因分析方法的需求更有效的时间利用方法。

这不是关于数据的问题，而是关于正确类型的数据的问题。

根原因分析方法鼓励我们寻求妥协或者优化的数据，重要的是数据。根冲突分析方法则鼓励我们去寻找阻碍我们改善系统的因素，重要的是参数。参数将会比数据更加容易辨别。并且它们也更加便宜。更加重要的是，解决根冲突所获得的收益将会几倍于妥协或者优化方法所带来的收益。想想前面更加简单的维修部的案例，再回顾一下第 8 章中涉及的管理人员所做出的建议；建立一个数据库，安装一个统计过程控制系统。测量、测量。"如果你有所怀疑，就去测量它吧"，这看起来像是一个非常常用的管理战略。它当然比进行思考更加容易。实际上，维修部情境中的真正问题就转变成了系统（或者系统中的维修部门）已经遇到了极限。在结束之前，统计过程控制系统应该用来解决缺陷率的问题，而这个问题将一直存在。再一次强调，妥协和优化有时候并不是正确的做法。

更少的钱带来更好的解决方案？这听起来是不是一个更理想的解决方案？我们就是这样认为的。根原因分析方法有它的位置。然而，如果 80%～90% 的商业或者管理问题实际上是它的系统或者系统中的某个元素遇到了极限，那么根原因分析方法的作用很有可能受到限制或者根本不存在。尽管你并不相信根冲突分析方法是一种不错的选择，但至少要肯定它是一种快速且便宜的方法，值得一试。

11.3 当冲突矩阵不起作用时会发生什么

管理冲突矩阵从来就没有打算设计成万无一失的；采用一种双赢的方式来解决业务或管理问题仅仅是一个有用的起点。通过分析尽可能多的、从已发表的成功管理案例中精选出来的双赢实践（目前，在这些双赢实践中占有很高比例的数百个案例已经被纳入分析），以及一系列已经被专家小组评估为最好的一般管理冲突情境解决方案，该冲突矩阵模型被构建了起来。对于该模型的构建和应用更加细节部分的过程和策略感兴趣的读者，可以阅读本章参考文献［4］。此处公开的矩阵精选了过去和当前最佳实践的模型。就像我们已经在技术版矩阵了解的那样[3]，随着问题解决者发现新的途径来解决问题，在若干年之后该模型的内容会发生显著的变化。不断变化的状态有两个影响。第一，促使我们继续寻找新的案例，并且将它们加入到矩阵数据库当中；第二，也是跟此处有着直接关系的是，偶尔采用替代或者补充策略弥补矩阵方法的不足是可取的。

一个非常简单的策略是一股脑地将全部 40 种发明原理应用到一个难题中。当消除管理冲突的可能策略与解决问题的所有方式数量一致时，就极有可能解决问题。尽管我们花费大量时间来寻找目前清单上所列 40 种原理之外的其他问题解决原理，但目前我们还没有找到任何新的原理。实际上，当我们遍寻人类所有领域之后发现，最近一次在该清单上进行添加也有超过 20 年的历史了。这并不是说在某些领域中不存在第 41 或者第 42 条原理；只是说无论往哪里去寻找，我们都没有发现它。因此，除非你在从事一个"重新塑造地球"领域，否则很有可能的是，如果你的问题存在着双赢解决方案，这个方案的灵感即来自现有 40 条原理中的一条或者多条。因此，我们所能够完全合理地去做的事就是 40 条原理全部都使用；试着将它们中的每一条与我们既有的问题情境相联系，并应用这些原理产生有用的解决方案创意。（在理想的情境下，如果我们想要运用这一策略，我们应该使用随机的和不断变化的原理序列，以确保我们最终不会如出一辙地感到无聊。）"使用全部 40 条原理"的策略是一个完美有效的行动指南。事实上，它的唯一实际难题在于，当我们试着去考察全部 40 种路径的时候，我们极有可能会失去动力；因此某些原理就不会被我们充分考虑。

我们给"使用全部 40 条"的做法推荐了 4 条可选的路径。在这些推荐的路径中，没有一种路径是在任何方式中都绝对"正确"的路径，就像矩阵那样。那么，总体思路是，你找到一种或者更多的可能策略来跟你的思路或者你团队的思路相匹配，选出最好的一种并且使用它。或者，当然你也可以开发你自己的策略。我们将要在这里讨论的这 4 种可替换策略如下：

a）基于最常用序列的选择。
b）基于试图改善的参数的选择。
c）基于所处理的系统复杂性的选择。
d）从一个完全不同的视角看这些原理。

11.3.1 基于最常用序列的原理选择

一个比简单地研究全部 40 条发明原理稍微确切一点的方法是，检查这些原理中的哪些原理产生了最大数量的成功解决方案。在构建矩阵所用数据中提取这些信息，得到以下序列。这些原理按照其成功应用频率从大到小递减顺序排列。因此，我们可以看到第 35 条发明原理是最常用的；第 2 条发明原理是第二常用的，一直到处于第 40 位的第 36 条发明原理。

	1st	2nd	3rd	4th	5th	6th	7th	8th	9th	10th
0	35	2	25	10	13	3	1	15	5	24
+10	6	37	28	7	29	40	19	26	17	27
+20	4	23	11	22	30	12	32	9	31	38
+30	16	14	39	18	20	34	33	8	21	36

因此，当发现可供我们找到某个问题的可能解决方案的时间有限，并且我们还没有定义试图改善的情景时，这个表依托全局使用频率提供了发明原理的应用建议：它告诉我们哪些原理最有可能成为我们正确的方向。

关于这张表更进一步的细节，值得一提的是，在第 4 项和第 5 项之间可能有很大的差距（即最开始的四条原理明显要比接下来的四条更容易产生结果）；同样，第 7 项和第 8 项之间、第 26 项和第 27 项之间也是如此。

11.3.2　基于改善参数的原理选择

一些使用者发现很难明确表达他们正在评估的系统中所出现的冲突是什么。该问题常常与恶化参数的确定有关——即阻止我们所需改善出现的因素。另一方面，大多数的使用者发现找出哪些是他们希望改善的参数是相对简单的。

尽管我们总是向人们建议要明确表达完整的冲突——因为它对于理解在系统里正在发生什么有着极为重要的作用——但有些人总是尝试走捷径。

我们，在参考资料的矩阵呈现部分已经提供了走捷径的方式。在那里，对于每一个"改善参数"，你将找到两节标题：

- 对于那些我们希望提高其参数的问题总是必须考虑的发明原理。

- 当我们希望提高该参数时需要考虑的其他发明原理（按照频率递减的顺序）。

这些分类提供了两个走捷径的机会：第一类，总是应该考虑的参数，它们是无论什么时候，当我们试图改善某项业务时，引发总是值得我们思考的问题的相关参数。对于某个具体的案例，我们可能无法从它们那里得到任何特别有用的信息，但是很重要的一点是，至少我们问了这个问题。第二类，平均列表。这一类别是针对每个改善参数的最有可能原理的全局频率清单计算和呈现出来的部分。这一信息是以当前待改善参数与所有其他参数组成的冲突对推荐发明原理整合出来的。因此，如果你希望改善某个参数（比如稳定性），但不知道是什么正在阻止你，那么你可能会得到一个帮你获得双赢方案的最有可能的发明原理的清单。

11.3.3　基于系统复杂性的原理选择

在系统性创新研究过程中发现的一个进化趋势（见第 14 章）强调，在一条给定的 S 曲线上，系统将以一种先增加总体复杂性（通常至少是与系统中的元素数量有关系），再降低复杂性的方式进行进化。考虑到这种元素数量先增后减的趋势，可以对发明原理涉及的系统复杂性或者元素数量进行如下讨论：

与增加元素数量有关的原理（按序号顺序）

原理 1：分割；通常意味着元素数量的增加或者再分配，或者重组现有的资源而不是增加必要的新资源。

原理 7：嵌套。

原理 8：重量补偿；意味着增加某些东西来应对某个问题中失去平衡的元素。

原理 9：预先反作用；下同原则 10。

原理 10：预先作用；意味着要增加额外的东西来产生预先作用。

原理 11：事先防范；增加额外的东西以应对当前系统中的负

面影响。

原理 15：动态化；系统从静止状态过渡到活动状态，通常意味着要增加元素来允许不同子组件间的相对运动。

原理 23：反馈；增加第一感觉和中继反馈信息所需的元素或通信链接。

原理 24：中介物。

原理 27：廉价替代物（使用多个廉价物品来替换昂贵的物品，牺牲一定的质量）。

原理 38：强氧化剂；增加积极的元素和额外元素的可能需求以包容或控制积极的元素。

原理 39：惰性环境；与原理 38 类似，增加惰性元素可能导致其他元素随之增加，从而包容或控制惰性元素。

与减少元素数量有关的原理（按序号顺序）

原理 2：抽取 / 分离。

原理 3：局部质量；意味着要修改现有元素以实现某些功能。

原理 5：组合。

原理 6：多用性（让物体或系统实现多样化的功能）。

原理 20：有效作用的连续性（消除所有无效或间歇性的任务或工作）。

原理 25：自服务。

原理 40：复合材料；将多种结构或功能组合成一个连贯的复合结构。

将这些"增加"和"减少"原理放到一张图里（这张图也表明了系统复杂性的进化趋势），在图 11-13 里面给出了其参考图。我们希望这张图在那些矩阵模型与工作方法不匹配时或者不起作用的情况下，可以对问题所有者提供些许帮助。

需要指出的是，有些原理既不能被分类到"增加"原理也不能被分配到"减少"原理，因为它们或者属于数量上中性（原理 32：颜色变化），或者导致数量向某个方向改变，这需要根据系统的具体环境来决定。

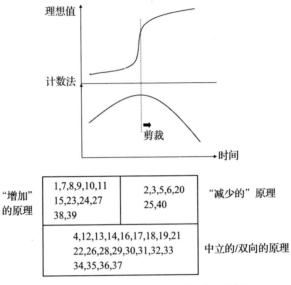

图 11-13 根据问题类型来选择发明原理

注意:这些模式在减少发明原理的数量上经常是有效的,这些原理与给定的问题类型是相应的。举例来说,当系统发展的趋势暗示需要减少策略的时候,寻找一个可以增加系统复杂性的原理是没有意义的。

11.3.4 不同的视角

对于很多用户来说,这 40 种发明原理是非常有效的一系列解决方案触发的来源。在这个相对基本的水平使用,它们可能会被看作比 Osborn[9] 提出的 SCAMMPERR 模型更加全面的版本。对于许多初学者来说,这 40 条原理是对于记忆的巨大触动。很多人用清单将它们列举出来,但是更大的问题是我们的大脑与短期记忆存储相联系,只能记住 7 个不同的信息(实际上是 7±2 个)。因此,我们想知道是否有可能重新配置这 40 条原理,把它们放入一个框架,能使我们更轻松地记住。随着我们的进步,结合 NLP 思维和 SCAMMPERR 模型,我们相信不仅有可能实现这些目标,而且能够丰富整个原则的品质。

在第一个案例中，我们看到在第 2 章中所讨论的空间 – 时间 – 界面维度是一个重要的开端。很多人可能注意到这些原则是如何与 3 个维度联系在一起的。以"分割"为例，其可以被应用成一个冲突消除策略，在物质层面和时间层面（原理 19"周期性作用"，也被看作时间层面）和事物之间的维度分割。我们同样注意到，有些原理有类似的反原理。例如：分割和合并经常被解释为两个对立面。有一些在另一方面却没有，这就是在不对称上的例子。当被问及：当使用对称的例子代替反对称时来挑战一个冲突有可能吗？我们的回答是肯定可以。相反的场景也会出现，平衡和比例接下来就成了重要的因素。同样其他原则也会发生这种情况。

下面让我们看一下我们的空间 – 时间 – 界面实体，可以看出在每个种类中，在调试系统方面，所有的原理都可以被分类为 5 种不同的策略。

1) 分割或者合并（即改变实体的数量）。
2) 使实体变大或者缩小。
3) 改变外部形状。
4) 改变内部结构。
5) 用其他的东西替换现有结构。

这时我们发现，现有的原则可以比较完美地放到一个 5×3 的矩阵当中，如图 11-14 中展示的那样。

图 11-14 中每个格子里的斜线说明每一个原则都有其积极或者消极的一面。同时也说明了 40 条原理在结构中的相对位置。因此，第 13 条原理"反向作用"的功能现隐藏在原理矩阵的每一个元素当中。

实际上，我们发现两类特别的原理并不适合放到矩阵模型中去，而是更应该放在更高阶的哲学层面。它们是：

原理 25：自服务。这个原理与理想解概念高度相关。

原理 22：变害为利。在相似的脉络中，这条原理鼓励用户在系统性创新的哲学层面考虑资源要素。

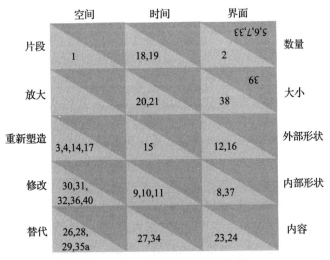

图11-14 改进的发明原理结构

更进一步地在细节上检验SCAMMPERR模型,我们可以发现,尽管9个策略中的8个都被发明原理和5×3矩阵框架所覆盖,但是P所代表的"放到另外的地方使用"并没有包括。在SCAMMPERR模型中,这个触发机制鼓励用户通过改变功能解决问题。虽然这不是一个常规的系统性创新实践,但是,我们再次申明,当我们被问道:我们有可能通过改变功能来挑战冲突吗?答案毫无疑问是"当然了"。比如,这里有一段来自参考文献[10]的摘抄:

> "不久之前,辉瑞公司在一种治疗高血压的药物方面投入了大量的精力和资源。实验表明这种药物在治疗高血压的效果与我们预期的不同。但是,测试显示这种药对心律失常(不规律的心跳)有着比其他药品更好的治疗效果,于是失望情绪被抵消了。另一种药品是预计来治疗焦虑的,但看起来好像对头疼更有效果。"

"在另一种场合,我们的研究者对我们研制出的一个治疗心绞痛的药物效果非常不满意。它对于缓解由心绞痛引发的阵发性胸痛没有效果。然而，意外的干预和失败反而成了一种机会。我们偶然地发现这种药物的附加疗效：它可以恢复性无能患者的性活力。美国市场上出现此类药品是一个标志性事件。此前，阳痿一直折磨这个国家的 20 万人。"

将以上的原理 22 和原理 25 综合考虑，我们相信这个改变功能原理形成了第三种有用的途径进入到特殊原理的三重集合当中，而这些原理与 5 个哲学层次上的系统性创新的理论紧密相连。

功能—改变功能

资源—变害为利

理想度—自服务

空间/时间—新 5×3 矩阵模型

冲突—新 5×3 矩阵模型

所以，我们发现在相当程度上实现 7±2 模型——拥有 3 个特殊原理再加上 8 个关于矩阵模型的标签，是不太可能的。但是我们确实拥有的是一个特点鲜明的比 40 种原理更丰富的系统。举例来说，这 40 种原理并不能明确地表明变大或者缩小一个系统或者物体是一种解决冲突的方法（尽管原理 21 确实在时间维度上起作用，见图 11-14）。同样，这些 40 种原理中的一些（例如，局部质量和不对称性）在传统意义上直接指向的是物质层面。无论哪个案例，都有着明确意义上的关于原则的时间和维度意义上的分类。

因此（空间 – 时间 – 界面）+（片段，大小，形状，结构，替代）+（功能 – 理想度 – 资源），即 SIT—5S—FIR，提供了一种记忆 40 条原理更丰富、更结构化版本的方法。

或者（有关系统性创新的主要哲学层面上的要素在其初始点上紧密相连）：

功能—理想度—资源—（空间 – 时间 – 界面）—矛盾

|

5S

（欲了解更多关于发明原理重构的资料，可参阅参考文献 [11]）

最后的思考

权衡或者妥协或者冲突消除的概念是系统进化的主要的驱动力,这意味着我们很难忽略这一章的内容。我们写这些的目的是希望每个人都能够有一些自己的收获,然后把它用在解决一些真正的问题上面。无论你是否喜欢这些矩阵模型或者原理,或者其中的捷径,或者甚至是这些原理中的一个或两个,对于我们能够生成的解决方案的强度,还有最后一点需要说明。

广泛的研究旨在将最好的解决方案与问题解决者用来实现它们的策略相关联,从而得出一致的结论。

解决方案越强大,需要部署并且达到的原理数量就越多。

最后结果,当我们在从字面上消除所有冲突的方向上尝试和发展的时候——见右图,此图与图 11-4 相同——最好是使用一些原理来获得灵感,然后综合从每一个原理中获得的各种想法,形成一个单一的、连贯的、集成的解决方案。

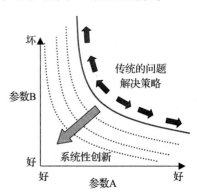

我该怎么做

冲突消除工具很可能是大多数系统性创新的初学者首先要面对的。通常,很不幸的是,妥协消除的概念经常是难以理解的。嘿,这种为其他公司带来数十亿美元附加值的东西不应该太容易,对嘛?但是,我们在这里至少可以说这是一个能帮助我们达到我们想要去的地方的系统性的过程。

冲突消除工具是整个系统性创新原理中非常重要的一部分。因此,在第一个例子中,我们建议用户能够熟悉商业冲突模型以及列在下面的参考部分的一些创新性原则条例。特别是,对于我们来说熟悉这个模型和原理中的参数是有好处的。

正如先前所说，"一个系统存在，它就包含着冲突和妥协"。使用冲突消除工具的下一步便是需要我们能够去辨认这些冲突。如果我们在第 9 章的建议下已经进入过这一章，很有可能意味着我们已经能够通过 FAA 或者 S 曲线分析很好地区别这些冲突。或者，我们很有可能经常性地列一个非常简单的关于冲突和妥协的两栏式表格：在第一列里写出系统中你想改善的所有东西，然后在第二列里写出所有阻碍你改善的东西。

我们如何在实际工作中使用这些工具在很大程度上取决于首选的工作方式。一些人倾向于只使用发明原理；一些人喜欢矩阵模型，因为其能减少将要被评估的可能的原理的数量，然后依然有一些人倾向于使用本章后半部分提到的可替换的策略。这里最主要的信息就是寻找最适合你做事情的策略。

我们在方法中提到的发明原理在本质上相当通用。如何有效地使用它们，需要我们对人类大脑作为有效的创意连接的工作方式非常熟悉。在这方面，我们建议你了解下第 3 章的内容。

参考文献

[1] Stalk, G., Pecaut, D.K., Burnett, B., 'Breaking Compromises, Breakaway Growth', paper in 'Markets of One', Harvard Business School Press, 2000.
[2] Altshuller, G., 'Creativity As An Exact Science', Gordon & Breach, New York, 1985.
[3] Mann, D.L., Dewulf, S., Zlotin, B., Zusman, A., 'Matrix 2003: Updating The TRIZ Contradiction Matrix', CREAX Press, Belgium, July 2003.
[4] Mann, D.L., 'Systematic Win-Win Problem Solving In A Business Environment', paper presented at TRIZCON2002, St Louis, March 2002.
[5] Mann, D.L., Domb, E., 'Using TRIZ to Analyse and Solve Mass Customization Contradictions', European TRIZ Association 'TRIZ Future 2001' conference, Bath, November 2001.
[6] Evans, P., Wurster, T.S., 'Blown To Bits: How The New Economics of Information Transforms Strategy', Harvard Business School Press, 2000.
[7] Mann, D.L., 'Root Cause Analysis Paralysis', TRIZ Journal, May 2002
[8] Mann, D.L., 'Hands-On Systematic Innovation', CREAX Press, 2002.
[9] Osborn, A.F., 'Applied Imagination: Principles and Procedures of Creative Problem-Solving', Scribners, 1963.
[10] Kanter, R.M., Kao, J., Wiersma, F., 'Innovation: Breakthrough Thinking at 3M, DuPont, GE, Pfizer and Rubbermaid', Harper Business, 1997.
[11] Mann, D.L., 'Evolving The Inventive Principles', TRIZ Journal, August 2002.

11.4　冲突消除的参考部分

本节分为两个不同的部分。第一部分提供了商业冲突矩阵的内容。

矩阵包含两项内容，每项包含 31 个改善参数。其中，你会发现每个参数的含义，以及相关文字和含义的列表。然后列出在各种不同情况下最有可能改善给定参数的发明原理清单。在此，发明原理的相关信息将以如下 3 种主要方式进行描述：

1）对于改善给定参数而言，应该始终考虑的发明原理清单；

2）对于改善给定参数而言，优先推荐的其他人已经发现最有效的发明原理清单；

3）对与给定改善参数相冲突的每一个参数，给出一个包含推荐发明原理的表格。

我们已经在这些领域里留了一些空间，读者可通过添加自己的笔记和发现，更熟悉矩阵，并开始使用它来实现自己的双赢。

第二部分包含 40 条发明原理的清单，在这里我们列出了每条原理的详细解释和一系列行动的原则，并举例说明。同时，我们邀请读者把他们观察或发现到的其他应用程序作为例子添加到这个列表中。

11.4.1　商业冲突矩阵的内容

1. 欲改善的参数——研发规格／能力／方法

含义："研发"这一术语在高科技制造业中经常被使用。它在此处的意思是，经过概念产品、试用品、公测，核查并验证所有附属产品、工序或服务的流程并作为最终的实体提供给消费者之前的所有一般性的活动。

"规格／能力／方法"：与产品、过程或服务的质量相关因素有关。此外，这些术语与生产出的产品质量以及生产的方法有关。在解释这个词时，应涵盖有形和无形两种因素——诸如知识、情感品质等，也包括人工制品或功能性服务。

同义词、反义词以及等效的含义：商业创新理念、新产品开发、概念证明、前期产品、试用版、内测版、公测版、试验、早期版、升级版、早期产品或服务的接纳者、试验板、质量、产量、缺陷、特许权、快速原型以及其他的生产方法、证书标准、认证体系。

如果想要改善这项参数，我们总是应该考虑以下发明原理：

2，10，22，25

如果我们想要改善这项参数，也应考虑下表中的其他发明原理（按频率由高至低降序排列）：

25，2，35，15，3，13，5，11，6，10，23，38

恶化参数与相关发明原理列表

恶化参数	描述	相关发明原理列表（按频率降序排列）
1	研发规格/能力/方法	参见物质矛盾部分
2	研发成本	2，4，15，38
3	研发时间	21，38，35，23，15
4	研发风险	3，9，24，23，36，11
5	研发界面	3，13，24，33，38，25
6	生产规格/能力/方法	23，29，35，4，13，5
7	生产成本	37，35，10，3，6
8	生产时间	35，6，10，2，20
9	生产风险	3，5，10，2，23，12
10	生产界面	5，7，37，1，4
11	供应规格/能力/方法	6，2，35，25，3
12	供应成本	15，6，1，5，13
13	供应时间	2，3，12，26，19，38
14	供应风险	11，39，30，31
15	供应界面	11，26，2，5，13
16	支持规格/能力/方法	36，11，2，35，27
17	支持成本	15，35，28，25，29
18	支持时间	5，2，6，27，25
19	支持风险	15，27，40，12，27
20	支持界面	11，2，5，9，26
21	客户收益/需求/反馈	14，13，22，7，10

（续）

恶化参数	描述	相关发明原理列表（按频率降序排列）
22	信息量	37, 13, 25, 10, 39
23	通信流	6, 25, 31, 29, 7, 23
24	影响系统的有害因素	11, 25, 2, 26, 3
25	系统产生的有害因素	25, 29, 2, 37, 13
26	便利性	15, 35, 25, 16, 28
27	适应性/多功能性	30, 25, 29, 1, 35
28	系统复杂性	17, 25, 1, 19, 35
29	控制复杂性	25, 15, 19, 35
30	张力/压力	3, 2, 25, 35, 9
31	稳定性	25, 2, 15, 36, 29

注释：

自主创新人员在其所适应的富足的环境里（如洛克希德的Skunkworks项目），如果能结合发明原理25～38，将能研发出更高效的解决方案。

2. 欲改善的参数——研发成本

含义："研发"或许意味着对高科技制造业的偏见，这一术语最常用。它在此处的意思是，经过概念产品、试用品、公测，核查并验证所有附属产品、工序或服务的流程并作为最终的实体提供给消费者之前的所有一般性的活动。

"成本"：与财务有关的任何事务。成本可分为直接成本和间接成本，可见成本和隐形成本，有形成本和无形成本。在该参数下，"成本"也可代表所花费的资金和其他形式的金融资源。

同义词、反义词以及等效的含义：价格、分包费用、偶然性成本、多余成本、未使用后退解决方案的成本、投资成本、机会成本、风险资本、运营费用、IP成本、价值、种子基金、风险投资、政府基金支持。

如果想要改善这项参数，我们总是应该考虑以下发明原理：

6, 10, 22, 25

如果我们想要改善这项参数，也应考虑下表中的其他发明原理（按频率由高至低降序排列）：

10，2，1，6，25，35，27，13，26，28，15，19，37

恶化参数与相关发明原理列表

恶化参数	描述	相关发明原理列表（按频率降序排列）
1	研发规格/能力/方法	2，4，15，38
2	研发成本	（参见物理矛盾部分）
3	研发时间	26，34，1，10，3
4	研发风险	27，9，34，16，37
5	研发界面	13，26，35，10，1
6	生产规格/能力/方法	5，2，27，1
7	生产成本	26，35，1，7，27，34，3
8	生产时间	10，2，6，15
9	生产风险	6，7，23，26，13
10	生产界面	15，35，10，25，24
11	供应规格/能力/方法	23，6，11，28
12	供应成本	10，5，35
13	供应时间	10，19，35，22
14	供应风险	11，13，2，16
15	供应界面	10，38，13
16	支持规格/能力/方法	27，6，1，10
17	支持成本	6，1，10，25，13
18	支持时间	6，1，25，10，27
19	支持风险	10，25，22，2
20	支持界面	6，10，1，7，20
21	客户收益/需求/反馈	7，25，30，21，10，10，9，2
22	信息量	37，25，28，2，32
23	通信流	6，18，37，13，25，22
24	影响系统的有害因素	35，27，3，28 2
25	系统产生的有害因素	28，26，2，22，8，35
26	便利性	25，2，6，5，40
27	适应性/多功能性	35，28，19，1，8
28	系统复杂性	5，2，35，1，29

（续）

恶化参数	描述	相关发明原理列表（按频率降序排列）
29	控制复杂性	25，19，2，37，2，18
30	张力/压力	1，19，35，27，2，18
31	稳定性	11，25，27，15，2

3. 欲改善的参数——研发时间

含义："研发"这一术语在高科技制造业中经常被使用。它在此处的意思是，经过概念产品、试用品、公测，核查并验证所有附属产品、工序或服务的流程并作为最终的实体提供给消费者之前的所有一般性的活动。

"时间"：任何与时间问题有关的事项。这包括做某件事所需的时间和工作量，既包括可见的，又包括不可见的；既包括有形的，又包括无形。这里强调的是那些将时间作为关注焦点的问题。（根据"时间就是金钱"的格言，如果较之于实际时间本身，我们对经济含义更为感兴趣的话，那么应该优先使用"成本"这一参数。）

同义词，反义词以及等效的含义：关键路径、并行活动、顺序活动、等待时间、加班时间、工作时间、班次长度、倒班机制、消耗时间、会议时间、标准工时、会议、审批延迟、发布日期、迟到、过期、缺乏时间、起步延迟、提前起步、抢占市场、率先上市。

如果想要改善这项参数，我们总是应该考虑以下发明原理：

6，10，38

如果我们想要改善这项参数，也应考虑下表中的其他发明原理（按频率由高至低降序排列）：

2，35，15，7，10，6，40，26，25，37，24

恶化参数与相关发明原理列表

恶化参数	描述	相关发明原理列表（按频率降序排列）
1	研发规格/能力/方法	21，38，35，23，15
2	研发成本	26，34，1，10，3

（续）

恶化参数	描述	相关发明原理列表（按频率降序排列）
3	研发时间	（参见物理矛盾部分）
4	研发风险	1，29，10，40，11
5	研发界面	15，25，35，1，40
6	生产规格/能力/方法	5，6，20，35，2
7	生产成本	5，29，35，2
8	生产时间	7，26，10，15，3
9	生产风险	6，15，7，37，13，9
10	生产界面	25，23，35，29，2，13
11	供应规格/能力/方法	11，6，23，19，18，2
12	供应成本	5，13，23，25
13	供应时间	10，25，7，2
14	供应风险	23，7，29，2，24，37
15	供应界面	11，7，40，38，24，2
16	支持规格/能力/方法	6，10，3，35，20
17	支持成本	7，15，40，26，15
18	支持时间	7，40，1，26，15
19	支持风险	23，24，2，37，7
20	支持界面	6，10，26，24，2，38
21	客户收益/需求/反馈	7，19，21，29，30
22	信息量	7，2，37，20，25
23	通信流	6，26，18，19，40
24	影响系统的有害因素	26，2，35，24，11
25	系统产生的有害因素	26，2，15，19，35，40
26	便利性	1，2，15，19，25，28
27	适应性/多功能性	15，1，35，14，4
28	系统复杂性	5，6，25，10，2，37
29	控制复杂性	25，28，15，2，6，37
30	张力/压力	2，39，24，10，4，13
31	稳定性	10，3，35，22，27

注释：

从数据收集的角度看，对发明原理37"热膨胀"的使用是特别重要的——它表明对数据的需求往往是相对的,而不是绝对的决策目的。

4. 欲改善的参数——研发风险

含义:"研发"这一术语在高科技制造业中经常被使用。它在此处的意思是,经过概念产品、试用品、公测,核查并验证所有附属产品、工序或服务的流程并作为最终的实体提供给消费者之前的所有一般性的活动。

"风险":指与可能性相关的事件,以及事情结果与已制定计划发生偏离的状况。当然,风险可以体现在质量、规范、时间或成本等方面。这一参数试图激发用户专注于最普遍意义上的风险。当风险可以应用于成本、时间或质量参数的任意一项或所有项目时,我们就应该使用"风险"这一参数。

同义词、反义词以及等效的含义:可能性、后果、失败的可能性、偶然性、倒退、替代、临界点、变换的标准、备份、保留、债务、侵害(知识产权)、墨菲定律、稳健的设计、稳定性、漏洞、灵敏性。

如果想要改善这项参数,我们总是应该考虑以下发明原理:

6,10,15,35,36

如果我们想要改善这项参数,也应考虑下表中的其他发明原理(按频率由高至低降序排列):

1,13,35,11,9,26,2,7,3,40,25

恶化参数与相关发明原理列表

恶化参数	描述	相关发明原理列表(按频率降序排列)
1	研发规格/能力/方法	3,9,24,23,36
2	研发成本	27,9,34,16,37
3	研发时间	1,29,10,40,11
4	研发风险	参见物理矛盾的部分
5	研发界面	6,29,15,14,17,25
6	生产规格/能力/方法	24,35,40,23,1,12

（续）

恶化参数	描述	相关发明原理列表（按频率降序排列）
7	生产成本	5, 40, 20, 15
8	生产时间	11, 23, 39, 7, 9, 33
9	生产风险	7, 3, 17, 23, 24
10	生产界面	5, 35, 13, 26, 6
11	供应规格/能力/方法	1, 11, 2, 34
12	供应成本	1, 2, 11, 38, 15
13	供应时间	13, 7, 9, 37, 12
14	供应风险	13, 7, 9, 37, 12
15	供应界面	13, 22, 25, 9, 35, 26
16	支持规格/能力/方法	6, 1, 26, 37, 15
17	支持成本	11, 7, 28, 35
18	支持时间	1, 2, 32, 28, 35
19	支持风险	1, 2, 32, 28, 7
20	支持界面	40, 36, 6, 10, 26, 13
21	客户收益/需求/反馈	36, 13, 25, 22, 37, 3
22	信息量	1, 3, 10, 26, 25, 4, 37
23	通信流	30, 6, 31, 4, 9, 13, 22
24	影响系统的有害因素	35, 2, 15, 26, 3
25	系统产生的有害因素	2, 3, 35, 15, 12, 9
26	便利性	26, 3, 11, 24, 5, 13, 40
27	适应性/多功能性	2, 40, 31, 28, 35, 29, 7
28	系统复杂性	28, 30, 35, 1, 17
29	控制复杂性	25, 1, 3, 37, 40, 12, 24
30	张力/压力	1, 23, 2, 25, 13, 39
31	稳定性	9, 14, 1, 12, 4

5. 欲改善的参数——研发界面

含义："研发"这一术语在高科技制造业中经常被使用。它在此处的意思是，经过概念产品、试用品、公测，核查并验证所有附属产品、工序或服务的流程并作为最终的实体提供给消费者之前的所有一般性的活动。

"界面"：与系统中不同部分之间存在的（或不存在但应存在的）联系相关的问题。这可以阐释为人对人式、点对点式、部门对部门式、分部对分部式、商对商（B2B）式、商对客（B2C）式或任何一个实体与另一个实体之间的关系。界面可以是内部的或外部的，正式的或非正式的，并且总会存在有形和无形的界面元素。界面可以是口头的、书面的、合法的、可视的，等等。

如果存在一个界面问题，其涉及一个组织中两个不同的组成部分——研发和生产，那么这个问题就应该被模拟成一个"研发界面"和"生产界面"参数之间的冲突

同义词、反义词以及等效的含义： 关系、相互作用、通信链路、命令结构、网络、授权、同行、发言、握手、老朋友行为、他处发明、指挥官的意图、法令、买入人、看法、"地图不是领土"、判断力、恐惧、权威、权利、责任、友情、对抗、尊重、信任、依赖、独立、争议、争论、共识、合约、协议。

如果想要改善这项参数，我们总是应该考虑以下发明原理：

2, 12, 22, 27, 35

如果我们想要改善这项参数，也应考虑下表中的其他发明原理（按频率由高至低降序排列）：

3, 35, 40, 6, 13, 25, 28, 15, 10, 1, 37

恶化参数与相关发明原理列表

恶化参数	描述	相关发明原理列表（按频率降序排列）
1	研发规格/能力/方法	3, 13, 24, 33, 38, 25
2	研发成本	13, 26, 35, 10, 1
3	研发时间	15, 25, 35, 1, 40
4	研发风险	6, 29, 15, 14, 17, 25
5	研发界面	参见物理矛盾部分
6	生产规格/能力/方法	5, 6, 17, 40, 33, 10, 26
7	生产成本	15, 23, 29, 5, 13
8	生产时间	15, 40, 23, 3, 14, 13
9	生产风险	7, 5, 3, 37, 10

（续）

恶化参数	描述	相关发明原理列表（按频率降序排列）
10	生产界面	28，40，6，29，13，31，30
11	供应规格/能力/方法	6，35，15，13，14
12	供应成本	2，33，3，15，10
13	供应时间	5，2，35，10，12
14	供应风险	5，35，13，40，3，9
15	供应界面	28，40，6，15，29
16	支持规格/能力/方法	6，1，3，35，21，12
17	支持成本	6，7，40，38，13
18	支持时间	6，38，20，10，37
19	支持风险	5，35，40，13
20	支持界面	28，40，6，7，30
21	客户收益/需求/反馈	4，7，25，40，13，35，28
22	信息量	1，6，3，40，25
23	通信流	2，6，35，3，25，18
24	影响系统的有害因素	3，26，35，28，24
25	系统产生的有害因素	3，26，35，37，2，40
26	便利性	16，13，25，28，37
27	适应性/多功能性	29，37，40，1，35，17，30
28	系统复杂性	25，28，1，3，10
29	控制复杂性	6，28，1，3，40，25，13，9
30	张力/压力	35，3，37，32，9，18
31	稳定性	15，17，25，3，4，36

6. 欲改善的参数——生产规格/能力/方法

含义："生产"是指涉及生产商品或者提供服务过程中的任何活动。在制成商品的情况下，其含义涉及将设计者的意图转化为客户最终将接收的产品所需的所有活动。在服务业中，其含义可以更好地解释为将顾客的需求转换为他们获得的服务的活动集合。举例来说，在零售银行的业务交易中，生产就包含从顾客向柜员发出指令一直到指令被成功的输出这一过程中的所有活动（例如，进入系统，确认，清算，入账）。

"规格/能力/方法"：与产品、过程或服务的质量相关因素有关。此外，这些术语与生产出的产品质量以及生产的方法有关。在解释这个词时，应涵盖有形和无形两种因素——诸如知识、情感品质等，也包括人工制品或功能性服务。

同义词、反义词以及等效的含义：制造、交易、装配、准备、打包、一致性、标准、产量、缺陷、优惠、顾客满意度、过程、重复性、标准差、标准系数、平均值、基准、偏差、定制、功能、属性、经验、标志性的、负荷、容量、瓶颈、约束、缓冲线、检查、分包商的质量、容差。

如果想要改善这项参数，我们总是应该考虑以下发明原理：

2，6，10，25，35

如果我们想要改善这项参数，也应考虑下表中的其他发明原理（按频率由高至低降序排列）：

35，13，10，2，5，1，6，15，25，24，12

恶化参数与相关发明原理列表

恶化参数	描述	相关发明原理列表（按频率降序排列）
1	研发规格/能力/方法	23，29，35，4，13，5
2	研发成本	5，2，27，1
3	研发时间	5，6，20，35，2
4	研发风险	24，35，10，3，13，11
5	研发界面	5，6，17，40，33，10，26
6	生产规格/能力/方法	参见物理矛盾部分
7	生产成本	15，25，3，10，5，8
8	生产时间	1，35，21，15，4，10
9	生产风险	6，27，35，22，12，37
10	生产界面	3，25，17，35，12，13
11	供应规格/能力/方法	7，13，22，6，35
12	供应成本	15，35，13，22
13	供应时间	35，5，13，22
14	供应风险	15，16，3，2，24，6
15	供应界面	10，25，3，33，12

（续）

恶化参数	描述	相关发明原理列表（按频率降序排列）
16	支持规格/能力/方法	35，23，1，24
17	支持成本	13，10，17，2，27，34
18	支持时间	5，6，10，12，27，25
19	支持风险	6，10，2，27，12
20	支持界面	6，40，10，2，7
21	客户收益/需求/反馈	5，15，35，25，33
22	信息量	13，32，15，23，24，18，16
23	通信流	6，2，13，25，10
24	影响系统的有害因素	22，24，35，13，2
25	系统产生的有害因素	35，22，18，39
26	便利性	2，15，1，5，28，7，10，13，16，12
27	适应性/多功能性	1，15，17，2，28，38
28	系统复杂性	12，17，27，26，1，28，24，13
29	控制复杂性	28，1，12，16，25，37
30	张力/压力	35，1，3，10，16
31	稳定性	35，1，23，3，19，13，5，39，40

7. 欲改善的参数——生产成本

含义："生产"是指涉及生产商品或者提供服务过程中的任何活动。在制成商品的情况下，其含义涉及将设计者的意图转化为客户最终将接收的产品所需的所有活动。在服务业中，其含义可以更好地解释为将顾客的需求转换为他们获得的服务的活动集合。举例来说，在零售银行的业务交易中，生产就包含从顾客向柜员发出指令一直到指令被成功的输出这一过程中的所有活动（例如，进入系统，确认，清算，入账）。

"成本"：与财务有关的任何事务。成本可分为直接成本和间接成本，可见成本和隐形成本，有形成本和无形成本。在该参数下，"成本"也可代表所花费的资金和其他形式的金融资源。

同义词、反义词以及等效的含义：制造、交易、装配、准备、包装、产量、缺陷、优惠、顾客满意度、变异、（卖）价、经营费用、价值、折扣、库存、股票、资产、资本性支出、营运开支、缺陷成本、损失成本、无形收益、毛利/纯利、投资回报率、花费成本、可回收的、不可回收的、税收、负债、平衡、损益。

如果想要改善这项参数，我们总是应该考虑以下发明原理：

10，15，25，26，27，35

如果我们想要改善这项参数，也应考虑下表中的其他发明原理（按频率由高至低降序排列）：

35，10，25，1，2，27，3，5，29，24

恶化参数与相关发明原理列表

恶化参数	描述	相关发明原理列表（按频率降序排列）
1	研发规格/能力/方法	37，35，10，3，6
2	研发成本	26，35，1，7，27，34，3
3	研发时间	5，29，35，2
4	研发风险	5，35，40，23，1，12
5	研发界面	15，23，29，5，13
6	生产规格/能力/方法	15，25，3，10，5，8
7	生产成本	参见物理矛盾部分
8	生产时间	1，24，19，10，27，3，4
9	生产风险	26，10，1，3，25，12
10	生产界面	26，1，27，25，2，28
11	供应规格/能力/方法	5，2，30，35，17，8，25
12	供应成本	5，35，21，2，17，24
13	供应时间	2，35，24，10，13，5
14	供应风险	2，13，10，26，29
15	供应界面	12，3，35，5，10，7
16	支持规格/能力/方法	1，35，10，29，27
17	支持成本	3，2，35，10，27
18	支持时间	27，3，10，25，24
19	支持风险	10，25，27，3，35
20	支持界面	10，35，7，24，25
21	客户收益/需求/反馈	26，27，25，34，15
22	信息量	1，35，27，10，2

（续）

恶化参数	描述	相关发明原理列表（按频率降序排列）
23	通信流	1，25，2，27，29
24	影响系统的有害因素	1，30，10，38，29，35
25	系统产生的有害因素	1，35，27，10，2
26	便利性	1，25，2，27，29
27	适应性/多功能性	1，30，10，38，29，35
28	系统复杂性	35，5，1，2，29，25
29	控制复杂性	6，3，25，10，32，37
30	张力/压力	1，35，2，25，13，17
31	稳定性	10，1，35，27

8. 欲改善的参数——生产时间

含义："生产"是指涉及生产商品或者提供服务过程中的任何活动。在制成商品的情况下，其含义涉及将设计者的意图转化为客户最终将接收的产品所需的所有活动。在服务业中，其含义可以更好地解释为将顾客的需求转换为他们获得的服务的活动集合。举例来说，在零售银行的业务交易中，生产就包含从顾客向柜员发出指令一直到指令被成功的输出这一过程中的所有活动（例如，进入系统，确认，清算，入账）。

"时间"：任何与时间问题有关的事项。这包括做某件事所需的时间和工作量，既包括可见的，又包括不可见的；既包括有形的，又包括无形的。这里强调的是那些将时间作为关注焦点的问题。（根据"时间就是金钱"的格言，如果较之于实际时间本身，我们对经济含义更为感兴趣的话，那么应该优先使用"成本"这一参数。）

同义词、反义词以及等效的含义：制造、交易、交易速率、每小时通话、吞吐量、装配时间、准备时间、缺陷的识别时间、关键路径、并行活动、顺序活动、等待时间、加班、工作时间、班次长度、倒班机制、失去的时间、会议时间、标准工时、会议、审批延迟、迟到、过期的、过分承诺。

如果想要改善这项参数,我们总是应该考虑以下发明原理:

5,10,15,25

如果我们想要改善这项参数,也应考虑下表中的其他发明原理(按频率由高至低降序排列):

13,10,3,35,2,15,25,29,24

恶化参数与相关发明原理列表

恶化参数	描述	相关发明原理列表(按频率降序排列)
1	研发规格/能力/方法	35,6,10,2,20
2	研发成本	10,2,6,15
3	研发时间	7,26,10,15,3
4	研发风险	5,40,20,15
5	研发界面	15,40,23,3,24,13
6	生产规格/能力/方法	1,35,21,15,4,10
7	生产成本	1,24,19,10,27,3,14
8	生产时间	参见物理矛盾部分
9	生产风险	10,27,15,6,3,22,29
10	生产界面	10,15,38,20,27,6,3
11	供应规格/能力/方法	5,17,16,3,10
12	供应成本	5,2,35,13,25
13	供应时间	3,10,23,40,13,4
14	供应风险	13,2,35,10,24
15	供应界面	23,12,3,24,13,7
16	支持规格/能力/方法	1,35,10,38,29,25,13
17	支持成本	3,13,25,5,35
18	支持时间	35,25,5,4,19
19	支持风险	35,29,13,25,2,31
20	支持界面	13,9,26,23,7
21	客户收益/需求/反馈	13,1,37,17,31,29
22	信息量	13,15,23,25,3,37
23	通信流	2,37,18,19,25
24	影响系统的有害因素	22,35,3,13,24
25	系统产生的有害因素	35,22,18,10,24,2
26	便利性	19,2,35,26,13,30

（续）

恶化参数	描述	相关发明原理列表（按频率降序排列）
27	适应性/多功能性	10，15，30，7，2，29，25，13
28	系统复杂性	25，28，2，35，10，15
29	控制复杂性	25，37，3，13，14
30	张力/压力	2，20，12，25，3，13，14
31	稳定性	10，15，29，2，19，7

9. 欲改善的参数——生产风险

含义："生产"是指涉及生产商品或者提供服务过程中的任何活动。其含义涉及将设计者的意图转化为客户最终将接收的产品所需的所有活动。在服务业中，其含义可以更好地解释为将顾客的需求转换为他们获得的服务的活动集合。举例来说，在零售银行的业务交易中，生产就包含从顾客向柜员发出指令一直到指令被成功的输出这一过程中的所有活动（例如，进入系统，确认，清算，入账）。

"风险"：指与可能性相关的事件，以及事情结果与已制定计划发生偏离的状况。当然，风险可以体现在质量、规格、时间或成本等方面。这一参数试图激发用户专注于最普遍意义上的风险。当风险可以应用于成本、时间或质量参数的任意一项或所有项目时，我们就应该使用"风险"这一参数。

同义词、反义词和等效的含义：制造、交易、产量、关键途径、可能性、后果、预防性、倒退、替代、备份预定、储备、墨菲定律、稳健的系统、稳定性、脆弱性、敏感性、复杂、优先权冲突、应急备份、破坏、专利侵权。

如果想要改善这项参数，我们总是应该考虑以下发明原理：

9，10，25，37

如果我们想要改善这项参数，也应考虑下表中的其他发明原理（按频率由高至低降序排列）：

25，10，35，2，3，5，7，13，24，37，26，6

恶化参数与相关发明原理列表

恶化参数	描述	相关发明原理列表（按频率降序排列）
1	研发规格/能力/方法	3，5，10，2，23，12
2	研发成本	6，7，23，26，13
3	研发时间	6，15，7，37，13，9
4	研发风险	11，23，39，7，9，33
5	研发界面	7，5，3，37，10
6	生产规格/能力/方法	6，27，35，22，12，37
7	生产成本	26，10，1，3，25，12
8	生产时间	10，27，15，6，3，22，29
9	生产风险	参见物理矛盾部分
10	生产界面	5，6，23，20，7，10，25
11	供应规格/能力/方法	5，25，3，35，2，10
12	供应成本	5，35，23，25，2
13	供应时间	13，22，25，1，10
14	供应风险	5，26，35，2，15，24
15	供应界面	3，35，19，24
16	支持规格/能力/方法	24，14，13，35，2
17	支持成本	7，5，3，10，25
18	支持时间	5，35，33，7，25，10
19	支持风险	7，5，3，10，25
20	支持界面	5，35，33，7，25，10
21	客户收益/需求/反馈	13，22，7，13，24，39
22	信息量	5，25，3，37，32，29，13
23	通信流	25，38，3，26，10，13
24	影响系统的有害因素	35，2，26，34，25
25	系统产生的有害因素	25，10，39，24，29
26	便利性	3，26，6，11，35
27	适应性/多功能性	2，40，38，30，35，29
28	系统复杂性	26，2，26，5，29，35
29	控制复杂性	30，12，25，40，2，37
30	张力/压力	25，9，24，39，7，19
31	稳定性	9，1，37，3，19

注释：

发明原理 3 "局部质量" 通常与发明原理 39 "和平的气氛" 一起使用。也就是说在一个局部的和平环境中管理一个系统的风险要素。

发明原理 7 "嵌套"，表示通过把高风险因素内部消化掉来降低风险的大量的解决方案。

10. 欲改善的参数——生产界面

含义： "生产" 是指涉及生产商品或者提供服务过程中的任何活动。其含义涉及将设计者的意图转化为客户最终将接收的产品所需的所有活动。在服务业中，其含义可以更好地解释为将顾客的需求转换为他们获得的服务的活动集合。举例来说，在零售银行的业务交易中，生产就包含从顾客向柜员发出指令一直到指令被成功的输出这一过程中的所有活动（例如，进入系统，确认，清算，入账）。

"界面"： 与系统中不同部分之间存在的（或不存在但应存在的）联系相关的问题。这可以阐释为人对人式、点对点式、部门对部门式、分部对分部式、商对商（B2B）式、商对客（B2C）式或任何一个实体与另一个实体之间的关系。界面可以是内部的或外部的，正式的或非正式的，并且总会存在有形和无形的界面元素。界面可以是口头的、书面的、合法的、可视的，等等。

如果存在一个界面问题，其涉及一个组织中两个不同的组成部分——研发和生产，那么这个问题就应该被模拟成一个 "研发界面" 和 "生产界面" 参数之间的冲突。

同义词、反义词和等效的含义： 制造、交易、吞吐量、商誉、关系、相互作用、通信链路、命令结构、网络、授权、同行、发言、握手、老朋友行为、法令、买入、人们、感知、视角、恐惧、权威、权利、责任、友情、竞争、尊重、信任、独立、依赖、争论、共识、协定、协议。

如果想要改善这项参数，我们总是应该考虑以下发明原理：

12，20，35

如果我们想要改善这项参数，也应考虑下表中的其他发明原理（按频率由高至低降序排列）：

10，2，25，3，40，5，23，28，35

恶化参数与相关发明原理列表

恶化参数	描述	相关发明原理列表（按频率降序排列）
1	研发规格/能力/方法	5，7，37，1，4
2	研发成本	15，35，10，25，24
3	研发时间	25，23，35，29，2，13
4	研发风险	7，3，17，23，24
5	研发界面	28，40，6，29，12，31，30
6	生产规格/能力/方法	3，25，17，35，12
7	生产成本	26，1，37，25，2，28
8	生产时间	10，15，38，20，27，6，3
9	生产风险	5，6，23，20，7，10，25
10	生产界面	参见物理矛盾部分
11	供应规格/能力/方法	6，2，37，40，10
12	供应成本	5，30，10，15，2，12
13	供应时间	5，35，6，13，17，10，24
14	供应风险	23，33，5，26，2
15	供应界面	33，5，2，26，10
16	支持规格/能力/方法	23，11，40，2，32，29
17	支持成本	23，10，3，13，22
18	支持时间	23，13，10，1，2
19	支持风险	10，14，2，25，29
20	支持界面	40，33，6，10，26，2
21	客户收益/需求/反馈	7，5，10，40，4，2，25
22	信息量	2，37，4，13，37，25
23	通信流	2，28，3，37，32，25，10
24	影响系统的有害因素	3，26，35，28，10，24
25	系统产生的有害因素	3，26，35，29，24
26	便利性	5，19，28，32，2，10
27	适应性/多功能性	29，1，17，40，38

（续）

恶化参数	描述	相关发明原理列表（按频率降序排列）
28	系统复杂性	10，18，28，2，35
29	控制复杂性	10，28，19，15，40，2，25
30	张力/压力	3，40，19，1，24
31	稳定性	11，25，1，3，4

注释：

当提到发明原理40时，通常意味着多学科团队的使用。

11. 欲改善的参数——供应规格/能力/方法

含义："供应"指向目标顾客交付或供给成品或服务的任何相关活动。就产品而言，这一参数应解释为一个顾客订购产品时所有相关的物流过程，包括包装、运送、收货、拆包和确认收货。在服务部门，这一定义可能更好地解释为向顾客提供所需服务涉及的一系列活动。例如，在零售银行业务中，"供应"的含义涉及当出纳员确认顾客的指令已被执行（例如，收到一张银行月结单）时，这一过程所包含的所有程序。"供应"也包括一个组织向其客户展现自己的方式，例如，通过品牌效应、广告宣传、店铺展示等。

"规格/能力/方法"：与产品、过程或服务的质量相关因素有关。此外，这些术语与生产出的产品质量以及生产的方法有关。在解释这个词时，应涵盖有形和无形两种因素——诸如知识、情感品质等，也包括人工制品或功能性服务。

同义词、反义词和等效的含义： 发货、进货、收货、运输损坏、误差、发票、检查、销售助理、外观、品牌形象、广告、消费者满意、忠诚、过程、重复性、标准偏差、西格玛、平均值、数据、水准标记、变化、定期的、定制、经验、瓶颈、限制、关系管理、推销活动。

如果想要改善这项参数，我们总是应该考虑以下发明原理：

5，35

如果我们想要改善这项参数,也应考虑下表中的其他发明原理(按频率由高至低降序排列):

35,2,10,6,13,23,5,25,17,15,11,3

恶化参数与相关发明原理列表

恶化参数	描述	相关发明原理列表(按频率降序排列)
1	研发规格/能力/方法	6, 2, 35, 25, 3
2	研发成本	5, 35, 13, 26, 6
3	研发时间	6, 35, 15, 13, 14
4	研发风险	7, 13, 22, 6, 35
5	研发界面	5, 2, 30, 35, 17, 8, 25
6	生产规格/能力/方法	5, 17, 16, 3, 10
7	生产成本	6, 2, 37, 40, 10
8	生产时间	参见物理矛盾部分
9	生产风险	7, 35, 19, 1, 10, 29
10	生产界面	35, 1, 13, 2, 24
11	供应规格/能力/方法	7, 8, 11, 10, 24, 12, 25
12	供应成本	6, 30, 15, 40, 12, 2
13	供应时间	11, 23, 35, 1, 29, 17
14	供应风险	23, 11, 26, 2, 7
15	供应界面	11, 23, 24, 2, 9, 17
16	支持规格/能力/方法	23, 11, 2, 25, 35, 32
17	支持成本	10, 3, 25, 5, 15
18	支持时间	13, 4, 28, 37, 17, 7
19	支持风险	11, 23, 24, 2, 9, 17
20	支持界面	23, 11, 2, 25, 35, 32
21	客户收益/需求/反馈	10, 3, 25, 5, 15
22	信息量	13, 4, 28, 37, 17, 7
23	通信流	5, 25, 23, 10, 35, 28
24	影响系统的有害因素	13, 17, 29, 2, 35, 15
25	系统产生的有害因素	10, 1, 34, 35, 15, 13
26	便利性	35, 3, 13, 2, 15
27	适应性/多功能性	13, 17, 7, 15, 19
28	系统复杂性	29, 30, 35, 17, 3

（续）

恶化参数	描述	相关发明原理列表（按频率降序排列）
29	控制复杂性	6, 5, 28, 37, 3, 25
30	张力/压力	2, 23, 5, 30, 10, 13, 35
31	稳定性	15, 5, 25, 10, 35

注释：

由于此参数在很多应用中还需要改进，目前在若干地方可能缺少反馈环节，因此通常会推荐使用发明原理23"反馈"作为解决策略。

12. 欲改善的参数——供应成本

含义："供应"指向目标顾客交付或供给成品或服务的任何相关活动。就产品而言，这一参数应解释为一个顾客订购产品时所有相关的物流过程，包括包装、运送、收货、拆包和确认收货。在服务部门，这一定义可能更好地解释为向顾客提供所需服务涉及的一系列活动。例如，在零售银行业务中，"供应"的含义涉及当出纳员确认顾客的指令已被执行（例如，收到一张银行月结单）时，这一过程所包含的所有程序。"供应"也包括一个组织向其客户展现自己的方式，例如，通过品牌效应、广告宣传、店铺展示等。

"成本"：与财务有关的任何事务。成本可分为直接成本和间接成本，可见成本和隐形成本，有形成本和无形成本。在该参数下，"成本"也可代表所花费的资金和其他形式的金融资源。

同义词、反义词及等效的含义： 运输、进货、收货、运输损害成本、失误、发票错误、销售成本、进口税、出口税、广告费、（供给）价格、运营费用、价值、折扣、存货、股票、资本支出、业务费用、销售损失成本、无形收益、无形资产成本。

如果想要改善这项参数，我们总是应该考虑以下发明原理：

5, 13, 35

如果我们想要改善这项参数，也应考虑下表中的其他发明原理（按频率由高至低降序排列）：

2, 35, 5, 10, 3, 1, 13, 19

恶化参数与相关发明原理列表

恶化参数	说明	相关发明原理列表（按频率降序排列）
1	研发规格/能力/方法	15, 6, 1, 5, 13
2	研发成本	10, 5, 35
3	研发时间	5, 13, 23, 25
4	研发风险	1, 11, 2, 34
5	研发界面	2, 33, 3, 15, 10
6	生产规格/能力/方法	15, 35, 13, 22
7	生产成本	5, 35, 31, 2, 17, 24
8	生产时间	5, 2, 35, 13, 25
9	生产风险	5, 35, 23, 25, 2
10	生产界面	5, 30, 10, 15, 2, 12
11	供应规格/能力/方法	7, 35, 19, 1, 10, 29
12	供应成本	（参见物理矛盾部分）
13	供应时间	3, 24, 38, 10, 19
14	供应风险	27, 3, 19, 24, 8
15	供应界面	1, 28, 6, 38, 4
16	支持规格/能力/方法	35, 24, 5, 13, 27, 17
17	支持成本	27, 5, 35, 25, 10, 2
18	支持时间	10, 27, 30, 35, 2, 5
19	支持风险	10, 12, 2, 27, 7, 5
20	支持界面	10, 24, 25, 1, 6
21	客户收益/需求/反馈	2, 35, 13, 25, 26, 16
22	信息量	28, 35, 37, 34, 7
23	通信流	35, 6, 1, 27, 25, 12, 28
24	影响系统的有害因素	11, 35, 2, 3, 39, 19
25	系统产生的有害因素	10, 35, 2, 12, 31, 30
26	便利性	30, 2, 15, 3, 5, 13
27	适应性/多功能性	1, 17, 40, 3, 29
28	系统复杂性	35, 19, 1, 25, 2
29	控制复杂性	22, 2, 37, 4, 32, 25
30	张力/压力	10, 3, 25, 7, 40
31	稳定性	19, 3, 35, 10, 4

13. 欲改善的参数——供应时间

含义:"供应"指向目标顾客交付或供给成品或服务的任何相关活动。就产品而言,这一参数应解释为一个顾客订购产品时所有相关的物流过程,包括包装、运送、收货、拆包和确认收货。在服务部门,这一定义可能更好地解释为向顾客提供所需服务涉及的一系列活动。例如,在零售银行业务中,"供应"的含义涉及当出纳员确认顾客的指令已被执行(例如,收到一张银行月结单)时,这一过程所包含的所有程序。"供应"也包括一个组织向其客户展现自己的方式,例如,通过品牌效应、广告宣传、店铺展示等。

"时间":任何与时间问题有关的事项。这包括做某件事所需的时间和工作量,既包括可见的,又包括不可见的;既包括有形的,又包括无形的。这里强调的是那些将时间作为关注焦点的问题。(根据"时间就是金钱"的格言,如果较之于实际时间本身,我们对经济含义更为感兴趣的话,那么应该优先使用"成本"这一参数。)

同义词、反义词及等效的含义:运输、进货、收货、每小时通话次数、吞吐量、准备时间、装运延误、延迟、准时性能、即时存取、延期、过度承诺、交货不足、排队名单、临界点、黏性、预约、日程表、时间表、注意力分散。

如果想要改善这项参数,我们总是应该考虑以下发明原理:

10,24,35

如果我们想要改善这项参数,也应考虑下表中的其他发明原理(按频率由高至低降序排列):

10,35,2,13,25,3,24,5,1,15

恶化参数与相关发明原理列表

恶化参数	说明	相关发明原理列表(按频率降序排列)
1	研发规格/能力/方法	2,3,12,26,19,38
2	研发成本	10,19,35,22

（续）

恶化参数	说明	相关发明原理列表（按频率降序排列）
3	研发时间	10，25，7，2
4	研发风险	1，2，11，38，15
5	研发界面	5，2，35，10，12
6	生产规格/能力/方法	35，5，13，22
7	生产成本	2，35，24，10，13，5
8	生产时间	3，10，23，40，13，4
9	生产风险	13，22，25，1，10
10	生产界面	5，35，6，13，17，10，24
11	供应规格/能力/方法	35，1，13，2，24
12	供应成本	3，24，38，10，19
13	供应时间	（参见物理矛盾部分）
14	供应风险	10，29，15，13，2，3
15	供应界面	5，19，3，15，10，18
16	支持规格/能力/方法	25，10，29，19，4
17	支持成本	25，27，10，2
18	支持时间	27，2，13，35，10
19	支持风险	10，25，35，6，13
20	支持界面	24，5，35，25，7，10
21	客户收益/需求/反馈	35，13，25，1，22，26
22	信息量	28，2，37，32，35，7
23	通信流	6，31，25，35，37，16
24	影响系统的有害因素	35，3，29，2，10，12
25	系统产生的有害因素	25，10，29，13，12，21
26	便利性	24，35，28，1，29
27	适应性/多功能性	15，1，10，27，7
28	系统复杂性	38，24，16，15，3
29	控制复杂性	28，32，25，2，37
30	张力/压力	1，10，15，25，24，2，19
31	稳定性	35，3，5，27，20，18

14．欲改善的参数——供应风险

含义："供应"指向目标顾客交付或供给成品或服务的任何

相关活动。就产品而言，这一参数应解释为一个顾客订购产品时所有相关的物流过程，包括包装、运送、收货、拆包和确认收货。在服务部门，这一定义可能更好地解释为向顾客提供所需服务涉及的一系列活动。例如，在零售银行业务中，"供应"的含义涉及当出纳员确认顾客的指令已被执行（例如，收到一张银行月结单）时，这一过程所包含的所有程序。"供应"也包括一个组织向其客户展现自己的方式，例如，通过品牌效应、广告宣传、店铺展示等。

"风险"：指与可能性相关的事件，以及事情结果与已制定计划发生偏离的状况。当然，风险可以体现在质量、规格、时间或成本等方面。这一参数试图激发用户专注于最普遍意义上的风险。当风险可以应用于成本、时间或质量参数的任意一项或所有项目时，我们就应该使用"风险"这一参数。

同义词、反义词及等效的含义：运输、进货、收货、可能性、后果、偶然性、违约、替代之选择、备份、储备、责任、墨菲定律、稳健的系统、稳定性、脆弱性、敏感性、优先权冲突、应急备份、债务、破坏。

如果想要改善这项参数，我们总是应该考虑以下发明原理：

2，11，16，24，39

如果我们想要改善这项参数，也应考虑下表中的其他发明原理（按频率由高至低降序排列）：

2，13，10，24，35，25，5，15，37

恶化参数与相关发明原理列表

恶化参数	说明	相关发明原理列表（按频率降序排列）
1	研发规格/能力/方法	11，39，30，31
2	研发成本	11，13，2，16
3	研发时间	23，7，29，2，24，37
4	研发风险	13，7，9，37，12
5	研发界面	5，35，13，40，3，9
6	生产规格/能力/方法	15，16，3，2，24，6

（续）

恶化参数	说明	相关发明原理列表（按频率降序排列）
7	生产成本	2，13，10，26，29
8	生产时间	13，2，35，10，24
9	生产风险	5，26，35，2，25
10	生产界面	23，33，5，26，2
11	供应规格/能力/方法	7，8，11，10，24，12，25
12	供应成本	27，3，19，24，8
13	供应时间	10，29，15，13，2，3
14	供应风险	（参见物理矛盾部分）
15	供应界面	5，10，25，37，2，14，38
16	支持规格/能力/方法	1，35，6，24，25
17	支持成本	19，10，5，27，2
18	支持时间	2，27，10，5，25
19	支持风险	24，25，10，7，1
20	支持界面	5，35，2，13，19
21	客户收益/需求/反馈	25，22，2，35，10，17
22	信息量	5，37，15，6，32
23	通信流	6，16，13，35，7，2
24	影响系统的有害因素	2，13，35，31，24，12
25	系统产生的有害因素	2，15，19，23，40，24
26	便利性	5，16，10，13，25，2
27	适应性/多功能性	15，17，40，3，29，25
28	系统复杂度	2，4，15，28，35，32
29	控制复杂性	2，28，15，24，37
30	张力/压力	1，19，13，10，39
31	稳定性	9，13，1，25，14

15. 欲改善的参数——供应界面

含义："供应"指向目标顾客交付或供给成品或服务的任何相关活动。就产品而言，这一参数应解释为一个顾客订购产品时所有相关的物流过程，包括包装、运送、收货、拆包和确认收货。在服务部门，这一定义可能更好地解释为向顾客提供所需服务涉及的一系列活动。例如，在零售银行业务中，"供应"的含义涉及当出纳员确认顾客的指令已被执行（例如，收到一张银行月结单）时，这一过程所包含的所有程序。"供应"也包括一个组织向其客户展现自己的方式，例如，通过品牌效应、广告宣传、店铺展示等。

"界面"：与系统中不同部分之间存在的（或不存在但应存在的）联系相关的问题。这可以阐释为人对人式、点对点式、部门对部门式、分部对分部式、商对商（B2B）式、商对客（B2C）式或任何一个实体与另一个实体之间的关系。界面可以是内部的或外部的，正式的或非正式的，并且总会存在有形和无形的界面元素。界面可以是口头的、书面的、合法的、可视的，等等。

如果一个界面问题与一个组织的两个不同部分相关，比如供给和生产，那么这应该被建模为"供应界面"参数和"生产界面"参数之间的冲突。

同义词、反义词及等效的含义：运输、进货、收货、商誉、无形资产、关系、相互作用、联系、同理心、丰富性、范围、媒介、多媒体、鼓舞人心的、梦寐以求的、通信链路、命令结构、网络、口头的、面对面、远程、距离、握手、老朋友行为、法令、人们、感知、视角、权威、权利、责任、友谊、补充、竞争者、尊重、信任、依赖性、独立性、争议、争论、一致、协定、协议。

如果想要改善这项参数，我们总是应该考虑以下发明原理：

1，12，20，24

如果我们想要改善这项参数，也应考虑下表中的其他发明原理（按频率由高至低降序排列）：

5，25，3，2，10，13，40，28，35，12

恶化参数与相关发明原理列表

恶化参数	说明	相关发明原理列表（按频率降序排列）
1	研发规格/能力/方法	11，26，2，5，13

(续)

恶化参数	说明	相关发明原理列表（按频率降序排列）
2	研发成本	10, 38, 13
3	研发时间	11, 7, 40, 38, 24, 2
4	研发风险	13, 22, 25, 9, 35, 26
5	研发界面	28, 40, 6, 15, 29
6	生产规格/能力/方法	10, 25, 3, 33, 12
7	生产成本	12, 3, 35, 5, 10, 7
8	生产时间	23, 12, 3, 24, 13, 7
9	生产风险	5, 10, 40, 2, 4, 25
10	生产界面	33, 5, 2, 26, 10
11	供应规格/能力/方法	6, 30, 15, 40, 12, 2
12	供应成本	1, 28, 6, 38, 4
13	供应时间	5, 19, 3, 15, 10, 18
14	供应风险	5, 10, 25, 37, 2, 14, 38
15	供应界面	（参见物理矛盾部分）
16	支持规格/能力/方法	10, 31, 24, 35, 3
17	支持成本	5, 10, 26, 1, 13, 25
18	支持时间	29, 30, 2, 25, 5, 32
19	支持风险	5, 25, 10, 9, 2, 35
20	支持界面	5, 6, 38, 40, 25, 10
21	客户收益/需求/反馈	13, 25, 39, 24, 7, 17
22	信息量	3, 6, 37, 28, 32, 35
23	通信流	2, 3, 13, 4, 12, 25
24	影响系统的有害因素	3, 35, 13, 14, 39
25	系统产生的有害因素	2, 30, 40, 22, 26
26	便利性	5, 25, 3, 40, 20
27	适应性/多功能性	29, 28, 30, 3, 15
28	系统复杂性	28, 5, 3, 25, 37, 40
29	控制复杂性	25, 8, 22, 28, 32, 37
30	张力/压力	5, 3, 17, 29, 13, 35, 2
31	稳定性	33, 15, 23, 17, 7

注释：

应用一个外部专家供给界面是一项常用的策略——因此要重

视发明原理 24。

16. 欲改善的参数——支持规格／能力／方法

含义："支持"指在顾客购买并收到他们所订购的商品或服务后的所有活动。就产品而言，这一参数可能包括产品的维修、可靠性、产品寿命和寿命后期相关事宜（例如产品的回收）。在服务业中，以与顾客的频繁交流为特征，"支持"意味着当顾客的委托一旦被接收，那些随着第一次联系而来的所有售后活动。根据产品和市场的不同，这些支持活动的时长可能是几分钟，也可以是几十年。随着越来越多的组织转向基于服务、功能或"体验"的商业模式，支持时间表变得愈加重要。

"规格／能力／方法"：与产品、过程或服务的质量相关因素有关。此外，这些术语与生产出的产品质量以及生产的方法有关。在解释这个词时，应涵盖有形和无形两种因素——诸如知识、情感品质等，也包括人工制品或功能性服务。

同义词、反义词及等效的含义：售后、客户关系、客户关怀、包装、过程、功能、可靠性、耐久性、寿命、生命周期设计、稳健设计、"墨菲定律"、意外损坏、终生寿命设计、保证、延长保修期、终身质量保证、维修合同、以旧换新、租赁、租借、回购、可重复使用的、可回收利用的、环境影响、可持续性、生活品牌、顾客满意度、忠诚度、可重复性、标准差、西格玛、均值、数据、基准点、变化、定制的、合伙关系、客户定制、体验、反馈、"一起工作"、会诊、更新、忠实顾客奖励计划、副产品、结束阶段、标志性的、可收集的。

如果想要改善这项参数，我们总是应该考虑以下发现原则：

2，3，15，23，25

如果我们想要改善这项参数，也应考虑下表中的其他发明原理（按频率由高至低降序排列）：

35，25，10，2，1，24，13，3，29，27

恶化参数与相关发明原理列表

恶化参数	说明	相关发明原理列表（按频率降序排列）
1	研发规格 / 能力 / 方法	36, 11, 2, 35, 27
2	研发成本	27, 6, 1, 10
3	研发时间	6, 10, 3, 35, 20
4	研发风险	6, 1, 26, 37, 15
5	研发界面	6, 1, 3, 35, 21, 12
6	生产规格 / 能力 / 方法	35, 23, 1, 24
7	生产成本	1, 35, 10, 29, 27
8	生产时间	1, 35, 10, 38, 29, 25, 13
9	生产风险	13, 35, 2, 15, 24
10	生产界面	23, 11, 40, 2, 32, 29
11	供应规格 / 能力 / 方法	11, 23, 35, 1, 29, 17
12	供应成本	35, 24, 5, 13, 27, 17
13	供应时间	25, 10, 29, 19, 4
14	供应风险	1, 35, 6, 24, 25
15	供应界面	10, 31, 24, 35, 3
16	支持规格 / 能力 / 方法	（参见物理矛盾部分）
17	支持成本	2, 25, 10, 35, 15
18	支持时间	22, 25, 15, 3, 32
19	支持风险	13, 22, 10, 35, 4, 6
20	支持界面	28, 25, 5, 7, 2, 24
21	客户收益 / 需求 / 反馈	28, 25, 7, 22, 5, 13
22	信息量	10, 28, 3, 25, 37, 4
23	通信流	10, 28, 37, 3, 7
24	影响系统的有害因素	27, 35, 34, 2, 40
25	系统产生的有害因素	2, 35, 40, 24, 26, 39
26	便利性	27, 17, 40, 3, 8
27	适应性 / 多功能性	35, 13, 8, 24, 29
28	系统复杂性	13, 35, 1, 2, 9
29	控制复杂性	11, 13, 2, 35, 25
30	张力 / 压力	11, 35, 24, 19, 2, 25
31	稳定性	25, 26, 1, 10, 12

17. 欲改善的参数——支持成本

含义："支持"指在顾客购买并收到他们所订购的商品或服务后的所有活动。就产品而言，这一参数可能包括产品的维修、可靠性、产品寿命和寿命后期相关事宜（例如产品的回收）。在服务业中，以与顾客的频繁交流为特征，"支持"意味着当顾客的委托一旦被接收，那些随着第一次联系而来的所有售后活动。根据产品和市场的不同，这些支持活动的时长可能是几分钟，也可以是几十年。随着越来越多的组织转向基于服务、功能或"体验"的商业模式，支持时间表变得愈加重要。

"成本"：与财务有关的任何事务。成本可分为直接成本和间接成本，可见成本和隐性成本，有形成本和无形成本。在该参数下，"成本"也可代表所花费的资金和其他形式的金融资源。

同义词、反义词及等效的含义：售后、客户关怀、可靠性成本、生命周期成本、终身成本、运营成本、处置成本、环境保护成本、社会成本、补偿、退休费、养老金、保修成本、维修合同、租赁、租借、回购、重复利用、重复业务成本、后续销售收入、大规模定制、责任成本、保险、津贴、无形资产、商标价值、破产、资产贬值、增值。

如果想要改善这项参数，我们总是应该考虑以下发明原理：

5，10，12，16，25

如果我们想要改善这项参数，也应考虑下表中的其他发明原理（按频率由高至低降序排列）：

25，35，10，2，1，3，13，15，17，28，5

恶化参数与相关发明原理列表

恶化参数	说明	相关发明原理列表（按频率降序排列）
1	研发规格/能力/方法	15，35，28，25，29
2	研发成本	6，1，10，25，13
3	研发时间	7，15，40，26，5
4	研发风险	11，7，28，35

（续）

恶化参数		说明	相关发明原理列表（按频率降序排列）
5		研发界面	6, 7, 40, 38, 13
6		生产规格/能力/方法	13, 10, 17, 2, 27, 34
7		生产成本	3, 2, 35, 10, 27
8		生产时间	3, 13, 25, 5, 35
9		生产风险	3, 35, 19, 24
10		生产界面	23, 10, 3, 13, 22
11		供应规格/能力/方法	23, 11, 2, 6, 26
12		供应成本	27, 5, 35, 25, 10, 2
13		供应时间	25, 27, 10, 2
14		供应风险	19, 10, 5, 27, 2
15		供应界面	5, 10, 26, 1, 13, 25
16		支持规格/能力/方法	2, 25, 10, 35, 15
17		支持成本	（参见物理矛盾部分）
18		支持时间	5, 4, 25, 10, 17, 14, 13
19		支持风险	27, 35, 25, 14, 1, 31
20		支持界面	26, 25, 37, 3, 24, 2
21		客户收益/需求/反馈	24, 25, 37, 3, 7, 28, 18
22		信息量	28, 3, 17, 37, 32, 4
23		通信流	25, 1, 28, 32, 20, 35
24		影响系统的有害因素	1, 35, 22, 25, 17
25		系统产生的有害因素	2, 24, 35, 22, 13, 31, 10
26		便利性	25, 1, 12, 26, 10, 15
27		适应性/多功能性	17, 35, 15, 1, 3, 2
28		系统复杂性	35, 1, 25, 2, 17
29		控制复杂性	15, 25, 19, 28, 37
30		张力/压力	35, 24, 10, 2, 25, 31, 19
31		稳定性	1, 35, 2, 29, 10

18. 欲改善的参数——支持时间

含义："支持"指在顾客购买并收到他们所订购的商品或服务后的所有活动。就产品而言，这一参数可能包括产品的维修、可靠性、产品寿命和寿命后期相关事宜（例如产品的回收）。在服务业中，以与顾客的频繁交流为特征，"支持"意味着当顾客的委托一旦被接收，那些随着第一次联系而来的所有售后活动。根据产品和市场的不同，这些支持活动的时长可能是几分钟，也可以是几十年。随着越来越多的组织转向基于服务、功能或"体验"的商业模式，支持时间表变得愈加重要。

"时间"：任何与时间问题有关的事项。这包括做某件事所需的时间和工作量，既包括可见的，又包括不可见的；既包括有形的，又包括无形的。这里强调的是那些将时间作为关注焦点的问题。（根据"时间就是金钱"的格言，如果较之于实际时间本身，我们对经济含义更为感兴趣的话，那么应该优先使用"成本"这一参数。）

同义词、反义词及等效的含义：售后、客户关系、客户关怀、包装、过程、可靠性、耐用性、寿命、生命周期、平均大修间隔时间、平均故障间隔时间、生命周期设计、保修期、终身质量保证、租借期、忠诚效应、记忆、长期合作关系、退休、资产报废后、恢复时间、到期时间、孵化期、时间限制。

如果想要改善这项参数，我们总是应该考虑以下发明原理：

2，5，10，20

如果我们想要改善这项参数，也应考虑下表中的其他发明原理（按频率由高至低降序排列）：

2，25，10，35，15，1，5，27，29，37

恶化参数与相关发明原理列表

恶化参数	说明	相关发明原理列表（按频率降序排列）
1	研发规格/能力/方法	5，2，6，27，25
2	研发成本	6，1，25，10，27
3	研发时间	7，40，1，26，15
4	研发风险	1，2，32，28，7
5	研发界面	6，38，20，10，37
6	生产规格/能力/方法	5，6，10，12，27，25
7	生产成本	27，3，10，25，24

（续）

恶化参数	说明	相关发明原理列表（按频率降序排列）
8	生产时间	35，25，5，4，19
9	生产风险	24，14，13，35，2
10	生产界面	23，13，10，1，2
11	供应规格/能力/方法	23，11，26，2，7
12	供应成本	10，27，30，35，2，5
13	供应时间	27，2，13，35，10
14	供应风险	2，27，10，5，25
15	供应界面	29，30，2，25，5，32
16	支持规格/能力/方法	22，25，15，3，32
17	支持成本	5，4，25，10，17，14，13
18	支持时间	（参见物理矛盾部分）
19	支持风险	15，29，9，19，1，18，35，31
20	支持界面	15，29，10，1，35，30
21	客户收益/需求/反馈	7，20，24，35，25，26
22	信息量	1，2，15，35，25，4，37
23	通信流	6，31，2，35，28，37
24	影响系统的有害因素	35，15，1，3，10
25	系统产生的有害因素	35，15，29，3，1，19
26	便利性	5，25，13，2，10
27	适应性/多功能性	3，30，40，29，17
28	系统复杂性	28，15，17，32，37
29	控制复杂性	28，25，37，15，3，14
30	张力/压力	2，24，10，40，25，8
31	稳定性	10，15，2，30，29，12

19. 欲改善的参数——支持风险

含义："支持"指在顾客购买并收到他们所订购的商品或服务后的所有活动。就产品而言，这一参数可能包括产品的维修、可靠性、产品寿命和寿命后期相关事宜（例如产品的回收）。在服务业中，以与顾客的频繁交流为特征，"支持"意味着当顾客的委托一旦被接收，那些随着第一次联系而来的所有售后活动。根据产品和市场的不同，这些支持活动的时长可能是几分钟，也可以是几十年。随着越来越多的组织转向基于服务、功能或"体验"的商业模式，支持时间表变得愈加重要。

"风险"：指与可能性相关的事件，以及事情结果与已制定计划发生偏离的状况。当然，风险可以体现在质量、规范、时间或成本等方面。这一参数试图激发用户专注于最普遍意义上的风险。当风险可以应用于成本、时间或质量参数的任意一项或所有项目时，我们就应该使用"风险"这一参数。

同义词、反义词及等效的含义：售后、风险分担伙伴关系、寿命、责任、保险、保证、授权担保/保证条款、摊销、墨菲定律、意外受损、环境影响、追溯性损害、保障、稳健性、稳定性、脆弱性、敏感性、应急备份、破坏、破产、调研。

如果想要改善这项参数，我们总是应该考虑以下发明原理：

10，24，25

如果我们想要改善这项参数，也应考虑下表中的其他发明原理（按频率由高至低降序排列）：

10，35，25，2，1，13，7，15，6，5，24

恶化参数与相关发明原理列表

恶化参数	说明	相关发明原理列表（按频率降序排列）
1	研发规格/能力/方法	15，27，40，12，2
2	研发成本	10，25，22，2
3	研发时间	23，24，2，37，7
4	研发风险	40，36，6，10，26，13
5	研发界面	5，35，40，13
6	生产规格/能力/方法	6，10，2，27，12
7	生产成本	10，25，27，3，35
8	生产时间	35，29，13，25，2，31
9	生产风险	7，5，3，10，25
10	生产界面	10，14，2，25，29
11	供应规格/能力/方法	11，23，24，2，9，17
12	供应成本	10，12，2，27，7，5

（续）

恶化参数	说明	相关发明原理列表（按频率降序排列）
13	供应时间	10，25，35，6，13
14	供应风险	24，25，10，7，1
15	供应界面	5，25，10，9，2，35
16	支持规格/能力/方法	13，22，10，35，4，6
17	支持成本	27，35，25，14，1，31
18	支持时间	15，29，9，19，1，18，35，31
19	支持风险	（参见物理矛盾部分）
20	支持界面	5，6，40，33，7，24
21	客户收益/需求/反馈	20，7，4，13，35，25，24
22	信息量	25，3，28，35，37，10
23	通信流	29，31，6，2，30，15，10
24	影响系统的有害因素	25，35，11，15，19，1
25	系统产生的有害因素	25，3，4，35，15，19
26	便利性	2，3，25，10，16，5
27	适应性/多功能性	1，30，40，17，14，15
28	系统复杂性	13，35，4，2，37
29	控制复杂性	10，15，1，34，37
30	张力/压力	10，11，39，1，24，35
31	稳定性	10，35，7，9，19，1

20. 欲改善的参数——支持界面

含义："支持"指在顾客购买并收到他们所订购的商品或服务后的所有活动。就产品而言，这一参数可能包括产品的维修、可靠性、产品寿命和寿命后期相关事宜（例如产品的回收）。在服务业中，以与顾客的频繁交流为特征，"支持"意味着当顾客的委托一旦被接收，那些随着第一次联系而来的所有售后活动。根据产品和市场的不同，这些支持活动的时长可能是几分钟，也可以是几十年。随着越来越多的组织转向基于服务、功能或"体验"的商业模式，支持时间表变得愈加重要。

"界面"：与系统中不同部分之间存在的（或不存在但应存在

的）联系相关的问题。这可以阐释为人对人式、点对点式、部门对部门式、分部对分部式、商对商（B2B）式、商对客（B2C）式或任何一个实体与另一个实体之间的关系。界面可以是内部的或外部的，正式的或非正式的，并且总会存在有形和无形的界面元素。界面可以是口头的、书面的、合法的、可视的，等等。

如果一个界面问题与一个组织的两个不同部分相关，比如供给和生产，那么这应该被建模为"供应界面"参数和"生产界面"参数之间的冲突。

同义词、反义词及等效的含义：售后、客户关系、客户关怀、包装、维修合同、生活方式、终生品牌、顾客满意度、忠诚、回头客生意、合作关系、经验、反馈、"一起工作"、转变、忠心、形象的、信任、合作、社会影响、用户群体、特殊利益集团、用户网络、委员会、家庭、群组、互补者。

如果想要改善这项参数，我们总是应该考虑以下发明原理：

10，20，24

如果我们想要改善这项参数，也应考虑下表中的其他发明原理（按频率由高至低降序排列）：

10，2，7，25，6，24，5，13，40，26，35

恶化参数与相关发明原理列表

恶化参数	说明	相关发明原理列表（按频率降序排列）
1	研发规格/能力/方法	11，2，5，9，26
2	研发成本	6，10，1，7，20
3	研发时间	6，10，26，24，2，38
4	研发风险	6，10，7，26，13
5	研发界面	28，40，6，7，30
6	生产规格/能力/方法	6，40，10，2，7
7	生产成本	10，35，7，24，25
8	生产时间	13，9，26，23，7
9	生产风险	5，35，33，7，25，10
10	生产界面	40，33，6，10，26，2
11	供应规格/能力/方法	23，11，2，25，35，32

（续）

恶化参数	说明	相关发明原理列表（按频率降序排列）
12	供应成本	10，24，25，1，6
13	供应时间	24，5，35，25，7，10
14	供应风险	5，35，2，13，19
15	供应界面	5，6，38，40，25，10
16	支持规格/能力/方法	28，25，5，7，2，24
17	支持成本	26，25，37，3，24，2
18	支持时间	15，29，10，1，35，30
19	支持风险	5，6，40，33，7，24
20	支持界面	（参见物理矛盾部分）
21	客户收益/需求/反馈	16，17，40，13，10，25
22	信息量	1，3，37，2，28，7，4
23	通信流	2，3，15，18，25
24	影响系统的有害因素	11，24，35，5，21，14
25	系统产生的有害因素	25，13，22，10，17
26	便利性	7，5，6，20，26，2，31
27	适应性/多功能性	29，30，17，14，18，1
28	系统复杂性	28，17，29，37，10，4，13
29	控制复杂性	25，15，10，30，29
30	张力/压力	10，8，2，24，6，21，13
31	稳定性	11，1，40，13，22，23

21. 欲改善的参数——客户收益/需求/反馈

含义：那些从客户返回到供应商的东西。虽然这个参数看起来相当笼统，但导出此矩阵的研究清楚地表明，当待改善参数是客户对产品或服务的要求或需求，或者是他们为获得此项产品或服务而准备支付的收入，或者是他们愿意反馈给供应商的信息时，为取得双赢结果所采取的策略存在明确的相似性。这个参数的关键在于从客户到供应商之间形成封闭的回路。它包括有形的和无形的，潜意识或有意识的，显性和隐性的，一次性的或经常性的，确定的或随机的。

当客户和组织的某个部分之间存在问题时，这些沟通问题最好通过本参数与参数 5、10、15 和 20 所包含的"界面"因素之间的匹配进行建模。

同义词、反义词及等效的含义： 订单、采购订单、收入、支付、反馈、感谢、建议、投诉、推荐、愿望、希望、渴望、请求、调查、问卷、相关性、同理心、信任、关系、情感、参与、品牌意识、生活方式参与、承诺。

如果想要改善这项参数，我们总是应该考虑以下发明原理：

2，10，23，25，26

如果我们想要改善这项参数，也应考虑下表中的其他发明原理（按频率由高至低降序排列）：

25，13，7，35，10，2，24，17，1，40

恶化参数与相关发明原理列表

恶化参数	说明	相关发明原理列表（按频率降序排列）
1	研发规格/能力/方法	14，13，22，7，10
2	研发成本	7，25，30，21，10，9，2
3	研发时间	7，19，21，29，30
4	研发风险	36，13，25，22，37，3
5	研发界面	4，7，25，40，13，35，28
6	生产规格/能力/方法	5，15，35，25，33
7	生产成本	7，13，1，24，25
8	生产时间	13，1，37，17，31，29
9	生产风险	13，22，7，13，24，39
10	生产界面	7，5，10，40，4，2，25
11	供应规格/能力/方法	10，3，25，5，15
12	供应成本	2，35，13，25，26，16
13	供应时间	35，13，25，1，22，26
14	供应风险	25，22，2，35，10，17
15	供应界面	13，25，39，24，7，17
16	支持规格/能力/方法	28，25，7，22，5，13
17	支持成本	24，25，37，3，7，28，18
18	支持时间	7，20，24，35，25，26
19	支持风险	20，7，4，13，35，25，24

（续）

恶化参数	说明	相关发明原理列表（按频率降序排列）
20	支持界面	16，17，40，13，10，25
21	客户收益/需求/反馈	（参见物理矛盾部分）
22	信息量	2，29，3，35，13，1，37，28，4
23	通信流	29，31，30，7，13，17，38
24	影响系统的有害因素	39，3，5，17，26，35
25	系统产生的有害因素	38，10，6，5，35，24
26	便利性	28，27，35，40，1，30
27	适应性/多功能性	40，17，16，14，15，1
28	系统复杂性	25，1，2，19，10，4
29	控制复杂性	25，2，7，37，6，4，19
30	张力/压力	2，10，12，24，25
31	稳定性	10，40，29，30，28，26

22. 欲改善的参数——信息量

含义：系统的信息资源总量、数量或数目。这里的"信息"应作最一般形式上的解释，即包括可以在两个人或更多人之间，或者部门之间、分支机构之间或系统之间传递的任何形式的信息，无论这些信息是有形的或无形的、明示的或隐含的。"信息"参数还包括那些信息被丢失的或者有被丢失风险的情形。

同义词、反义词及等效的含义：数据、知识、智慧、记忆、属性、丰富性、准确性、可信度、有效性、体积、容量、过量、缺乏、缺失、遗忘、存档、图书馆、存储库、总结、检测、搜索、识别、忘却。

如果想要改善这项参数，我们总是应该考虑以下发明原理：
$$35$$
如果我们想要改善这项参数，也应考虑下表中的其他发明原理（按频率由高至低降序排列）：

37，25，2，28，3，13，4，10，35，32，7，1

恶化参数与相关发明原理列表

恶化参数	说明	相关发明原理列表（按频率降序排列）
1	研发规格/能力/方法	37，13，25，10，39
2	研发成本	37，25，28，2，32
3	研发时间	7，2，37，20，25
4	研发风险	1，3，10，26，25，4，37
5	研发界面	1，6，3，40，25
6	生产规格/能力/方法	13，32，15，23，24，18，16
7	生产成本	26，27，25，34，37
8	生产时间	13，15，23，25，3，37
9	生产风险	5，25，3，37，32，28，13
10	生产界面	2，37，4，13，25
11	供应规格/能力/方法	13，4，28，37，17，7
12	供应成本	28，35，2，37，34 7
13	供应时间	28，2，37，32，35，7
14	供应风险	5，37，15，6，32
15	供应界面	3，6，37，28，32，35
16	支持规格/能力/方法	10，28，3，25，37，4
17	支持成本	28，3，17，37，32，4
18	支持时间	1，2，15，35，25，4，37
19	支持风险	25，3，28，35，37，10
20	支持界面	1，3，37，2，28，7，4
21	客户收益/需求/反馈	2，29，3，4，13，1，37，28，35
22	信息量	（参见物理矛盾部分）
23	通信流	2，37，3，4，31，28，7
24	影响系统的有害因素	22，10，1，2，35
25	系统产生的有害因素	10，21，22，29，19
26	便利性	27，25，4，10，22，13，6，19
27	适应性/多功能性	15，10，2，13，29，3，4
28	系统复杂性	10，25，13，40，2
29	控制复杂性	2，7，25，19，1，40，37
30	张力/压力	2，28，35，10，24，31
31	稳定性	11，13，25，2，24

注释：

发明原理 37"热膨胀"的大量出现，反映了在评估数据时相关数据变化速率的广泛使用。

发明原理 4"不对称性"反映偏离正态曲线数据的广泛使用。

23. 欲改善的参数——通信流

含义： 涉及通信流的各方面。其他参数，如各种各样的"界面"或"客户反馈"都旨在解释和运用任何被沟通的东西本身；而这个参数则是专门针对通信传递的能力和手段。由于通信流问题的解决策略通常明显不同于通信生成或解释问题的解决策略，因此通信流成为矩阵中的独立参数。

同义词、反义词及等效的含义： 流、传输、信道、网络、链接、节点、惯性、阻力、延迟、滞后、噪声、腐败、干扰、完整性、分辨率、强度、调制、放大、衰减、带宽、速度、媒体、公众、地下的、耳语、嗡嗡声、街头的传言、有形的、无形的、媒体。

如果想要改善这项参数，我们总是应该考虑以下发明原理：

2，4，20，35，40

如果我们想要改善这项参数，也应考虑下表中的其他发明原理（按频率由高至低降序排列）：

6，25，37，35，13，2，3，28，31，10，7

恶化参数与相关发明原理列表

恶化参数	说明	相关发明原理列表（按频率降序排列）
1	研发规格/能力/方法	6，25，31，29，7，23
2	研发成本	6，18，37，13，25，22
3	研发时间	6，26，18，19，40
4	研发风险	30，6，31，4，9，13，22
5	研发界面	2，6，35，3，25，18
6	生产规格/能力/方法	6，2，13，25，10
7	生产成本	6，35，37，18
8	生产时间	2，37，18，19，25

（续）

恶化参数	说明	相关发明原理列表（按频率降序排列）
9	生产风险	25，38，3，26，10，13
10	生产界面	2，28，3，37，32，25，10
11	供应规格/能力/方法	5，25，23，10，35，28
12	供应成本	35，6，1，27，25，12，28
13	供应时间	6，31，25，35，37，16
14	供应风险	6，16，13，35，7，2
15	供应界面	2，3，13，4，12，25
16	支持规格/能力/方法	10，28，37，3，7
17	支持成本	25，1，28，32，20，35
18	支持时间	6，31，2，35，25，37
19	支持风险	29，31，6，2，30，15，10
20	支持界面	2，3，15，18，25
21	客户收益/需求/反馈	29，31，30，7，13，17，38
22	信息量	2，37，3，4，31，28，7
23	通信流	（参见物理矛盾部分）
24	影响系统的有害因素	6，30，15，28，13，36，2
25	系统产生的有害因素	1，28，4，35，7，24
26	便利性	25，1，19，29，35，28
27	适应性/多功能性	25，6，37，40，15，19
28	系统复杂性	1，25，4，37，6，18
29	控制复杂性	25，1，19，37，10
30	张力/压力	3，4，6，7，13，36
31	稳定性	37，1，39，40，9，31

24. 欲改善的参数——影响系统的有害因素

含义：此参数是指在系统当中或系统周围，任何形式的有害于系统某一方面的行为或现象。

同义词、反义词及等效的含义：不良影响、安全、威胁、指控、兼容性、污染、安全、噪声、争议、竞争威胁、（敌对的）接管、债务、法律挑战、法律变更、法律诉讼、裁员、冗余、天灾、下降、衰退、隔离、围攻、间谍活动、违反保密协议、负面新闻。

如果想要改善这项参数，我们总是应该考虑以下发明原理：

2，10，35

如果我们想要改善这项参数，也应考虑下表中的其他发明原理（按频率由高至低降序排列）：

35，2，3，15，24，26，25，28，22，13，10

恶化参数与相关发明原理列表

恶化参数	说明	相关发明原理列表（按频率降序排列）
1	研发规格/能力/方法	11，25，2，26，3
2	研发成本	35，27，3，28，2
3	研发时间	26，2，35，24，11
4	研发风险	35，2，15，26，3，15
5	研发界面	3，26，35，28，24
6	生产规格/能力/方法	22，24，35，13，2
7	生产成本	2，35，5，34，15
8	生产时间	22，35，3，13，24
9	生产风险	35，2，26，34，25
10	生产界面	3，26，35，28，10，24
11	供应规格/能力/方法	13，17，29，2，35，15
12	供应成本	11，35，2，3，39，19
13	供应时间	35，3，29，2，10，12
14	供应风险	2，13，35，31，24，12
15	供应界面	3，35，13，14，39
16	支持规格/能力/方法	27，35，34，2，40
17	支持成本	1，35，22，25，17
18	支持时间	35，15，1，3，10
19	支持风险	25，35，11，15，19，1
20	支持界面	11，24，35，5，21，14
21	客户收益/需求/反馈	39，3，5，17，26，35
22	信息量	22，10，1，2，35
23	通信流	6，30，15，28，13，36，2
24	影响系统的有害因素	（参见物理矛盾部分）

（续）

恶化参数	说明	相关发明原理列表（按频率降序排列）
25	系统产生的有害因素	35，3，24，4，13，31，15
26	便利性	2，25，28，39，15，10
27	适应性/多功能性	35，11，22，32，31
28	系统复杂性	22，19，29，40，35，15，10
29	控制复杂性	3，15，2，22，25，9，28，26
30	张力/压力	11，25，30，2，35，28
31	稳定性	35，24，30，18，33

25. 欲改善的参数——系统产生的有害因素

含义：此参数是指，对系统内部或与系统密切相关的紧邻产生任何形式的无效或有害效果的行为和现象。这些行为和现象将对系统周边造成有害影响。

同义词、反义词及等效的含义：环境破坏、不良的社会影响、不良政治影响、对健康的不利影响、成瘾、垃圾、噪声、污染、玷污、安全隐患、短期、长期、副作用、后果、先例、煽动、混乱、连带损害、争端。

如果想要改善这项参数，我们总是应该考虑以下发明原理：

2，10，12，16，35

如果我们想要改善这项参数，也应考虑下表中的其他发明原理（按频率由高至低降序排列）：

35，10，2，15，24，3，13，22，1，25，40

恶化参数与相关发明原理列表

恶化参数	说明	相关发明原理列表（按频率降序排列）
1	研发规格/能力/方法	25，29，2，37，13
2	研发成本	28，26，2，22，8，35
3	研发时间	26，2，15，19，35，40
4	研发风险	2，3，35，15，12，9
5	研发界面	3，26，35，37，2，40
6	生产规格/能力/方法	35，22，18，39

（续）

恶化参数	说明	相关发明原理列表（按频率降序排列）
7	生产成本	1，35，27，10，2
8	生产时间	35，22，18，10，24，2
9	生产风险	25，10，39，24，29
10	生产界面	3，26，35，29，9，24
11	供应规格/能力/方法	10，1，34，35，15，13
12	供应成本	10，35，2，12，31，30
13	供应时间	25，10，29，13，12，21
14	供应风险	2，15，19，23，40，24
15	供应界面	2，30，40，22，26
16	支持规格/能力/方法	2，35，40，24，26，39
17	支持成本	2，24，35，22，13，31，10
18	支持时间	35，15，29，3，1，19
19	支持风险	25，3，4，35，15，19
20	支持界面	25，13，22，10，17
21	客户收益/需求/反馈	38，10，6，5，35，24
22	信息量	10，21，22，29，19
23	通信流	1，28，4，35，7，24
24	影响系统的有害因素	35，3，24，4，13，31，15
25	系统产生的有害因素	（参见物理矛盾部分）
26	便利性	1，15，13，34，31，16
27	适应性/多功能性	3，1，29，15，10，24
28	系统复杂性	19，1，31，3，35，10
29	控制复杂性	25，3，15，22，10，23，13
30	张力/压力	11，25，12，8，37，35
31	稳定性	35，40，27，39，2

26. 欲改善的参数——便利性

含义：人们能够学会如何学习、如何操作和控制系统的容易程度，无论这个系统是一个产品、程序或服务；操作或使用的灵活性；以及可定制性。

同义词、反义词及等效的含义：简单、复杂性、易学性、可操作性、培训、教育、可用性、用户指南、说明书、帮助文件、求助热线、呼叫中心、学习曲线、自学、熟悉时间、易用性、省力、努力、(系统的)智慧、智能、本能的、预期的、一致性、可预测性、可转移性。

如果想要改善这项参数,我们总是应该考虑以下发明原理:

2,5,13,27

如果我们想要改善这项参数,也应考虑下表中的其他发明原理(按频率由高至低降序排列):

25,2,13,5,28,10,35,3,15,1,19,16,26

恶化参数与相关发明原理列表

恶化参数	说明	相关发明原理列表(按频率降序排列)
1	研发规格/能力/方法	15,35,25,16,28
2	研发成本	25,2,6,5,40
3	研发时间	1,2,15,19,25,28
4	研发风险	26,3,11,24,5,13,40
5	研发界面	16,13,25,28,37
6	生产规格/能力/方法	2,15,1,5,28,7,10,13,16,12
7	生产成本	1,25,2,27,29
8	生产时间	19,2,35,26,13,30
9	生产风险	3,26,6,11,35
10	生产界面	5,19,28,32,2,10
11	供应规格/能力/方法	35,3,13,2,15
12	供应成本	30,2,15,3,5,13
13	供应时间	24,35,28,1,29
14	供应风险	5,16,10,13,25,2
15	供应界面	5,25,3,40,20
16	支持规格/能力/方法	27,17,40,3,8
17	支持成本	25,1,12,26,10,15
18	支持时间	5,25,13,2,10
19	支持风险	2,3,25,10,16,5
20	支持界面	7,5,6,20,26,2,31
21	客户收益/需求/反馈	28,27,35,40,1,30
22	信息量	27,25,4,10,22,13,6,19

（续）

恶化参数	说明	相关发明原理列表（按频率降序排列）
23	通信流	25，1，19，29，35，28
24	影响系统的有害因素	2，25，28，39，15，10
25	系统产生的有害因素	1，15，13，34，31，16
26	便利性	（参见物理矛盾部分）
27	适应性/多功能性	15，34，1，16，29，36，19
28	系统复杂性	26，27，32，9，12，24，17
29	控制复杂性	25，5，10，12，24，28，3
30	张力/压力	10，5，14，12，13，35
31	稳定性	32，35，30，25，13，19，3

27. 欲改善的参数——适应性/多功能性

含义：系统、组织或者个人能够对外部变化做出响应的程度。此外，也与系统可以多种方式或者在各种情况下的应用能力相关。操作或运用的灵活性，可定制性。

同义词、反义词及等效的含义：适应性强、动态的、变化、顺从、刚性、宽容、智能系统、遗传算法、通用性、可切换的、可调整的、可配置的、用户可配置的、可重新配置的、通用的、模板、跟踪解决、模块性、定制的、个性化的、时变的、季节的、二合一、一体化、多用途、多功能的。

如果想要改善这项参数，我们总是应该考虑以下发明原理：

15，35

如果我们想要改善这项参数，也应考虑下表中的其他发明原理（按频率由高至低降序排列）：

15，29，1，35，17，40，30，3，7，6，19

恶化参数与相关发明原理列表

恶化参数	说明	相关发明原理列表（按频率降序排列）
1	研发规格/能力/方法	30，25，29，1，35
2	研发成本	35，28，19，1，15，8
3	研发时间	15，1，35，14，4

（续）

恶化参数	说明	相关发明原理列表（按频率降序排列）
4	研发风险	2, 40, 31, 28, 35, 29, 7
5	研发界面	29, 37, 40, 1, 35, 17, 30
6	生产规格/能力/方法	1, 15, 17, 2, 28, 38
7	生产成本	1, 30, 10, 38, 29, 35
8	生产时间	10, 15, 30, 7, 2, 29, 25, 13
9	生产风险	2, 40, 38, 30, 35, 29
10	生产界面	29, 1, 17, 40, 38
11	供应规格/能力/方法	13, 17, 7, 15, 19
12	供应成本	1, 17, 40, 3, 29
13	供应时间	15, 1, 10, 27, 7
14	供应风险	15, 17, 40, 3, 29, 25
15	供应界面	29, 28, 30, 3, 15
16	支持规格/能力/方法	35, 13, 8, 24, 29
17	支持成本	17, 35, 15, 1, 3, 2
18	支持时间	3, 30, 40, 29, 17
19	支持风险	1, 30, 40, 17, 14, 15
20	支持界面	29, 30, 17, 14, 18, 1
21	客户收益/需求/反馈	40, 17, 16, 14, 15, 1
22	信息量	15, 10, 2, 13, 29, 3, 4
23	通信流	25, 6, 37, 40, 15, 19
24	影响系统的有害因素	35, 11, 22, 32, 31
25	系统产生的有害因素	3, 1, 29, 15, 10, 24
26	便利性	15, 34, 1, 16, 29, 36, 19
27	适应性/多功能性	（参见物理矛盾部分）
28	系统复杂性	15, 29, 28, 5, 37, 6, 35, 25
29	控制复杂性	25, 15, 1, 28, 37, 3
30	张力/压力	17, 40, 30, 3, 15, 19, 16
31	稳定性	35, 30, 14, 34, 2, 19, 10

28. 欲改善的参数——系统复杂性

含义：系统内部以及系统边界周围要素、人物、部件等的数量和多样性以及他们之间的相互关系。这个系统可能位于组织内部或者外部，或者是两者的组合。包含的问题诸如功能的数量、接口和节点的数量，元素数量过多等问题。包含无形的和有形的部分，以及部分与部分之间的关系。当所研究的问题涉及复杂系统的"全局"观点时，可以采用此参数。

同义词、反义词及等效的含义：网络、网页、混乱、混乱的边缘、复杂系统、尺寸、广度、范围、相互作用、整体的、小世界、全世界、"这是整个事情"、愚蠢的、体系、"没人明白"、蝴蝶效应、出乎意料的结果、涟漪效应、关系网、族群动态、感知、对与错、对与对、临界点、悬崖边缘、非线性、因果网、可行性（可行系统理论）、文化。

如果想要改善这项参数，我们总是应该考虑以下发明原理：

5，25

如果我们想要改善这项参数，也应考虑下表中的其他发明原理（按频率由高至低降序排列）：

35，2，25，1，28，10，17，19，37，29

恶化参数与相关发明原理列表

恶化参数	说明	相关发明原理列表（按频率降序排列）
1	研发规格/能力/方法	17, 25, 1, 19, 35
2	研发成本	5, 2, 35, 1, 29
3	研发时间	5, 6, 25, 10, 2, 37
4	研发风险	28, 30, 35, 1, 17
5	研发界面	25, 28, 1, 3, 10
6	生产规格/能力/方法	12, 17, 27, 26, 1, 28, 24, 13
7	生产成本	35, 5, 1, 2, 29, 25
8	生产时间	25, 28, 2, 35, 10, 15
9	生产风险	25, 2, 26, 5, 29, 35
10	生产界面	10, 18, 28, 2, 35
11	供应规格/能力/方法	29, 30, 35, 17, 3
12	供应成本	35, 19, 1, 25, 2
13	供应时间	38, 24, 16, 15, 3
14	供应风险	2, 4, 15, 28, 35, 32

（续）

恶化参数	说明	相关发明原理列表（按频率降序排列）
15	供应界面	28，5，3，25，37，40
16	支持规格/能力/方法	13，35，1，2，9
17	支持成本	35，1，25，2，17
18	支持时间	28，15，17，32，37
19	支持风险	13，35，4，2，37
20	支持界面	28，17，29，37，10，4，13
21	客户收益/需求/反馈	25，1，2，19，10，4
22	信息量	10，25，13，40，2
23	通信流	1，25，4，37，6，18
24	影响系统的有害因素	22，19，29，40，35，15，10
25	系统产生的有害因素	19，1，31，3，35，10
26	便利性	26，27，32，9，12，24，17
27	适应性/多功能性	15，29，28，5，37，6，35，25
28	系统复杂性	（参见物理矛盾部分）
29	控制复杂性	25，19，1，28，37，3，26
30	张力/压力	1，10，2，24，4，19
31	稳定性	2，22，35，17，19，26，24

29. 欲改善的参数——控制复杂性

含义：系统（人、人－接口、物理部件或者是它所包含的算法）控制手段的复杂性，其中控制方式用于使得系统能够实现有用功能。同前述"系统复杂性"参数类似，它采用的是一种高阶层的、系统全局的控制视图。与"系统复杂性"不同的是，它和控制能力相关——一个高度复杂的系统可以很容易地进行控制，相反，一个相对简单的系统可能非常难以控制，所以这两种复杂度一定要独立对待。

同义词、反义词及等效的含义：负反馈、正反馈、前反馈、反馈缺失、自下而上、自上而下、算法、自我强化、自我持续、自动化、输入、输出、整体、比例、差别、回应、惯性、滞后。

如果想要改善这项参数，我们总是应该考虑以下发明原理：

4，10，25，37

如果我们想要改善这项参数，也应考虑下表中的其他发明原理（按频率由高至低降序排列）：

25，37，28，2，15，3，1，19，7，40

恶化参数与相关发明原理列表

恶化参数	说明	相关发明原理列表（按频率降序排列）
1	研发规格/能力/方法	25，15，19，35
2	研发成本	25，19，2，37，32
3	研发时间	25，28，15，2，6，37
4	研发风险	25，1，3，37，40，12，24
5	研发界面	6，28，1，3，40，25，13，9
6	生产规格/能力/方法	28，1，13，16，25，37
7	生产成本	6，3，25，10，32，37
8	生产时间	25，37，3，13，28
9	生产风险	30，12，25，40，2，37
10	生产界面	10，28，19，15，40，2，25
11	供应规格/能力/方法	6，5，28，37，3，25
12	供应成本	22，2，37，4，32，25
13	供应时间	28，32，25，2，37
14	供应风险	2，28，15，24，37
15	供应界面	25，8，22，28，32，37
16	支持规格/能力/方法	11，13，2，35，25
17	支持成本	15，25，19，28，37
18	支持时间	28，25，37，15，3，1，4
19	支持风险	10，15，1，34，37
20	支持界面	25，15，10，30，29
21	客户收益/需求/反馈	25，2，7，37，6，4，19
22	信息量	2，7，25，19，1，40，37
23	通信流	25，1，19，37，10
24	影响系统的有害因素	3，15，2，22，25，9，28，26
25	系统产生的有害因素	25，3，15，22，10，23，13
26	便利性	25，5，10，12，24，28，3
27	适应性/多功能性	25，15，1，28，37，3

（续）

恶化参数	说明	相关发明原理列表（按频率降序排列）
28	系统复杂性	25，19，1，28，37，3，26
29	控制复杂性	（参见物理矛盾部分）
30	张力/压力	11，24，35，2，40，25
31	稳定性	11，28，32，37，25，24

注释：

在控制情形中，由于所需要的数据可能在系统中已经能够获取，因此"不对称性"（发明原理4）和"热膨胀"（发明原理37）是两种常用的冲突消除方法，而且其使用非常简单。

30. 欲改善的参数——张力/压力

含义：组织或个人层面的张力和压力——它们都使用相似的策略达到双赢的效果。张力是指与接受者（recipient）的感知、信仰和行为产生冲突的外部影响的结果。压力在此处被定义为更严重的张力，当和外部影响的冲突达到一个临界值时，它就会出现。尽管不是采用医学意义上的压力含义，但此处的解释是，冲突使得组织或个人偏离了舒适区。另一方面，缺少张力和压力也可能带来问题。这个参数覆盖这一范围的所有情况。

同义词、反义词及等效的含义：压力、士气、危机、危机管理、结构性危机、缺乏动力、幸福感、情绪、快乐、舒适区、争端、疾病、医学症状、病假、旷工、欺凌、烦恼、歧视、剥削、"他们和我们"、威胁、消极攻击行为、"处于巅峰状态"、高绩效团队、协同效应、"总体大于部分之和"。

如果想要改善这项参数，我们总是应该考虑以下发明原理：

2，12，24，36

如果我们想要改善这项参数，也应考虑下表中的其他发明原理（按频率由高至低降序排列）：

2，35，24，10，25，13，19，3，1，11

恶化参数与相关发明原理列表

恶化参数	说明	相关发明原理列表（按频率降序排列）
1	研发规格/能力/方法	3, 2, 25, 35, 9
2	研发成本	1, 19, 35, 27, 2, 18
3	研发时间	2, 39, 24, 10, 4, 13
4	研发风险	1, 23, 2, 25, 13, 39
5	研发界面	35, 3, 37, 32, 9, 18
6	生产规格/能力/方法	35, 1, 3, 10, 16
7	生产成本	1, 35, 2, 25, 13, 17
8	生产时间	2, 20, 12, 25, 3, 13, 14
9	生产风险	25, 9, 24, 39, 7, 19
10	生产界面	3, 40, 19, 1, 24
11	供应规格/能力/方法	2, 23, 5, 30, 10, 13, 35
12	供应成本	10, 3, 25, 7, 40
13	供应时间	1, 10, 15, 25, 24, 2, 19
14	供应风险	1, 19, 13, 10, 39
15	供应界面	5, 3, 17, 29, 13, 35, 2
16	支持规格/能力/方法	11, 35, 24, 19, 2, 25
17	支持成本	35, 24, 10, 2, 25, 31, 19
18	支持时间	2, 24, 10, 40, 25, 8
19	支持风险	10, 11, 39, 1, 24, 35
20	支持界面	10, 8, 2, 24, 6, 21, 13
21	客户收益/需求/反馈	2, 10, 12, 24, 25
22	信息量	2, 28, 35, 10, 24, 31
23	通信流	3, 4, 6, 7, 13, 26
24	影响系统的有害因素	11, 25, 30, 2, 35, 28
25	系统产生的有害因素	11, 25, 12, 8, 37, 35
26	便利性	10, 5, 14, 12, 13, 35
27	适应性/多功能性	17, 40, 30, 3, 15, 19, 16
28	系统复杂性	1, 10, 2, 24, 4, 19
29	控制复杂性	11, 24, 35, 2, 40, 25
30	张力/压力	（参见物理矛盾部分）
31	稳定性	29, 35, 11, 24, 19, 13

注释：

张力和压力问题经常发生在破坏性时代，因此发明原理36"相变"的解释和使用总是值得考虑。

31. 欲改善的参数——稳定性

含义： 系统完整性；系统组成要素的关系；系统处理破坏稳定性的影响的能力，不管这种影响是内部的还是外部的，真实的还是想象的。这一参数可以应用于宏观（全系统）和微观（个体）层面。在世界不断发生变化的混沌时代，过于稳定与不够稳定同样都是大问题。本参数涵盖这一领域内的两种情况。

同义词、反义词及等效的含义： 脆弱性、稳健性、惯性、衰减、混乱、混乱边缘、响应、修复能力、线性范围、非线性变化、破坏、一致性、预测、宽容、极限、极端、界限、不可返回点。

如果想要改善这项参数，我们总是应该考虑以下发明原理：

4，10，12，25，36

如果我们想要改善这项参数，也应考虑下表中的其他发明原理（按频率由高至低降序排列）：

35，10，1，25，19，2，3，15，29，13，24，9

恶化参数与相关发明原理列表

恶化参数	说明	相关发明原理列表（按频率降序排列）
1	研发规格/能力/方法	25，2，15，36，29
2	研发成本	11，25，27，15，2
3	研发时间	10，3，35，22，27
4	研发风险	9，14，1，12，4
5	研发界面	15，17，25，3，4，36
6	生产规格/能力/方法	35，1，23，3，19，13，5，39，40
7	生产成本	10，1，35，27
8	生产时间	10，15，29，2，19
9	生产风险	9，1，37，3，19
10	生产界面	11，25，1，3，4

（续）

恶化参数	说明	相关发明原理列表（按频率降序排列）
11	供应规格/能力/方法	15，5，25，10，35
12	供应成本	19，3，35，10，4
13	供应时间	35，3，5，27，20，18
14	供应风险	9，13，1，25，14
15	供应界面	33，15，23，17，7
16	支持规格/能力/方法	25，26，1，10，12
17	支持成本	1，35，2，29，10
18	支持时间	10，15，2，30，29，12
19	支持风险	10，35，7，9，19，1
20	支持界面	11，1，40，13，22，23
21	客户收益/需求/反馈	10，40，29，30，28，26
22	信息量	11，13，25，2，24
23	通信流	37，1，39，40，9，31
24	影响系统的有害因素	35，24，30，18，33
25	系统产生的有害因素	35，40，27，39，2
26	便利性	32，35，30，25，13，19，3
27	适应性/多功能性	35，30，14，34，2，19，10
28	系统复杂性	2，22，35，17，19，26，24
29	控制复杂性	11，28，32，37，25，24
30	张力/压力	29，35，11，24，19，13
31	稳定性	（参见物理矛盾部分）

注释：

稳定性问题经常发生在破坏性时代，因此发明原理36"相变"的解释通常尤其相关。

11.4.2　40条发明原理及案例

研究人员从人类努力探索的科学、艺术、政治、工程和商业等诸多领域获得了近300万项成功发明，通过系统分析，发现了40条发明策略。这40条创造性的策略或"发明原理"提供了包罗万象的系列解决方案的触发器。实际上它们像"路标"一样指出了可能找到成功（并非折中）的解决方案的方向。

头脑风暴讨论正是应用这些发明原理的最简单的环境。在这种环境中，我们力求在问题和由每条发明原理引导的解决方案的方向之间建立联系。传统的头脑风暴过程中创意的产生是随机的，讨论会很快陷入僵局，但隐藏在发明原理形式和结构中的基本思想之一是提供了可以系统和全面探索的完整的解空间。鉴于此，当我们在当前讨论中无法产生新创意时，这些发明原理使我们只需进一步考虑不同的发明原理，即可使头脑风暴讨论重新充满活力。通常情况下，依次利用这些发明原理，在几个小时后仍可产生重要的新创意。

需注意的是，为确保解决方案的空间覆盖尽可能完整，应允许各发明原理之间有重叠。当然，对一些使用者来说，这令他们有些沮丧。我们对此有两点说明：1）这种重叠是有益的，而且无数事例也表明，这种重叠是有利的；2）如果考虑你所解决问题的方案序列中的下一条发明原理，思考"哈，我知道这条"，进而尝试用条新的发明原理获得更多新方案，或者干脆转到下一条发明原理。

来自不断增长的用户群的证据清楚地显示了熟悉所有原则的好处。你也可能愿意把自己应用发明原理的案例添加到本书的案例库中。

每条发明原理细分为3个层次。第1层次是发明原理的名称，如"分割"或"反向作用"。第2层，以A、B、C等为序号，来标记其他问题解决者关于该条发明原理最具描述性的定义；第3层最为详细，是关于发明原理和其A、B、C等子原理的系列示例。

原理1　分割

A.将系统或事物分解成各自独立的部分。
- 将企业分为不同的产品中心。
- 有自主的盈利中心。
- 大型项目中运用"工作分解结构"。
- 特许经销。

- 红队/蓝队竞争对抗。
- Kano 图——产品的兴奋型需求、期望型需求和基本型需求的属性参数。
- 通过人口统计学、社会学、心理学、生活方式等细分市场（创造"微商机"）。
- 问题的分类优先级。
- 为方便只购买少量商品的顾客，超市推出"只收现金"或"限购物筐顾客"结账通道。
- 优势/劣势/机会/威胁（SWOT）分析。
- 认清"具体"和"一般"原因引起的失误区别。

B. 使系统或事物易于分解。

- 弹性养老金制度。
- 在短期项目中雇用临时工。
- 柔性制造系统。
- 模块化的存款账户使顾客可以"混合和匹配"。
- 模块化办公室/"办公桌轮用制"。
- 集装箱运输。

C. 增加分解和分割的程度。

- 细分市场广告——大规模定制。
- 虚拟办公室/远程工作。
- 经济特区。
- "创造性细分"——"高性能小型汽车""易用单反相机""无线电动工具"。

原理 2　抽取/分离

A. 将干扰的部分或性能从系统或事物中分离出来，或仅保留必要的部分（或性能）。

- 打破部门间的壁垒（戴明的质量管理 14 条要点中的第 9 条）。
- 取消劝告（戴明的质量管理 14 条要点中的第 10 条）。

- 消除目标（戴明的质量管理14条要点中的第11条）。
- 驱走恐惧（戴明的质量管理14条要点中的第8条）。
- "对事不对人"（《谈判力》）。
- 银行自动柜员机。
- 独特的销售主张（Unique Selling Proposition，USP）广告。
- 即时库存管理。
- 把开发和生产分离——臭鼬工厂、老虎团队等。
- 用智能软件学习用户的偏好，过滤掉无用的信息。
- 用语义处理器从文本中提取"知识"。
- 向客户和雇员发放匿名问卷。
- 摆脱中间商。

原理3 局部质量

A. 将事物或系统由一致转变为非一致，将外部环境（或外部影响）由一致转变为非一致。

- 摆脱严格的工资结构/岗位等级。
- 在项目团队中根据能力/个性分配工作。
- 灵活的工作时间。
- 连锁快餐店除供应标准化套餐外，也出售当地风味食品。
- 便装（休闲装）日。
- 地区性广告战/优惠券促销。
- 红队/蓝队各自拟定计划书。
- "静音"办公区/会议区……。

B. 使事物或系统在最适合的条件下运转。

- 给个人"授权"。
- 为每位员工提供满足其身心需要的工作环境。
- 使工作时间与国际业务、倒班作业安排相适应。
- 利用咖啡休息时间开展非正式（非正式着装）交流。
- "新产品追捧者"关注的产品和服务。
- 订制的软件。

C. 使事物或系统的每部分实现有用但不同的功能。
- 根据职能而非产品划分组织机构。
- 各有专长的员工。
- 雇用本地人以掌握本地消费文化。
- 餐厅里的"儿童活动区域",等等。

原理 4　不对称性

A. 把系统或事物的形式由对称转为不对称。
- "先购买,后付款"。
- 在戴明 PDSA 周期中增加"计划"或"学习"。
- 偏正态分布。
- 为不同的部门分别编制预算,而不是就所有部门规定固定的增长或减少比率。
- 在顾客 – 供应商关系中更关注"顾客"。
- 在销售预测中考虑季节性变化。

B. 如果系统或事物是不对称的,改变其不对称程度。
- 360 度绩效评估。
- 管理者和员工之间的更平等的双向沟通。
- 避免受时间影响的销售变化偏见(例如从每年变换到每两年的汽车登记日(降低 8 月份的销售高峰),贺卡公司等)。
- 本田公司的 4M(乘员占用空间最大化,机械占用空间最小化)产品设计理念。
- 更大的客户焦点小组 / 互联网焦点小组。
- 网购——"面向全球的实体店铺"。
- 当在商业活动中与其他有直接竞争关系的公司竞争时,与其他"互补性"企业合作。

原理 5　组合

A. 使相同或相似的系统或事物联系更紧密(或合并),将相同或相似的部件组合以并行工作。
- 基于单元的生产。

- 丰田准时生产/"精益制造"。
- 共同利益集团。
- 多屏幕影院。
- 购物广场。
- 银行等机构给客户提供一揽子金融服务套餐——现金、储蓄、抵押贷款、退休金等。
- 债务合并贷款。
- 当在商战中面临直接竞争对手时,与其他"有互补性"的企业合作。
- 与其他国家无竞争关系的公司建立伙伴关系。
- 日本名言:"年轻工程师有想法,年老的工程师有刻骨铭心的经验"。

B. 连续运转或并行运转,并及时将其组合。
- Eli Goldratt 的约束理论(Theory of Constraints,TOC)。
- 参与式设计,即设计产品时获取客户和供应商的帮助(波音777 "合作团队")。
- 多媒体演示。
- 群体邮件,如邮件、电子邮件、内联网、视频会议等。
- 电影、书籍、声带、商品这类连锁产品。
- 电话服务中心。

原理6 多用性

A. 消除对其他功能的需要部分,使事物或结构实现多项功能。
- 多技能员工。
- "一站式购物",如超市经营保险、电话卡、燃油、报纸销售等业务。
- 军队中的快速反应部队——交叉训练,通用设备,等等。
- SEMCO公司及其管理实践——管理人员自己设定自己的薪酬,车间工人设定自己的生产任务,改变并消除代理人的部分工作。

- 因特网／局域网增强了公司和项目团队的交流——每个人都可以访问相关信息。
- 行业标准——例如，通信协议，HTML／网络／TCP/IP。
- ISO9000 以及相关的通用标准。
- 基于市场的成本标准。
- 模板。

原理 7　嵌套

A. 将一个系统或事物置于另一个系统或事物之中，每个系统或事物都置于另一个之中。

- 店中店。
- 组织内部的利润中心。
- 多家银行共用的自动提款机。
- 分层的组织结构。
- 知识的 4 个层次：1) 基本技能；2) 技术窍门；3) 流程管理；4) 战略视角。这些层次包含于成功企业（如索尼）的培训计划中。

B. 使一件事物融入另一件事物。

- 使传统意义上的内部工作人员接触外部事件／客户（例如，工程师跟随销售人员接待到访的客户）。
- 通过迎宾传感器统计进出商店／办公室等场所的客户数（例如，把这些数据用于测算市场概况，等）。
- 互联网"领航员"公司。

原理 8　重量补偿

A. 为补偿系统或事物偏离预定路线的趋势，将其与其他具有重新平衡作用的系统或事物组合。

- 在两家公司的合并中，一家公司利用自己的优势使另一家得到提升（销售系统、市场、方法、资金，等等）。
- 公司加强滞销产品与畅销产品的联系，以促进其销售（如电影的衍生产品）。

- 贴上"新"的标签是增加快速消耗品销售的最有效方式。
- 在变革初期聘请"冠军"助阵。

B. 为弥补系统或事物偏离预期的趋势，使之与全球／宏观形势相适应。

- 小型公司通过利用外部运输网络使自己"提升"到大公司的水平。
- 政党通过致力于民众关注的事务增加民意支持。
- 利用来自客户和商业的驱动力开展产品／服务市场营销（大趋势——人口老龄化、灵活性偏好、简化，等等）。

原理 9　预先反作用

A. 如果完成任务必然同时产生有害和有用的作用，在实施任务前就应采取措施减少不良影响。

- 发表公开声明时包含所有信息，而不仅仅是负面信息（如：毕雷矿泉水公司处理其水质问题）。
- 用正规的风险评估方法量化风险，并在项目开始之前和执行过程中采取缓解措施——颠覆分析（"我们如何打破僵局？"）
- 客户体验／分区推广（高风险的）新产品（例如，电影公司为电影制作多种片尾，通过在不同观众中试映后再最后定稿）。
- 当你是新入市的商家，顾客又官方降价时，你应在投标中要求付费参与。
- 用自愿减员、降薪、缩短工时、工作分享等方式避免裁员。
- 通常，让某人对某事物产生需求的非常有效的方法是，告诉他不能得到此物。
- 故意设置故障，然后以非常内行的方式排除故障，以使顾客折服。

B. 在系统或事物中事先营造压力，以适应可预知的后期工作中的压力。

- 爱普生的产品开发工程师在被允许从事产品开发活动之前，要先花一段时间从事销售和售后服务工作。
- 在项目实际开始之前，应先完成团队建设（例如，团队用1周的时间开展专题研讨，以使他们知道应如何一起工作）。
- 在长期合同里通过谈判协商提前支付的费用。

原理 10　预先作用

A. 在系统或事物（整体或部分）需要之前就率先实施必要的更改。

- 融资中的预付/后付。
- 项目的事先规划。
- 参观现场，即亲身观察客户是如何使用产品/享受服务的。
- 提前完成非关键任务（在环境允许的条件下）。
- 在组织重构之前与员工沟通。
- "现货""成品""预先包装"商品。
- 短期或长期租借，或部分购买财产，而非直接购买。
- 在抵达餐馆前电话订餐。
- 在新产品正式面世前通过"泄露"消息制造热点话题。

B. 事先安排好有关事项，使其能够在最方便的地方开始行动而无须浪费时间用于运输。

- 准时生产制（Just In Time）工厂里的看板管理。
- 基于单元的生产。
- 会议之前公布议程。
- "集中处理中心和分拣出口系统（轮轴与轮辐系统）"网络储运概念（例如，联邦快运）。
- 攻欲善其事，必先利其器。
- 贝纳通（Benetton）公司的"迟钝的分化"，即先完成衣服编织后染色；待季节流行色发布后再染色。
- 夜班完成汽车维修（此时绝大多数客户不用他们的车）。

- 经销商选配汽车零部件，如 CD 播放器、铝合金车轮、空调，等等。
- 分布式系统，如本地仓库等。

原理 11　事先防范

A. 预先准备好紧急措施以应对后期可能出现的问题。

- 制订应急预案和"次优方案"。
- 在谈判之前确定最坏的情况和底线——"谈判协议的最佳替代方案"。
- 备份计算机中的数据。
- 杀毒软件。
- 不放置椅子，以使会议缩短时间，提高效率。
- 在合同中加入仲裁/调解的条款以避免诉讼。
- 在戴用 PDSA 循环中由"S"（学习）开始。
- 为关键子系统设置二次关键子系统。
- "产品的成功 80% 来源于铸造。"——Lindsay Anderson

原理 12　等势

A. 在存在有害的紧张状态时，创造条件抵消、减轻或消除它们。

- "横向"岗位轮换以提升员工技能。
- 团队成员分配绩效奖（而不是惯用的由管理者分配的方法）。
- 力-场分析法。小组讨论："作用方向不同的力"——团队建设/问题解决技巧。
- 共鸣。管理者将自己的陈述调整以最适合受众，如员工和主管。
- 了解彼得原理（Peter Principle）。"在一个等级制度中，每个职工趋向于上升到他所不能胜任的地位。"
- 单一工会协议。
- 将"无过错"终止条款写入合同。
- "沟通实际上是（也应该是）地狱之火和火花，同时也是甜蜜和光。"——Aman Vivian Rakoff

原理 13 反向作用

A. 转变过去已习惯的解决问题的策略。
- 将山移至穆罕默德面前,而不是将穆罕默德带至山边。
- 在衰退期扩张而非收缩。
- 以"最差"而非(或至少同时)以"最好"作为标杆。
- 对事不对人。
- 将维修部门转变为"可靠性"部门,目的是让他们消除维护。
- "我曾经认为那些做疯狂的事的人都是疯子。现在,我突然意识到做疯狂事情的人根本没疯,那些认为他们是疯子的人才疯了。"——Paul McCartney

B. 使可变的事物(或外部环境)固定化,使固定的事物可变。
- 居家购物。
- 居家银行服务。
- 交通繁忙的大城市的"停车—换乘"方案。
- 汽车维修。修理工到你需要的地点,而非你自己开车去修理厂。
- 流动图书馆。
- 不要仅仅因为是流行的管理风尚就随之改变。

C. 使系统、目标或过程"倒置"。
- 收银员是零售企业最重要的岗位。
- 计算机辅助客服原本通常不安排技术人员值班,如果问题复杂,再视情况将客户的问题逐步转给能力较强的技术人员。最近的研究建议改变这种安排,即安排最能解决问题的员工最先介入客户的问题(如 IBM)。
- 基于引导而非推动的组织结构。
- "预备,开火,瞄准!"——Tom Peters
- 梅赛德斯奔驰的目标从"要么最好,要么什么都不是"转变为"为顾客提供最优产品"。企业目标宣传从内部转为外部关注点。
- 《彼得金字塔》(劳伦斯·彼得 1986 年著)。

- 集体的"忘却"——获得在需要时忘记过去的能力。
- "我们处在崇尚能思考的机器的年代,但怀疑那些尝试思考的人们。"——H Mumford-Jones
- 俄罗斯政府为发明者支付专利申请费用,而西方国家要求发明者自行支付专利申请费。
- 公司董事长花时间在投诉部门回应客户投诉。
- "没有什么像成功那样失败"。
- "我们没有因为已长大而停止玩耍,但我们变老是因为我们不再玩耍"。
- "当你攀上顶峰,正是新的攀登的开始。"——Michael Caine

原理 14　曲面化

A. 将扁平或直的事物变成弯曲的。

- 从最短的路径接近客户——绕过组织而不要在各层级间层次审批。
- Levi Strauss 的信息服务部的组织图就像太阳系一样,20 位管理者的名字显示在大圆圈上各出现一次,并且,在很多情况下,也在 4 个与大圆圈相交的小圆圈之一上。这些小圆圈代表关注专项任务的行动小组,包括客户服务以及业务系统。
- 建立"良性循环",即自我完善。
- "使马车形成一个圈。"——John Wayne

B. 由线性运动变为回转运动。

- 团队领导权轮换。
- 限额循环周转信贷合同。
- 圆形工作间。
- 注意戴明的 PDSA 循环是圆形的,而且"行动"阶段嵌入其后的"计划"阶段(例如,项目团队通常在记录到任何经验教训之前就解散了)。

原理 15　动态化

A. 容许(或设计)一个系统、对象、外部环境或者过程中的特征变得最优或者找到一个最优的运行条件。
- 授权。
- "客户响应小组",快速反应团队。
- 持续过程改造。
- 季节性定价,广告宣传。
- 地区性定价,广告宣传。
- 灵活的模式转变。
- 限制驱导式进程操作调度。
- 斯沃琪设计增值——为特定细分市场进行设计。
- 在项目中根据变化程度调整会议频率。
- "在当今商业混战的环境中,一成不变的捷径——只能变革"。
- "变革是唯一的常态"。

B. 把一个系统或者对象分解成几个部分,并且每个部分之间可相对移动。
- 各工作团队要实现的目标相同,但在不同的工作任务中的工作速率不同。
- 地理上或功能上独立的业务单元。
- 混合式组织结构。

C. 如果一个系统、对象或者过程是硬性的或者固定的,那就让它变成可活动的或者能适应变化的。
- 网上购买的网络摄像头。客户可以在家里的计算机上通过控制和移动摄像头使其指向商店各区域的不同商品。
- 改变主管的角色,避免"打鼹鼠"式的救火。
- 基于使用的保修(非固定期限)。
- 维珍银行的"唯一"银行账户——顾客无须费心即可持续。优化资金配置,使利润最大化。
- 柔性组织结构。

原理 16 未达到或超过的作用

A. 如果用特定的解决方案难以完全实现目标,那么采用同样的方法时"稍欠"或"稍过",可能更容易解决问题。

- "如果没报废,无论如何修好它"——日本工艺管理观念。
- 用帕累托分析把主要精力集中于高回报项目。
- 设置更深入的学习目标,即使未能实现全部目标,获得了知识也是值得的。
- 渗透式广告。
- 以顾客的"开心"而非"满意"为目标。
- 故意设置经理分工的重叠以促进交流(常用的日本人的策略)。
- "你永远不会知晓的数字才是最重要的。"——W. E. Deming(有谁知道"100%"意味着什么吗?)

原理 17　其他维度

A. 如果系统或事物只使用一两个维度,那么利用好那些未用的维度。

- 360 度绩效考核。
- 持续考核(即利用时间维度)。
- 组合投资策略,通过精心选择不同但互补的股票。
- 在一处买进在另一处卖出。
- 多维组织层次图,例如,3D——显示"硬关系"和"软关系",或 4D——包括时间元素("巴基球管理")。
- 分散责任和权力。例如,质量部门制订技术细节并实施监督,但每位员工都要对质量负责。再例如,安全办公室。

B. 采用多层结构而非单层结构。

- 组织层级。
- 利用建筑高度多层堆垛,以节省占地面积。
- "站在巨人的肩膀上……"。
- "当两人见面时,实际上有 6 人存在,即每人眼中的自己,每人希望被别人认识的自己,以及每人实际的自己。"——Michael De Saintamo

C. 变换系统或事物的方向或重新定向，把它放置一边。
- 横向（同级）沟通。
- 在横向整合和纵向整合中转换。
- 从垂直思考转为横向思考——或反之。
- 在矩阵型组织中由生产线管理主导转向项目管理主导（反之亦然，取决于主要的市场状况）。
- 从对细节的描述转向宽视野全景式的报告。

D. 利用系统或事物的"另一面"。
- 从外部观察你的组织，如直接（检视）或启用顾问，"神秘顾客"，等等。
- 销售流程的理念创新，如 Interface 公司提供所谓的"长期租赁计划"，而非向商业或工业用户销售地毯。它的客户不再购买地毯或付铺装费，他们只需每月支付服务费，即可保证他们拥有干净、漂亮的地毯。
- "好的管理者不会费心消除矛盾；他要做的是努力避免他的员工因为冲突消耗资源。如果你是老板，你的员工认为你错了而当面与你作对，这是好事。"——Robert Townsend
- "我们在组织中最害怕的事情是不稳定、干扰、不平衡，而这些是创造力的主要来源。"——Margaret J Wheatley

原理 18　机械振动

A. 找到并利用系统或事物的"共振频率"。
- 用方针规划使整个组织"振动"起来。
- "如果你没有热切关注，我不认为你能做好。"——苹果公司副总裁及首席财务官 D Coleman。
- "他使我们相信：我们的工作将对世界产生巨大的影响。"——Lilian Gish 这样评估 D. W. Griffiths。
- 运用战略规划（政策调整、方针管理）选择合适的频率，并使企业在这一频率上共鸣以完成战略突破。
- "在新起步的公司，你基本上每三周就得放弃之前的所有设

想。"——Scott McNealy
- "Kansei"——日语，表示共鸣/产品和用户之间的一致。

原理 19　周期性作用

A. 采取周期性或可变的行动，而非一成不变。
- 分批生产。
- 潮汐式车道流量计划缓解进出繁忙区域的交通压力。
- 定期更换团队领导，例如，欧盟轮值主席制。
- 在艰难的谈判中安排暂停。
- 在合同中设置"喘息的机会"。
- 安排休假使员工更新观念。

B. 如果工作是周期性的，改变周期长度或频率。
- 不定期审计。
- 采用月度/周报告，而非年报。
- 灵活储蓄计划：取款越少，获得的利息越多。
- Ritz-Carlton 酒店用每天 10 分钟的员工培训取代低频率长时间的授课。

C. 在不同的工作之间安排暂停。
- 在旅程中抓紧时间阅读。
- 在假期中完成维修工作。
- 在一周工作效率低下的时候（如周五下午）参加激励活动（如外聘专家的演讲等）。
- 24 小时汽车维修服务——（对顾客来说）维修公司晚间取车，次日早餐时收到维修完的汽车。
- 超市的"忙时收银员"。当顾客少时员工做其他的工作，当排队付款的人多时他们转至收银台。

原理 20　有效作用的连续性

A. 使系统或事物的各部分持续在最佳条件中运行。
- 努力使工厂生产的薄弱环节持续得以改进，以实现整体最优（来自"约束理论"）。

- 永不间断地改进生产及服务系统（戴明质量管理 14 项原则中的第 5 项）。
- 奥的斯公司对电梯的持续在线监控，该公司承担全部维修责任。
- 连续复利。
- 永续年金。
- 24 小时汽车维修服务——（对维修公司来说）晚间到客户处取车，次日早餐时交付维修完的汽车。
- 终身学习。
- "瀑布的能量只是无数水滴的合力而已"。
- "我训练得越多，运气就更好。"——Gary Player

B. 消除所有无效或间断性的任务或工作。
- 培训员工掌握多项技能以便在瓶颈状态下提高工作效率。
- 24 小时轮班制。
- 在生产间歇期开展培训。

原理 21　减少有害作用的时间

A. 高速完成某些过程或阶段（例如，易受破坏的、有害的或冒险的工作）。
- "创新最大的敌人就是渐进主义。"——麻省理工学院传媒实验室 Nicholas Negreponte。
- "如果需要，不要害怕迈出一大步。两小跳是不能使你跨过陷阱的。"——David Lloyd George
- "快速失败，快速学习"。
- "全员参与快速变革"。在面对根本性变革时（例如，企业重组），组织全体员工同时且迅速地投入。
- 尽快完成痛苦的进程（例如裁员）。
- 快速成型。
- "如果你想成功，就把你失败的概率提高一倍吧。"——IBM 创立者 J R Watson。

原理 22　变害为利

A. 利用负面因素（特别是对环境或周围事物的有害的影响）获得有利的结果。
- 把对你的抨击转化为对相关问题的探讨。
- 对你的商品或服务有不好体验的顾客，试图重新提高他们对你的整体信任——达到比问题发生之前更高的水平。
- 把合同谈判变为双赢的结果。将降低价格的要求看作对方表达的长期合作或"再看看"的愿望。
- 以"激将法"激发新想法。
- "再坚持一段儿就没有交通拥堵了。"佚名

B. 把主要的有害行为与另一有害行为叠加，以消除其有害的影响，以此解决出现的问题。
- 导入"对竞争的恐惧"以消除"对改变的恐惧"。
- 把"问题人物"安排到其他领域工作，在此他能很好地完成任务，而且也不会给原团队带来麻烦。
- 为促进销量而亏本销售的定价策略。
- 为减少车辆进城，引入低成本的"停车换乘"以及城区高价停车方案。
- 使潜在的排污企业把排水口设置在河流下游。

C. 把不利因素放大至不再具有危害性的程度。
- 将资源供给紧缩到必须找到新方法才能完成任务的程度。
- 限制商品供给以创造稀缺价值（例如，有些跑车制造商试图保持多年等候名单，给他们一个独特的标志）。
- 从银行借 1 万美元，是你欠银行的；从银行借 1 千万美元，你就是银行的老板。

原理 23　反馈

A. 引入反馈（涉及回溯、重复检验）以改善过程或行动。
- 统计过程控制（SPC），用各种检测方法确定何时需改善工艺。
- 在设计过程中就获得客户的反馈信息。

- 外联网／电子公告板。
- 客户调查问卷／客户研讨会等。
- 在研究、开发和生产各阶段之间将"主动转变管理"作为控制产品开发过程的方法。
- (超市)会员卡，记录顾客的购物信息。
- "你测量什么，就能获得什么结果。"——Joe Juran
- 对顾客的现场 Bata 测试。
- 在购买你的服务有不愉快的经历的顾客，有 95% 不会抱怨，他们只是转为购买其他商品。应建立便于顾客操作的反馈渠道使顾客能（可能以匿名方式）反馈他们的看法。

B. *如果已有反馈，那么增加其重要性或影响力。*

- 把管理目标从预算指标变为顾客满意度。
- 使设计师和营销人员直接面对顾客。
- 允许顾客观察（比如通过网络摄像头）他购买的商品的制造或订单的准备过程。
- 多指标决策分析（"苹果和橘子"的合理比较）。
- 东芝医疗系统分为研发、工程和生产部门。在产品开发过程中，关键员工和领导会在各部门间流动，以主动适应产品开发过程中各阶段的转换。
- "敞开和服"（一切公开）沟通。
- "管理"而非监督。
- 协同进化营销。例如，亚马逊邀请读者撰写在线书评；其他读者把这些评论看成专业书评人士的看法，因而人们更常登录其网站。
- 摩托罗拉公司"公开异议"政策。当员工所认为有价值的观点得不到同事或直接领导支持的时候，他们可撰写少数派报告给高层管理者。
- 把"半生命周期"作为改善措施（例如，使产品开发时间减半）以促进大规模思考。
- 前馈——预期的反馈。

原理 24 中介物

A. 利用中间载体或中间过程。
- 在艰难谈判中引入公正的团体（如英国的咨询调解和仲裁局）。
- "激励算子（provocative operator，Po）"——处于"是"和"否"之间，是 Edward DeBono 提出的设想，以帮助避免过早放弃已提出的想法。
- 分包非核心业务（例如，清洁、运输）。
- 特许经营商作为中介，连接了（共同的）企业愿景和（不同的）客户。
- 旅行社（注：也可不用中介，如直销）。
- 托收代理人——债务。
- 经纪人、信托公司等。
- 在电视节目或电影中展示产品。
- 采用集中分拣中心的美国邮政物流系统。
- 荷兰航空支线航空公司。来自德国和英国的短途航班，吸引国际航线上长途飞行的乘客，以便他们把荷兰作为出发的航空港。
- "Video Plus"——用简单代码表示频道、日期和时间的视频编辑程序。
- "布谷鸟"投资。

B. 暂时将系统或事物与另一个系统或事物（容易移除的）结合。
- 引进专业的应急团队或"灭火"团队。
- 雇用顾问。
- 用过渡性贷款增加现金流。
- 分包临时业务，如地面修整等。

原理 25 自服务

A. 使系统或事物通过实现辅助性功能实现自我服务。
- 质量管理小组。

- 自助团队。
- 病毒式营销。
- 品牌形象循环。例如，哈佛商学院培养出高素质人才，这些人提高了学院的声誉，因此许多人报考该院，但该院只接收才智出众的考生，高质量生源保证了高质量的毕业生。所以，这是自我强化的循环。
- 互联网上的"Cookies"在向"浏览者"提供有效服务之时，也收集对今后市场营销有用的数据。
- 超市中的条码提供即时价格信息，但该系统同时收集有助于未来市场决策的信息。
- Edward DeBono建议英国福特公司买下国有停车场，只让福特车停车，也就是说，购买了福特车的车主同时买下了各城市中的停车位。

B. 利用废弃（或流失）的资源、能源或物质。

- 聘用退休员工从事他们的经验的工作。
- 向其他组织暂时借出未充分利用的员工（人力资源与工作负担在公司间平衡（例如，足球运动员）。这造成了双赢局面，球员保持比赛状态，出借方节省了人员工资，借入方弥补了技能不足）。
- "工业生态系统"。
- "棕色地带"开发，即"旧工业区改造"。
- 美体小铺（The Body Shop）使用客户带来的用过的容器，这有助于提升其绿色形象。
- 杠杆收购。
- 回收所有包装材料。

原理26　复制

A. 用更简易、便宜的复制品代替难以获得、昂贵或易损的事物。

- 标杆管理。
- 快速成型技术（如光固化立体造型技术）。

- 以线上订购/交易/应用取代实体场所。
- 基于问题的学习，基于案例的推理。
- 扫描珍贵的古籍、档案等，这样任何人都可阅读，原件也得以保护。
- Lascaux II——向游客开放的 Lascaux 洞穴壁画的复制品。

B. 用光学或虚拟的复制品替代真实的系统、事物或过程。
- 虚拟的产品服务手册。
- 用飞行模拟器减少飞行员训练成本。
- 数值模拟——业务分析（虚拟军事演习、虚拟商业开发、战略规划建模）。
- 视频会议以免车马劳顿。
- 用中心电子数据库取代纸张记录，使多用户可同时获取数据，例如病历、客户数据、工程图纸等。
- 将你的个人备忘录放在网上以便你能从任何电脑上获取它，而且不会丢失。
- Novell 公司的"iHome"系统使用户可通过互联网访问计算机的硬盘驱动器。

C. 如果已经使用了复制，换到不同寻常的启发和观察视角。
- 用多种方法，如访谈和问卷（两种不同"波长"）评估员工士气。
- 用多种技术评估客户满意度。
- 请客户对你进行基准测试/请供应商对你进行基准测试。

原理 27　廉价替代物

A. 用多种廉价的替代物，包括一些不太重要的参数（如使用寿命），取代昂贵的系统或事物。
- 用一次性用品以减少清洁和储存耐用物品的费用，如汽车旅馆用的塑料杯、一次性尿布、各种医疗用品。
- 一次性相机、手机等。
- 在快速变化的市场中的"一次性组织结构"，因为在仍处于快速变化的电子商务中大规模优化组织结构是没有意义的。
- 斯沃琪的"再次冲动购买"——"要买新衣服吗？换块儿斯沃琪吧"。
- "卡通警察"——在公路桥上放置的用于使车辆减速的警察或警车 2D 画像。

原理 28　机械系统代替

A. 用其他感受方式取代或补充现存的（视觉、触摸、听觉、味觉或嗅觉的）感受。

- 廉价连锁汽车旅馆的执行总裁："我们的目标是，当你关上灯，躺上床，你会以为自己住在希尔顿"。
- 多媒体演示。
- 通过听、观察和实践来学习。
- 超市通过在店内放出烘烤食品的香气来增强面包产品的广告效果。
- "当我们观察事物时，除了眼睛所看见的还有许多别的信息源。这通常包括我们已有的经验中关于这一事物的知识，并且这种经验不局限于视觉，还包括其他感觉：触觉、味觉、嗅觉、听觉，可能还有温度和疼痛感。"——R. L. Gregory
- 走动式管理（Management By Walking Around，MBWA）。

原理 29　气压和液压结构

A. 使固体的东西变为"流体"。

- "水的威力"与"石的坚硬"的对抗，即流动的液体日积月累形成的威力与边角清晰的坚硬岩石的对抗。
- 灵活（液态的）的组织结构与传统的具有固定层级的结构对比。
- 传统上被认为是"竞争者"的企业，在特定项目上可能成为合作者。这种情况在航空航天工业中越来越多；现在，在谁与谁合作的问题上越来越灵活。

- 利用组织内存在的非正式沟通渠道（小道消息），或利用客观存在的人际关系，传播重要信息。
- 资产变现。
- 合同中的浮动期限。

原理 30　柔性壳体和薄膜

A. 以精干和灵活的结构代替庞杂、三维的结构。

- 最薄的薄膜是单个分子的厚度。同样，最小的组织结构是一位员工的规模。通过使这种单人客服代表能够便捷地获得所有必要的数据，客户就只需与该企业中唯一的、灵活的"壳"而不是具有复杂组织结构的整体打交道，这样即可使客服更为快捷。
- 在组织结构中"减少层级"。
- "我们希望给员工放权，并使其尽可能自由，因而我们在各层级推动管理决策下移。我们使劳斯莱斯具有非常精干的组织结构。"——劳斯莱斯前主席图姆斯勋爵

B. 用精干、灵活的结构将系统或事物从潜在的有害环境隔离出来。

- 当办公室职员在开放工作区需要集中精力而不是交流时，可用灵活窗帘把自己与视觉混乱的办公环境隔离开来
- 用"商业秘密"的方法把公司的专有知识与常识分开。

原理 31　多孔材料

A. 给系统或事物添加"孔洞"。

- 把公司中面对客户的层次看成过滤进出组织的信息流的多孔膜。
- 在合同中留有"喘息空间"。
- 通过创立所有层级都能访问的内部网促进内部沟通；使员工与执行总裁能够相互接触。
- "自然憎恶真空"，作为观察系统如何填补空缺元素的途径，有意地撤销组织中的某些岗位。

- 政府"泄露消息",作为评估公众对(通常)有争议问题的反应的方法。

B. 如果系统或事物有漏洞,利用它们引入有用的事物或功能。
- 增强面向客户层的能力(填补孔隙的是信息,参见原理30A)。
- 运用思维地图、自构图能力等提高大脑获取和过滤信息/知识的能力。
- 媒体公关部寻求媒体顾问和/或市场反馈收集者的帮助。

原理32 颜色变化

A. 改变物体或其外部环境的颜色。
- 红/蓝提案起草团队。
- 用灯光效果改变房间或办公室的气氛。
- 六帽思考法。
- 创建"公司色系",通过选择特定的颜色创立强势品牌形象。如,"英国石油公司绿","英国电信公司红"的公用电话亭,"福特蓝",等等。
- 用颜色表示警戒(绿色、黑色、琥珀色、红色等)。
- 安全警示状态。从心理上,人们更容易记住颜色而不是文字。
- 当显示的数据超过规定范围,用软件改变数据的颜色。

B. 改变系统、事物或外部环境的透明度。
- 组织透明化。
- 通信透明化。
- 创建清晰、简洁的任务陈述的重要性。
- 用烟幕/误导信息掩饰机密的研发等活动。

原理33 均质性

A. 使系统或事物与其他具有相似形式或相似特性的系统或事物相互作用。
- 同在一地的各项目团队。
- 内部客户。

- 产品品牌／产品系列。
- 波音"共同工作团队"——把客户和供应商纳入设计环节。
- "互补"组织，即那些与你的企业无竞争关系的组织，他们能实现双赢局面，如牙膏和口香糖企业。
- "口径一致，同声同气"。
- 不同公司间的通用数据传输协议。
- 在猪耳朵上做丝绸钱包的最好方法是先养一头丝绸猪，要挣钱也是这个道理（Augustine 定律 1）。

原理 34　抛弃或再生

A. 使系统或事物中已经完成了使命的部分撤离或直接在工作中更新。

- 灵活的规模可变的项目团队。
- 用合同工平衡工作任务／工作岗位。
- 顾问。
- 租赁专业设备／设施，等等。

B. 直接在工作中恢复／回收系统或事物的可用部分。

- 需要定期充电并持续提升主动性（"活力注入"）。
- 终身学习（个人有责任安排好自己的继续教育，确保技能不落伍）。

原理 35　参数变换

A. 改变物体的物理状态（例如，从实体到虚拟）。

- 虚拟原型。
- 数值模拟。
- 虚拟购物——如 Amazon。
- 电子商务。
- 电话银行。
- 选举中的电子投票。

B. 改变焦点或打破常规。

- 购股选择权。

- "六帽思考法"/"六双行动鞋"。
- 改变团队结构,例如足球队启用替补队员。
- 商店开展"打折"和其他促销活动。

C. 改变灵活度。

- 向在线目录中加入智能技术。例如,第一代目录只是早期纸质版本的复制品,最近的版本包括搜索引擎、专家系统,等等。
- 软件有从"初学者"到"专业"用法的全部选项。
- 抛弃衣服的固定尺码划分。例如"个人裤型服务系统(个性化服务)",顾客在配置了该系统的商店选择他/她想要的布料,然后测量。这些测量数据同步传输到田纳西州的李维斯的工厂并控制激光剪裁。这些用条码编码的裤片在普通生产线上缝制,然后直接邮寄给客户。

D. 改变情感和其他参数。

- 通过改善顾客获得的产品来使其感到兴奋。
- 通过运用充分参与战略或优先认股权等措施使员工对公司的未来充满期待。
- "充满激情的团队,即使不是最好的,也能赢得比赛。充满激情的公司也能获得同样的结果。"

原理 36 相变

A. 利用经济在更迭期间发生的现象(了解大量商业现象)。

- 了解项目在不同阶段的要求——概念、诞生、发展、成熟、退休(例如人员需求的变化,预算的改变)。
- 要考虑到(证券市场)从"牛市"到"熊市"的转变。
- 在获得"优质奖""创新奖"等奖励后趋于放松。
- Alvin Toffler 所说的,随着经济从破坏性浪潮转向下一阶段,公司需要经历"了解、不了解、再了解"。
- 团队的组建/风暴/规范/执行阶段。例如,在风暴-规范的过渡阶段,通过"激情下降"来使团队成员放弃各种心理上的包袱，提高责任心和相互信任度，使他们行为标准和工作任务紧密地结合起来。

原理 37　热膨胀

A. 利用系统或事物中存在的相对不同做有用的事。
- 工作团队人员的个性匹配。
- 衍生产品。
- 制造紧张。一些组织启用两支独立的团队开发新产品或工艺，以便展开竞争。通常让一组采用传统方法，另一组采用一些在传统结构中不适用的新方法。
- "我们似乎有把握认为，重要的发现、真正有创造性的思想不会发生在对相关问题没有激情的思想家身上"。

B. 使系统的不同部分对变化发挥不同作用。
- 根据产品的销售和获利情况考虑扩张或紧缩市场投入。
- 在市场动荡时采用高风险和高稳定性相结合的投资策略。
- 军事演习中的钳形攻势。
- 协商／审讯中的"红脸／白脸"策略。
- 建立分支公司以便更好地开发新产品。

原理 38　强氧化剂

A. 用丰富多彩的环境替代按部就班的气氛。
- 风险／收益共担的伙伴关系。
- 研讨会上的特邀嘉宾。
- 启用内部项目专家。
- 采用模拟／游戏方式代替全授课式的培训。
- 为组织注入新鲜血液／新挑战。
- 彩票和其他游戏活动。
- "内有赠品"。
- 无担保贷款。
- 为他人承购保险。
- 设定延伸目标，如果不重新思考当前的工作方式，这些目标是无法实现的。
- 一位热心的、有能力的、受人重视的人会以一当十。
- 西南航空公司的最佳服务（Positively Outrageous Service，POS）。
- 当组建项目团队时考虑个人特性——找到相互间能激发有趣回应的人。
- 戴明的学习四阶段：无意识不胜任，有意识不胜任，有意识胜任，无意识胜任。
- "领导力是战略眼光与性格的有机结合。但是如果你必须缺失其一，那就缺失战略眼光。"——H. Norman Schwartzkopff 将军

B. 用包含潜在不稳定的元素显示丰富多彩的气氛。
- 公司爱开玩笑的人/骗子——那些受雇对现行系统提出挑衅并提出通常无人提出的难题。
- "故意唱反调的人"。
- 请你的"最难缠的客户"参加设计或筹划会议。
- "我喜欢 Bartok 和 Stravinsky。这是不和谐音，其实公司中总有不和谐的声音。作为主管你必须将不和谐音协调成和谐音。但是你不要希望太和谐。人必须培养自己在不和谐中发现和谐的素养，否则你将失去保持公司活力的力量。"——本田公司创建者之一，Takeo Fujisawa。

原理 39　惰性环境

A. 用平和的气氛替代常见的气氛。
- 抛弃（惯用的）具有分裂性的绩效评估、优秀奖和酬金的激励环境，变为（情感上中立）更公平的工作环境。
- 使财务依赖于稳定的货币。
- 检疫区。
- 《兔脑，龟心》——快速思考，慢速行动。
- 谈判中的休息时间。

- "放松假" / 团队建设日。
- 抵押贷款。
- 公司聚会。
- 指挥中心，例如，规划组织变革、预案提交、合同招标等。

B. 为系统或事物加入中立成分。
- 在艰难的谈判中引入中立的第三方。例如，北爱尔兰的 George Michell 参议员、英国咨询调解和仲裁局，等。
- 在工作场所引入"安静区域"。
- 会议中的暂停 / "停下来反思"。

原理 40　复合材料

A. 将均匀结构改为复合（多元）结构，了解并应用不同技能和能力的组合。
- 多学科研究团队。
- 以授课、模拟、在线学习、视频等多种方式结合的训练。
- 在团队中雇用不同个性（如麦尔斯-布瑞格斯性格类型）的人。
- 谈判团队中的黑脸 / 白脸。
- "小即美"——欣赏多元相通的系统。
- 在研究团队中发挥多种思维方式的特色。
- 足球队的防守队员。
- 高 / 低风险组合投资策略。

12

第 12 章

问题解决工具：矛盾的消除

HANDS-ON SYSTEMATIC INNOVATION

FOR BUSINESS AND MANAGEMENT

第12章 问题解决工具：矛盾的消除

> 当我们仅有一种主意时，没有比这更危险的事了。
>
> ——Alain

正如第11章开头提到的，在目前的商业环境中，实际上存在着两种类型的冲突。在本章中，我们将论证第二种类型的冲突：矛盾。它是指这样一种情形：仅存在单个参数且满足不同的、相互矛盾的需求。矛盾的一个典型例子，犹如这样一个问题描述——"我们既希望利率高，又希望利率低"。更普遍地，矛盾可以如下形式表达：

"我既想要A，又想要–A。"

A是我们所期望的事物，–A表示与A截然相反的一极，例如高和低，在场和不在场，大和小等。

为避免出现任何混淆，对于第11章中所论述的折中或者妥协方法，以及本章将要论证的矛盾，本章非常明确地描述了两者的关系，并加以论证。两种情形都要讨论的原因是，某些特定类型的人比起其他方式更加关注冲突或者矛盾的消除方式。因此，我们建议，在某些情况下，应该同时考虑两方面的策略，并找到一种解决事情最合适的方法。对于那些最终要学习系统性创新工具箱中整套工具的人来说，了解工具箱的冲突部分和矛盾部分是值得投资的，因为有时找到冲突更容易，而有时找到矛盾更容易。

本章分为4个主要部分。12.1节探讨冲突和矛盾之间的关系，并描述一种将两者联系起来的方法。在这样的过程中，我们提出了一个更为详尽的解决方法生成机会列表。12.2节描述一种当我们希望"消除矛盾"时可利用的解决方法生成策略。这是重要的一部分，正如妥协清除一样，矛盾消除提供了极为有利的方法，使商业向更加理想化的方向进化。12.3节将着眼于一些矛盾工具应用的案例研究。12.4节将探讨一些关于我们在系统中找到的矛盾是真实存在还是通过感知得到的问题。这个问题在多数情况下的确具有重要的意义，因为用错误的方法对待问题可能导致一些不幸的事发生，以及生成一些不够理想的解决方案。

12.1 冲突与矛盾的联系

对于所有意图和目的，任何被描述为两个不同参数之间的折中或冲突的问题都可以被重构为只包含单一参数的矛盾问题。如果我们将前面章节介绍的冲突案例作为例子，把它们转化成矛盾问题都是可能的。这个转换的过程运用的策略就相似于，在应用约束理论[1]中的策略和包含在创造力和技术创新策略[2]问题解决方法中的策略。然而，它能提供的东西，比前两者单独或共同提供的都还要多。

前面章节提到的维修部门的问题，最初是为减少停工期、降低缺陷率与不丢失工作的愿望之间的冲突制定的。把一个问题表达成矛盾，需要我们找到的一个独立的参数，冲突的双方要完全满足这一参数。在这个案例中，链接参数为"维修部门"。这是因为我们可能开始认识到"我们想要维修部门和我们不想要维修部门"两种情况的存在。我们想要维修部门的原因是我们不想失去工作；我们不想要维修部门的原因是，如果这个冲突得到了解决，我们将不会有任何的停工期。

我们完全可以对前面章节中提到的其他的每一个案例进行相同的转换。在"我们想要个性化（为了得到丰富性）和我们不想要个性化（为了获得覆盖范围）"这个案例中，丰富性和覆盖范围之间的联系就是个性化。对于负载/容量的问题，与矛盾等价的问题描述可以表示成"想要一个刚性系统和不想要一个刚性系统"的问题。

图 12-1 提供了一个简单的思维框架，这个框架允许不同的问题定义被转换为其他的类型。在本章的最后一部分，我们也将看到这个框架的其他作用。

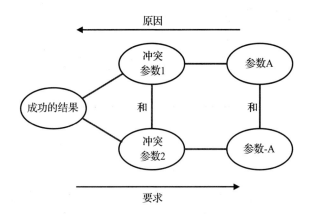

图 12-1　把冲突转换成矛盾的方法（反之亦然）

然而，在这一过程中，我们可以看出，把冲突对转换成矛盾的方法可以通过寻找他们中间的要求得到（例如，提高丰富性的同时保证个性化）。另一方面，通过用案例中的"原因"重构问题，执行矛盾向冲突参数的转换（例如，我们想要个性化因为它带来了丰富性）。图中还通过增加一个与"要求"的联系来得到一个"成功的结果"，这扩展了冲突对的概念。此外，"要求"与"原因"这两个单词对于帮助冲突对联系到想要的结果来说是很重要的。"和"这个单词也是有意义的。冲突对与"成功的结果"之间的连接可以是这样一个典型的表述："一个成功的结果需要丰富性和覆盖范围，"或者是"我们想要丰富性和覆盖范围，因为我们想要一个成功的结果"。这样的框架结构是加上了固定不变的"成功的结果"的标签，如果我们运用这个框架，那么我们的工作可以以正反两种形式填写缺失的冲突参数和矛盾参数。丰富性与覆盖范围的具体冲突的完整结构如图 12-2 所示。

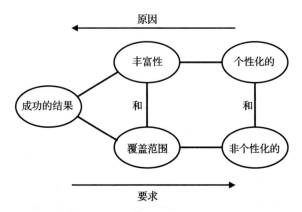

图 12-2 丰富性与覆盖范围问题的冲突／矛盾的转换框架

该框架的目的是开启多重解决问题的机会。通过努力实现框架中的冲突参数的"和"联系来解决问题,这将用到第 11 章介绍的工具。在本章接下来的部分,我们将着重于找到能实现图 12-2 右侧的矛盾参数之间的"和"联系的方法。

12.2 矛盾消除策略

基于类似的研究——使商业冲突矩阵得以建立,已经发现了许多不同的能成功消除矛盾的不同策略。基本上,有 4 种分离策略。在开始介绍一些实际运用策略的研究案例之前,我们先探讨这 4 种分离策略。

四种分离策略

消除矛盾的 4 种基本方法是:

1)空间的分离;

2)时间的分离;

3)条件的分离;

4)系统的分离。

一般来说,以上 4 种方法被视为一个策略的层次结构,对于这个层次结构，我们应该使用自上而下的序列。前 3 个策略分别对应了"何地""何时"和"如果"的问题视角。如果通过前面的策略我们没有成功，第 4 个策略是我们可能会采用的一类解决路线。所以，一个典型的矛盾解决策略将进行以下问题（对）的探究：

1）在哪里我需要条件 A？在哪里我需要条件 -A？

2）在什么时候我需要条件 A？在什么时候我需要条件 -A？

3）什么情况下我想要条件 A？什么情况下我想要条件 -A？

在这里，与前面的约束条件相符合，-A 代表任何参数 A 的相反面。

得到任何一对问题的答案之间的差异，意味着该矛盾是适合在分离策略中寻求解决方案的。

因此，对于前文的"个性化和非个性化"问题，我们的 3 对问题变成：

1）在哪里我需要个性化？回答——客户群。

在哪里我不需要个性化？回答——客户群。

2）什么时候我需要个性化？回答——当接触客户的时候。

什么时候我不需要个性化？回答——当接触客户的时候。

3）什么条件下我想要个性化？回答——个性化对潜在客户重要。

什么条件下我不想要个性化？回答——个性化对潜在客户不重要。

因此，我们看到，这个问题并不适合基于空间或时间的分离策略，因为应用空间或时间的分离策略并不能得到有差异的答案。而条件分离策略给了我们解决方案的思路，因为已经确定了不同的条件需要不同的答案。

已经确认了条件分离策略来解决问题的路线是可以的，现在我们希望使用其他问题解决者所采用的创新解决方案，这些解决者已经处理过我们面临的通用的条件分离问题。我们使用表 12-1 中的数据来做这件事。这张表是我们开发来帮助解决冲突与妥协的等价矩阵。首先，我们要注意的是，这张表所包含的解决方案建议与我们之前用于处理冲突和妥协的方法是完全相同的。第二件事是，该表通常针对每一个矛盾消除策略，为我们提供比商业冲突矩阵中更多的发明原理建议。这个表的优势是我们有更多的方案选择；劣势是系统地应用每种可能的解决方案需要更长的时间。

在个性化问题和条件分离问题类型的案例中，我们有 11 种可能的解决途径（如果我们在这 11 种途径中找不到解决方法，我们仍然有机会从表的第 4 个"备选方法"框中，了解我们是否能够用这些原理获得成功）。

然而，我们的意图是演示矛盾解决过程的机制，而不是实际解决个性化问题。一些读者可能会希望花一点时间来探讨这 11 个条件分离问题的解决方案的触发条件，是如何帮助我们实现设计一个真正的"个性化和非个性化"特性的系统。对于有兴趣比较通过矛盾问题获得解决方案和通过冲突问题（丰富性与可得性）获得解决方案的人来说，他们可能会注意到两种方法都指向发明原理 35、6 和 40。

关于这一过程，表 12-1 代表了一个重要的系统性创新工具；这个工具为解决矛盾问题提供的思路与商业冲突矩阵解决冲突和折中问题所提供的思考相同。因此，如果你喜欢这个矩阵，你可能会希望把这个表留在手边。

表 12-1 矛盾解决策略（寻求解决策略时遵循自上而下的顺序）

矛盾解决途径	解决此类矛盾使用的发明原理
空间的分离	1. 分割 2. 抽取 / 分离 3. 局部质量 17. 其他维度 13. 反向作用 14. 曲面化 7. 嵌套 30. 柔性壳体和薄膜 4. 不对称性 24. 中介物 26. 复制

（续）

矛盾解决途径	解决此类矛盾使用的发明原理
时间的分离	15. 动态化 10. 预先作用 19. 周期性作用 11. 事先防范 16. 未达到或超过的作用 21. 减少有害作用的时间 26. 复制 18. 机械振动 37. 热膨胀 34. 抛弃或再生 9. 预先反作用 20. 有效作用的连续性
条件的分离	35. 参数变换 26. 复制 1. 分割 32. 颜色变化 36. 相变 2. 抽取/分离 31. 多孔材料 38. 强氧化剂 39. 惰性环境 28. 机械系统代替 29. 气压和液压结构
系统的分离 A. 过渡到子系统 B. 过渡到超系统 C. 过渡到替代系统 D. 过渡到反向系统（逆系统）	1. 分割 25. 自服务 40. 复合材料 33. 均质性 12. 等势 5. 组合 6. 多用性 23. 反馈 22. 变害为利 27. 廉价替代物 13. 反向作用 8. 重量补偿

为每种分离策略设定的原理列表是按照在其他问题中，解决

者使用频率递减的顺序排列的。因此,"分割"已经被大多数空间分离的研究案例用作消除矛盾的策略。正如"商业冲突矩阵",其表格是用来作为一个"好的开始"而不是排他性列表;最后,这40条原理中的任一个都可能以一种创新的方式来解决任何矛盾,唯一的限制就是我们的想象力。

理解表 12-1 以及系统性创新工具的矛盾解决部分,最好方式是在实践中来实现。因此,本章剩余部分描述了一些案例。和本书中其他部分的案例一样,尽管我们的大脑更倾向于关注已有的特定解决方法,但我们真正的目标应着眼于过程。

12.3 案例研究

12.3.1 维修部

本节运用的案例是重复前面章节已经提到的案例。这样既能节省描述问题的时间,又能让我们专注于过程,而不必分心于可能生成的解决方案。把"维修部"这一案例作为一个矛盾问题,待处理的第一步是定义矛盾是什么。正如本章前面所述,关于矛盾的一个很好的定义是"我们需要维修部门,而又不需要维修部门"。

下一步需要我们验证"维修"和"不维修"两种需求矛盾是否有分离的可能。起点问题的列表也随之衍生而来,那么首先应考虑:

1)我们在何处需要维修部门?我们在何处不需要维修部门?

2)我们什么时候需要维修部门?我们什么时候不需要维修部门?

3)什么条件下我们需要维修部门?什么条件下我们不需要维修部门?

对于第一对问题,答案均为"在公司里",因此这个问题不适合通过空间分离策略来解决。而对于第二对问题(见图 12-3),我们得到了两个不同的答案：

1）我们什么时候需要维修部门？
答案：当维修工作要做的时候。

我们什么时候不需要维修部门？
答案：当没有维修工作要做的时候。

当得出两种与时间相关的不同答案时，维修与不维修的矛盾通过时间分离策略能够得以消除。当我们处理这些时间分离策略情形的时候，可能产生的解决方法包括分包或者防误操

图12-3　维修部的矛盾案例

作的机械，这样就都不需要维修。这个解决方案在某些情况下是可行的，但没有产生维修部能双赢的解决方案。因此，如果真正想要反映我们所追求的目标，我们需要回顾如下对于"什么时候"问题所做出的回答：

2）我们什么时候需要维修部门？回答：总是。

我们什么时候不需要维修部门？回答：总是。

注意：如果这里令人困惑，这就解释了为什么我们原先把解决这个难题视为没有停工期和没有失业的对立组合，而不是一个矛盾。因此，这个例子证明了，当我们面对这种分离情形的问题对时，我们需要仔细的思考。

如果我们回到矛盾问题解决路径来继续这组问题，则应该强调我们不能在一定条件下简单地分离有维修部和没有维修部的矛盾。至少，我们不会再采用先前处理"时间分离"矛盾时所使用的同一逻辑来处理此类问题，我们会考虑使用第四组消除矛盾的策略，一种会过渡到另一种系统的策略。此时，我们会关注到发明原理13（反向作用），实际上正是这条发明原理产生了真正的双赢的结果。

12.3.2　创始人

创始人案例研究对象是一个成功的商人——史密斯先生。调

查情况总结如下：史密斯先生成立了一家半成品食品公司，在20年的时间里不断发展成熟，现已有员工超过200人。史密斯先生基于与客户群之间良好的个人关系，承担了公司几乎所有的销售工作，以致目前公司没有销售团队。现在是史密斯先生即将退休，在移交公司经营权给他儿子时，他表示，希望在移交过渡阶段，自己仍能继续进行公司的销售工作。然而，他儿子做的第一件事就是任命一个销售经理，他这样做是因为：a) 他对业务销售不感兴趣；b) 他想帮助他的父亲尽快完成从工作到愉快退休的转变。在任命销售经理后的两个月里，两家主要客户流失了，总体销售降幅超过20%。

为了尝试解决这个情境下的问题，我们首先要做的便是构建一个矛盾。注意，我们并不建议进行一次调查来弄清为什么流失客户，这是这个阶段需要注意的一个关键点。案例研究基于实际案例分析，在面对这样的情况时，我们的本能反应便是为什么我们的主要客户流失了。然而，在试图回答这个问题时，通过与两家客户的交谈，我们很快便发现他们给出的答案并不是"真正"的原因。这种现象是很普遍的，也就是我们常常更重视"矛盾"方法而不是根原因分析。这个原因很简单，因为在很多情况下是不可能找到根原因的。现在，当我们跳出试图寻求更多数据的陷阱时，我们开始将问题视为一个矛盾，故而很快会产生一些实现真正双赢的解决方案。我们构建的矛盾是：

"我们需要史密斯先生；我们不需要史密斯先生。"

我们需要史密斯先生，是因为他的经验和他与客户良好的关系；而我们不需要史密斯先生，是因为我们希望他离职去享受愉快的退休生活（注意史密斯和他的儿子关系很好）。

已经识别了矛盾，接下来要做的事便是对问题对的思考，这些问题对使我们看清哪些解决方案可能起作用，哪些不起作用：

1）我们在何处需要史密斯先生？我们在何处不需要史密斯先生？

2）我们什么时候需要史密斯先生？我们什么时候不需要史密

斯先生？

3）什么条件下我们需要史密斯先生？什么条件下我们不需要史密斯先生？

在这种情况下我们发现，对于每一对问题都有可能产生不同的回答（当史密斯先生与客户有关系时我们想要他，当他与客户没关系时我们不想要他）。这反过来充分表明这4种矛盾消除策略都可以使用，正因如此，这个案例是我们在专题研究中经常使用的例子之一，因为我们可以通过各种不同原理的建议来生成解决方案。

在空间和时间都产生分离的情况下使用"分割"（或者"周期性作用"—即与"分割"在时间上相等）给我们提供了一个迅速解决矛盾的策略，即父亲和销售经理在不同时间针对不同客户的策略都是正确的。分割原理被证明是简单且易于使用的。确实，分割非常快地恢复了销量，但它并没有解决因父亲个人关系而使客户对父亲完全退休感到失望的这一长期问题。

这个问题的最终解决方案来自——最初看起来是没有希望的——发明原理27，转向子系统解决方案中出现的廉价一次性建议。在这里，我们再次看到使用发明原理达到最佳效果的真正诀窍。尽管最初的建议听起来令人难以置信，但在这个过程中，我们仍需考虑尽可能多的联系。因此，在这个案例中，什么是我们能够转变成廉价的和一次性使用的事情？客户？销售经理？史密斯先生？

最终的答案是，通过把史密斯先生的形象放在公司产品的商标上，形成了"廉价一次性"的史密斯先生的视觉形象，这种方法使那些因为史密斯先生而从公司购买产品的客户现在可以在他们从公司购买的每一件产品上看见史密斯先生，这样使他们感觉自己的记忆得到了尊重。

12.3.3　分离策略与发明原理的结合运用

像"史密斯先生和不是史密斯先生"这类可能通过4种分离

策略中的多种来进行分离的矛盾是非常普遍的。尤其是，可以同时从时间和空间上进行分离。我们将探索空间和时间分离的可能性，作为验证处理此类解决策略的基础。矛盾分离可能性的其他组合使用的技巧与这个特定案例使用的技巧一样。一个物理矛盾是否适合于时间或空间上的分离策略，与其解决方案相联系的两个最重要的问题是：

1）我们在何处需要特点 A？我们在何处需要特点 –A？

2）什么时候我们需要特点 A？什么时候我们需要特点 –A？

每当我们清楚 A 和 –A 之间答案的差异时，我们就能建构一个能用时间和空间分离解决的问题。

让我们考虑另一个更加普遍的问题，试图在银行、超市或商店安装最佳数量的收款机。每当我们看到"最佳"一词就试图进行计算时，我们应该停下来思考一下，冲突工具也许可以找到更好的问题解决方式。

为了计算收款机的最佳数量，我们可能如图 12-4 所示进行计算。

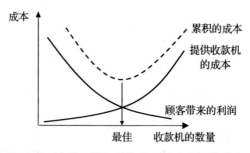

图 12-4　计算收款机最佳数量的典型计算过程

另一方面，将该问题视为一个矛盾，很快就会让我们想到"想要很多的收款机和想要很少的收款机"。

针对这个矛盾陈述来看前两个分离问题，我们得到：

问题：我在何处想要大量的收款机？回答：在客户很多的地方。

问题：我在何处想要很少的收款机？回答：在客户很少的地方。

问题：我在什么时候需要大量的收款机？回答：在有很多客户排队的时候。

问题：我在什么时候需要很少的收款机？回答：在有很少客户排队的时候。

即在每种情况下有不同的答案。

这个案例的要点是在"时间和空间"的情况下来获取建议，从表12-1中的空间和时间类别中查看发明原理，从每栏中选择至少一项，然后寻找组合来使用它们。

因此，举例来说，超市经常采用原理1，即"分割"策略，例如为那些携带少量产品和使用大的手推车装载产品的顾客提供不同类型的收款机。超市也越来越多地使用原理15，即"动态化"策略，只有当雇员看到排队的队伍开始形成时才过来操作收款机，否则他们将在商店的其他地方做其他的事情。通过将分割策略和动态化策略相结合（和我们使用其他的发明原理可能生成的大量其他想法相结合），我们最终得到一个整体解决方案，这个解决方案比分别单独使用几种方法的总效用和更大。

12.3.4 矛盾的图示

在第11章中我们看到，冲突和妥协可以用双曲线生动地表现出来（如图11-2所示）。图12-4提供了矛盾等价图的曲线。更通用的矛盾如图12-5所示。

图表往往是一种很好的能识别矛盾的方法。其中，抛物线形状图被普遍运用，特别是针对最优化问题，即当目标是寻找最小值点（当抛物线反向绘制时，则是寻找最大值点，这也是矛盾的一

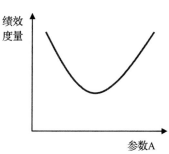

图12-5 矛盾的图示

种表示方式)。

事实上,当我们需要寻找某个参数的最佳值时——比如寻找收款机的最佳数量——系统性创新工具箱中的矛盾部分会鼓励我们考虑将问题重新定义,以便得出比通过优化实现的方案更强有力的解决方案。这类情况的典型例子有:

1)试图寻求公司雇员的最佳数量。

2)试图寻找产品或服务的最佳售价,因为每位顾客对于产品的可接受的购买价格都有不同的见解。

3)最佳利率。

4)在产品的生产过程中,许多企业会去计算一套生产操作流程中的最佳批量值。这种优化方式通常是实现高数值批量(即低成本)与低数值批量(即低库存)这两个相互冲突的要求之间的折中,当然,更好的解决方案是同时实现低成本和低库存。

5)确定杂志中文章最佳数量问题。杂志中文章太少人们会觉得不值得购买;文章太多,其复杂性易使人们感觉眼花缭乱,或者容易忽视有价值的内容。因此,一本杂志中合适的文章数量是值得思考的。

6)对于产品或服务的"最佳"数量区间问题,其实并不存在所谓的"最佳",在某些情况下它们取决于你的决定。

诸如此类,矛盾随处可见。有时最佳策略能够提供妥善的解决方法;此外,为实现理想化,系统性创新鼓励我们不断去解决矛盾问题(如图 12-6 所示)。

图 12-6 不仅阐明了要逐渐实现指向高绩效的最优解的愿望,同时还包括了消除参数变化值与绩效关联关系的两个平行愿望,即我们希望消除参数与绩效的抛物线相关性。

当然,图表并不是识别矛盾存在的唯一方法。在许多情况

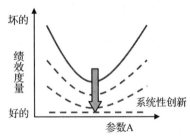

图 12-6　矛盾消除过程图示

下,矛盾并不是如抛物线图所示的具有连续性,而是离散的。只是每个问题矛盾关系的明显度不同。股东投票与不投票就是一个相对不明显的离散矛盾。在此情况下,识别这样的矛盾是一个非常好的创新途径。事实上,对于系统性创新工具而言,能找到一个好的未被解决的矛盾,就意味着一个好的创新机会。因为矛盾一旦被定义,就有可能发现新的机会。例如,在股东投票与不投票案例中,条件分离能很快使我们想到通过虚拟投票系统的方式使股东意志得以体现,而无须费劲地发放选票以及计票等。

12.4 真实的矛盾还是感知的矛盾

在矛盾消除工具中一个非常重要的因素是,判断矛盾是否真实存在。迄今为止的经验表明,在接近半数的情况下,已经被矛盾解决者确定为存在的矛盾,往往不是真正的矛盾。所以我们迫切需要关注的问题是:"事实与感知事实""正确与错误"和"正确与正确"间的区别。

一个经典的例子来自早期出版的关于一个迟钝的生产线经理人的案例[4]。此案例是关于生产线经理约翰的。约翰负责工厂的一条生产线。约翰对于他自己的工作非常擅长,但是,他并没有考虑到他所管理的生产线对其他生产线的消极影响。图 12-7 是调查最初所得的总结。

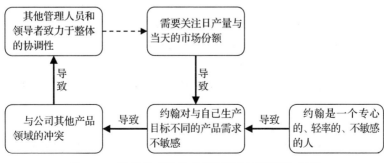

图 12-7 经典的"约翰必须在场与不在场"矛盾

参考文献[4]得出的结论是，这个问题是"约翰必须在场与不在场"的矛盾。这是一个经典的案例，当系统性创新理论是你唯一的可选工具时，那么每个问题都会看起来像一个系统性创新问题。对于所有的情况，只需要一个简单的测试就可以确认矛盾是否来源于非语言程序（NLP）特别是科尔兹布斯基问题[5]。此测试涉及对地图与领地差别的认知。

物理意义上的现实情况（即领地）通常与我们心理所绘制的领地地图不同。如图12-8所示，约翰的现实想法是他必须充分利用他的生产线发挥最大效用，然而其他人对此持不同观点。他们认为约翰的做法对整体运作来讲只是次优，因为他只优化了自己负责的生产线。

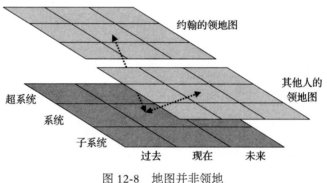

图12-8　地图并非领地

约翰对实际情况的看法是"错误"的（事实上，把约翰的想法往好处想的话，我们可以说约翰的观点仅仅是不完善的），这个案例是为了表明一个"正确与错误"的问题，因此并不是矛盾。

早期的原始问题是一个真正的"正确与正确"型矛盾。"正确与正确"的情境是指矛盾双方事实上都是正确的；比如在史密斯先生的案例中，史密斯先生应该在场是因为销售量正在下降，而他应该不在场则是因为他必须退休。

对于"正确与正确"型问题，矛盾消除工具是生成解决方案的正确策略。

另一方面，对于"正确与错误"型问题，运用其他策略将会得到最好的解决方案。在此情境中，我们需先浏览图 12-1 所展示的框架。与约束理论中用到的"蒸发模型"非常相似，框架背后的思想是要求我们打破不同要素间的联系。当我们运用冲突或矛盾消除工具解决某一问题时，我们便处于两种"和"的联系之中，当我们处于"正确与错误"情境中时，就需要打破其中的一种联系（见图 12-9）。

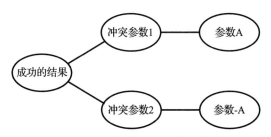

图 12-9 "正确与错误"情境中的联系

图 12-9 展示了打破联系的 4 种不同方案：
①明确冲突参数 1 需要参数 A 的原因。
②明确冲突参数 2 需要参数 –A 的原因。
③明确成功结果要求冲突参数 1 为真的原因。
④明确成功结果要求冲突参数 2 为真的原因。

如果我们能成功地使上述 4 个问题中的任何一个假设无效，那么我们便能够找到有效的解决办法。在上文的"迟钝的经理约翰"问题中，便实现了无效化，即我们希望约翰不在场，因为他影响其他生产线的效率，但如果我们告诉约翰并建议他能从整体生产系统角度进行工作管理，那"不在场"的假设就能被无效化。处理诸如"约翰"问题的"正确与错误"型问题时，通过检验认知、感知事实这样的方法，比试图直接解决矛盾的方法更有效。而且，这些矛盾实际上不存在。只有在约翰已经意识到应考虑整个生产系统却仍不愿改变管理方式的时候，"约翰"问题才会变成一个真正的矛盾。

我该怎么做

矛盾的识别与消除是系统性创新工具箱中的重要部分。为了发挥工具的最大效用,推荐以下基本策略(当然,最终你应当将这些策略转化为适用于你自己的方式):

1)识别矛盾。可以通过许多途径实现,最常见的是当你试图通过优化系统给定的参数,或是观察抛物线图,或是思考某一参数可能具有的理想属性。

2)在已经确定矛盾的情况下,通过 3 对分离问题(即何地、何时、何种条件来确定可能的解决方案。

3)当一个问题能够被一种以上的分离策略解决时,可以考虑综合运用发明原理来生成的各种解决方案。

4)如果任何分离策略都不可行,或者如果你想探索其他解决方法,可以试试表 12-1 中"替代方案"所提供的策略;

5)运用发明原理的建议,将你的问题与可能的解决方案联系起来,请参阅第 11 章末尾的示例原理列表。

参考文献

[1] Scheinkopf, L., 'Thinking For A Change: Putting The TOC Thinking Processes To Use', St Lucie Press, Boca Raton, 1999.
[2] HJ Linde, G.H. Herr, 'INNOWIS & WOIS', keynote paper presented at TRIZCON2002, St Louis, April 2002.
[3] Mann, D.L., 'Systematic Win-Win Problem Solving In A Business Environment', paper presented at TRIZCON2002, St Louis, March 2002.
[4] Kowalick, J., 'The TRIZ Approach: Case Study – Creative Solutions to a Human Relations Problem', TRIZ Journal, November 1997.
[5] Korzybski, A., 'Science and Sanity', Institute of General Semantics, 1933.

13

第13章

问题解决工具：测量标准

HANDS-ON SYSTEMATIC INNOVATION

FOR BUSINESS AND MANAGEMENT

> 分销商、利益相关人、产品、价格优势与顾客的数量呈指数相关，不以线性方式依赖于市场优势。
> ——Patricia Moody，Richard Morley

> 降低大西洋面将会耗费更少的成本。
> ——Lew Grade 谈电影 *Raise The Titanic* 的失败

测量问题形成了系统性创新框架中一个特殊的门类。在这一章节中我们将在商业环境中讨论测量问题，并将可利用的工具细化，以便帮助读者运用测量解决问题，或者是运用更加高效的方式测量。

本章主要分为 3 个部分。13.1 节讨论测量什么以及为什么要测量；13.2 节对如何测量进行介绍；13.3 节列举一些简单的工具运用实例，解决由谁测量、何时测量、何地测量等问题。

13.1 测量什么以及为什么测量

管理者们钟爱于测量。测量与数据的世界中充满着谚语与格言。它们涵盖了所有的观点，关于其优势与风险，有人说太少，有人说太多，不一而足。其中我们常见又最相关的（至少在系统性创新体系中）有：

- 我们不可能仅仅通过称重就能养肥牛。
- 可以测量的工作才能完成。
- 最重要的数据是未知与不可知的。

前两句关注合理的测量形式与测量的具体数量，第三句更加关注无形因素。我们将在这里检验这两方面。

系统性创新方法中经常使用的理想度方程是讨论这个问题的一个好的切入点。该方程有几种略微不同的形式，与我们的讨论最相关的形式是：

理想度 = 感知 [收益 / (成本 + 损害)]

无论我们是将此方程用于某系统中的个体要素，还是用于宏观的全系统，构成方程右边的 4 个要素都是管理目标中需要测量的唯一要素组。显然，其中的成本要素是最容易测量的，因此，在绝大多数的测量管理系统中，此要素受到了最多的关注。收益要素的测量牵涉个人感知到的产品或服务的价值。这里的收益应该被视为等同于产品或服务的受众所期望获得的功能的等效值。损害的测量是一个相对较新的概念，早先出现于学习型企业（将损害等同于浪费），最近也包括环境与可持续发展的问题。由此，收益（利润）、成本、损害三者便可通过会计上的度量被联系起来。

该方程第四重要的要素便是"感知"。正如历史经验证明的那样，我们在测量无形资产方面仍然很弱，无论是正面的如品牌价值，还是负面的如机会成本。感知要素的测量正是管理大师戴明会声称"最重要的数据是未知与不可知"的一个重要缘由。然而，无论是未知抑或是不可知的，都因为如今有太多的企业靠无形资产生存而使我们无法忽视这些数据。

在可行性的系统性创新测试中，如果对于理想度没有全面的测量标准，显然是不可行的。图 13-1 表示通过了可行性测试定义的任何系统所必须具备的要素。

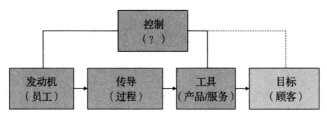

图 13-1 "可行"系统所需的反馈与控制

连接系统各组成部分的控制线代表控制信息流。这些线是系统中有关测量与数据的组成部分。

需要注意的是，以上描述用的是"总体理想度的测量"，而不是对于理想度 4 个构成要素进行分离的、单个的测量。通常假定收益、成本、损害以及感知都需要独立的测量，然而事实并非如此。这又引导我们思考系统性创新哲学的另一重要因素，即复杂性。系统可行性测试的进化趋势表明，系统将会陷入复杂性递增与递减的连续循环中（如图13-2所示）。当复杂性增至系统复杂性的最大可行值，甚或超出了这一水平，发展系统的维护功能是唯一的有效选择，但同时复杂性水平也会随之下降。当系统的复杂性水平达到最大值，发生的共性现象是，成本和可靠性都开始下降，特别是可靠性。系统达到最大可行复杂性时，一个显著标志就是，你会发现记录其他测量系统精度的测量系统被引入了。

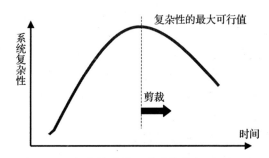

图13-2　复杂性递增／递减趋势与测量运用

　　测量的必要性是复杂性递增趋势周期中的主要驱动之一。为了了解系统是如何运作的，必须知晓在没有数据情况下的测量方法成为必要，换言之，在这种情况下很难知道需要改进的方面与方向。通过对系统运作的了解，在趋势周期中的复杂性递减的部分中，那些不得不引入以帮助了解运作的测量可能被整合或者消除。趋势告诉我们，有时需要在系统中加入测量，有时应该进行整合（例如，测量系统整体的理想度，而不是单独测量4个相互分离的要素）和消除测量。下一部分将要探讨的测量策略也是与这一趋势一致的。

13.2　测量策略

　　根据一个最有效率测量的研究计划，而这个计划中的测量实例来自人类劳动实践中的各个领域（最初的启发来自参考文献[1]中的测量工作）。本节将阐述一个在商业和管理领域开展测量工作需要考虑的有序策略清单。

这个清单的结构是，相较于位于底端的策略，位于列表顶端的通用策略（一般策略）能够给出理想度更高的解决方案（例如，列表顶端所列策略是最符合周期趋势中复杂性递减部分内容的）。当然，建议按照自上而下的顺序来使用这些策略，因为当你使用顶端的通用策略已经得到一个有效的解决方案后，就没有必要继续在下面的策略列表中去寻找。只有当我们希望得到一个综合的可选方法清单时，才需要从上至下考量整个清单。

对于每一策略，一系列的附加信息与示例可以帮助你将一般策略方向转换成给定测量问题的特定解决办法。策略清单如下。

修改系统而没有必要检测或测量

- 带有自我补偿／自我校正／自我监控功能的系统，通过允许系统内部已经存在的要素执行系统的自我测量，而不需要进行其他测量。
- "你不能仅仅通过称重就养出肥牛"，这表明在许多实例中，意识到测量所提供的信息并没有用，因而没有必要进行测量。
- 运用系统现有的资源进行测量（例如，特别是在计算机系统中，从测量的角度来讲，存在着大量的未被利用的已知数据。比如，鼠标点击率或键盘输入速度传递着用户的能力信息，报告的电子文档、会议记录等能给出自动项目管理反馈数据，使用动作感应照明来识别办公室什么时候有人在）。
- 组织透明度的提高减少对精确测量的需要，因为要求测量的动机经常是不易被察觉的。
- 将不同的测量整合到另一测量是消除某些测量需求的另一可能策略。

- 谚语"可以衡量的工作才能完成"暗示我们应该小心是否从字面上消除某一测量。

为对象或系统的复制品或图像做检测或测量

- 运用模拟或场景规划软件工具为工厂、组织、超市等建立一个数值模型,以备测量。
- 将网络 Beta 测试作为最终用户群的缩影。
- 采用观众测试(例如,电影产业经常测试一部电影的不同结局以便确定更受欢迎的结局)与抽样技术。此外,还可以测量完整市场上的代表性样本。
- 失效模式与影响分析(FMEA)/颠覆式风险分析方法(第21章)。
- 通过基于互联网或图像的形式来测量客户的反馈信息。
- 虚拟客户。

转换为连续测量变化的问题

- 依次测量连续测量变量间的增量。
- 在有周期性数据或顺序获取数据的任何系统中,可以把前期连续测量结果间的差异用作系统额外的功能性资源。
- 将键盘输入速度或鼠标点击频率作为测量用户能力的一种方法。
- 通过驾驶汽车的反应速度来推测司机是否是酒驾。
- 通过既有测量值的变化情况确定未来的测量频率。
- 将测量值变化率的变化作为识别接近潜在非线性变化和接近危险临界值的一种方法。

增加一个新要素(通信、人或要素)来提供一个与目标检测参数相关且更易于检测的参数

- 神秘顾客,提供潜在的测量信息(例如,在进行客服时获取),否则很难可靠地获得。

- 建议方案不仅能产生理念，还能为构建一个健康道德的组织提供良好的指示。
- 实体的或虚拟的告示牌，为人们分享数据与信息提供了潜在的可能。
- 信息记录程序（Cookies）。
- 交互式电视。
- 蓝牙 / 智能系统。
- 全球定位系统（GPS）。

如果系统不可修改，那么为系统环境引进一个易检测的要素

- 雇佣临时顾问进行测量。
- 现场参观的测量数据收集策略。
- 闭路电视（CCTV）摄像机。
- 海森堡测不准原理——任何测量都不可避免地会影响到要测量的系统。

如果不能为系统环境引进一个易检测的要素，那么通过检测系统环境发生的某些变化来获取所需的测量

- 通过朋友或者家庭获得有关员工或团队士气的信息。
- 新闻界对变化尤其敏感，因此提供了一种测量市场、顾客感知等变化的有效方法，特别是对突发事件与非线性关系的识别。
- 电脑键盘上的按键。
- 利用观众噪声水平测量受欢迎度（存在两种情况：高噪声表明低受欢迎度，然而兴奋鼓掌 / 欢呼意味着高受欢迎度）。

利用心理效应进行测量

- 利用系统达到或接近转折点[2]时的现象。
- 告诉某人他们很难拥有某东西通常是激发他愿望的好方法。

这种现象常被用来提高调查问卷的回收率和类似客户反馈机制中的回应率。
- 大多数人都希望自己是对别人有帮助的人，因此只要以恰当的方式与他们交流，即便他们不方便也会提供信息。
- 人的大脑通常被比喻成漏洞的容器。意思是一个人接收到的信号输入达到一定量后才会被转化为行动。比如：想象一个桶，一旦它装满了水就会翻倒将水倒出，即当充足的水被加入时，桶才会翻倒。上面提到的漏洞是说事实上大脑（桶）有一个小小的漏洞，经过一定的时间水就会泄漏，因此便需要注入更多的水补充。
- 构建问题时最好具有普遍性——这里的心理效应就好比幽默感，其中"我们所有人"强调幽默具有普遍性与常见性，而且它比那些倾向于孤立主义的观点更加有效。
- 坏消息远比好消息传播得更快（详见6.7.3节）——客户往往在多数情况下更可能告诉他们的朋友不愉快的经历而不是愉快的经历。
- 通常，假如供应商在产品或服务出现问题的情况下为客户提供了满意的售后服务，这种情况比产品没有出现任何状况更容易得到客户的肯定。
- 利用伟大的沟通悖论。你告诉他们越多，他们认为你隐瞒得越多。

利用情感效应帮助测量

- 识别并利用激励器（详见卡诺图）。
- 识别并利用客户"热键"。
- 运动员与舞台表演者演出的最高峰通常称为"处于巅峰状态"，即他们的精神状态完全投入到自身的任务上，完全没有意识到外部影响。"处于巅峰状态"的现象可以作为实现提高客户或员工士气的一种方式。
- 用心聆听并鼓励人们"泄露"他们的真实想法。

运用逆反系统进行测量

- 测量接近满载飞机或几乎坐满的放映厅里的空位而不是去数在位的人数(也就是说,测量缺失的数量,而不是测量现有的数量)。
- 测量非顾客来替代对顾客的测量。不仅应该包含竞争对手的顾客,还应该包括任何形式的产品或服务的非顾客。

13.3 案例研究

在本节,我们将给出 3 个简短的实例,每一个实例分别致力于有关测量问题重要性的不同方面。第一个实例,讨论测量什么;第二个实例,探讨测量与资源的紧密关系;第三个实例,深入探讨上节提到的测量解决策略的运用。

13.3.1 业务绩效测量

常常是,组织衡量他们的核心竞争力是通过测量那些可测量的要素,而不是测量那些重要的要素。同时,"可测量的"结果会使"什么是真正重要的"变为组织的盲区,在具有颠覆性或突破性的创新中尤为如此。在今天可能被认为是正确的,明天可能恰恰变得截然相反。

依据早期格言"能被测量的才能够被完成",第一个小案例的研究目的是,确保公司一直在测量那些所谓正确的事情,尽管事实上公司周围环境一直在不断发生着变化。我们将使用的案例来源于 Clayton Christensen 的最新著作《创新者的窘境》[4]。我们的目的是为了证明系统性创新理论是否可以帮助我们取得更进一步的一点突破。这个案例围绕着摄影产业特别是相纸产品而展开。

数码相机时代的到来,对传统的胶卷相机产生着巨大的影响,对于相纸来说影响稍微小一些,但是对于整个市场占有量来说仍然产生着显著的影响。这主要是因为数码相机可以删除或储存图像，因此不会有胶卷冲洗时出现大量浪费的现象。除此之外，相纸制造商必须能够判断什么样的市场有利于生意。对于商家来说最基本的事情是判断收入和支出两条线的流动情况，要么是根据具体的生产（如纸的吨数），或者是根据日常的财务数据。因为这些很容易测算，这些数据经常会被当作商业的方向标。举个例子，当数据反映销售量下降时，公司则要利用广告效应或者打折促销的方式来应对这种情况；当数据显示销售量上升时，公司则要采取继续研发销售好的产品或者是提高价格等措施。实际上，所有的公司都在重复相同的事情。这样的方式并没有错，企业短期的生存完全取决于此。

然而，很显然，一些东西容易测算并不意味着这些东西就是测量中所得到的最有用的东西。这是因为"最重要的是未知和不可知的"。此外，那些所谓不可测的都是真实的吗？

思路可以帮助我们去识别对于相纸产业（或者其他产业）有用的数据，通过认识产品的功能来衡量绩效表现，从而将产品或者服务传递给消费者。（Christensen 所著书中的关键线索之一实际上做了一次跳跃——要认识到消费者购买的是功能，而不是解决方案。Christensen 使用的专业术语是"工作是被做的"而没有用"功能"这个词。）

在胶卷时代，相纸的第一个主要功能是展现已经拍摄的图像，第二是提供可以永久保存的图像。当数码相机已经发展到了前沿，相纸第一个功能的作用已经全部被数码相机替代，使用者当即就能将他们之前拍摄而又不想保留的相片删除掉。但是相纸的第二个功能仍然存在。因此，相片制造商如何去解决显像这一传输功能？很显然他们可能会继续使用大量的相纸，但是可能要做的事情会比这些更多。

事实上，看起来数字革命也并没有解决有些问题，如绝大多数存档收集的相片再没见过光（即没再被看过）。在早期数字化的世界里，他们把相片放在鞋盒中，如今他们储存在硬盘里或者是CD里，总之，尽管几乎每个人做这些努力的目的都是将记忆放在"相册"里，但是这项任务却很少被完成。

如果在下一阶段我们透过对商业发展趋势的讨论来验证这个问题，我们可能会发现消费者期望的发展趋势与之相联系。这是从销售产品转换到销售服务，举个例子，可以建议销售一个记忆服务给消费者，而不是简单地销售相片。一旦我们建立起了这种联系，等于我们拥有了一个间断性的取得突破性发明的源泉（这就是我们想要做的）。像我们现在这样以使用"大量的相纸"作为衡量商业成功的一种手段已经无效了或者说危险了。突破性的改变要求用新的方式来衡量成功。在"记忆"领域，更多适当的衡量成功的方法将让更多用户喜欢。用户的许多时间花费在看图像上，用户记录下很多图像，这些图像又被用户变成图片拷贝（通过这种方式我们将一直记得相纸的出售——尽管是一种图片的形式，这仍然是商业模式的一部分）。

当我们推断消费者期望发展趋势的另一方面是"经历"，我们就可以考虑这样一个方案：不仅给用户提供相关"回忆"，而且还可以将这种服务和其他家庭成员或者是朋友联系起来（例如，经常给其他家庭成员发送一些非私密的照片），或者是制作一个拷贝相册，使他们一年之内可以多次观赏，或者（将其他方面取得的突破性发明融合）不仅仅是存储图片，还可以是伴随着音乐的图片。因为即便是雷达也接收不到太远的信号，所以我们希望让所有的"记忆"都更深一步，那么可以用相机同时记录图像和声音来展现更生动的影像，或者（更难）通过记录独特的气味来更深层次地帮助我们激发记忆。

这种观点是，如果我们真能得到我们测量所需的东西，那么我们应该非常仔细地去选择正确的东西。胶卷公司仅仅衡量胶卷的销售量不能成为寻找下一代产品的依据，不能因为一些数据很难去测算（今天记录了多少记忆？或者是一些更为重要的东西，在过去的一天里有多少记录机会，是因为有用的功能没有被消费者合理的运用而丢失了？）我们就忽视它，我们可以使用功能和进化的非连续性发展趋势作为我们将来应该去测量什么"对的事情"的指引。

13.3.2 项目管理系统测量

项目经理业绩的全球统计数据得到的结果是沮丧的,将近 85% 的工程的失败原因来自于延期、超预算和工程质量不达标,或者是三者都有。许多组织投入大量的资源来提升项目管理的方式。一些机构已经引入了项目管理"仪表盘"这个概念。项目经理像一个司机那样通过控制盘传达所有有用的信息,成功从 A 点驾驶到 B 点,如图 13-3 所示。

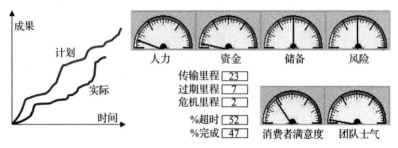

图 13-3 项目管理"仪表盘"

不论项目管理的数据是如何被展现的,它都应该具有 3 个关键属性:相关性、可获取性、精确性。

尽管少量机构看似掌握了按期、按预算和按质交付工程项目的能力,但是找出最佳实践效果的案例并不容易。因为有些因素可以被确定为任何明确的等级,这使得甘特图似乎对成功的项目管理没有多大作用。另一些例子中的最重要的因素是不知道的和不可知的。其中最普遍的项目失败原因之一是,项目施工单位以常识性观点认为差的项目管理是因为没有足够的项目经理。"常识性"的逻辑是:成功的项目管理需要数据,获取数据需要时间,但是因为项目经理没有足够的时间去获取所有数据,所以项目经理需要聘用其他人员去负责获取数据。在最糟糕的例子中,我们发现"常识性"逻辑对项目管理的影响达到了一个比较高的水平,项目经理认为应该有人专门负责验证首次所获数据的精确度。

关于这一点(或者希望更早一些),我们可能去选择替代策略，审视一下前面所推荐清单顶端的一些解决方法：

修改系统使得不用再去检测或测量。

换言之，我们是否能让系统自己进行测量？前述的"自我"和相关最终理想解的概念（第 8 章），在项目管理的例子中，最终理想解是在没有项目经理的情况下项目进行得很顺利。项目管理测量仪表盘的最终理想解是，在不需要为其提供额外资源的情况下，它仍然能够提供相关有用信息。

当我们面对一个希望系统自己进行测量的问题时，我们应该对希望被检测的这个系统自身内部的或者围绕在其周围的可利用资源进行搜索。

在很多现代组织中我们能够发现的这类典型情况包括：
- 电子备忘录系统记录着开会的时间。
- 电子会计系统能识别什么时间可以开发票。
- 出差后差旅费报销凭证的提交。
- 图书馆自动归档记录系统。
- 建议性方案（显示团队士气的相关统计）。
- 病假天数。
- 打接电话的次数和顾客来访数量。

换句话说，项目经理可以将用以判断项目状态的所有一些事情都统计为电子文档形式。这些资源已经在这里，唯一的问题是他们没有将这些资源相互联系起来。

"自主"（self）的概念在所有领域都极其重要，不仅限于管理数据的获取。项目经理经常感觉需要招聘数据检验者，因为他们认为一旦让某些人对相关事情负责时，这就意味着他们会去关心这个问题，因为项目经理认为其他无关人员自然不会去关注这些问题。这种人反过来会主观地认为其他人会继续关心相关事情，所以他不用再去检查所有事情。这与我们将在第 19 章讨论的质量部门经常见到的品质下降而不是上升的情况极其相似。如果遵循其"常识"过程，心理学上的"某些人"是一种漫长而痛苦的螺旋式下降，它能够吸收大量正在增长的资源。根据我们的经验，唯一成功的创始者是那些有目的地建立并不去结束创新部门的运营。这些适用于知识管理、企业资源计划、质量管理、建议方案和其他组织机构功能。长期成功的增长来源于创始者将目标设定为逐渐实现自给——参考文献［5］一个行为哲学类型的基本案例。

这个例子的最终结论是，系统性创新方法中理想度和最终理想解的某些方面是没有价值的；将系统功能转移至更高的等级水平。这个案例研究表明，只要不是需要获取所有的信息来管理项目（包含无形的），其实大多数系统之中的信息已经足够。非常明显的是，没有任何一个具有更高水平的人会试图以任何理由去获取全部信息。

13.3.3 顾客满意度测量

在最后一个案例中，我们仔细分析一个非常普遍的问题，以此来说明测量策略如何用来产生解决方案（在头脑风暴法的基础上）。有些测量问题如同从消费者身上获取的信息那样是模糊不清的。图13-1是一个组织实现控制要求的反馈线路图。图13-4是图13-1那个可行系统模型中涉及本案例分析的部分。

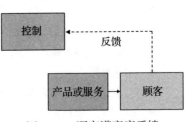

图13-4 顾客满意度反馈

在这个案例分析中，我们将关注顾客在超市购物过程中反馈信息的获取问题。希望能够从这里推断出一些观点和看法，并可以将这些观点应用于其他情境。下面列出了一系列观点的清单，这些观点是运用13.2节所阐述的测量策略、通过简单的头脑风暴法获得的（紧接后面的括号中的文字是解释用以产生该观点的对应测量策略）：

修改系统以便不用再去检测或测量
- 选择一份产业标准已经建立的足够好的工作（成为竞争对

手的参照物)。
- 采用能够吸引任何类型顾客的刺激战略。
- 让顾客自己去测量他们的满意度。例如,建立一个顾客自己管理的网站,用于听取不同意见,通过顾客彼此之间的交流分享他们的购物经验。
- 将商场控制权转移给顾客(社区商店经常出现在郊区,《塞氏企业传奇》中有更多"自我管理"系统的例子可参阅[5])。

为对象或系统的复制品或图像做检测或测量
- 网店允许以电子化的方式从顾客那获得满意度数据,包括明显的数据(网上调查)和不明显的数据(使用频率、订单数量、点击率等)。
- 利用情景规划技术来使不同经历的消费者产生共鸣。
- 使用"隐形顾客"与其他消费者进行交流,而不是去调查商场员工。
- 制造特别的、永久的或暂时的顾客关注对象。
- 在超市的关键地方(尤其是收银处)使用热成像系统来估计消费者的紧张感。

转换为对变化进行连续测量的问题
- 利用信用卡/会员积分卡的信息来判断顾客光临商场的时间间隔。
- 不同的时间使用相同的信息来识别季节性的消费模式。
- 为获取顾客在商场停留多久时间的相关数据,将会员积分卡刷卡地点从收银处改到商场入口处。

增加一个与目标检测参数相关且更易于检测的新参数
- 会员积分卡可以提供相当多的顾客消费行为信息。
- 给顾客提供一个手持扫描器以便他们在逛商场时提供可用信息(比如什么让他们难以抉择是否购买)。
- 在新商品的货架附近添加一个简单的投票系统,以便顾客再次光临商场时,可以在第一时间排除一些他们所购买过的商品,其他顾客(超市经营方)也可通过该系统获得及时的数据来判断这种产品是否受欢迎。

为系统环境引进一个易检测的要素
- 在手推车和购物筐里安装一个 GPS 或者同等功能的系统，来确定顾客在哪暂停、在哪回避、购物的速度有多快等。
- 商场中的咖啡厅和休息区是一个提供非正式互动机会的场所，尤其可以吸引那些走入商场既想购物又想交流的老顾客。
- 在收银处，放置一个触摸式装置来显示顾客对商场的平均满意度（和其他参数）水平，顾客在输入相关数据后，他们可以迅速地看到相关反馈信息。

通过检测系统环境发生的某些变化来获取所需的测量
- 网店可以通过自动生成的数据来获取机会。
- 让收银员与顾客进行交流。
- 让停车场管理员与顾客进行交流（顾客从商场里出来后更容易在外边对他们在商场的经历给出评估或批评意见）。
- 像教会组织、年轻妈妈协会、老年之家、书吧等地方，都可以获取某一类型消费者最真实的数据，消费者在这些环境中发表与其他人相似的观点是受保护的。
- 与其他商场分享他们开始市场竞争前的数据，只要是他们感觉合适的都可以互相交流信息。
- （比如在医院候诊区这样的地方，人们无所事事，或者处于闲散情绪状态中）定点调查更容易获取对于提高商场经营水平有用的相关信息。

在社会互动的场所进行定点调查，像理发店会为交流提供一个自由、坦诚、放松的环境（采用这样的调查可以在商场和理发店之间形成双赢的局面）。

使用心理效应来帮助测量
- 大部分的人不喜欢排队结账，这是因为他们无事可做，而不是因为急着赶时间。引入一个简单的调查方法，如触摸屏，放在结账队伍的旁边让顾客有事可做（他们处于闲散状态，更可能给出在其他时候和地方不容易给出的不满意见)。
- 建议顾客将好的购物经历推荐给朋友。因为这种方式不可能使顾客自己本身获益,所以如果不是从商场中获得了非常满意的服务他们是不会采纳这种提议的。
- 识别有影响力的顾客,并且使他们感受到偶然的(好的)"经历"可以激励他们告诉他们的朋友商场是如何为他们服务的。
- 当一个顾客出现状况时,花时间去找出你所做的哪些是顾客不喜欢的,当他们产生否定态度时,他们更可能会去揭露他们所经历的其他消极的事情。
- 在调查中加入沮丧或者排他性的因素,这会是使人们想要参与调查的一个非常有效的方式。

利用情感效应帮助测量
- 在网上购物中引入个性化的"我的超市",顾客可以为自己设计与网站互动的方式。
- 利用学校和学校项目去收集信息(有些商场经营针对学校的网店或类似方式来获取信息,这种方式使得当地不同类型的学校更愿意参与进来)。

运用逆反系统测量
- 通过监测休息区和咖啡屋,了解除了购物之外有多少人还在做其他事情。
- 从供应商处获取信息。
- 调查竞争者那里的顾客(不仅是商场)。
- 通过识别具有极端人士(第20章)的社会领域来区别非客户,找出为什么他们不使用你的产品或服务,以及他们是怎么变成这样的。

正如第11章中发明原理与第14章中趋势所描述的,测量策略为系统化和结构化的头脑风暴提供了一种方式。

本章案例研究的观点仅仅是展现测量策略怎样被使用在结构化的头脑风暴模型里,显然上面的某些建议在今天是既不切实际,又没效率可言的。

更多现实问题的解决方案需要通过自上而下的评估过程来产生，以识别出可行的最优方案。

最后的思考

测量工具和测量策略在创建问题解决的环境区域中发挥着巨大的作用，现代系统不是不存在，就是在它进化和发展阶段仍旧处于尚未成熟的层面，它所得到的是不充分的反馈和控制机制。在一个有联系的环境中，当我们决定在系统里加入新的功能时，这种方式会被大量的使用，也将需要一些反馈方式。对于许多情境来说，丢掉关键性的因素而去了解反馈信息的重要性和控制数据的要求是失败的。依据可行的系统测试是成功系统最基本的原则。

我该怎么做

测量标准工具的最有效利用，将会在下列基本部署策略中出现：
- 考虑所定义系统的简单测量功能。
- 通过考虑测量能够传递的有用功能来决定是否一定要进行测量，尤其是要考虑测量在提供反馈和确保系统可行性中的作用。
- 逐个考虑测量策略所提供的所有建议，直到从其中一个策略或多个策略中找到可以使用的解决方法。

参考文献

[1] Altshuller, G., 'Creativity As An Exact Science', Gordon & Breach, 1984.
[2] Gladwell, M., 'The Tipping Point: How Little Things Can Make A Big Difference', Little, Brown & Company, London, 2000.
[3] Grand, S., 'Creation: Life And How To Make It', Weidenfeld & Nicolson, London, 2000.
[4] Christensen, C.M., Raynor, M.E., 'The Innovator's Solution', Harvard Business School Press, 2003.
[5] Semler, R., 'The Seven Day Weekend', Century, The Random House Group, London, 2003.

14

第 14 章

问题解决工具：线性与非线性进化趋势

> 看山是山，看山不是山，看山还是山。
>
> ——谚语

对许多人来说，系统性创新工具箱的进化趋势部分是整个系统中最强大的工具之一。它与技术、管理方面都具有紧密的联系。正如技术趋势所暗示的，未来的技术趋势是可预测的，如果这是真的，那么其必然会影响到一个企业思考、计划和执行活动的方式。技术趋势的内容在本书的技术版本中有详细的介绍。我们鼓励每一位管理者和企业领导者去探索——或者有人代表他们进行探索——系统性创新对于技术系统的发展有什么意义。我们现在要说的是，在研究和部署这些技术趋势的十几年时间中，我们还没有发现一个例外；这对管理者的影响是深远的。这种影响立竿见影，无论你从事什么行业，这些技术趋势都会对你或者你的竞争对手的发展方向和发展领域产生影响。

我们在这里关注的是与这些技术趋势相对应的管理趋势。在这里，研究的真正关注点与我们通常期望在趋势分析中发现的内容有所不同。事实上，有关预测未来这一工作的整个行业已经出现了。该行业的普遍关注点似乎是"为什么我们如此不善于预测未来？"我们相信系统性创新至少能为这个问题提供部分答案。事实上，业内人士都知道这一点，但为什么他们不采取任何行动呢？这是非常矛盾的。原因大概是这样的——大部分的预测行业是由经济学家和数学家组成的。他们这两类人都倾向于尝试为研究的事物建立数学模型，他们（尤其是经济学家）倾向于采用自上而下的世界观。因此我们得到了类似德尔菲方法的预测方法，即某些领域专家过去的经济数据来试图预测未来的经济数据。当然，这是一种过度简化，是非常不公平的，但无论如何，从线性数学模型构建的意义上来说，它是准确的。有许多像德尔菲法那样的技术被应用在各种不同的领域。他们都有把事情做坏的相同血统和能力。剩下的唯一问题是，他们会以多快的速度把事情搞砸。所有这些经济学家和数学家都知道真实世界是一个非线性系统。悖论的核心在于，试图在非线性系统基础之上建立一个线性数学模型，这从第一个方程式被写下来的那一刻起就注定要失败。不管数学有多复杂，它仍然无法捕捉到支配世界运转的根本动力。线性模型不能模拟非线性现象。所有这些经济学家都知道这一点，但在悖论的第二个矛盾点上，他们的回答是这些模型还不够成熟。最终的结果是你得到一系列极其复杂但其值却接近于零的数学公式。快速浏览一下（众多）预测期刊上的任何一份，当你还未看完其中一页，便会觉得自己陷入了数学沼泽。

一个非线性的世界只能用非线性模型来模拟，这是系统性创新趋势研究的基本出发点。幸运的是，做这项研究的人也认为数学在这方面不会有帮助。这一章描述了已发现的内容，它分为几个不同的部分。

在第一部分中，我们研究了"传统"线性趋势的方向。鉴于前面的讨论，这似乎有点奇怪。希望我们很快就能看到线性趋势所包含的两个有用的作用；首先，它将使我们明白为什么所有这些线性趋势最终都会导致我们的预测出错，即使单独来看它们可能是完全正确的。其次，我们会看到，即使出错它们也仍然可以帮助我们更好地理解非线性特性的时机。

在第二部分中，我们将研究在系统性创新过程中发现的非线性趋势，并探究当我们有问题需要解决时如何单独使用它们来帮助我们生成解决方案的想法。本节将在本章末尾的参考资料部分进行补充，其中详细介绍了所有已知的非线性管理趋势。

第三部分则更进一步地研究使用非线性趋势与其他趋势相结合的方法。我们在这一节真正关注的是引入"进化潜力"的概念，以及它在真正的全球基准尺度下判断一个给定的商业模式或组织结构的成熟程度。

在第二和第三部分，我们主要关注的是系统进化的场所、概念和原因。在第四部分，这个故事被扩展到考虑关于"什么时候"的问题。在此我们将看到，即使将要建立非线性进化，也有许多指导方针可以帮助我们做得更好。

在第五和第六部分中，我们将研究一些适用于非线性趋势的特殊规则。特别是在这部分，我们将看到系统朝"错误的方向"运行的情况，我们会识别这些错误的原因、场合及方式的一系列准则，以及我们可能能做的改进。

然而，在开始讨论这些主题之前，引入系统性创新组合中的一个非线性趋势可能会很有启发意义，以便了解它们的外观、所包含的信息以及我们如何最好地利用它们。

图14-1展示了其中一个趋势的例子，这一趋势被称为"顾客期望"，它来源于乔·派恩的作品《体验经济》一书（参见文献［1］）。像所有其他的系统性创新趋势一样，这种非线性进化趋势是通过分析不同领域的业务系统是如何进化而发现的。就像之后举例说明的其他趋势一样，这一趋势以一种从左到右的方式呈现出来，所以右边的系统被认为比左边的更先进。此外，这一趋势中的每一个框都代表着从一个商业模式到另一种模式的不连续跳跃。同样，虽然我们很快就会发现这一趋势是过度简化的，但是把这些框架看作一个新的S曲线也仍旧很有用。

图14-1 进化趋势的例子：顾客期望

相对简单的流程图代表了大量的进化数据的提炼。第一眼看上去显然很简单的图像中包含的显式和隐式的数据是值得研究的。

首先，我们可能会问，为什么这种系统按从左到右的方向进化（我们将在第五部分看到在这个左－右的准则中有可能预见的例外，但是我们应该假设，进化是按从左到右的方向发生的）。正如本章末尾的参考资料部分所示，有许多系统遵循这一趋势。通过举例说明，我们可能会想到像麦当劳这样的公司。准确地说麦当劳从来不在这种趋势的"产品"端，因为它的业务并不属于提供原料，也不属于一种产品导向的业务。公司成立之初，主要的卖点就是麦当劳餐厅提供的服务——也就是说，该公司实际上是从这一趋势的第三个阶段开始的。如果一个顾客去了一家麦当劳餐厅，那么他不是为了买一个汉堡包（产品），而是为了买一次快餐服务。随着公司的成长，该服务扩大到让人们了解：就餐者进入任何一家麦当劳，都能得到同样口味的食物，等待时间也是一样，同样也都是在一个干净卫生的友好环境中得到服务。今天走进一家麦当劳餐厅，我们可以看到这家公司正在迅速地将自己重新塑造成一个"体验"的提供者。换句话说，他们在这一过程中，正沿着从左到右的趋势发展。而现在我们很少会去麦当劳，原因很简单，现在有很多竞争对手能够提供非常类似的服务水平。该公司已经意识到，为了保持领先地位，他们需要将"服务"发展到另一个层次。因此，当我们去其中某一家餐厅时（更准确地说，当我们的孩子去时），可以看见那里有可收藏的玩具、聚会、帽子、活动场地和许多其他形式的"体验"。

实际上，公司已经意识到，随着时间的推移，客户的期望值会提高，如果你的组织还在原地踏步，那么相对来说就是在走这种趋势的相反方向。因此，麦当劳将提供"体验"作为一种商品化竞争的手段，并以此作为一种继续将他们的产品与竞争对手的产品区分开来的方法。根据这一趋势，当他们的竞争对手也开始提供"体验"，并且当顾客的期望进一步增加时，他们可能不得不考虑沿着这一趋势的下一阶段发展，乔·派恩将其描述为一种转型。考虑到"转型"（派恩描述的是这一趋势的第五阶段和最后阶段）涉及从客户到供应商的责任转移，这种转型的可能性在麦当劳的案例中可能被一些人视为一种相当可怕的前景。这一阶段之所以存在，是因为虽然快餐行业还没有做出这样的转变，但其他行业已经有了。举个例子，如果我们去健身房雇佣一个私人教练，对他说我们希望在下个月减掉 20 公斤，并且给教练一切权利去实现这一要求，那么我们也就进入到了这个模式中的转型阶段。

幸运的是，还有其他一些非线性趋势，所以从体验到转型的转变并不是麦当劳唯一的选择。正如我们随后将看到的，如果我们准备使用趋势来确定未来行业可能发展的方向，那么需要判别所有可能的趋势跳跃，而不仅是只关注某一个。我们将在第三部分中看到这些趋势是如何相互结合的。

与此同时，如果继续关注顾客的期望趋势，那么我们可能会希望看到趋势背后的推理，以及更重要的原因。至少部分答案来自一般的信息和单一最大有效使用趋势的关键；"从左到右的发展会有收益：我们观察到的每一个案例都是从一个趋势阶段跳到另一个趋势阶段，他们这样做是为了获得收益。"随着我们看到越来越多的企业做出同样的跳跃——这就是趋势的来源；对许多系统进行不连续跳跃的观察——我们也可以观察到，它们会跳跃的原因可能是完全不同的。在本章末尾的参考资料部分重新生成了顾客期望的趋势，以及其他已发现的收益列表。我们需要一点信心（至少最开始），这些收益是存在的，而其他地方也证明如果我们注意，我们将会发现。

第二点，关于第一个问题我们需要重新考虑理想度公式，理想度 = 感知 [收益／（成本 + 损害）]。如果我们接受这种日益增长的理想度是一种过度的进化趋势，并且从顾客趋势的左侧往右移动会得到更多收益，那么便有可能实现理想度的增长。当然，这种相关性可能不会立即显现出来。事实上，从销售一种产品到销售一种服务的进化（许多基于产品的行业目前采用或至少考虑采用的一种转变）中存在着很多潜在的惨痛教训需要我们在模式的转换中学习，这种模式的转换便是从我们希望客户能够不断自我们那里购买更多相同的产品，转变为我们可能会给他们一个产品，或者为他们进行操作。例如，在燃气轮机行业，从销售喷气式发动机转变到销售"动力"，意味着发动机公司不得不学会进行如下转变，他们不能依赖传统模式下顾客购买发动机的巨大资金注入，而是必须依赖顾客每次使用发动机支付的收入而生存，因为该发动机如今由发动机公司免费提供。就发动机公司而言，短期成本肯定上升了；但他们也意识到，只要他们的可靠性计算正确，并且能够使发动机持续更长的时间，那么顾客就会为他们提供更多的收入。就像我们在这个例子中看到的，在理想度公式的上半部分（收益）和下半部分（通常是成本）之间经常发生冲突。然而，从所有的系统性创新研究中收集到的经验表明，在非线性趋势中所描述的进化跳跃确实带来了净收益。即使成本或损失在一开始（至少对某些客户来说）是上升的，但从长远来看，利益与成本的冲突得到了解决——通常是随着制造技术的进步——这样客户就能以微不足道的成本或损失来获得他们想要的利益。当然，这一现象取决于消费者追求利益的假设这一事实。作为替代，我们建议你观察一下周围有多少系统遵循趋势模式，然后使用趋势来发展一个你感兴趣的系统。

顺便说一句，我们的研究不断测试趋势的有效性和界限，如果能够为它们中的任何一个找出真正的例外（我们到目前为止还没有做过），那么我们将会非常高兴——因为在一个行业中发现一个例外很可能打开大量相似的例外，因此也会在其他行业获得许多破坏性创新的机会。

关于这些趋势的第三个要点，在我们详细讨论它们的使用之前，先回到前面的结论，即每一个趋势阶段都是新的 S 曲线；这是解决问题的一个重要思想。要点如图 14-2 所示。

这一点可能有些令人难以接受——但是第 7 章中每一个独立的要素都有与自己相关的 S 曲线——并且当详细分析之后，发现它过度简单化。尽管如此，我们还是推荐将它作为一个有用的图形来记住。

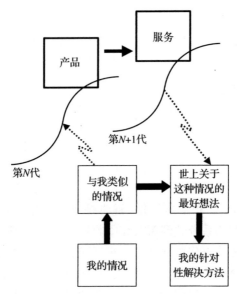

图 14-2 趋势的每个阶段代表一个新的 S 曲线

最后一个要点是对前面的讨论做一个总结。图 14-3 中说明了这一点，即再次重复了顾客期望趋势线，但是这一次增加了促使系统以它们方式进化的动力学符号。策略和问题解决情境中成功使用趋势的绝对关键是客户收益的识别，当我们推测为什么我们的系统应该沿着这一趋势发展时，就会出现客户收益。

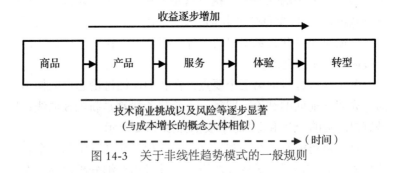

图 14-3 关于非线性趋势模式的一般规则

除了两个重要的例外，我们将看到这幅图适用于本章末尾参考资料部分所描述的所有非线性趋势。

在实际使用这个趋势来解决一些问题或者做战略性规划工作之前,我们先来讨论一下单双聚和裁剪这两个重要的例外趋势。

单双聚趋势(M-B-P)

M-B-P 趋势本质上是指一种从单个实体扩展到两个,再到多个实体的趋势。详细内容请见章末的参考资料进化趋势,M-B-P 的进化趋势有三个主要的变体——首先是第一个 M-B-P 进化趋势(同类的),越来越多的事情都是一样的(例如一家银行提供的不同金融产品);然后是第二种 M-B-P 进化趋势(多样化),越来越多的事情彼此不同(例如一家银行联合一个建筑商和一个装潢师来提供一个完整的家庭购买包);最后是第三种 M-B-P 进化趋势(差异加剧化),我们看到系统同时传递消极和积极的功能(例如一家银行提供储蓄和贷款服务)。从左到右的进化趋势适用于这三个例子,但需要加以限定。限定的条件基本如下所述:

如果我们把更多的东西添加到一个系统中,以便将其转化为一个双重系统,紧接着转化为一个多重系统,那么按照通常的规则,收益在增长。伴随着 M-B-P 进化趋势的限制,当我们在系统中达到一定数量的实体之后,收益就不再出现了,如果我们继续增加,整体的理想度就会下降。该现象如图 14-4 所示(并在参考资料部分有复述)。

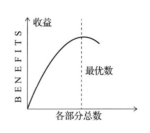

图 14-4 M-B-P 进化(超过一定水平后,收益逐步减少)趋势的限制

一个简单的例子可以说明这一点:为了抵消某一部门的市场周期带来的风险,许多公司决定收购或合并在不同周期的市场上提供产品和服务的公司。如果整个市场的波动开始增加,那么公司为了消除这种波动而进行的风险和收益共享也会增加。为了达到预期的财务稳定,在市场上,需要进行更多的兼并和收购。但是每一次兼并和每一次收购都会带来一定的开销和管理上的挑战,而且这些成本通常不久之后就会超过财务稳定带来的收益;当达到这一阶

段时，增加更多的公司和更多的部门，总体上就不再有净收益了。

与此同时，另一个与减少收益特性有关的点是，向系统中添加更多的要素几乎总是会增加成本——理想度公式的下半部分。通常的结果是，由于收益和成本的相对重要性不同，系统中"最优"的数量也会有所不同。可以在具体系统运行过程中看到这种现象。一个很好的例子是，零售金融机构提供的存款账户类型和利率数字在不断改变——在市场竞争激烈的时候，银行必须尽可能地适应不同的客户需求，这个数字会上升，而在经济条件支配开销最小化时，这一数字会下降。

裁剪

与这种"从左到右的收益增长规则"相一致的第二个条件限制被称为裁剪趋势。这一趋势，正如在参考资料部分详细描述的那样，是指随着系统的发展和成熟，系统显示出逐渐减少的元素。"裁剪"的基本机制是，随着管理者在设计和管理系统的方式上变得越来越聪明——逐步地改进并更好地利用资源——他们学会让元素更努力地工作。换句话说，要求采用更少的元素来完成相同（甚至更好）的功能。

这种趋势的限定条件在某些情况下是不适用的。最初的 TRIZ 研究人员发现的一个趋势是，随着系统沿着 S 曲线进化，它们也遵循一个特征路径，先是增加复杂性，接着是降低复杂性。这一现象在图 14-5 中得到说明。

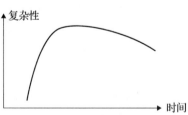

图 14-5 通过复杂性先增后减实现的系统进化

（时间跨度对应相应的系统 S 曲线）

在所有系统中，除了最简单的系统外，复杂性和元素数量之间存在很强的相关性。这反过来意味着，"上升－下降"复杂性特征也与元素的数量有关。这种关联的含义是指在系统的进化过程中，有可能减少元素的数量，但有时这不是可行的选择。这两种情形之间的界限可能被看作是最高可行复杂性点。这个点上的某个事物（通常是客户或可靠性问题——至少对于复杂系统——参见文献［2］），触发了降低复杂性的方向转变。这时，管理者和工程师的注意力就会转移到以减少元素数量来实现收益的方向上。图14-6显示了"裁剪"的趋势可以使用和不可以使用时的情况。我们将在第18章中进一步讨论"裁剪"，在这里，我们将看到这一趋势如何帮助我们产生解决问题的想法。

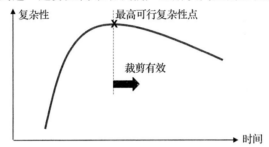

图14-6 裁剪趋势应用于何处

所以这里我们有一个关于非线性趋势的概述以及我们应该如何解释它们的概要。在我们开始真正地使用它们来解决问题或制定战略之前，我们需要重新思考一下我们通常所理解的"趋势"。

14.1 线性趋势的方向

预测未来行业已经出版了大量关于这个主题的书籍和文章。在很多方面这个选择都是压倒性的。参考文献［3］提供了关于超过700个趋势和趋势方向的信息来源的总结。图14-7说明了一些主要的当前顾客和市场趋势方向，这些趋势可以在参考文献中找到。毫无例外，所有这类趋势方向的信息都必须被视为是暂时的。像"大趋势"这样的书籍经常更新的原因之一（为了适应不同的产品或地理区域而不断修改）是趋势经常发生变化，并且在某些情况下可能完全消失，因此与它们"保持同步"可以成为一项全职的工作。然而，在一个特定的时间点上，如果单独检查这些趋势，那么我们可以观察到任何这些趋势的相关性和真实性。

- 提高电子产品在私人生活中的使用率
- 贫富之间的差距越来越大
- 企业客户差异化需求日益增长
- 增大信息容量
- 需要简化
- 减少人们的参与
- 全球的可用性服务
- 希望得到个人解决方案（私人客户）
- 人口趋势（人口老龄化，丁克）
- 希望自我实现（"充分发挥主观能动性"）
- 时间作为有价值的资源
- 增加风险规避/安全意识

图 14-7　线性趋势方向示例

这种"个体"的条件，就在于顾客倾向信息所呈现的问题和机会。这些趋势的问题在于，当人们孤立地看待它们时，它们可能会被认为是合乎逻辑的、明显的，但这并不是它们在现实世界中运作的方式。在现实世界中，它们全部在一个巨大的复杂又杂乱的结构中运作。所有的"保持简单"适用简化这种复杂性的说法几乎不可避免地注定要失败。在这种情况下，"这是整件事"成为一个更加适当的格言，情景规划经常被用作"简单"和"整体"这两个极端之间的一个中间立场。在这个趋势方法中，我们通常采取我们认为适合情景的两个或三个趋势方向，将它们推入我们希望分析的未来时间，看看发生了什么。通常情况下，我们仍然以错误的答案结束。

情景规划和其他趋势方法出错的原因是，当对未来的扩展变得困难时，需要做出一个或几个简化的假设，使复杂性易于管理，从而继续进行分析。

系统性创新方法以一种不同的方式使用这一趋势信息。我们应该积极地观察它们，而不是在事情变得困难时加以救助。这种情况下的"困难"是在我们采取任何趋势对时发生的事情。任何一个单独的趋势方向都是相关的，直到有另一些趋势中的一个出现，使之前的趋势变得无关紧要。换句话说，沿着任何两个趋势的推断迟早会出现冲突。图 14-8 说明了这一现象。

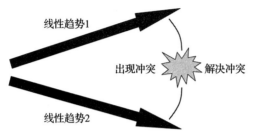

图 14-8　一对线性趋势导致的冲突

当这些冲突出现时，情景规划和其他技术会进行援助。正如我们从第 11 章和第 12 章所了解到的，在系统性创新中，我们将这些冲突视为机遇。根据系统性创新，当我们看到两种趋势互相冲突时，我们也发现了一个机会。在情景规划中，趋势冲突是一个问题，因为我们被迫进入一个非此即彼的假设。在系统性创新中，我们有机会去探索冲突，并找出解决它的双赢之法。这又让我们回到了所有系统进化的基础：我们知道其动力是由相继出现并被不断解决的矛盾和冲突所支配的。我们需要在实际冲突出现之前，用趋势信息识别它们。通过这种方式，在这些冲突变成一种现实前我们有了一个至关重要的战略机遇来解决它们。

系统性创新处理更大的"这是整件事"问题的一种方式是，在一个完整的市场趋势分析活动过程中我们将关注许多趋势，但是从我们的角度来看，如果我们以连续的方式观察它们并寻找冲突和矛盾，就可以获得最有用的信息。我们目前正在建构的事项之一是一个趋势方向冲突矩阵（参见文献 [4]）。我们已经在许多我们内部管理的或代表客户组织的研究中运用了这个工具的一个版本，我们在冲突趋势分析中最终预测的战略信息，至少值得写一本书。

与此同时，一个简单的关于我们如何运用趋势冲突理论的例子将有助于说明为什么线性趋势的假设会产生错误的答案，以及为什么这是 95% 的价值所在的冲突信息。

当使用趋势方向时，首先需要做的是确定一个焦点。在这个例子中，假设我们自己对超市购物的未来感兴趣。如果我们当时真的对超市购物的未来很感兴趣，那么我们很可能会对一系列的趋势方向进行研究。为了简便起见，我们将在这里仅观察两个例子——减少人类参与和"充分利用生命"。第一个趋势会告诉我们，如果能够避免的话，大多数客户是不愿意进行购物的。这是互联网购物的兴起和扩张背后的趋势之一，这种产生和扩张首先指的是网购，其次是新兴的复杂在线算法，这种算法能够记住我们以前购买的东西，这样虚拟超市就可以被重新设计以适应我们未来的需求。因此，我们很快就会发现，"减少人类参与"的趋势可能会被应用到超市的购物场景中（然而，如果我们对这个主题很认真，我们也会分析那些真正喜欢购物的少数顾客）。同样指引我们的趋势是甚至不必去商店，所购买的物品也会被送到我们手中。这是一个合乎逻辑的方向。那么，为什么在许多地方，网上购物的数量会先增长后趋于稳定呢？如果这一趋势是合理的，为什么我们不都在网上购物呢？

这个问题的答案之一在于其他趋势方向。我们在这里看到的是"充分利用生命"的趋势。我们越来越有倾向于：

a）想要吃到世界其他地方的食物；

b）没有时间"学习"如何应用电脑或互联网；

c）当超市试图配送我们的网上购物时，不在家。

我们在这里所做的是确定第二种趋势的几个方面，这可能与第一种趋势相冲突。第三个方面可能是对互联网购物增长停滞影响最大的一个方面。这里的冲突是：我们不想去超市购物，但当超市来提供我们购买的东西时，我们也不在家。对系统性创新而言，这是重要的部分。在这个问题得到解决之前，市场的未来扩张可能会受到阻碍。因此，智能超市将积极寻求解决这一矛盾的方法。事实上，一个超市是不可能解决所有问题的。"这是整件事"的问题再次出现，是因为针对这种冲突的一个优秀解决方案可能会来自冰箱制造商：如果超市试图配送我购买的食物而我又不在家，那么他们需要找个地方存放。如果我购买了冷藏或冷冻食品，那么他们需要一个合适的冷冻之处。并且这个冷冻之处是可以从外部接近的，更确切地说超市可以接近，但不是其他任何人都能接近的。然而另一个矛盾是，超前思维的冰箱制造商和超市可以通过在他们的竞争对手之前解决这一问题而获得重大的战略优势。

对于一个更大的问题来说，这个例子显然只是"沧海一粟"。更大的方面在于，系统性创新使其成为一个可控的问题。在这两种趋势之间发现的冲突是重要的战略知识应用之处，这两方面的重点应该放在超市将会在哪里以及何时（可能更重要）为断断续续的创新做好准备。找到创新时机是整个分析事件中最困难的方面，这在本章后面会讲到。同时，从这一节的总结来看，趋势方向信息在所有的部分都起着一定的作用。但这不是未来学家当前研究的问题。系统性创新鼓励我们以不同的方式运用趋势方向，重要的不是个体趋势，而是它们之间的联系和冲突。

14.2 非线性趋势作为解决问题的工具

从检验线性趋势的方向出发，本节讨论不连续、非线性趋势，此处我们分析它们的第一个作用：作为问题解决的手段。从系统性创新过程的"选择"部分（第 10 章）可以看出，趋势工具有几个不同的应用。趋势可以用来帮助我们找到新的 S 曲线（一种解决矛盾的方法），用于改进我们已经确定的不足或过度的行为，或者简单地作为一种方法来改进系统或过程中某个元素的任何属性。

许多系统性创新的新手发现趋势部分在应用于解决问题前景方面是容易且最具吸引力的。其原因是这些趋势鼓励我们以一种稍微不同的方式对正常的"某人已于某地解决了你的问题"这一抽象流程进行思考，差异是很微妙的，但是其中包含的东西极其重要。

趋势应用流程类似于将具体问题转换为通用问题的通用模型，定位通用解决方案，并将该通用解决方案转换为具体的解决方案，如图14-9所示，趋势过程似乎是这个过程的支线部分。

图中显示的是，尽管我们仍然必须在所分析的特定系统与一般性趋势之间建立联系，但如果我们分析了某一单个趋势，并且运用这个趋势来判别下一个进化阶段，那么我们可以使用完全相同的联系，以实现"具体－通用"的转换，将通用的解决方案连接到具体的解决方案。换句话说，其他"具体－通用"的转换只需要做一次。

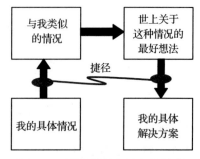

图14-9　进化趋势解决问题流程

在许多情况下，一般性解决方案（即当前系统所连接的进化趋势的下一个阶段）返回到具体解决方案是如此迅速，以至于使用者常常不知道已经发生了转换。

一个简单的例子应该可以突出这一现象，并说明我们如何利用这些趋势来解决问题。这个系统涉及典型的"客户－供应商"关系，为了讨论起见，我们假设这种关系中的联系不像我们希望的那样有效。正如我们所定义的，问题的症结在于，关系双方都认为对方根本没有将他们的利益放在心上：顾客认为供应商的服务很差；供应商认为顾客的要求太高了。

利用这些趋势来帮助我们解决这个问题，首先需要我们将客户、供应商及其关系同章末参考资料部分的每一个非线性趋势进行比较。在每一条趋势中，我们必须问的问题是："这个元素在这个趋势上的定位是什么？"因此，我们正在分析客户之间或供应商之间的联系，或供应商与客户之间的关系，并同每种趋势的进化阶段之一建立联系。图14-10描述了一个这样的例子——我们成功地将供应商与"连接"趋势的第一个"固定"阶段连接起来。（注意，尽管事实上供应商具有一些"不固定"的元素，但我们仍能建立这种联系，此处重要的是使这种联系发挥作用——在这种情况下,事实上供应商可能在其做事的方式上有大量的"固定"元素。例如,可能与客户具有单一的(固定的)接触方式,或者一种固定的定价结构,或者一个固定的订单处理系统——所有这些都表明供应商在这个趋势中处于"固定联系"阶段。)

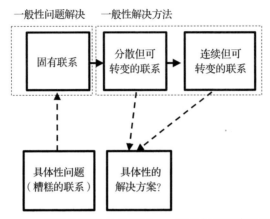

图 14-10　解决问题角色的趋势——客户与供应商的联系

一旦建立了这个联系,趋势图"固定"阶段的右端便开始为我们提供一般性解决方案,并且因为我们已经在具体性与一般性之间建立了联系,我们应该已经想象到可切换的定价结构或订单处理系统,或者不断切换接口。

事实上,这些联系可能会提供优秀的解决方案。从很多方面来看,这就是趋势发挥的第一个作用,某些人在某些地方已经通过从一个固定的做事方式向一种离散或连续的可转换做事方式的跨越,解决了他们自己的问题。很有可能是我们自己的原因导致情况不同,但这种跨越一般而言是普遍的。

选择这个例子的部分原因是为了强调这一特定趋势所提出的解决方案与许多人的"常识性"观点背道而驰。普遍的"常识"似乎告诉许多组织,正确的选择方向是在组织机构之间精确地进行单点接触;因此任何一个客户都明白有一些人致力于在供应商那里为他们的需要服务。大多数情况下(如果不是所有)创新都与普遍的常识背道而驰。直到休假时间或者有不同观点产生之前，单点接触听起来都像是一个好主意。同样，在我们意识到每个客户都不同于其他客户，并且在不同客户具有不同的增值服务需求之前，单一定价结构听起来也很普通。这些趋势告诉我们，其他组织和人们如何以创造性方式解决了这些问题。

同样，在使用趋势的时候，一致的信息是"在某个地方朝着进化趋势的右端前进是大有裨益的"。在很多情况下，这意味着在使用趋势解决问题时我们的任务不是在趋势和系统之间建立联系，而是考虑为什么从趋势中找出的答案就是答案。同样，在我们分析的所有系统中，跨越都是一致的——实际上这是判断一个趋势是否真实的主要标准——但跨越发生的原因可能会有很大的不同。

图 14-11 再次展示了重要的进化锥，非线性趋势试图做的就是为创造更加理想化的系统提供引导。

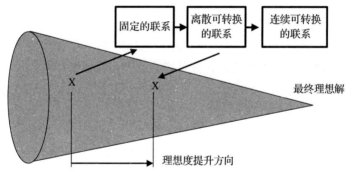

图 14-11 非线性趋势：作为指向更理想系统的路标

14.3 非线性趋势的组合

对非线性趋势进行单独分析是产生问题解决方案的一种常见有效方法。至少它是一种将注意力集中的头脑风暴方法——首先我们将使用一种趋势来帮助产生想法，然后当我们从这一趋势中失去了想法时，便会转向另一个趋势，然后再转向另一个，以此继续，直到有一组我们喜欢的答案。这种使用方法通常是有效的，但不可避免地会有这样的风险：我们只是生成解决方案，而不需要真正了解我们所处的情况，或者更重要的是，其他趋势的转换可能会对形势产生影响。我们将在这一节把注意力转向后一领域：我们如何看待非线性趋势的相互作用？

发现这些组合的最初始也最有效的方法之一是将趋势组合绘制在一起。这样做的方法之一就是我们所说的"进化潜力"导图。由此产生的图像被称为进化潜力雷达图。

14.3.1 进化潜力雷达图

进化潜力的概念包含了这样一种观点，即如果我们沿着一个非线性的趋势分析我们系统的位置，并且发现它还未进入最后阶段，那么它就存在未被开发的进化潜力。除了这个想法之外，我们还可以利用趋势来确定给定系统的进化极限。我们认为，进化潜力和进化极限都是非常重要的，在技术意义上根据技术趋势的应用，在分析给定系统的进化潜力时所包含的信息可能会在决定如何最佳地使用研发资金方面发挥重要作用（其中系统已经处于或正在接近其潜力的基本限制），相反，在其进化潜力的开始，会有很多针对系统各部分的投资，因为每单位投入资金的可能效益将处于最高点。同样，利用管理趋势进行的进化潜力分析可以用来确定一个组织的哪些部分拥有比其他部门更大的未开发潜力，并分析哪些部分开始触及一些基本的限制。

"进化潜力雷达图"是一种绘制所有这些潜力，并将信息呈现在一个图形中的方法。因此，该图形旨在帮助构造并展示关于进化潜力的思考。图14-12中展示了一个进化潜力图的例子，图中的每一个辐条都代表了与正在分析的给定元素相关的非线性业务趋势之一。对于每个相关的趋势，阴影区域表示当前系统的发展趋势，图的外围是每个趋势的最后一个已知阶段，是进化的极限。因此，阴影面积与整体总面积之间的面积差是衡量进化潜力的指标。

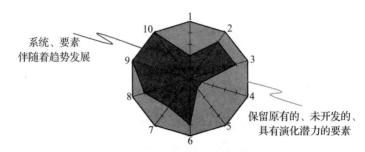

图 14-12 进化潜力雷达图

通过对真实的例子进行分析,可以很好地观察到实际的进化潜力图的构建。这个图提供了一种分析任意类型的管理模式、场景、过程或结构的方法。在每一种情况中,相关的趋势有所不同,因此,首要任务是研究哪些趋势是相关的,而哪些不是。最后,该方法的最大价值在于它为我们提供了一种可将一个系统与全球基准进行比较的方法。我们认为,这种"全球基准"理念是另一种非常重要的方法——这也是我们在进行战略性研究时会绘制这么多图表的根本原因。我们将用连锁汽车旅馆向消费者推销这一典型例子来阐明这个过程。

我们通常会先比较我们现有的系统和每一种趋势。尽管在我们希望比较潜力图时,保持一致的序列是有用的,但是我们查看趋势的顺序并不重要。章末参考资料部分的趋势顺序是为了形成这样一种一致的模式。虽然这里的细节并不重要,但趋势的顺序是根据与人类大脑的能力(或其他方面)相关的各种心理因素来决定的,这个顺序是为了建立系统和趋势之间的联系。

下表描述了汽车旅馆例子中的每种趋势:

趋势	当前汽车旅馆的定位
顾客期望	服务(3/5)
顾客支付焦点	价格(4/4)
自组织意识	无意识(1/5)——大多数汽车旅馆以自上而下的方式运营,通常没意识到问题的复杂性——"保持简单"成了常规
知识	信息(2/4)——大多数汽车旅馆有一些顾客追踪系统,但很少有有用信息

（续）

趋势	当前汽车旅馆的定位
能力	自觉能力（3/4）——由于员工流动率高，与客户的关系往往是最脆弱的
过程思考	单一流程（2/4）——为了保护品牌形象，每个汽车旅馆通常采用一个流程
系统稳健性	暂态效应（3/6）——汽车旅馆可能在季节性的基础上运作，但不太可能考虑长期影响
设计点	单一状态（1/4）——汽车旅馆往往被设计来吸引某一类顾客；它们不太可能被设计成同时吸引多个行业——这是趋势所暗示的方向
单系统–双系统–多系统（同类）—界面	双向系统（1/4）——所有的顾客可能会被同等对待，除了一个可能的忠诚顾客项目之外
单系统–双系统–多系统（不同类）—界面	多向系统（1/4）——汽车旅馆并不与任何其他的商业旅馆联系
单系统–双系统–多系统（增加差异）	类似的部分（1/4）——所有链条中的汽车旅馆都符合规范（曼谷方怡酒店、分店、套房等代表着一个汽车旅馆是从这一趋势演变而来的）
市场细分—界面	同类事务（1/5）——在这一例子中类似于单–双–多的界面，但提供了一些额外的想法：顾客间是不同的并且同一顾客在不同时间也是不同的
嵌套（下降）	难以在这一例子中找出密切的联系
感官互动	两种感官（2/5）——汽车旅馆可能利用视觉以及嗅觉吸引顾客，而不是听觉或味觉
增强透明度	不适的（1/3）——汽车旅馆不太可能使它的业务流程与实践对顾客清晰可见
连接	固定的连接（1/3）
增加不对称	难以在这一例子中找出一种密切的联系
破除边界	许多界限（1/3）——传统的逻辑认为只有搞接待的员工才会与客人交流
垂直/水平周期	垂直（2/3）——汽车旅馆现今是一个主导工厂
和他人的互动	独立（2/3）——在消费者接待中难以阐释，但是在房客和宾馆员工之间不可能有一种"我们"的感觉
聆听/交流	选择性（3/5）——另一困难，大量的汽车旅馆会建议员工在一个相对狭窄的区域范围听取客人的评论
市场调查	大多数汽车旅馆会在客房留下问卷调查表格，但是不会积极地寻求顾客的需求

（续）

趋势	当前汽车旅馆的定位
螺旋动态	次序（4/8）——几个汽车旅馆可能迎合物质需要，但是大多数汽车旅馆都不会
生命周期	难以阐释，如果顾客跨越一个大的年龄范围，那么在此实例中，更有用的是根据这四个时间阶段策划这些动向，当前我们处在成熟期的末尾——在暗示关注汽车旅馆商业面做出紧迫的转变
行动协调	非协调性（1/4）——客人在许多汽车旅馆都会感到不便，例如客人被要求在旅馆规定的时间办理入住或退房，在旅馆规定的时间用餐，而不是相反，即旅馆在客人要求的时间提供相关服务
节奏协调	连接的（1/3）——任何时间上的变更在汽车旅馆与顾客间都是不可能的
单－双－多（同类）—时间	难以在这一例子中找出密切的联系
单－双－多（不同类）—时间	
市场细分—时间	
嵌套—时间	
阻尼	
反馈与控制	为期两日的反馈（2/4）——大多数顾客期望汽车旅馆能在与自己交易的过程中听见自己的声音，但是很少有顾客能培养出自己任何类型的适应性能力
非线性	线性的（1/3）——汽车旅馆不可能考虑那些可能发生的糟糕的情况
单－双－多（同类）—空间	难以在这一例子中找出密切的联系
单－双－多（不同类）—空间	
单－双－多（增加差异）—空间	
市场细分—空间	
嵌套—空间	
增加维度	纬（2/4）——线性，一对一，员工与顾客交流是准则
自由度	难以在这一情形中找到 M-B-P（单－双－多）额外的相关性
动态化	坚硬的（1/3）——与顾客的关系的不可能具有适应性
减少人工干涉	半自动化（3/6）——在线预订系统为客人提供方便，但仍有很多问题

（续）

趋势	当前汽车旅馆的定位
裁剪	部分的裁剪系统（2/4）——就为客人提供的物品而言，大多数汽车旅馆连锁店会通过至少一个业务流程再造过程来估计客户服务中的浪费情况
嵌套（上升）	独立结构——不与其更高水平的功能性业务模式（非汽车旅馆）关联

注：这一趋势总是趋向于以0.5作为从左到右的顺序不断切换。

（注意：一些被标记为"难以建立直接关联"的趋势在这样的案例中经常见到，在不同的实例中这些趋势将会发生不同的变化。鉴于趋势联系的经验，使用者可能建立与此趋势更多的联系。）

图14-13呈现的雷达图主要是来自之前的那些分析，就这点而论，在本例中，它给我们展示出当前汽车旅馆进化状态更紧凑、更重要的形象。

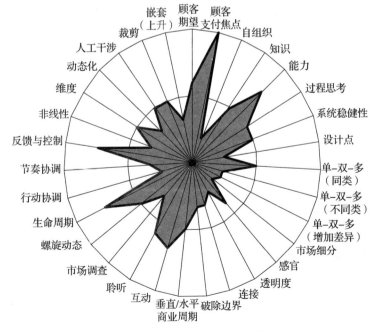

图14-13　典型连锁旅馆进化潜力示例

根据之前给定的假设，阴影区域表示当前汽车旅馆的成熟度，在阴影区域与图形边缘间的白色部分表示当前未开发的潜力，所有这些未开发的潜力为改进汽车旅馆的运营方式提供了机会，并将此展现给顾客。我们通常会利用每一趋势给我们提供的信息来帮助我们产生有关汽车旅馆应往什么方向发展演变的想法。

应当注意到，若此平面图表示的是整个汽车连锁旅馆，那么常见做法是构建一系列的进化平面图，并对汽车连锁旅馆中的每个个体进行分析。绘制每一个平面图与之前绘制总平面图的过程是完全一样的，就比较各区域以关注改进成果而言，这些平面图呈现出巨大的潜力。例如，当其他元素仍处于几种趋势的发展阶段时，投入资源发展一种具有很小的进化潜力的元素是没有什么意义的。

图14-14阐明了一个典型的进化潜力雷达图，展现出了个体元素的等级结构，在这一例子中汽车连锁旅馆内存在不同区域，图14-13总体解释了潜力的演变。在这一假定的例子中，我们能发现相比其他部分而言，旅馆业的客服部分有更多未开发的潜力，而办公室内部已耗尽大多数的潜力。

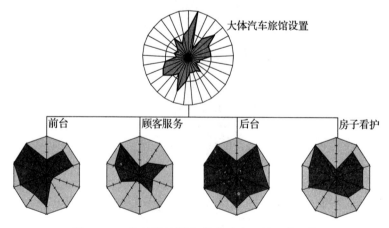

图14-14　连锁旅馆进化潜力雷达图的层次结构

这一层次结构非常重要，因为有些趋势与某些单个元素并不相关。例如，当我们考虑外部因素时，行为协调趋势与办公室内部的设计几乎不相关，但是当我们分析前台服务与整个系统时，又确实相关联。所以重要的是平面图的构造水平程度，而不是仅仅以较低水平将所有的平面图结合在一起。为了将这些趋势充分利用起来，每一阶段的平面图都需要独立构建。

与雷达平面图的形式和内容相关的最后一点是，可以同时在外部和内部的情境中解释这些趋势。如图 14-13 所示，对顾客而言，从外部联系的角度对汽车连锁旅馆进行了展示，同样，我们通过关注汽车旅馆内部的流程、关系以及结构，能很好地进行分析。图 14-15 解释出在任何规范的系统的进化分析中，都可能有两个平面图系，一个内部图和一个外部图。该图表明，两种情形中的相关趋势都有可能转换，因为在内部存在关联的因素有可能在外部视角中不存在关联，反之也一样成立。

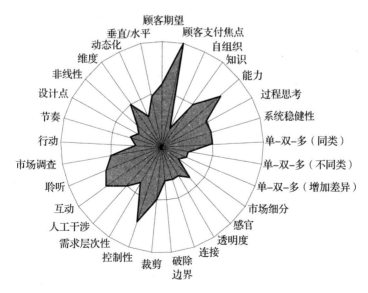

图 14-15　进化潜力雷达图中内、外部关注要素

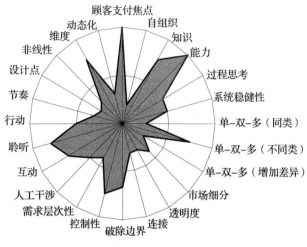

图 14-15 （续）

我们应注意平面图需要灵活应用，允许包含那些与特定系统相关联的趋势（表明所有的趋势可能都是相互联系的）。如图14-28所示，在趋势参考资料部分的开端解释了可能的选项，表明某种趋势的应用情景不止一个。例如 M-B-P 同类以及不同类趋势有空间、时间、界面情境，当构建进化潜力雷达平面图时，为了建立一些方法的次序与共性，我们会发现保持在此例子中所呈现出来的趋势结构及顺序是十分有用的，尤其是空间、时间及分门别类的界面。通过这种方法，我们所见的任何平面图都有建立在图表顶部的"界面"趋势。

14.3.2 组合趋势

M-B-P（单系统 – 双系统 – 多系统，简称单 – 双 – 多）趋势指出，通过关注多个不同趋势之间的相互联系，我们对非线性管理趋势的应用可以进一步改善。

这一结论适用于所有评估系统相关的趋势，它们测量出一些未被开发的进化潜力。我们不会深究这些实例，仅仅讨论在分析未被开发的潜力时，在不同的趋势结论中寻找相同的影响是可取的。在上述汽车旅馆的例子中，我们能发现，通过将一个具有灵活连接关系的系统与聆听/交流趋势（以及向专注甚至移情式的聆听的跳跃），以及引导我们根据不同顾客的差异提供灵活关联关系的分割趋势联系起来能起到很好的作用。在这种情况下，我们实际上与每位顾客的个性化需要产生了共鸣。

然而，在这种组合角色中，我们将对 M-B-P 趋势做更为详细的讨论，这一趋势也可以按照上述方式进行使用。在本节中专门挑出 M-B-P 趋势进行单独讨论的主要原因是，使用 M-B-P 趋势"增加某些东西"，尤其是增加与我们所希望增加的东西不同的事物时，在更大的图景中其选择范围非常宏大而且"极不明显"。在汽车旅馆业务模式中增加"其他东西"对于有些人而言非常明显，而对其他人而言却并非如此。在上述两种情形中，对于"其他东西"可能是什么需要打一个大大的问号。

不幸的是，关于何种 M-B-P 趋势与其他趋势组合的问题并没有确定的规则。在另一方面，某人已于某地在 M-B-P 和其他改进中做出一个新的结合，我们必须关注这些结合。图 14-16 展示了该列表主要用作方案触发列表。

M-B-P 应用类型	示例
内部增加	在空白中增加东西
	增加新的功能
	临时添加——例如顾问、任务部队
	从其他子系统中进行功能转移
外部增加/元素之间的增加	添加可用的元素能增加新的功能
	使用周围的系统资源
	添加能够进行测量的东西
	添加反馈机制（提出的问题是"什么没有得到反馈"，以寻求机会）
	在需要的时候，添加能产生共鸣的东西
行动	新的行动
	定期行为与非定期行为结合
	改变周期——在不同的时间点添加不同的东西
合作品牌	增加别人的品牌以创造有利于双方的品牌

图 14-16　一些关于 M-B-P 结合可能性的示例

同样，在第 15 章，问题处理者可能喜欢研究一些资源触发列表，从而识别出可结合使用到这些趋势中的其他事物。

14.3.3 全球基准

只要我们有一个全球通用的系统比较方式，就会出现一系列有用的方法。迄今为止的主要做法之一是全球基准的理念。通过分析两个或更多等同系统的进化趋势，然后叠加两块基准，使得不仅与其他系统的对比成为可能，而且也可以在全球范围内找到最佳标准作比较。全球基准的基本概念如图 14-17 所示。

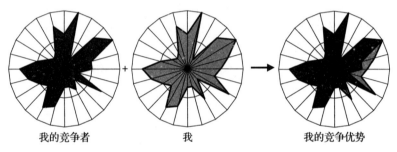

图 14-17　对比等效系统和全球最佳实践

"全球"这一名词来源于所有尚未开发的潜力（即阴影区域与图片外边缘之间的白色空间），是通过比较进化潜力图中所有系统与所有行业内已知的最成功实践而得到的。全球基准分析可以在一个系统的各个等级内进行。它可以对内部或外部的焦点，对小型利基行业，对整个组织或者在某些情况下对整个国家进行分析。

14.3.4 随时间变化的进化潜力图

因为各非线性趋势表示在一个更理想系统的方向上不连续的变化。我们可以观察到进化曲线是一个逐渐填满，或者说是一个"开花"的系统进化过程。进化潜力的概念不仅给我们一个表示系统成熟度的指标，如果我们将进化潜力图的变化看作时间的函数，那么还可以看到系统所处市场是如何变化的。因此，进化潜力雷达图的另一个重要用途涉及在系统发展的不同时期绘制进化图，以便观察不连续性出现的程度。图14-18阐释了所分析的系统在一段时间内的典型图表序列。此时，没有足够的数据来确定该系统实际进化程度与预期进化程度之间的关系。但是，我们能在某种程度上确定无疑地说，在我们已知的某些行业中，非连续性的变化以十年一次的频率发生，而其他行业（特别是dot.coms）的变化率可高达每年一次。

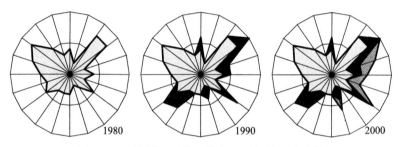

图14-18　绘制"开花"状表现时间的一种功能

不连续动力学现象可以识别这些雷达图，但为了更好地理解创新的时序问题，仍需要进行一些工作。在接下来的部分，我们希望从其他方面了解到什么时候能够或什么时候不能将非线性创新系统、产品与服务引进系统。

14.4　非线性趋势的时间效应

系统性创新中的非线性趋势提供了一个独特而强大的识别方式，它确定了在哪里创新、如何创新。但是，创新的时序则是有些不太适合系统的预测。许多书籍阐述了这个主题（参见文献[5]）。我们在这里花时间研究非线性管理和技术发展趋势与客户和市场发展趋势的结合问题，并考虑其对处在系统性管理理念创新（BCI参见文献[6]）方法情境中组织的战略应用。

我们可以看到，扮演创新主要驱动力角色的，是顾客期望

（需求）与满足这些期望的组织能力（供应）之间的紧张关系。供需的基本概念如图 14-19 所示。

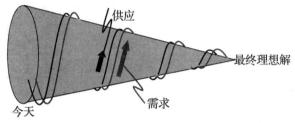

图 14-19　作为时间函数的"开花"图片

供应和需求之间的差异表现为主要的驱动张力，其将决定是否需要创新以及创新是否能够成功。张力越大，创新越可能尽快起飞；相反地，没有驱动张力，任何创新都将失败。正如图 14-20 所示，公式需求方最困难的方面是那些潜藏的故障因素，即顾客可能未能意识到其未得到满足的需求。

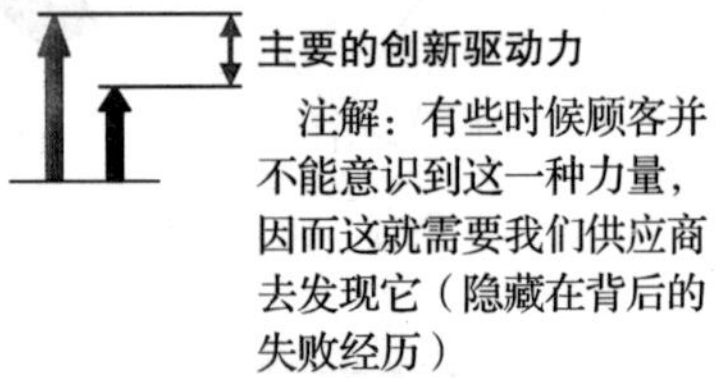

潜藏故障的典型例子是把比萨带回家（顾客期望的比萨饼是湿润且冷的）、胶片相机（顾客期望必须发送自己的照片去处理）或零售银行（顾客期望必须把时间花在从一个银行账户转到另一个）。在上述每一种情况下，许多客户一旦看到了创新性的解决方案，消除了故障因素，那么"它是一个故障因素"也将立即显而易见。奇怪的是，在解决方案出现以前，客户大多不知道存在故障。

主要的创新驱动力

注解：有些时候顾客并不能意识到这一种力量，因而这就需要我们供应商去发现它（隐藏在背后的失败经历）

图 14-20　供应与需求张力创新的驱动力

寻找潜藏的故障因素是那些领域中系统性创新方法大显身手之处。很多时候，我们可以使用非线性趋势的手段来寻求解决潜藏故障的方法。虽然听起来可能难以置信，但是非线性技术进化趋势早在摄影行业初现曙光时就准确地预测到了数码照相机技术。由于具有这一水平的预测能力，系统性创新趋势工具越来越多地用于寻求潜藏故障。事实上，通常很多时候我们发现解决方案相对于寻找故障因素更加容易。一个常见的问题是，在使用趋势预测未来的解决方案时，可能引发这样的问题"这样的解决方案将会消除什么潜藏的故障因素？"

帮助识别这些隐性故障的另外两个其他有用工具分别是 QFD 和颠覆分析（第 21 章）。在颠覆分析中，我们可以使用简单但有力的激发。例如，怎样才能让客户对产品／服务不满，或者谁不会购买我们的产品／服务以及为什么。

与供需驱动张力相关的管理进化时序中下一个决定性影响因素是，当时的技术或管理模式进化是否先进于或落后于顾客期望。当技术或管理模式落后于顾客期望时（在许多服务行业中或许多家用产品的设计中），系统性创新技术趋势可以在缩小这一差距的过程中起到桥梁作用。当技术或管理模式进化超出绝大多数顾客的期望时——可以在大量的 Christensen 案例研究中验证（参见文献［7］），如计算机的硬盘驱动、土方设备和会计核算软件——因为颠覆性技术嵌入的出现，市场变得成熟，我们可以展示非线性技术与管理趋势的修正定义及运用是如何被用于形成有力的 BCI 解决方案的。我们将分别探索每个部分。

14.4.1　技术落后于顾客期望

图 14-21 中生成的曲线展示了一种常见现象，即解决方案落后于顾客期望。这种现象常常造成的结果是"管理矛盾"——顾客知道他们要什么，但是系统无法实现。这种现象代表了一种典型的供给－需求不匹配——系统的能力不满足顾客期望，这正是一种关键的创新动力。这种创新动力是 Henry Petroski 著作《有用事物变革》中建立的"失败决定形式"理论中的一个关键要素。

顾客期望曲线符合参考文献［9］中 Kano 图的趋势，即随着顾客对产品越来越了解，顾客期望必将发生更替。Kano 模型告诉我们：车载空调曾经使我们感觉兴奋，而现在，我们视之为理所当然的设备。同样，在大部分市场，车载 GPS 仍然还是一个让我们眼前一亮的"兴奋点"。这种顾客期望曲线的上升特性常常与系统的 S 曲线特性所固有的限制产生直接的冲突。

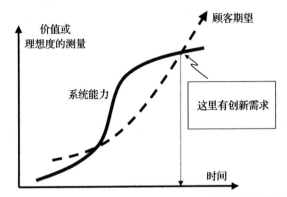

图 14-21　创新驱动 1——顾客需求超越解决方案能力

期望曲线和系统功能 S 曲线通常都是按照平均值绘出的，但事实上这是非常危险的一种假设，尤其是顾客期望曲线。当然，第 7 章的首要信息之一便是 S 曲线的动态性。读者应当认识到系统的每个元素都隶属于它自身的 S 曲线系列，而且，每个独立的顾客对于不同的曲线的相对理想性有不同的理解。考虑这些因素，如果要真正明白创新需求发生的动态机理，那么我们需要能为每个顾客（在该过程中可留 1～2 个重要的批量生产与定制生产的矛盾）绘制期望图形。

"期望超越能力"管理矛盾的出现也是创新的刺激点。S 曲线顶端水平的部分便是系统能力限制矛盾的征兆。设计新的系统或者修正原有系统可以使 S 曲线发生跳转——也就是说，只有解决矛盾才能带给顾客足够高的价值认同。这个可以使用系统性创新工具中的"矛盾消除"解法，或者使用在本章中提到的非线性趋势——在其他地方也用"过度简化"来阐述——可以说进化模式中每个新的步骤都是产生一个新的 S 曲线的机会。

在"期望超越能力"的情境中，创新时间的答案就是"现在"。

14.4.2　技术超越顾客期望

我们现在来看另一种技术与顾客期望的情况，即技术超越顾客期望（图 14-22）。这种情境是在参考文献［7］中提到的由 Clayton Christensen 介绍的工作基础。

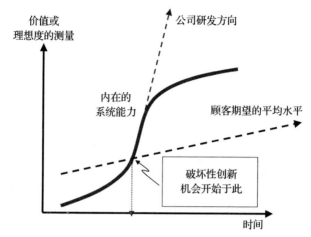

图 14-22 创新驱动 2——解决方案能力超越顾客需求

"创新者窘境"的核心推力和矛盾是当组织提供的解决方案超过顾客的需求时，传统的所谓"有效"的管理反而常常导致组织陷入困境。如 Christensen 所说这些情况常常给了"破坏性"技术进入市场的机会。一种破坏性技术本质上就会导致先前主导型技术走下坡路，顾客群体出现瓦解。在一些顾客眼中看来，新出现的产品或服务比主流的解决方案要差，但是另外一些顾客却发现新的解决方案在有些特性上比原有解决方案优越很多。从历史上看，当技术太超前的时候，企业往往难以兴盛（甚至难以生存）。

本节的目的之一是鼓励读者思考管理当中可能出现的破坏性技术机会或威胁，更重要的是，展示非线性趋势如何帮助判断可能的"适当"的破坏性跳跃。

14.4.3 案例研究：推土机

对于笨重的推土机，虽然部分读者可能兴趣索然，但是我们还是希望能让诸位学到一些有用的知识。那些偏爱新兴潮流产品

（如电脑硬盘驱动、会计电算化软件、零售购物店、电动车等）的读者们可能喜欢思考 Christensen 书中针对上述事物的相关细节问题，并且他们会发现相关细节问题与这里讨论的推土机的案例有惊人的相似。

Christensen 详细介绍了推土机的历史沿革，从原始的蒸汽驱动装置到当今广为流行的液压驱动设备（见图14-23）。液压驱动设备的引进对于机械推土机管理模型的发展影响深远。

图14-23　机械驱动到液压驱动推土机的破坏性变化

简而言之，制造商（起初是正确的）相信单位推土量越大的推土机必然成为市场的宠儿，将会受到大客户的追捧，这种信念极大地推动了机械推土机的发展。因此，在本案例中，"有效"管理实践意味着，机械推土机的进化就是为满足获利最为可观的客户对于推土的需要。随着时间的推移，制作业界就制造出型号更大的机械，以推动更多的土方。

大铲量的推土机满足了市场上高端客户的需求，显然这已经超过了其他一些中小型客户的成本承受能力，因为对于这些客户来说，铲量增大所带来的收益远不如购买者为此追加的成本和其他支出。这些顾客已经准备好了迎接破坏性技术的到来。

JCB公司1947年率先制造出的液压驱动推土机便是这种破坏性技术。然而，从当时传统的性能指标来看的话，第一代液压反向铲推土机比不上传统的机械挖土装置，因此该机器对这些大客户根本不具吸引力。然而另一方面，新型液压推土机在性能提升与改良方面的确可圈可点。比如，操作更加简单、轻巧、灵活，尤其是在局部装置失灵情况下更加安全。

对于部分顾客而言,虽然液压推土机有载荷较小的缺点,但他们更看重液压推土机的优势,由此液压驱动推土机可谓开创了推土机的新纪元,主要面向新开发,销售一路飘红。

通常来说,从新顾客群(这些顾客对已有钢缆驱动机械设备没有什么太大的兴趣,因此被"有效的管理实践"忽略)而来的收入常用于不断完善液压系统,这样液压机的发展进入了能迅速赶上机械设备性能的阶段,且同时保留住液压机的耐用、轻便、灵活以及安全等有利因素或特性。

在另一个反复出现的演化模式中,液压机性能的提升在一定程度上甚至高于顾客对最大挖掘效率的需求变化。因此,不断发展的液压机械的净值远远超出了顾客的期望以及机械设备的极限。图 14-24 所示的是通常的案例,破坏性技术取得了最终的胜利。如今,机械钢缆驱动推土机局限在需要极高负载量的细分市场。

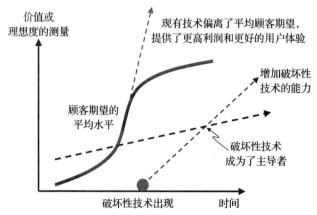

图 14-24　破坏性技术如何超越已有技术

这里结合系统性创新趋势的预测,可以看到机械体系进化到液压体系的发展过程。换言之,对于相关的技术发展趋势,人们可能已经习以为常地预测最终液压体系会优于机械体系。然而,该趋势不会以液压体系而告终;并且该趋势表明了液压体系最终会被下一阶段的"场"体系所取代。

基于目前最流行的液压反铲推土机，结合 Christensen 的破坏性技术模型的非线性趋势，我们可以将历史分析转为预测，预测推土机未来的发展趋势。

14.4.4　基于"场"的推土机

从液压到基于"场"的解决方案是多样化的，如提高其可靠性，增加设计的灵活性（部件的配置），提高效率，增加可控性，提高安全性能，减少流体泄漏的损害等。

然而，就其承载能力而言，即使是当今性能最好的电驱动也无法比拟液压系统的运土性能。因此，当前的客户是不太可能被一个电驱动设备所吸引的。

根据破坏性技术模型，电机驱动的推土机必须找到新的顾客群体。对于这个群体来说，铲子大小的性能，与电机驱动系统所具备的天生的优势相比较，不是那么重要。基本上，现在这样的顾客还不存在，也许他们自己也无法预知他们真正需要什么。假设电驱动的推土机可能有一个飞速增长的国内用户市场（如坐式割草机的市场），或者有人想要尽可能省力而挖大量小孔（如光缆公司），对于他们来说，虽然铲负荷量这一性能减少，但是他们更加看重电操作系统增加的可控制性和灵活性（工具仅仅是通过一根电线连在电源上）。根据技术进化模型，这些设备在短期内可能不比高效能的液压系统利润可观（这也说明了为什么现有的使用液压的公司可能不太感兴趣——至少从历史数据来看是这样的）。

接下来的趋势就会沿着这条线演变，因为电动系统处在革新路径的起点，它并不需要很大的投资去提高机械的性能。来自顾客的收益可以支撑研发更大的装载系统，电系统最终将能够与液压系统的性能匹敌，同时还具备液压系统所没有的灵活性、可控制性、可靠性等优势。如图 14-25 所示，到了那个点后，液压系统的日子就指日可数了。

这意味着什么呢？破坏性技术常常成功，因为技术能力的上升常常超出了顾客的期望。

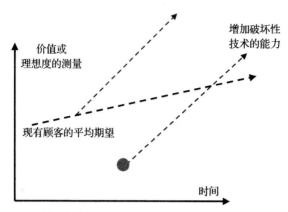

图 14-25 破坏性技术取胜，因为技术进化最终超越了顾客期望

破坏性技术起初在性能上常常劣于现有技术。破坏性技术常常需要找到新的客户群，以便在初始研发阶段能够生存下去。

新的顾客群在短时间内往往不能获得与现有市场相匹敌的效益。"有效管理实践"意味着现有公司往往不会投资开发新的技术，NB Christensen 最近的书《创新者的解决方案》[10] 提供了一个解决这种问题的策略，但是，这种创新的尝试往往是痛苦的，会造成短期内的利润下滑。

这个周期总是循环往复，一个已有成熟技术在面对不断发展的顾客需求的过程中逐渐消失了。

顾客对于"性能"的胃口是永不知足的，他们根据可靠性、便利性以及价格不断做出购买的决定，因此，在趋势相关的部分中应当特别关注"顾客导向"趋势。

同时，本节的主要内容是将破坏性技术的管理模型与非线性创新曲线结合起来进行分析。系统性创新常常可以预测到破坏性技术的趋势。14.4.2 节中关于成功管理创新的绝对关键性密钥就是对新的市场的识别，而它很显然适合这种貌似"较差"的破坏性技术。回想一下图 14-20 中所示的供需曲线，当"解决方案超越顾客期望"时，关键密钥是识别新的顾客，使需求和能力之间的张力朝着正确的方向演进。

Christensen 关于电动车的案例也特别适合本章的 BCI 情境，电动车起初是应用于高尔夫球场和牛奶罐运输的，而不是大型的汽车制造商生产的。组织越从外部来看他们现在自我强加的边界（在高尔夫球场制造商的案例中），他们越可能识别威胁和机会，从而找出中断点。文献［7］中更加详细地讨论了等式中的这一侧。

14.5 特殊的非线性和线性趋势规律

本节，我们将介绍一些更加复杂的内容以及非线性趋势的应用。特别是，我们将重点考察一些沿着非线性趋势，系统将明显"走向错误方向"的情况。

14.5.1 反向趋势？

本节中所有的趋势图都表示系统进化的方向是从左往右，这个方向是绝大多数的普通进化方向。但是也有很多例外，进化方向是从右往左的。幸运的是，这些现象是可以预测的。为了对趋势有一个完整的了解，以便我们更加有效率地应用趋势，我们需要研究这些例外。他们可以分为两大类：一类是与所谓的"非均衡进化"相关的；另一种是与被我们称为"市场反常"相关的。我们将探讨这两类例外，从"非均衡进化"开始。

14.5.2 非均衡/非一致进化规则

前面的说明中强调将更高的理想度作为压倒一切的系统进化趋势是正确的，但过于简单化。（他们从来都不是有用的概念——这是本书中一直在反复强调的原因。）说它过于简单化是因为从整个系统的角度来看，此观点是正确的，而当我们从系统内部来重新审视元素或元件的进化时，就不一定如此了。确实，在子系统的水平上，有时候一个子系统减少它的理想度来反而会使整个系统达到更高的理想度。这就是"非一致进化规则"。

规则阐述如下:

系统中不同部分以及相关的子系统的进化水平是非均衡/非一致的。

系统水平的进化常常导致临近系统或者子系统持续的变化。这个规则意味着有时候为了使整个系统效能更好,系统中的某些元素反而需要变"差"。系统越复杂,子系统部分的进化越不均衡,因此,有些组成部分越有可能为了整个系统的优化而降低其理想度。接下来,在讨论这个趋势的结论和应用之前,用一个案例来说明也许更加具有指导性。

图14-26的下半部分说明了洗衣清洁剂进化的关键阶段。洗衣清洁剂从固体演化到粉末再到液体是连续非线性的技术趋势。但是,最近,这个行业又重新出现了固体的清洁剂——显然这是倒退的,因为按照趋势进化的观点最终出现的应该是"场"解决方案(最近就出现了超声波洗衣机)。所以,到底发生了什么?为什么趋势倒退了?这个问题的答案就隐藏在图14-26的上半部分。

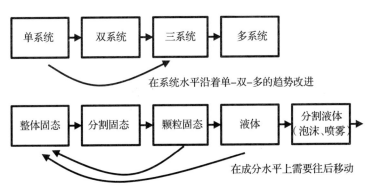

图14-26 洗衣剂的进化历史

退回到固体洗涤剂块的原因是,在更高的水平(level)上,洗衣增加了新的功能需求(比如分开预先洗、浸泡以及主洗功能),这就意味着,防止后面阶段要用的清洁剂在前面阶段被消耗掉的唯一办法就是,将清洁剂压缩后再放入所需洗涤的物品中。技术的细节并不重要,重要的是有时某个水平的趋势往往会倒退,以推动整个水平的进化,如图 14-27 所示。

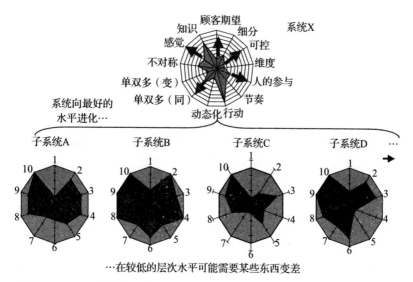

图 14-27 一个整体层次水平的进化可能需要阶段 A 退化到较低的水平

非一致进化规则中的关键点是,当我们分析一个系统的进化时,我们必须非常小心(特别是当我们必须分析多个不同的层次水平时),我们要考虑的是进化的整个方向是由最高水平的理想度的增加来推动的。某些支持整个系统的子系统或元件——尽管是独立的,为了整个系统更加理想,可能反而要使自身变"差"。

14.5.3 市场反常

市场应用的效应和非线性趋势的相关性有时候是比较难预测的。幸运的是,它们的持续时间比较短,所以,尽管一个市场变化可能导致一个系统一时反转方向,但是效应往往是短暂的,会被市场动态回归"正常"的趋势再次倒转或者因为矛盾的解决而再次反转。

一般来说,预测市场反常最难的是常被描述为"形式追随风尚"。典型的"形式追随风尚"的例子如随身听（曾经一段时间内增加容量是一个很明确的趋势）、服装（季节交替中，我们恐怕很大程度上都被少数设计者的奇怪念头所支配），以及被转向"复古"风范的摩托车和其他各式各样的消费品。被这种风尚驱动的演变转化是非常难以预测的，尽管事实上更大的时空中往往包含了可以预测的循环（试想一下T恤衫长度变化的循环），幸运的是，所有"形式追随风尚"的例子都证明了，能够实现让理想度增加的因素总会取得最终的胜利。最不能预测到的就是这个转化要发生的时间点。

最常见的市场反常是，理想解等式中成本因素优势突然增加。这种反常经常与总体理想度的增加一致，但是结果会导致不再聚焦于收益或有害的作用。如果只有减少收益才能增加成本，那么，我们将看到技术轨道趋势将由从左往右转变为从右往左转。

一个例子就是之前讨论过的银行零售业务，银行会根据是买方主导还是卖方主导市场的条件来提供不同类型的账户数量。由于不同数量不同类型的账户组合所产生的总成本和收益之间的经济平衡常常是不稳定的，它在多样化和综合性之间的波动是相当明显的。

市场上聚焦价格的变化常常是短暂的。所以，这意味着只有当主导的经济形势反转、强调等式的效益一边的时候，系统才被迫反转（从右往左）。而长期来看（特别是当我们在S曲线的成熟末端来考虑系统，并且成本是唯一需要关注的），理想解等式的上半部分和下半部分的纷争只有当矛盾解除后才能真正得到解决。

比如，银行"优化"用户账户多样性导致一般管理费用增加的情况一直存在，而最终，这种利益—成本、上半／下半部分矛盾将被解决。在这种情景中，网上系统提供了一个解决方案，顾客可以拥有多种不同账户，而产生的一般管理费用却非常少。

总结一下本节内容，虽然市场状况常常让进化趋势暂时沿着错误的方向前进，但是这种失常往往被市场的反转中止，或者由于解决了理想解等式中上半部分和下半部分的矛盾而中止。

14.6 趋势的相关内容

本节主要介绍35个破坏性趋势曲线，这些内容是本书广泛引用的系统性创新研究学者们的研究中没有涉猎到的。本节的写作格式是：每一页的顶端展示案例所蕴含的基本趋势，在这一趋势图的后面：首先是这一特定趋势的案例清单，注释了一些系统是如何没有沿着特定趋势发展演化，或者没有在第一阶段开始，或者错过一个阶段。所有这些特征都是相对普遍的。然后是从其他解决方法中提取原因的案例，说明为什么这些跳跃可能对我们有益。这些清单并不试图包括所有内容，因此，如果你找到了跳跃的其他原因，你可以把它们添加到表格中以备日后参考。

这个趋势的排序非常重要。不管你是用这个趋势作为战略工具还是解决问题的帮手，把这些趋势一个一个按照顺序与你的情况进行比照非常重要。有些也许不相关，但是关键点是，至少问题必须要问。我们已经尝试按照逻辑顺序将这些趋势进行排序，这个逻辑顺序可以使我们的思维连接跳跃到一个可管理的范围。

当然，也许有人倾向于使用一个更加随机的排序，这也是可以接受的。但是我们建议你记住以下重要信息：图14-28表示所有趋势可以依据空间、时间以及界面情况分为3类（有时候边界并不清晰）。我们发现这种分类方法可以帮助我们决定在何种情况应该采用何种趋势。比如，涉及一个特定的广告，可能"界面"相关的趋势更加合适（卖方与潜在买方的关系），而不是"时间"或者"空间"。

这些时间、空间和界面聚集在一起代表了系统性创新方法论中反复提到的主题，参见第4章和第11章，尤其是图4-8和图11-4。"空间–时间–界面"主题与"自由–完美–现在"主题结束点的系统进化一致（参见文献[17]）——空间–自由；时间–现在；界面–完美。

与空间相关的管理趋势

单-双-多（同类）—空间
单-双-多（不同类）—空间
单-双-多（增加差异）—空间
市场细分—空间
嵌套—空间
增加维度—空间
自由度
动态化
人工干涉
裁剪
嵌套（上升）

与时间相关的管理趋势

行动协调
节奏协调
单-双-多（类似）—时间
单-双-多（多样）—时间
市场细分—时间
嵌套—时间
阻尼
反馈与控制
非线性

与界面相关的管理趋势

顾客期望
顾客支付焦点
自组织意识
知识
竞争力
过程思考
系统稳健性
设计点
单-双-多（同类）—界面
单-双-多（不同类）—界面
单-双-多（增加差异）—界面
市场细分—界面
嵌套（下降）
感官交互
透明度
连接
不对称
破除边界
水平/垂直业务周期
和他人的交互
聆听/沟通
市场调查
螺旋动态
生命周期

图 14-28　破坏性管理进化趋势分类

注：这个列表中的一些趋势与时间、空间和界面分类中的某几个相关联。35个不同的趋势，分解成了44条。附录部分介绍了35个趋势，每个趋势介绍了一些入门知识。

我该怎么做

趋势工具是系统性创新中最大的单一工具之一。大部分新手早期成功使用的都是这个工具。从这个角度上说，它与大部分人习惯的思维方式基本上是一致的。经验表明很多问题都可以用这个趋势工具来解决。这一趋势工具有两种应用方式：一种是策略；另一种是解决问题。两者都需要使用者对趋势很熟悉，同时能够将趋势与他们的实际情况联系起来。首先，我们建议你熟悉使用趋势的这个过程。然后具体些，需要弄懂为什么这些趋势范例中所建议的解决方法实际上就是问题的解决方案。

在它们的战略角色的扮演中，像进化潜力（进化潜力雷达标绘的观点）这样的概念可以作为一个有用的起始点。这个起始点需要和对市场动态的理解相匹配。对此，你应该查阅 14.4 节。这需要一些包含在本章后面部分的更加详细的知识作支撑。在这部分中，我们能看到一些趋势方向的异常和由联合效应引起的复杂化。

最后，加上前文介绍的系统性创新的其他部分，你可能喜欢观察周围世界的进化趋势，而且在附录左边的空白处作记录。这不仅有助于增加你对趋势的熟悉度，还为设计解决问题的方案提供了一个触发器以备日后参考。

参考文献

[1] Pine, J., 'The Experience Economy', Harvard Business School Press, 1999.
[2] Mann, D.L., 'Trimming Evolution Patterns for Complex Systems', TRIZ Journal, June 1999.
[3] http://trends.creax.net
[4] Mann, D.L., 'Trends', CREAX Press, to be published 2004.
[5] Utterback, J.M., 'Mastering The Dynamics Of Innovation', Harvard Business School Press, 1996.
[6] Hamel, G., 'Leading The Revolution', Harvard Business School Press, 1999.
[7] Christensen, C.M., 'The Innovator's Dilemma: When New Technologies Cause Great Firms To Fail', Harvard Business School Press, 1997.
[8] Petroski, H., 'The Evolution of Useful Things', Vintage Books, 1994.
[9] Walden, D., 'Special Issue on Kano's Methods for Understanding Customer-Defined Quality', Center for Quality of Management Journal, Reprint RP02700, Fall 1993.
[10] Christensen, C.M., Raynor, M.E., 'The Innovator's Solution', Harvard Business School Press, 2003.
[11] Kelly, S., Allison, M.A., 'The Complexity Advantage: How The Science of Complexity Can Help Your Business Achieve Peak Performance', McGrawHill BusinessWeek, 1999.
[12] Handy, C., 'Understanding Organisations', Penguin, 1976.
[13] Wilson, R.A., 'Prometheus Rising', New Falcon Publications, 1988.
[14] Covey, S., 'The Seven Habits of Highly Effective People: Restoring The Character Ethic', Simon & Schuster, 1992.
[15] Shapiro, E.C., 'Fad Surfing In The Boardroom – Reclaiming The Courage To Manage In The Age Of Instant Answers', Addison-Wesley Publishing Company, 1995.
[16] Fine, C.H., 'Clockspeed', Little, Brown, London, 2000.
[17] Systematic Innovation E-Zine, 'Space/Time/InterFace and Free/Perfect/Now', Issue 50, May 2006.
[18] Beck, D.E., Cowan, C.C., 'Spiral Dynamics: Mastering Values, Leadership And Change', Blackwell Publishers, 1996.
[19] Mann, D.L., 'If TRIZ IS So Good, Why Isn't Everyone Using It, Part 7: Plausible Deniability & Spiral Dynamics', paper presented at TRIZ Kongress, Mainz, 2005.
[20] Strauss, W., Howe, N., 'The Fourth Turning: An American Prophecy', Broadway Books, New York, 1997.

1. 顾客期望

例子：

原材料——钢铁、铝、木材、化学品、药品、过滤器、CD、音像制品等。

产品——汽车、电话、电视、DVD 播放器、洗衣机等。

服务——洗衣服、按小时付费、快餐、（旅行社安排一切的）一揽子旅游、送货上门、汽车出租、图书馆、酒店穿梭、合同清理。

体验——迪士尼、冒险运动、麦当劳。

转化——私人教练（重要的是，责任从个人到教练的转移）

跳跃原因

进化阶段	跳跃原因
原材料到产品	• 增加客户参与 • 增加企业参与，从而产生利润可能 • 供应链上更大的杠杆作用 • 顾客更少劳动 • 更大的品牌机会 • 更好的客户定制化 • 增加附加价值 • 对产品和客户更好的控制 • 直销给客户
产品到服务	• 增加客户参与 • 增加企业参与，从而产生利润可能 • 供应链上更大的杠杆作用 • 更大可能实现客户定制化 • 与顾客建立更长久关系 • 更大可能给予顾客回馈 • 强调质量
服务到体验	• 增加客户参与 • 增加企业参与，从而产生利润可能 • 供应链上更大的杠杆作用 • WOW 极大的成功产生机会

（续）

进化阶段	跳跃原因
服务到体验	● 基于情感的客户关系 ● 建立公司与顾客情感需要的联系
体验到转化	● 增加客户参与 ● 增加企业参与，从而产生利润可能 ● 供应链上更大的杠杆作用 ● 与客户建立亲密关系 ● 通过转化顾客责任增加收入/边际效益

注释：

这个趋势关注我们所设计的产品或流程的接受者，对于这种趋势的阐述最早出现在 B.J.Pine 所著的《体验经济》（哈佛商学院出版社，1999）中。

这个趋势背后的逻辑假设顾客的期望是与时俱增的。所以，如果你原地不动，那必然落后。因此，为了保持竞争力，我们必须沿着这个趋势往前看。

"如果我们原地不动，那必然落后"这一观点来源于 Kano 的优秀作品。这一观点向我们揭示了这样一个概念：曾经让我们为之"激动"、超越我们期望的一些东西，在过一段时间后，会被认为是稀松平常的，但是，一旦没有就会引起顾客不满意，比如车载空调就是如此。

趋势的应用需要大量的顾客数据。

2. 顾客支付焦点

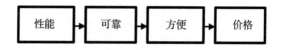

例子：

汽车、液压元件、过滤器、电灯泡、CD、电脑硬盘、电视、音频/DVD播放器、移动电话、保险产品、银行业务等，几乎所有商品化的东西。

跳跃原因

进化阶段	跳跃原因
从一个阶段到下一个阶段	● 顾客渴望更多的要求能被满足 ● 优势竞争力 ● 克服技术能力在超越顾客需求时的常见问题

注释：

这个趋势变化与绝大多数其他的趋势有点不同。当顾客在目前的购买重点上得到了"足够"的满足后，才会产生不同阶段之间的跳跃。比如，现在绝大部分买车的人都很少在意车本身的性能，大部分人开始购买的是车的"可靠性"。凡是对高性能感兴趣的人都不太可能过度地考虑可靠性、方便性和价格。如果大部分顾客还停留在"价格"阶段的话，供应方应该考虑的是找到一些新的功能促使顾客聚焦到产品的"性能"上。

这个趋势与 S 曲线的位置相关。

不同的顾客位于这个曲线不同的点上。

这个趋势是基于在"创新者的尴尬"中描述的温德米尔协会模型[7]。

3. 自组织意识

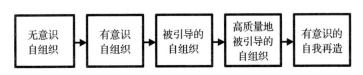

例子：

这个变化趋势的例子还比较少，因为将复杂性理论和组织系统进行交叉研究才刚刚起步。花旗银行／花旗集团是这个趋势的领军者。另一个例子是军队领导中"指挥者的意图"这个概念，3M公司允许其职员把15%的时间花在他们想做的事情上。

跳跃原因

进化阶段	跳跃原因
无意识到有意识	• 生存 • 改善变革管理 • 设计稳健系统的能力 • 危险管理 • 风险识别 • 风险管理 • 风险缓解策略管理 • 减少内部压力 • 更强的战略计划
有意识到被引导	• 提高士气 • 改善风险管理 • 改善变革管理 • 稳健系统能力 • 灌输复杂系统思想
被引导到高质量地被引导	• 授权 • 鼓舞士气 • 进一步强化复杂系统思想 • 提高对变革的接受能力 • 自治 • "所有权"过程
高质量地被引导到自我再造	• 可持续业务增长 • 复杂性管理 • 改善风险管理 • 改善操作灵活性 • 自治

注释：

将复杂系统理论应用到组织机构中就产生了一个新的趋势。这个趋势最早是在"复杂优势"中定义和讨论[11]。趋势的不同阶段可以做如下阐述：

无意识——组织没有意识到所有人的系统是复杂、混乱的，并且如果不考虑某些因素的话，系统是无法在长时间内被成功管理的。

有意识——组织意识到人的系统是复杂、混乱的,但是还不知道如何有效地管理这个系统。

被引导的——组织开始进行自我管理的过程。信号包括质量环、授权、"自下而上"。可能利用外部推动者和组织内某些人来专门负责自组织变动。

高质量——推动减少,成功案例浮现,自我拓展的动机出现。

自我再造——可自我持续的自组织结构。

4. 知识

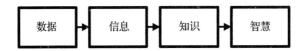

例子:

从原始数据的收集整理到商业信息的形成,再到电子数据表的制作,再结合复杂的计算公式,形成知道"最重要的数据是未知或者不能知"的智慧(W.E.Deming)。写好的文本可以将数据转化为有用的信息,"语义处理器"技术可以将有用的知识从上下文信息中提取出来,其他的文本则可以将知识转变成智慧。

跳跃原因

进化阶段	跳跃原因
数据到信息	● 提供结构 ● 附加含义 ● 允许解释
信息到知识	● 过滤不相关信息的能力 ● 时间管理 ● 提供可变结构
知识到智慧	● 检测"正确"的事 ● 做出"正确"的回应 ● 包含上下文和相关性 ● 能够意识到,有时候正确的数据会给出错误的答案(反逻辑)

注释:

计算机技术的出现和日益增长的优势产生了海量的数据,这些数据是这个趋势的内涵的促进者。很多管理者发现他们"迷失"甚至"淹死"在海量的数据中。这个趋势的本质就是关于从大量可用的内容中提炼出适当的管理和领导的智慧。

"知识是知道番茄是水果,智慧是知道如何使用番茄。"换句话说,智慧是关于知识的情境化。

5. 能力

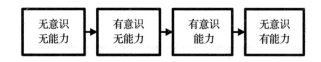

例子:

关于学习过程的各个方面——获得新的技巧、新的工作定位、新的顾客、新的雇员等。

跳跃原因

进化的阶段	跳跃原因
无意识无能力到有意识无能力	• 生存 • 改善变革管理 • 设计稳健系统的能力 • 危险管理 • 风险识别 • 风险管理 • 风险缓解策略管理
有意识无能力到有意识有能力	• 提高士气 • 改善风险管理 • 改善变革管理 • 稳健系统能力 • 灌输过程思想
有意识有能力到无意识有能力	• 节约时间 • 开放接受其他能力 • 自动化过程 • 系统优化 • 自组织系统 • (消极的)心理惯性

注释：

无意识无能力——一无所知，自信超越能力，我们不是有知识的、有技巧的。我们不知道我们不知道。

有意识无能力——发现我们想要什么或者想知道什么，但是不知道该怎么做。我们知道我们不知道。

有意识有能力——我们获得技能。我们必须专注于我们正在做的。我们知道我们知道。

无意识有能力——最后，我们将技能融合在一起，技能成为习惯。我们的自信和能力达到顶峰，我们不再需要专注于我们正在知道或做的。这也常导致心理惯性的问题，从而引起下一个学习曲线的开始。我们不知道或不必知道我们知道。

6. 过程思考

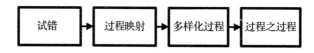

例子：

20世纪五六十年代，组织意识到过程是重要的。这引起了"成功"过程模型的不断试验与失败。这个成功模型的出现允许定义和转化"正确的"过程，进而可以被视为一系列不同的过程，它们与不同背景条件相关联。最近，出现了可以根据特定的个体情况来设计过程的理念——持续改进的"计划（Plan）、执行（Do）、检查（Check/Study）、处理（Act）"的戴明循环，而后是"设计过程"的六西格玛理论。

跳跃原因

进化阶段	跳跃原因
试错到过程映射	● 减少时间/成本/风险 ● 更高的质量和结果 ● 改善沟通 ● 改善过程监控 ● 证明/认证问题

（续）

进化阶段	跳跃原因
过程映射到多样化过程	• 改善对变革的适应性 • 改善沟通 • 改善质量 • 改善顾客响应 • 改善综合管理
多样化过程到过程之过程	• 改善适应性 • 改善变革管理 • 改善风险处理能力 • 改善顾客响应 • 改善综合管理 • 改善质量 • 员工授权 • 改善系统的"所有权"

注释：

过程映射——（大多数组织如此）有一整套规程说明某项工作应当如何执行，并且期望每一个员工都了解并且按照这个规程执行。

多样化过程——某些特定功能和操作过程是针对某个具体情况设计的。

过程之过程——为每个独立工作过程设计的过程，能够高效地适应情况的变化。并且，过程知道如何根据情况的变化而变化。过程是能够优化并且实现自我优化的。

7. 系统稳健性

例子：

在很多产业领域都可以观测到本趋势，如汽车、快速消费品、航空等。从技术层面上讲，核工业和航空业代表了防止墨菲定律的设计理念。这个趋势对于设计稳健的商业模式来说还是比较新的。拥有构建"持续变化"和"在混沌边沿运行"理念的组织已经开始思考该趋势的第三及其之后的阶段。

跳跃原因

进化阶段	跳跃原因
试错到稳定状态	• 改善系统资源的使用 • 减少开发时间／成本的浪费 • 减少材料的浪费 • 减少生产开发的时间
稳定状态到临时建模到长期变化效应到交叉耦合效应	• 改善系统可靠性及稳健性 • 长期生存或持续 • 竞争优势 • 增强市场意识 • 增强对顾客的了解
以上任何一个阶段到防止墨菲定律	• 改善可靠性 • 更易向功能销售模型转变 • 适应意外变更的能力 • 减少对颠覆性变革表现出的脆弱性

注释：

这个趋势与提高系统的稳健性紧密相关。第 20 章详细描述了这个趋势的应用。

一般来说，如果你的组织在对内和对外的运作方式不在趋势的最右端的话，那么外部的人会发现一个能够使组织运行得更好的方式。

本趋势不同阶段的案例：

临时建模——考虑暂时的效应，开始和结束、季节性因素、假期、争论等。

长期变化效应——考虑经济周期、衰退、主动疲劳等。

交叉耦合效应——在系统中有些因素理论上对其他因素是没有影响的，但是事实上又产生了耦合效应，比如，超市里收银台的设置按道理说不应该被停车影响（最极端的一个例子）。比较普遍的逻辑是，一个事物的性能应该不影响另外一个事物的性能，交叉耦合效应则说的是一个事物确实可能影响另一个事物的长期表现。

防止墨菲定律——正常情况下，如果一个顾客对产品做了一些愚蠢的事，顾客本应为后果买单；而在新兴"服务"市场，往往是服务的供应者（也就是卖方）要对这些后果负责。考虑这个问题最重要的是，在设计阶段就要考虑到，"如果一个顾客可能会做一些愚蠢的事，那么他们一定会去做（墨菲定律）"。

8. 设计点

例子：

很多商业系统都是针对"最优"操作条件而设计的，比如，工厂一般都是为最大效率满负荷运转设计的。长期和短期的转变模式允许双重最优模式的产生，不固定的变动则允许连续地反复优化系统。

跳跃原因

进化阶段	跳跃原因
任何一个阶段到下一个阶段	• 改进任一操作条件下的性能 • 减少损耗 • 增加用户操作弹性 • 增大操作范围 • 增大操作安全边界 • 解决物理矛盾

注释：

这是另一种新兴的趋势。对于很多商业系统而言，一个单一的条件可以使它们的性能优化，因为有一个最适宜的相对应的需求，但是我们也要认识到高度复杂的系统是很难测量的。这个趋势可以用来帮助提高效率，因为系统问题操作点往往远远低于最优设计点。

该趋势与单 – 双 – 多（M-B-P）趋势在很大程度上相关联。它常提醒人们考虑设计点是很重要的，而且"连续地反复优化系统"

设计并没有充分呈现在 M-B-P 思想中。

9. 单系统 – 双系统 – 多系统（同类）

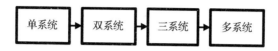

例子：

财务服务——现金、押金、抵押账户等，证券和股票的组合，特许经营，双入口账户，顾客关系管理（每一个顾客都是不同的）。

跳跃原因

进化阶段	跳跃原因
任何一个阶段到下一个阶段	<ul><li>改善可交付的有用功能的数量</li><li>使用户更方便操作</li><li>协同效应</li><li>减少每个系统组件的成本</li><li>更大的顾客收益</li><li>更大的顾客黏性</li><li>通过多样化来分散风险</li><li>更宽的顾客范围</li></ul>

注释：

M-B-P 趋势的一个首要问题是，存在某个帕累托最优，即除它之外没有任何可能增加其他类似元素能够继续获得更大的效益。

这个等式决定了优化的个数可能是相对固定的，但是它也可能是高度动态的。特别是当考虑到，因为系统中加入更多事物从而使理想解等式的分子和分母都变化时，尤其如此。提高效益和不可避免的增加成本会产生冲突，这从银行和贷款公司提供的各种不同金融产品的频繁变动中就可以看出来。

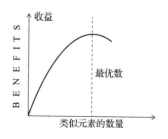

这一趋势可应用于时间、空间以及界面的问题。

10. 单系统 – 双系统 – 多系统（不同类）

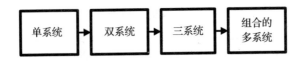

例子：

补偿机制——维修婚庆公司给一个地方提供了婚礼需要的所有服务。电影院中搭售书籍、T 恤衫、网站地址、玩具等，生产口香糖的合资企业也生产牙刷，房地产商同时是房贷提供者，手机品牌同时又是服装品牌。这种趋势和单系统 – 双系统 – 多系统（同类）趋势的关键不同在于，前一种趋势强调趋同性，而此处"不同类（变化）"元素是要加入的新的功能。

跳跃原因

进化阶段	跳跃原因
任何阶段到下一个阶段	● 增加系统的功能 ● 增加可操作性 ● 增加客户的便利性 / 收益 / 黏性 ● 减少包装 ● 协同效应 ● 减少系统 / 费用的数量 ● 减少净系统规模 ● 通过多样化来分散风险

注释：

M-B-P 趋势（不同类）的一个首要问题就是，像 M-B-P 趋势（同类）一样，存在某个最优化的点，超过它，增加任何不同元素都不再可能继续获得收益。

该趋势可运用于时间、空间和界面的问题。

在这一时间点上有一个非常重要的趋势，就像许多组织转向寻找

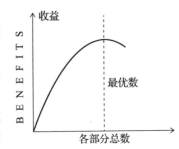

他们的互补者一样,另外一些具有互补产品或服务的组织,将产品和服务功能整合在一起产生双赢的效果。

11. 单系统 – 双系统 – 多系统(增加差异)

例子:

储蓄和贷款,生产、制造与循环利用,利用"前任局长"帮助设计安全系统。在内部,红队和蓝队竞争发展策略——为了创造一个更稳健的商业模式,而把其他人踢出局。

跳跃原因

进化阶段	跳跃原因
从相似元素到拥有偏差特质的元素	• 增加系统功能 • 增加可操作性 • 增加能力适应不同顾客环境 • 增加顾客的便利性 • 协同效应
从拥有偏差特质的元素到元素加上消极元素	• 增加实现相反功能的能力 • 增加适应性 • 增加操作灵活性 • 稳健的系统 • 协同效应 • 瞄准利基顾客的能力
从元素加上消极元素到不同元素	• 增加系统功能 • 增加可操作性 • 更好地利用个人能力 • 增加用户的便利性 • 协同效应 • 降低系统数量 • 减少净系统规模

注释:

跳跃到"消极因素"(这些要素组件或组成部分对已有系统产

生的是相反功能）是非常重要的，有些人或有些地方可以通过发挥与系统预期相反的功能来对系统产生积极影响。尽管不总是很明显，但某些人、某些地方想要"消极的因素"。

因为消极要素使市场规模的大小很难预测，所以这些跳跃到"消极"的时机不是很好预测，且风险极高。

该趋势运用于系统中空间和界面的问题。

12. 市场细分

例子：

组织内部——公司／部门／成本中心／科／个人。

外部（考虑到消费者）——消费者群体／消费者细分／单个消费者细分（大规模定制）／同一顾客在一天的不同时刻也是不同的。

跳跃原因

进化阶段	跳跃原因
任何阶段到下一个阶段	● 增加对系统结构的理解 ● 更有效利用系统资源 ● 改善个人能力的部署 ● 改善个人动机 ● 降低整体系统的规模 ● 改善系统性能效率 ● 更好的顾客意识 ● 提高客户响应 ● 清晰理解责任 ● 响应个体／本地条件的能力 ● 识别和解决冲突的能力

注释：

这种细分趋势本质上前半部分是复杂性的增加，后半部分是复杂性的减少。当细分策略被采用的时候,利润将会普遍增加,但是其代价是系统复杂性的增加。

"情绪变量"阶段意指,比细分个体消费者更进一步进行细分。经典案例是,住在宾馆房间的客人可以根据他们的心情改变房间的颜色(通过灯光效果)。

细分在空间、时间和界面这3个部分中都是有意义的。在这3个部分里,我们可以细分物质,可以细分时间和界面,还可以细分不同实体间的相互作用。当应用这个趋势时,明确考虑所有这3个方面是非常明智的。

13. 嵌套(下降)

例子:

"店中店",分层组织结构,多层次供应链。

跳跃原因

进化阶段	跳跃原因
任何阶段到下一个阶段	<ul><li>增加稳定性</li><li>提高执行专业的任务的效率</li><li>提高协调性</li><li>改进知识管理</li><li>解决一个物理矛盾("过渡到子系统")</li></ul>

注释:

这个趋势被运用于物理的(比如组织结构)和时间的(如行动中的行动)方面。在时间感知这一方面,"行动协调"的最后阶段是进一步提醒深入思考在系统内部活动和过程的嵌套。

这个趋势既被运用于宏观层面也被运用于微观层面。

这个趋势被运用于系统的时间,空间,界面方面的问题。

14. 感官互动

例子：

无声电影→会说话的图片→现场包围音响→其他气味、味道、多媒体电脑、虚拟现实、影院、一般通信（比如视频电话的出现）、食用产品。

跳跃原因

进化阶段	跳跃原因
任何阶段到下一个阶段	<ul><li>改进交互控制</li><li>提升人们参与度</li><li>感官沉浸</li><li>改善的模拟的真实感</li><li>有效的沟通</li><li>丰富客户体验</li><li>更多的客户参与</li></ul>

注释：

这个趋势是增加系统和人类感官功能的互动。这个趋势关注的是嵌入系统的数量，而不是顺序。总之，这个趋势里一共有5个相关的关键感觉——视觉、听觉、触觉、嗅觉、味觉。其首字母缩写组成的单词VAKOG用于帮助人们记住这些感觉。虽然是主要与产品或服务的技术属性相关的趋势，但它在商业和（尤其是）沟通问题上有着非常明显的意义和相关性——因为不同的人对不同的感官刺激反应不同。

15. 增强透明度

例子:

公司账目,复式记账会计方法,360度评估系统,开源软件,工资水平比率的公开发布,本杰瑞公司的愿景和使命与雇员共享并受雇员影响。

跳跃原因

进化阶段	跳跃原因
任何阶段到下一个阶段	• 提高员工士气/承诺 • 提高股东信任度 • 改善与客户的关系 • 改进的"买进"的使命/愿景 • 促进开放和坦诚的对话 • 消除破坏性的秘密议程 • 改进的时间管理 • 改进质量——更多的"正确的第一次"的可能性 • 提高对变更的反应能力

注释:

随着组织内部和周边的快速变化,企业的股东和雇员之间越来越缺少信任,剧增的数据显示,企业组织结构对维持和保守机密信息的态度,已经从最初的鼓励转变为禁止,因此这是透明性增加的主要推力。

这个趋势中的"半透明"阶段是小规模破坏性转变的象征,它产生于一定规模的数据从被"隐藏"到所有感兴趣部门可获得的转变过程中。这通常是归类为"非关键"数据。通常认为,最终的"透明"阶段是组织进化过程的一个阶段——任何信息都可以被任何人得到(比如工资信息、运行成本等)。因特网是将这一设想变为实际可能的最初交流媒介——至少从技术的角度来说是这样的。

16. 连接

例子：

固定的组织结构发生季节性变化（比如圣诞前夕的邮递公司），到完全灵活的系统（比如浮动转变模式），项目工作组的运作从固定组织层变为临时工作单元。

跳跃原因

进化阶段	跳跃原因
固定的连接到离散的可切换的连接	• 适应不断变化的客户需求的能力 • 增加操作的灵活性 • 减少重复的工作和浪费
离散的可切换的连接到连续的可切换的连接	• 稳健的组织设计 • 处理颠覆性变革的能力 • 提供客户体验的能力 • 复合技能的劳动力 • 减少单调的不受欢迎的（但必要的）任务 • 提高员工的承诺（如果做得很好！） • 减少重复的工作和浪费

注释：

只是在最近，另外一种趋势已经出现了。自由度和过程思考趋势之间有着明确的（和蓄意的）重叠。灵活的连接是灵活的商业处理能力的最基本的成功因素。为了同时关注系统内部的联系以及系统包含的人和物，这一趋势被单独纳入进来。

17. 增加不对称（以匹配外部不对称）

例子：

一对多或者多对一的交流沟通，B2C（企业对消费者），B2B（企业对企业），老板与员工的沟通，每一个人都会在一些方面和其他人不同，这样的不对称很常见。

跳跃原因

进化阶段	跳跃原因
任何阶段到下一个阶段	• 改善沟通／关系 • 减少浪费 • 识别利基市场 • 改进产品／服务的识别度 • 客户体验的潜力 • 提升回购／士气

注释：

在许多方面，我们常常对一个趋势进行一般意义的解释。当你寻找这个趋势的相关性时，重要的事情是"外部不对称"的出现并评估当前的系统是否匹配这种不对称。如果不匹配，那么应用这个趋势。

关于这个趋势更加确切的解释是，"赢家通吃"的不对称——在这个不对称里，倾向于明显的分化，就像"富人"和"穷人"的两极分化。

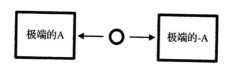

"局部不对称"适用于识别非线性关系，是一个完全对称的系统和一个完全匹配外部不对称的系统的中间步骤。

18. 破除边界

例子：

扁平组织结构，个人授权以适当地处理与顾客的问题，"团结一致"的团队，将分包商实际安置到承包商设施中。

跳跃原因

进化阶段	跳跃原因
任何阶段到下一个阶段	● 加强系统的稳健性 ● 减少与公司使命不一致的活动 ● 加强交流 ● 提升达成一致目标的能力 ● 减少错误的信息传递 ● 提高士气 ● 将顾客引入设计过程的能力 ● 需要管理的不利方面——在没有边界的组织中期待晋升机会的人会变得非常沮丧

注释：

通过将这个趋势与某个创新情境相比较，可以激发一种主要思想，即界面中的一种；界面通常意味着弱点和低效，进化需要我们消除它们将逐渐变得更好。又有些与前面的"连接"趋势的重叠——那里强调适应能力，这里强调界面的数量。

这个趋势能包含连续的和不连续的阶段。中断的连接是从根本上消除管理层，创造一个非线性的转变。或者至少应该这样，就像格言说的一样：一小步无法跨越鸿沟。

19. 垂直／水平业务周期

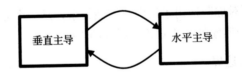

例子：

近期，电脑行业的主导方式从像 20 世纪 70 年代 IBM 的垂直主导向近期英特尔和微软的水平主导转变。通过这个趋势，能够看到未来是垂直整合主导（例如，最新的 I 系列产品是苹果的还是三星的？）。垂直向水平转化的另外一个例子出现在自行车行业，像齿轮／刹车闸的制造商 Shimano 已经成为最知名的企业。同样，在汽车领域，垂直组织机构公司，像福特、通用、丰田都越来越多地受到水平化组织的零部件供应商（Delphi）的影响。

跳跃原因

进化阶段	跳跃原因
任何阶段到下一个阶段	• 当前主导组织保持其优势的需要，同其他中小组织开拓利基市场并获得增长的需要相互结合在一起，导致振荡行为的产生 • 技术无法满足客户需求从而导致集成 • 技术供给相对顾客需求导致模块化和水平分层

注释：

Charles S fine 在他的《时钟频率》[6]一书中首次提到了永久性振荡，这种永久性振荡来源于垂直到水平主导的供应结构。书中将振荡行为与复杂的系统理论相关联，认为在垂直和水平的公司中，有效的管理战略不可避免地导致两者之间的转变，见下图。

这种趋势近期只能相对地进行观察。目前没有足够的证据显示主导企业能否有力改变它们的指导思想（"商业DNA"），以避免被相反的模型彻底夺取主导地位。英特尔很可能是首次有机会将这一趋势转变的企业。所有先前的证据都认为他们不会成功。但是时间会证明一切。

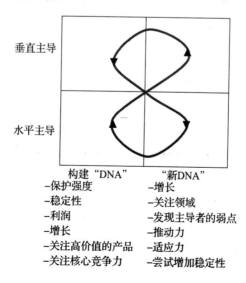

20. 和他人的互动

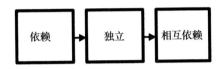

例子：

组织结构从一种"他们和我们"的文化向合作和团结转化，生活方式中的融合，婚姻，长期的朋友。

跳跃原因

进化阶段	跳跃原因
依赖到独立	<ul><li>士气</li><li>自治权</li><li>提高生存技巧</li><li>变革管理能力</li><li>风险管理</li><li>降低复杂性</li><li>改善成本控制</li><li>改善时间控制</li><li>提高危机管理能力</li></ul>
独立到相互依赖	<ul><li>实现双赢</li><li>共生关系</li><li>降低开销</li><li>风险管理</li><li>提高运行稳定性</li><li>授权</li><li>自组织机会</li><li>增长</li><li>增加创新机会</li></ul>

注释：

这种趋势是从 Steven Covey 经典著作《高效人群的七种习惯》[14]的广泛接受的论点中提炼出来的。这 3 个阶段可以如下解释：

依赖——我们依赖于别人（"他们""老板说……""没有你我

感到很迷惑",等等)

独立——我们感到独立;我们可以自由地自己做决定,不考虑他人的感受("我",个人的,每个人都为自己,等等)

相互依赖——更高级别的互动。相互依赖要求我们已经通过了独立的状态。相互依赖不是意味着放弃独立性,而是选择将他人的意愿与我们要做的事情整合在一起。意愿和能力的紧密联结得到真正的双赢结果。(我们,团队,婚姻,等等)

21. 聆听 / 交流

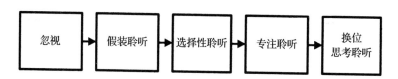

例子:

所有人与人沟通的形式。许多组织的沟通形式——无论是内部沟通还是与顾客的沟通——依然还停留在趋势的左侧。

跳跃原因

进化阶段	跳跃原因
忽视到假装聆听	• 意识到其他人 • 意识到外部世界
假装聆听到选择性聆听	• 意识到其他人 • 意识到外部世界 • 重新认知 • 强调缺乏被其他人(特别是顾客)重新认知
选择性聆听到专注聆听	• 顾客的声音 • 获得观点 • 打开合作的机会 • 提升士气 • 提升知名度 • 提升反馈水平 • 减少紧张 / 潜在的冲突

（续）

进化阶段	跳跃原因
专注聆听到换位思考聆听	• 打开双赢的可能性 • 有效的合作 • 在顾客了解自身之前了解他们 • 预知意识 • 长期关系的建立 • 减少潜在冲突

注释：

这一趋势也是在 Steven Covey 著作[14]的启示下得到的。

该趋势不同阶段的解释如下：

忽视——不尝试去倾听其他人/顾客/公司说的。

假装聆听——表面上在聆听，但事实上没有。

选择性聆听——只听我们想要听的部分（"嗨"……利润……上升了 20%……）。

专注聆听——十分注意，集中精力在那些被说出的字上（"嗨，根据新闻，利润目标上升了 20%，太高了"）。

换位思考聆听——真诚地聆听，尝试理解说话人表达的是什么（尝试进入说话者的思想）。

22. 市场调查

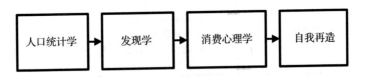

例子：

广告公司中的先锋们常采用本趋势的"消费心理学"阶段。开发一些可用来精准定位顾客需求的技术，而这些需求自己都难以描述或者不愿意表达。广告行业的演化基本上遵循本趋势，至少遵循前 3 个阶段。

跳跃原因

进化阶段	跳跃原因
人口统计学到发现学	• 增强对顾客的了解 • 减少产品失败的风险 • 与顾客建立紧密联系的能力 • 竞争优势
发现学到消费心态学	同上 • 意识到无形资产的重要性 • 消极面,顾客会感觉被操纵,除非是出自关心
到消费心态学到自我再造	• 减少劳动需求 • 增加业务灵活性 • 更快地识别新出现的变化

注释:

根据 Eileen Shapiro 著作[15]中趋势和关于进化的方法,来理解和提取顾客的信息。根据 Shapiro 的理论,这些阶段应解释如下:

人口统计学——研究基于官方记录的人口资料。

发现学——研究基于那些从顾客处获得的信息,或者喜好某种色彩、偏好 X 的调查。

消费心态学——研究的信息很难从调查中提取(互动,潜意识的等影响)。

自我再造——在 Shapiro 的文章中没有涉及,具备不断自我发展和自我更新收集市场信息的能力(例如,当前产品或服务自动回馈信息,以在未来对产品和服务进行完善)。

23. 螺旋动态

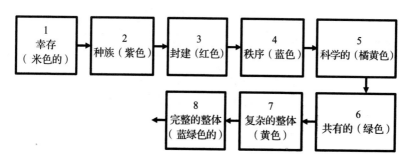

例子：

所有人都出生在本趋势的第一阶段。然后，在各种生活阶段中，随着矛盾的出现和解决我们从一个阶段到下一个阶段。经典原型——种族——帮派；封建——神力，英雄；秩序一道德主流，行动守则，规则；科学的——征服自然，唯物主义，目标管理；共有的——政治正确，一致，平等；复杂的整体——互相依赖的，竞合，自然法则；完整的整体——万物理论，精神和谐。

跳跃原因

进化阶段	跳跃原因
幸存到种族	● 个人生存能力的基本限制（需要睡觉、为人父母、捕捉猎物等），意味着成为社会群体的一部分是十分有益的
种族到封建	● 在社会群体生活变得艰难时，适者生存，因此存在为获取较高社会群体等级地位而斗争的进化压力
封建到秩序	● 在不与他人合作的情况下，关于单个统治者能在多大程度上有所成就这件事面临一些限制。（从长期来看）只有通过引进"公平"的规则才能突破这些限制
秩序到科学的	● 当需要适应和变化的时候，教条制约的秩序系统并不能很好地起作用。这时需要创新；并催生对知识的需要
科学的到共有的	● 个人物质主义最终影响了那些阻碍系统继续增长的外部因素，所以需要考虑"系统"和"满足"的概念
共有的到复杂的整体	● 追求平等和公平的动力最终将达到一种由优柔寡断、拖延和懒散行为构成的极限状态，然后引发对"自然层次"的共同认知
复杂的整体到完整的整体	● 认识到所有系统都将达到其极限状态，因此，有时有必要完全转移到一个新的（高级别）整合替代方案

这种趋势是马斯洛开创性工作的一个演化。马斯洛介绍了5个层级的"需要层次"；Beck 和 Cowan 的"螺旋动力学"[18]拓展了这个模型，纳入了一系列更明确的层级。本趋势展现了从一种思维/意识到另一种思维/意识的不连续的转换。本趋势与其他

趋势在运行中的不同点在于它具有很强的动态性。因此，即使每个个体都有一个"通常"的思维层次，但他们占主导地位的情绪状态也可能导致他们转换到之前的任何一个思想层次。

Beck 和 Cowan 指出，只有一个个体经历了在某一层次出现的矛盾，他才会转换到下一层次。同样，个体也不可能跳过或者遗漏某一个层次。

研究的一个重要发现是，人类的交流，只有在提供信息和接受信息的人的思维层次的差别相对较少时，才可能得出有意义的结果[19]。

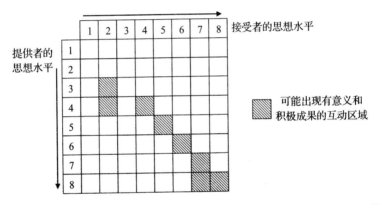

具备重要意义的是这个趋势中的趋势：奇数趋势阶段和个体是紧密结合的；偶数趋势阶段强烈的偏向社会群体。

当我们考虑把这种趋势用于解决问题时它就变得尤为重要。比如，质量不能提高的原因是因为工作小组采用"蓝色"思维模式，而他们的管理者却处在另一个极端的"橙色"思维模式中。如果能够认识到这一点（虽然困难）才有可能产生真实而稳定的解决方案。在这种情况下，认识到不同层面哪些因素对人们能够起到激励作用或者消极作用是非常重要的。

思维层次	追求享乐	避免痛苦
1. 幸存		食物，水，温暖，安全
2. 种族	好运，"团队成员之一"，报复	诅咒，魅力，拒绝，孤立

（续）

思维层次	追求享乐	避免痛苦
3.封建	自我满足，"我的方式"，大肆吹捧，谋反	失败，失去能力，竞争者，威胁
4.秩序	稳定性，服从，勋章，地位，晋升	改变，被他人背叛，失去地位，被驱逐
5.科学的	同行认可，"最好的表现"，最大/最好/最快，绩效工资	失败，群体攀比心理
6.共有的	"有作为"，和谐"最大化我的潜能"	橙色或红色态度，冒犯/冲突/等级制度
7.复杂的整体	有学识的，"聪明""终生学习"，发现/挑战	次优的，僵化的，"愚蠢的规则"
8.完整的整体	"定义拼图"，"错误-丛林"，共鸣，信任	不全面的，物质的

24. 生命周期

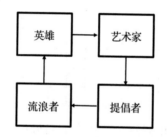

例子：

这个趋势出现于 Strauss 和 Howe 的研究成果[20]中，并且和世代的重复模式有关。典型例子有，当兵的一代人是经典的"英雄"（约翰·韦恩）。仅在二战之前和二战期间，当兵的一代生育了"艺术家"，现在通常被称为"沉默的一代"（鲍勃·迪伦、保罗·西蒙）。沉默的一代转而生育了"提倡者"一代——"婴儿潮"一代。婴儿潮一代转而生育了 X 世代——一个典型的流浪者世代。最近的"Y 世代"（主要是 X 世代父母的子孙）是另外一个"英雄"世代。

跳跃原因：

尽管这个趋势在关注不连续转换方面与其他趋势保持一致，但是由于它作用时间更长（一个典型的代际循环要 20～25 年），因此在潜在的机制方面仍有细微的差别。一个世代生出另一个世代的原因在于，每代人是用不同的方式抚养长大的。"英雄"一代人童年处于非常严密的保护中（想想最近汽车上"车上有儿童"的标志），同样，与"流浪者"的父母有很大不同。后者被他们的"婴儿潮"父母抚养长大时常处于不被约束（小鬼当家）的状态。Strauss 和 Howe 的主要观点是，这些世代产生了一些在过去至少 400 年内不断重复的模式。下面的表格概括了这些原型在他们不同年龄段的主要特征。

年龄	0～20	21～41	42～62	63～83
英雄	受保护	英勇的	傲慢的	强有力的
艺术家	窒息的	敏感的	犹豫不决的	有共鸣的
提倡者	放任的	自恋的	说教的	明智的
流浪者	无约束的	疏远的	实干的	坚韧的

这里介绍这个趋势，是因为它被认为是消费者与市场趋势的转换模式的强劲驱动力。Strauss 和 Howe 认为，大约在这十年的中段，新一代的"英雄"会步入成年期，因此标志着社会行为主要转变的开始。

Strauss 和 Howe 还提到（虽然此处它第一次映射到非连续性转化思想），社会中大量不同世代不同年龄的人的结合是与一系列不断重复的社会特征相一致的。这个模式可以被表述为社会 S-曲线的 4 个部分。

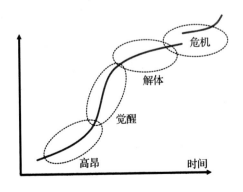

由于每代人生活时期的特征，导致这个高昂—觉醒—解体—危机模式每四代人就会重复一次。

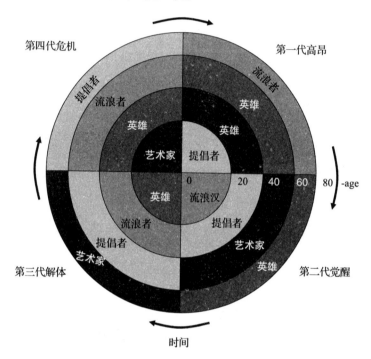

Strauss 和 Howe 认为，当今世界正处于或大约处于从"解体"到"危机"这个阶段。"解体"的出现是因为政治力量中说教的倡导者和被疏远的青年流浪者的共同结合。"危机"阶段会见证倡导者（现在的婴儿潮）变得聪明，流浪者变成实用主义，新近成年的英雄一代进入他们的英勇时期。Strauss 和 Howe 还认为，相对于别的结合来说，这个结合对于随机和非计划性的世界重要事件（如911事件、海啸等），会有截然不同的回应。奈何"危机"时期的可能反应倾向于放大而不是弱化这些世界大事，因此，会产生类似 1926～1946 年曾出现的危机时期。

这个趋势呈现了一个复杂理论的良好例子，并且特别地展示了一个观点，即微妙的微观转换可以显著地产生巨大的宏观社会影响。

25. 行动协调

例子：

制造业的流程，制造业的流程安排（不顾需求使工厂在全部产能下运转；有预见性的生产；基于需求的生产系统），超市收银员的日程安排，员工培训的休息时间，维护，等等。

跳跃原因

进化阶段	跳跃原因
无协调行动到部分协调行动	• 降低时间损耗 • 提高系统效率 • 改善对外部变更的反应 • 提升安全性 • 降低系统损害的可能性 • 减少系统耗损 • 增加用户便利性
部分协调行动到完全协调行动	同上
完全协调行动到不同间隔的差异化行动	• 插入一个新的功能 • 增加整体效率 • 增加用户便利性 • 加强安全

注释：

这个趋势的关键连接词是"行动"——被研究的系统中在实施何种行动？

"不同间隔行动"这一进化阶段实际上可以认为是单系统-双系统-多系统趋势的一个例子。这里它作为整个趋势的一个阶段被提到，是因为显性的演化触发"你在你现在的系统中可以发现任何间隔吗？"在单系统-双系统-多系统趋势中并没有足够清晰地概括这一方面。

这个趋势涉及趋势集群的时间和界面的方面,即清楚地思考关于行动的时间要素,也包括交流活动演变的方式。

26. 节奏协调

例子:

让单调乏味的工作交替进行的换班模式。以复习考试为例,相对于长时间的连续学习而言,短期、急剧的爆发最为有效。研究发现,人类的注意力只能持续不超过 30 分钟(并且持续下降),因此,开展研讨会的时候,常常在不同的正式演讲之间安排一些其他的活动,比如茶歇。

跳跃原因

进化阶段	跳跃原因
持续性活动到周期性活动	• 降低能耗 • 解决物理矛盾(在时间上分隔) • 提升有效作用的效率 • 引入时间管理能力 • 减少浪费
周期性活动到运用共振	• 增加有效作用量 • 提升有效作用的效率 • 减少能源使用 • 减少浪费 • 降低系统复杂程度 • 降低成本(共振是一个免费资源)

注释:

一些系统看起来已经处于这个趋势的最左边。这个看法至少是片面的,因为"共振"通常被视为一个"坏东西"。这个趋势显示(参见发明原理 22 "变害为利")在某些地方共振可以被引导从而产生有益的效果。对于许多系统来说,这个趋势是有一定进化潜能的。

这个趋势是用来作为前述的"行动协调"趋势的补充。"行动协调"趋势适用于相对较长的时间段,而节奏协调趋势通常关注以秒或者分钟为单位的时间段。

商业环境中的"共振"意味着认识到"区域内"(in-the-zone)情形,即(商业管理过程中的)相关参与主体专注于手上的工作而忽视可能导致心烦意乱的因素时所能达到的情形。

27. 减少阻尼

例子:

"阻尼"是一个系统内部的工程术语。一个有大量阻尼的系统是非常稳定而难以改变的,例如,法律系统。一个欠阻尼系统是内在不稳定的,会在混乱状况中大幅度波动,例如,前瞻性风险投资公司,快速反应部队,电子商务以及任何形式的虚拟企业(实际上,虚拟系统比现实的公司更易于变化)。上述的系统只有当应用主动控制管理手段时才会变得稳定。

跳跃原因

进化阶段	跳跃原因
从任何阶段到下一个阶段	● 降低系统中的浪费和低效率 ● 提升动态性能 ● 改善响应时间 ● 提升应对破坏和非线性改变的能力 ● "只有变化是不变的"

注释:

这个趋势可能是一个非本能的趋势,这个趋势反映了技术上的等价物。商业环境动态性的增长意味着应对改变的能力已经成为商场生存的决定性技能。

阻尼（即惰性或抗拒变革）是所有系统的固有特性。过度阻尼是与变革发生缓慢的系统相关。例如，当目标设定后，组织缓慢地向目标移动。

当阻尼从组织中被清除时，震荡性行为就能够发生——为了达到目标，组织可能上冲，然后修正，继而下降，上冲和下降会逐渐减少直到达到需要的目标层次。

排除惰性（欠阻尼）允许一个系统可以非常迅速地关注目标价值，但是有潜在不稳定性代价。因此，一个欠阻尼系统需要与有效（动态控制）的动荡管理战略相结合。

本趋势仍处于相对不成熟的阶段，很大程度上要依赖于复杂控制算法，以及对复杂和混乱理论的更深层次理解。

28. 反馈与控制

例子：

员工评估演化为 360 度评估系统；老板与员工关系；质量环；客户关系管理演化到客户活跃地参与设计他们所接受的产品和服务；亚马逊（和许多电子商务）"学习"他们的客户喜欢什么，不喜欢什么，并据此做出回应。

跳跃原因

进化阶段	跳跃原因
无反馈到单向反馈	<ul><li>提升士气</li><li>减少沟通中的误解</li><li>减少消极——如攻击性的行为</li></ul>

（续）

进化阶段	跳跃原因
单向反馈到双向反馈	• 系统自我矫正 • 降低非线性失效的可能性 • 控制交付满足特定需求的功能的能力 • 改善用户体验 • 提升参与度和士气
双向反馈到智能适应性反馈	• 适应性系统 • 自学习系统 • 自恢复系统 • 降低系统失败的可能性

注释：

这个趋势最有效的运用是，检查一个系统中出现的所有关系，并且确定在该系统中是否存在反馈。令人惊讶的是，有很大比例的商业系统仍然没有合适的反馈循环机制。一大批失败的发明是因为"消费者的声音"被忽视；一大批公司内部改革方案失败是因为员工的声音没有被充分考虑。

除了适应性的核心概念之外，"智能反馈"还明确包含"前馈"的概念。在商业语境中，这通常被视为积极主动参与和先发制人战略。

可控性趋势是"系统消失需求"现象的最常见的例子，这种现象通常出现于系统到达该趋势结尾时，即系统中的一些东西已经发挥控制系统的功能——系统达到了自生并且变得"自我控制"。

29. 非线性

例子：

几乎没有。大多数组织没有意识到非线性（由破坏性创新、环境改变或政治大事等带来）的出现，也不在意这种思想，而且他们没有意识到，其实他们可以为应对这些突变做准备。

跳跃原因

进化阶段	跳跃原因
任何阶段到下一个阶段	• 提升组织稳健性 • 提升变革能力 • 提升用户安全性 • 降低灾难性失败危机边缘可能性

注释：

另一个出现的趋势——大部分商业或技术系统的设计试图强迫系统停留在设定好的、被称为"安全运作"（运作流程）的轨道中，从而避免运作中的非线性因素。不幸的是，某些时候我们设定错了边界，或者为了适应它们的存在过度妥协，从而降低了整个系统的性能。

意识到一个存在或者正在出现的非线性是一回事，知道如何去应对又是另一回事。因此，鲜有组织开发应对非线性的策略的成功案例。我们知道使用系统创新中双赢冲突解决方案策略是通向正确目标的清晰步骤。

30. 增加维度

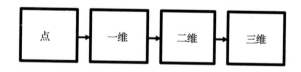

例子：

组织结构——从无组织结构到单一层次结构，到矩阵结构，再到巴基球结构（在巴克明斯特·富勒的 C60 碳原子排列中，每一个原子（个人）都是面向外部的，同时连接到其他的每一个原子）。

跳跃原因

进化阶段	跳跃原因
从任何阶段到下一个阶段	• 改善员工关系/参与 • 改善沟通 • 改进系统适应性 • 更接近 • 改进信息流 • 通过市场达到更多的曝光和感知 • 更大的可访问性 • 改进的备份规程

注释：

与第10章发明原理17"其他维度"密切相关。事实上，这个观点被有意设计成一般的形式，为的是鼓励人们考虑商业内部、周围点、直线、二维的事物的所有可能的解释。

当然，系统也能够在趋势图表所示的3个维度之外演化。（例如，一个变化的巴基球组织结构可能被认为已经增加了时间维度）

31. 自由度

例子：报告结构，人际关系，通信链路，组织结构中的功能或无形关系，与顾客和互补企业的关系。

跳跃原因

进化阶段	跳跃原因
从任何阶段到下一个阶段	• 提升可操作性 • 提升组织的灵活性 • 提升协调性 • 增加对变革响应的能力 • 提高士气 • 减少浪费（时间、风险）

注释：

本趋势被看作与先前的单系统—双系统—多系统趋势相似，但这里把它单独列出是为了让大家对连接的重要性更加关注。这种连接就是一个人和另一个人、一个部门和另一个部门、一个公司和另一个公司等相结合的联系。

32. 动态化

例子：

组织结构从单一的固定结构演化到带有固定和弹性关系的组织结构（例如，矩阵组织用生产线和项目经理相结合的方式来管理员工），再发展到能持续适应情境变化需要的组织。如，超市的快速收银系统，收银员的数量随着商店里顾客的数量和排队的顾客数量的变化而变化。

跳跃原因

进化阶段	跳跃原因
从任何阶段到下一个阶段	<ul><li>提升系统的响应性</li><li>提升操作的灵活性</li><li>解决物理矛盾（例如宽和窄）</li><li>复合属性</li><li>更大的响应能力</li><li>创造自传输系统的能力</li><li>减少风险</li><li>增加效能</li><li>更多的协同效应机会</li></ul>

注释：

本趋势主要是关于增加系统适应变化的能力。在某种意义上，"流动性"应该解释为从一种事物无缝地转变成另一种事物的能力。

一般来说,时下流行的电子商务和虚拟电子企业可以看作一种重要(或主导的)的流动性商业系统的例子。

33. 减少人工干涉

例子:

计算机辅助系统、按键式的电话服务、电子商务、超市订购系统(记录我们喜爱的东西和我们已经用完的)、自动重新排序的库存控制系统、航空机票的电子订购系统。

跳跃原因

进化阶段	跳跃原因
从任何阶段到下一个阶段	● 减少人类单调乏味的工作 ● 减少"人为错误"影响的可能性 ● 提升准确性 ● 提供人类能力之外的功能;例如,记忆、处理数学信息等 ● 减少疲劳效应 ● 减少成本

注释:

在这个趋势中,从最可能的一般意义上来说,比如,工具应该被看作是一种传递一个行动到一个事物上的东西。

34. 裁剪

例子:

业务流程再造,裁员,精益企业,超越精益。

跳跃原因

进化阶段	跳跃原因
复杂系统到消除组件	• 减少复杂性 • 降低成本基础 • 改善可靠性 • 加强沟通 • 下降趋势，消除肌肉和脂肪

注释：

所有裁剪操作的目的是，在没有对功能产生负面影响的情况下减少系统的部分或减少整个系统的复杂性。关于这个趋势要记得最主要的是，在系统演化的过程中，裁剪行动有时是适当的，但有时却不是。

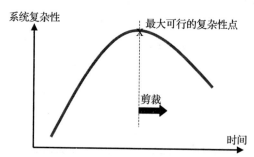

达到最大可行的复杂性点的典型信号是，主要业务停滞，顾客抱怨他们很难理解，很高的员工流失率，满文件柜的操作流程文件但却从来没有打开过，粘贴在墙上的呆伯特卡通画。

35. 嵌套（上升）

例子：

大部分并购活动，一个小的实体被一个大的实体并购的活动，如劳埃德银行和 TSB，英国钢铁公司和康力斯集团，沃克斯豪尔和通用汽车，等等。

跳跃原因

进化阶段	跳跃原因
任何阶段到下一个阶段	• 提升系统的协调性 • 减少系统的复杂性 • 解决一个物理矛盾（"过渡到超级或上一级系统"）

注释：

当系统向更理想的状态演化时，功能倾向于从子系统元素向更高水平迁移。本趋势与增减复杂趋势循环之间有很强的关联。

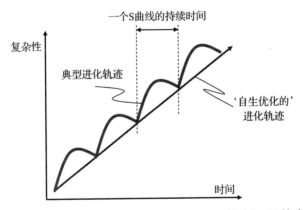

从几个增减复杂度循环路线可以看出，整个图是处在一个复杂度日益增加的方向上。

15

第 15 章

问题解决工具：资源

HANDS-ON SYSTEMATIC INNOVATION

FOR BUSINESS AND MANAGEMENT

第 15 章 ▪ 问题解决工具：资源

> 智者创造的机会比其发现的更多。
>
> ——Francis Bacon

> 一流智慧的检验标准，是有能力既在脑中同时具备两种相反观念，又仍然维持正常行事之能力。
>
> ——F.Scott Fitzgerald

> 心有多大，舞台就有多大，但躺在柔软的床垫上却是一事无成的。
>
> ——Arthur Miller

任何没有被充分利用的系统内外的事物都是资源，资源在系统性创新方法中起着极其重要的作用。系统内外未开发资源的识别通常是即将找到解决方案的信号。在系统性创新条款里，即使现在看来是有害的事物，当我们改变看问题的角度时，也有可能变害为利。在西方商业世界，低效利用资源的情况随处可见。几乎没有任何现存的商业模式能够满足我们对资源最大利用的定义。所有的经理都喜欢这样想：他们能够充分利用他们所获得的资源。在我们改进和优化了许多年的系统中依然存在大量未开发资源，这样的发现很难令人接受。增加一些东西来解决问题是许多组织的惯常逻辑，如增加质量部门解决质量问题、增加人力资源部门改善人际关系等。

本章帮助我们识别一些资源，这些资源将帮助我们利用已经存在的事物来解决问题，或者通过去掉一些事物来解决问题。最终理想解告诉我们，最理想的质管部门是本身不存在，但却能够管理质量。本章帮助我们识别能让理想情况实现的资源，分为 4 个主要部分。第一部分延续前面关于进化趋势和进化潜力的章节内容，详细讨论了其与资源识别的关系；第二部分提供了各种资源的清单，这个部分旨在提供全面的、一系列可获得资源的时间和地点；第三部分通过"把柠檬变成柠檬汁"的创新策略来延伸第二部分观点；第四部分通过一个案例分析把前三个部分连接在一起。

15.1 资源识别触发器Ⅰ：进化潜力

进化潜力与之前章节提到的进化趋势有关，涉及对系统内外未开发进化潜力的识别。在第14章里，我们碰到了"进化潜力"这个概念，并利用雷达图来描述一个给定系统能够进化的深度。检查系统内外的进化潜力，通常将采取向内看和向外看两种角度。图 15-1 向我们揭示，不管是内部还是外部的任何未利用的进化潜力，都是一种资源。

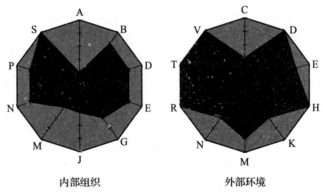

图 15-1　作为资源识别器的进化潜力雷达图

15.2 资源识别触发器Ⅱ：检查清单

提供一系列事物的清单将帮助我们识别资源。这些清单包括其他人在某个时刻、某个领域被成功用作资源，且资源来自解决问题的事物[1-4],以期当我们探索正在评估的系统内外的全部资源空间时,能够提供具体的参考。

为了方便应用,资源识别触发器被分成以下几大类:
- 内部资源;
- 外部资源;
- 人力资源/与人相关的资源;
- 低成本资源;
- 未被预期的和能化害为利的资源。

这些清单的数据根据其与显性和隐性类别的相关性来安排。不同类别之间难免会有重叠(比如,人有可能属于内部资源也有可能属于外部资源)。一般来说,当遇到比较综合的事物时,这种分类就不起作用了(在每个表格中都为读者预留了空白以添加各自领域具体的资源)。利用这些清单的基本推荐方式就是仅仅把它们作为一系列记忆的载体,激励问题解决者思考这样的一个问题:资源X是不是在我的系统里存在,如果是,我是否能把它用作资源?

15.2.1 内部资源

内部资源是内部存在的事物。归在这个类别中的资源,一般来说是我们的可控资源,因此(至少从理论上来说),这些资源比存在于组织外部的资源更容易利用。内部资源分为基础资源、组织资源、功能资源、信息资源、金融资源、社会资源6种类别。图15-2给出了具体的资源细节,它们以隐性和显性的形式存在。

15.3.2 外部资源

外部资源是存在于组织外部的资源。归为这个类别的资源通常不在我们直接控制范围之内,因此,利用它们需要跟外部机构进行仔细的商讨。除了使用与内部资源一样的表格形式外(见

图 15-3），这个部分还包括另外一种形式，旨在帮助我们识别所谓的"互补企业"资源。

类别	显性	隐性
基础资源	地理位置 规模（营业额、利润、市场份额等） 分部/其他设备 产品 服务 空闲的空间 元件间空间 元件内空间 空闲的元件表面空间 不必要元件占据的空间 过程开始前的时间（预先工作） 过程中的时间 过程持续的时间 平行工作/工艺流程 间隙，中断 过程后时间（反馈） 时间/反应能力/机动性	市场概念 市场价值 品牌形象
组织资源	劳动力 结构–等级制度/正规连接 汇报结构 各职能的重叠 合作/监督系统 特许权 继任计划	哲学 想象力 战略 内部网络 "团队精神"
功能资源	功能间隙 功能数据库 不足/多余的功能 一段时间/偶尔的功能 备份/应急活动 暂时行为 行为持续时间 安全性	非正式的功能 非授权功能

图 15-2　组织的内部资源

类别	显性	隐性
信息功能	知识产权/专利 版权 技术数据/知识库 公式 顾客清单/合同 过程（书面） 核心竞争力/方法 软件/内网 多余的知识（忘记能力）	技巧/"睿智" 使用权 预测/估计 过程 经验 过去的失败/成功 "学习到的教训"
金融资源	固定资产 许可证 合同 设备（如，机器，软件） 存货总值 原材料 在制品/半成品 工具，植物 土地 投资 现金储备 激励：公司汽车，礼物等	激励：社会/声誉
社会资源	个人记录 培训	公司文化 同伴文化 工作氛围 "潜规则" "老朋友计划" "不是这里发明的" 准则 "家庭"/团队 政策/宗教立场

图 15-2 （续）

15.2.3 互补企业资源

当谈到资源时，互补企业（Complementor）很值得一提。互补企业代表了一系列可能的机会，而这些机会游离于很多组织的雷达图。经典管理"竞合"[6]首次提出了互补企业的概念。如图 15-4 所示，互补企业是存在于你现在的客户、供应商和竞争者之

类别	显性	隐性
基础资源	产品/服务 股票价格	市场评估 顾客"体验"
组织资源	特许经销权 供应商/供应商网络 合作伙伴 风险/收益分享者 合资企业 退休员工	前雇员链接
功能资源	交付给客户的主要功能 辅助功能	感知功能 (流行/现状/等)
信息资源	媒体 综合大学/大专院校 发表的文章/论文 解开专利的隐藏价值[5]	商标 商品名
金融资源	法律/税收 国家的/国际的政策 贷款 投资	奖励/奖牌 (间接金融收益)
社会资源	慈善/赞助 社区链接 客户忠诚度 商业环境 贸易机构/利益共同体 政策关系,本地/区域/国家/国际	品牌形象 名誉 声誉

图 15-3　组织的外部资源

外的一系列潜在价值增值实体。互补企业是目前跟你的产品以及服务没有任何联系,但是可能提供潜在互赢机会的组织和实体。这样的机会可能是一次性合作,也可能会转化为成熟的合作以及合并。互补企业的合作依然相对不频繁,事实上,仅仅是在当前这样一个快速发展的时代,当难以维持竞争优势时,才迫使人们想到它。当市场环境的竞争压力比较低时,企业没有动机去打破存在于企业之间的藩篱。当前的市场环境发生了变化,企业发现要分辨出与竞争对手相关的用品越来越困难,在这种情况下,与互补企业合作被视为重新激发新的商业或者产品/服务的相对容易的机会。

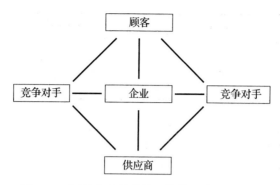

图 15-4 互补企业是价值网络的一个重要元素

描述企业之间互补关系的典型例子包括口香糖里含有牙膏,与结婚过程相关的捆绑服务(几乎在任何案例中都不可能失败的名字——维珍新娘经营告别单身庆典、接待、鲜花、拍照、全套服装等服务)以及汽车销售与金融打包,或者开发商与抵押企业的联合。在每个案例中,"互补"元素是至关重要的元素。牙膏和结婚礼服的捆绑似乎是不可能成功的,原因在于这两者完全没有关系。但是,牙膏与口香糖的联合经营,由于两者都是用在嘴巴里的,因此,具有潜在双赢的可能性。让我们来看一个非常简单的例子,以示为什么互补企业这个概念如此重要。

在英国,酸奶是作为餐后甜点销售的。市场上有几个大商家以及许多小商家组成。这个市场是个比较成熟的市场,没有一个企业能够大幅度地提高销售量,除非牺牲其他商家,而这很可能导致相互之间恶性的价格战。因此,为了继续满足业绩上升的野心,企业该怎么做呢?很好,一家企业决定走出去寻找潜在的互补产品,走出自己传统的"酸奶工业"圈,尽力寻找能够与其产品很好组合的产品。结果是,这家企业与一家家喻户晓的早餐谷物产品制造商合作,开始酸奶与谷物的捆绑销售。为什么从互补企业的视角来看,这两者之间具有互补性?为了找到这个问题的答案,我们需要查看酸奶企业和谷物企业所获得的优势。

酸奶企业获得的优势	谷物制造商获得的优势
卖出更多酸奶 与一个更大的名品牌联合 让顾客养成早餐吃谷物和酸奶的习惯	卖出更多的谷物 每部分价格都有个加价 让顾客有这样的观念：早餐谷物产品不仅仅在早上吃，一天中其他时间也可以吃

在快速变化的买方市场中，联合品牌效应很可能比较短暂，这是常见的（尽管 2 年后有可能产品依然卖得很好）。然而，因为这是一个真正的互补关系，所以这种关系也存在长期的双赢局面，即使顾客计算出单独买一份酸奶和谷物，然后把它们混合在一起，远比买一份捆绑产品便宜，两个企业依然有机会扩大市场份额，这是因为在这两者之间已经产生了可见的连接，并且扩大了吃酸奶和谷物的时间——并不是仅仅在晚饭后和早餐吃。

所以，从谷物酸奶互补案例研究出发，可以帮助我们找到互补企业合作的一般规则。当我们寻找与我们的产品和服务互补的产品和服务时，图 15-5 说明了我们需要解决的最主要的问题。

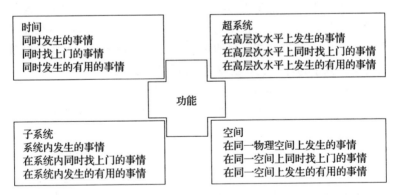

图 15-5　互补企业资源识别问题

图 15-5 中首先要注意的是功能，功能在互补企业资源识别图中起到贯穿始终的作用。在我们付诸努力寻找互补企业时，要考虑我们的系统能够实现的功能以及顾客希望我们能够实现的功能。除此之外，我们需要要么在子系统层面，要么在超系统层面，从

空间、时间、界面去检验我们的当前系统。

当我们关注时间问题时，我们感兴趣的是它们是同一时间发生的事情。维珍婚庆服务是这类互补的经典案例，因为公司所交付的所有活动都发生在同一个事件中，这个事件叫作婚礼。

空间互补就如同牙膏和口香糖的例子，因为两个产品都是在同一个物理空间中被使用的（尽管，传统上来说，两者发生在不同的时间）。

接下来的两个寻找互补企业的选项既包括缩小到子系统（经典案例是"英特尔内核"。对于计算机制造商来说，介绍他们的产品内部有英特尔内核是很有益的），也包括放大到超系统（在超系统层面寻找互补企业不是经常的事情，但是足球俱乐部在具有足球友好的"酷"的名字的企业中寻找T恤衫赞助者（如，纽卡斯尔联队和北部岩石保险公司）是在这个层面寻找互补企业的一个很好的案例）。

寻找互补企业最困难的方面（如果在别人做之前，就能找到不明显的联系，那么我们就能成为潜在的最大赢家）是设计问题，而这个问题涉及词语"可能"。"事情可能在同一时间有效地发生吗？""事情可能在同一地点有效地发生吗？"等。按照定义，事物有可能发生在一起，但不是现在。因此，寻找互补企业的关键在于能够抓住顾客在"同时"中的获益点。在这儿，最好的建议就是检查列在本章后面的图15-8中的吸引力清单，并把它们作为抓住获益点的一种方式。

一个简单的例子可以揭示这个过程：除了强度和牌子不同，所有的防晒霜和防晒喷雾剂都是一样的。它们都实现一个功能，那就是防晒。如果我们要为这个产品找到一个很好的互补产品，那么我们就要识别这样的东西，即无论何时何地，消费者在使用防晒产品时都想同时用的东西。图15-8中，对人类有吸引力的东西中有"甜美的气味"。把这个动力加入到防晒霜中就会马上产生一个想法，当人们涂抹防晒霜时就能闻到防晒霜的味道。这不是一件坏事，但是从另外一个方面来说，当人们晚上外出并希望自己身上的味道能吸引人，他们就不愿意用涂抹防晒霜来达到这个目的。他们更有可能涂上须后水或者香水。于是，更进一步，我们就会产生这样一个念头，防晒霜和香水进行联合的美好愿景：未来在沙滩上就能闻到香奈儿 NO.5。

15.2.4　人力资源

在这个部分，再次根据内部和外部资源类别来分割资源列表。但是，这一次，"内部资源"类别被进一步分成组织内部人力资源单元，检测一般性人类心理和生理的类别。在描述这种生理/心理资源时，我们继续进一步地简要探讨文化问题：人力资源清单帮助我们从积极的角度，清晰理解不同视角下可利用资源的差异，如图 15-6 所示。

人类的心理和生理资源

在人工生命研究中 Steve Grand 产生了一个很好的想法[8]，那就是人类，尤其是人类的大脑在缩小现实状态与理想状态之间差距时，表现得异常奇特。因此，举个例子，如果我们的现实状态是我们非常的冷，但是我们的理想状态是要变得暖和，这就会下意识地驱使我们尽力缩小这两种状态之间的差距。我们将会"感觉冷"时，我们会平衡现实状态和理想状态之间的张力，直到我们感到"足够温暖"。任何时候，只要理想状态和现实状态之间的差距存在，如图 15-7 所示，我们就可以把这种差距看作未开发的资源。

暖和冷仅是一系列不同属性中的一个，这些属性能够充当现实状态和理想状态之间差距的源头。图 15-8 列出了一系列事物，这些事物既能充当吸引人的事物（我们希望能够实现的理想状态）或者令人讨厌的事物（人们想要逃离的状态），它们主要属于内脏神经以及直觉这个层面。这个表格是在参考文献[9]基础上扩大和重新组织结构而形成的。在一些案例中，这个理想状态可以被看作最适宜点。举个例子，对于温度，我们每个人都有一个感觉最舒服的最适宜度数。

类别	显性	隐性
组织内部	员工 具有专业技术的员工 交流技术 主题专家 领导 道德标准 健康	先知 影响者/激起行为的人 创造者 目的/目标 预期 精神标准 聪明才智 创造力 感召力 信任/忠诚 一致性 生活经验 灵活性 社会接受度 直觉
组织外部	顾客 供应商 渠道 竞争者 股东 赞助者/利益相关者 调解人/经济人 政客 媒体 潜在雇员 退休/准退休人员	顾客忠诚度 "量变到质变的分界点"[7] 家庭纽带 大家庭

图 15-6 人力资源

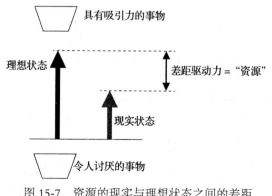

图 15-7 资源的现实与理想状态之间的差距

	吸引人的事物	令人讨厌的事物
视觉	自然的/舒适的光线 太阳光 明亮、高度饱和的色调 笑脸 放大的瞳孔（眼睛） 有魅力的人 对称 圆的/总体上弯曲的物体 "感官的"形状	黑暗 极端明亮/人造光 空的，扁的地形 拥挤的场面 直线 垂直线 远离规范的人类形式
听觉	使人安静的声音 "感官的"声音 简单旋律 简单节奏和节奏性的敲打 协调的声音 大的音乐声音（在110～140分贝）	突然的噪声 大的噪声（70～110分贝和140分贝以上） 摩擦噪声 不调和的噪声 共振噪声
触觉	温暖 关心 光滑的质地和物体	极端的热 极端的冷
嗅觉	好闻的气味 食物的气味 新鲜汗味 信息素	腐烂/腐化的味道 汗臭味 粪便 呕吐物
味觉	甜味	苦味
其他	"感官的"感觉 可控制的恐惧 性感特征 年轻人夸张的身体特征 水	高度 拥挤的人群 其他人的体液 不能控制的恐惧 尖锐的物体 蛇 蜘蛛

图 15-8　吸引人的和令人讨厌的事物清单

事实上，我们每个人都拥有一系列最适宜的温度，不同条件下，最适宜的温度是不同的。比如，我们在睡觉的时候更喜欢比看书时冷一点。换一句话说，这些最适宜点是动态变化的，但是在任何时间点上都只有一个最适宜点。其他一些吸引人的或者令人讨厌的事物都不存在最适宜点这个说法。举个例子,噪声作为令人讨厌的事物,不存在最适宜点,我们总是期望尽可能地远离它们。我们认为,本质上来说,事物吸引人或令人讨厌的程度是不可用数字衡量的,只有是否存在的差别。因此我们绝不可能对吸引人的事物占有无限多,而对反感的事物占有无限少。

无论理想状态是指向动态变化的最适宜点还是无穷点,只要理想状态与我们现实的状态之间有差距,这里就有未开发的资源。因而,当我们思考可以帮助解决问题的与人类有关的资源时,我们需要考虑这些吸引人和令人讨厌的事物,并且问这样一个问题:"自我"和"超我"之间是否有差距?

15.2.5 文化资源

世界不同地方的文化,彼此之间都有很大的不同。在许多案例中,我们可以看到,不同文化导致紧张,进而导致冲突甚至极端的流血事件发生。参考文献[10]对交叉文化竞争是关于不同文化之间的不同性进行了研究。我们如何将这些不同性视为资源呢?

当识别文化资源时,特别重要的是作者揭露的文化多样性的6个维度。这些维度代表了明显相反的观点之间的矛盾或者困境。我们说"相反",是因为传统上我们把普遍主义和个人主义这样的事物看成两个极端。然而,根据参考文献[10],这些参数实际上是一个圆圈相反面的许多镜像,而不是一个光谱的两端。理性状态下,我们不愿让我们相信的事件和别人相信的事件之间存在冲突;相反,我们应该认可两种观念都是需要的。基于此,利用系统性创新的视角去看任何类别争议上的矛盾,都会让我们觉得矛盾是普遍存在的。而且最终的正确答案很大概率不是这两种观点之一。因此,与其在普遍主义和个人主义上产生文化冲突,还不如利用和结合两者,看看会有什么好的结果发生。一定程度的普遍主义是好的,但超过一定的度就会产生问题;同样,过多和过少的个人主义也会产生问题。如图15-9所示,如果我们能够在

"两者都/和"这个图中衡量"截然相反"的参数，我们就能创造"资源"，因而有机会产生新的解决方案。

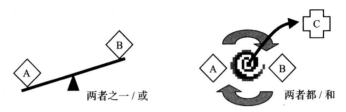

图15-9 作为两者都/和资源的文化多样性

进一步检测由Hampden-Turner提出的6种文化多样性困境可以发现一系列潜在资源机会。前面一节是一个例子，当理想状态和现实状态之间存在张力时，我们可以把这些困境看作资源。认可资源多样性的存在，积极利用文化多样性，自然而然地就出现了"资源"。

图15-10是6种主要的困境。最好的思考和利用它们的方式就是把它们放在你正在研究的文化环境中。你能识别出的你们组织和其他组织之间文化的任何不同之处都可能潜在地威胁到你们之间的合作。识别这种不同之处，然后从资源这个角度去思考它们，我们就打开了把潜在消极影响转化为双赢局面的可能之门。仅仅用半页纸的篇幅，就想阐释清楚这个问题，并利用文化差异得出有用的结论，无论如何都有点过于雄心壮志了。有兴趣的读者可以去读下HamdenTurner的书。

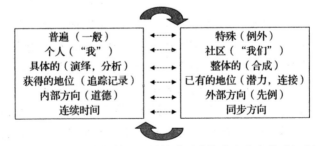

图15-10 文化多样性的6种维度（改编自参考文献［10］）

也许，一个简单的例子可以用来说明这种威胁，并且增加由文化差异带来的机会。不同的文化看待时间是不同的。有的文化把时间看成是本质上按基本顺序的（一般来说，美国人有"时间就是金钱"的观念，以及"在有限的时间里获得最多"的观念），还有些文化把时间看得更加柔软，更加有弹性（比如，重叠时间，Just in time（JIT），即时生产，非常符合日本人的做事方式）。这些文化的不同会导致各种各样的合作问题。强迫一个习惯于在同步性文化中工作的人、让他给你安排一个活动具体开始的时间，实际上是在侮辱他们。但是，如果你让他们用同步性方式做事情并允许他们在那种文化下自由地工作，那么他们就能被调和，而你也获得了一种让双方共赢的资源——一方面具有自治权，另一方面可以获得一个更早的交付日期，因为同步方有机会利用必要的平行时间来工作。

15.2.6 低成本资源

当我们认为利用系统现有的资源没有办法解决问题时，低成本资源是很有用的。在寻找更多昂贵的资源选项之前，我们需要适当增加对低成本资源的识别。接下来讨论可方便获得的资源。

环境中可获得的资源

物理的	非物理的
日照强度，紫外线，红外线	
水，湿度	
磁场	
大气压/随海拔高度变化	
环境温度/随海拔高度变化	颜色
海拔，密度	音乐
岩石，石头，沙（硅胶盐），泥土，黏土，白垩，灰尘（可支撑的）木材，生化悬浮物，自然纤维-麻类，毛发	气味
水，蒸汽，冰，盐，泡沫，水泡	声音（如静音）
风，雨，雪，冰雹，浓雾，轻雾，闪电	模仿
浮粒，烟	
空气，孔洞	

图 15-11　环境中的低成本资源

可在组织内部或周围，获得其他各种各样的低成本资源，如图 15-12 所示。（如果以合适的双赢方式对待它们，所有这些资源都是真正的低成本资源，利用任何非常规的方式开发这些资源，资源就有可能转化为高成本资源。）

	显性	隐性
内部	实习生/安置学生 供应商	声誉 信任
外部	慈善机构 社区团体 贸易团体 大学/大专院校（工程） 当地学校 议员/政治家 有竞争力的招标投标 （需谨慎处理）	（没有任何东西满足"低成本"这个标准）

图 15-12　组织内外的低成本资源

15.2.7　"未预期的"资源和变害为利

"未预期的"资源——在系统内外寻找资源被认为是有创造性的行为。对清单的利用往往会降低创造性。让这项工作变得更有创造性的一个有效的方法就是安排一个实验，在这个实验中寻找系统中看起来最不可能成为资源的东西，然后看它如何转化为有用的东西。找到一个不可能是资源的候选物，就会产生一个简单而通常有效的问题：这些事物是如何变成有用资源的？这种疑问经常能产生许多令人惊奇的新想法。

"过分任性的顾客"使许多零售金融机构苦不堪言。"过分任性的顾客"是指这样一些顾客，他们花大部分的时间在问一些金融机构认为是浪费时间的问题——"你是怎么计算我的利息的？""你为什么没有给我新的文件夹装我的银行账单？""为什么借方账目晚了一天？""为什么银行星期六不开门？""为什么在午饭时间没有足够的工作人员？"等，这些例子数不胜数，尤其当你碰到一个刚刚从全职工作岗位上退休下来的顾客,她有大把的时间在手上,也有关于什么是好服务的大把的意见。对于大部分银行来说,这些过分任性的顾客将消耗他们过多的员工时间以及资源。因此,一些银行内心极其希望这些顾客把业务转移到其他银行去。

然而,问这样一个问题:这些过分任性的顾客怎样才能转变为有用的资源?我们举例看看给机构带来的这些负面的事物是如何重新构造并成为有用的资源。

- 把他们放在提高银行服务的关注群体中(在许多情况下,这些过分任性的顾客只不过是为他们的失意寻找一个出气口,因此,给他们一个正式的机会发泄情绪对双方都是有好处的)。
- 将他们作为检测系统稳健性的方式(让一个完全没有计算机经验的老人来使用全新的ATM系统,来证明系统是否具有"友好性")。
- 当他们向你抱怨的时候,你要意识到这些过分任性的顾客仅仅只是喜欢把他们的时间花在做一些社会性的事情上,因而可以考虑将他们发展为宣传你们高质量服务的传话筒。没有人进入商店或者银行是故意去搞破坏的(或者不是长期的,除非你以前对待他们真的非常不好),因此,给他们点好处,他们会打电话给他们的好朋友,告诉他们这家好银行这周为他们做了些什么。

总之,只要我们努力思考,甚至系统中最不可能的事物都有可能转化为有用的资源。这点对于我们利用现有系统中有害的事物同样奏效。

变害为利——"怎样把这些事物变为有用的资源?"这条上述提到过的基本诱因,再进一步深化,然后应用到我们认为现阶段系统中有害的事物身上,就成了这样一个问题:怎样才能把有害的事物变为可以利用的资源?这个问题是变害为利思想的起点。

与这个基本的起点相关的一些问题包括:

- 在什么条件下,有害的事物可以变为有用的事物?(我们如何使这样的条件发生？）
- 谁会把这些有害的事物看成有用的事物？为什么？
- 在哪里这些有害的事物会被看成有用的事物？

传统意义上有害事物被转变为有用事物的另一个例子是，在组织中被发现的各种各样的"浪费现象"。浪费呈现为许多形式，在"精益"思想中是一个中心主题。图 15-13 强调了一系列不同形式的浪费，我们可以从精益生产中的资源视角重新考虑利用这些浪费。

- 浪费——过程，商业（雇员、经理、供应商等），纯的；
- 过剩浪费；
- 等待产生的浪费（内部和外部）；
- 交通工具的浪费（内部和外部）；
- 不合理加工的浪费（用榔头分裂一颗坚果）；
- 没有必要的存货清单的浪费；
- 没有必要的提议的浪费；
- 瑕疵浪费；
- 未开发的人类潜力浪费（授权，许可）；
- 不恰当系统的浪费（过于具有个性的电脑、机器等）；
- 能量和水的浪费；
- 材料浪费；
- 服务和办公室浪费（过多的会议、食物、影印本等）；
- 顾客时间的浪费；
- 流失客户的浪费。

图 15-13 "浪费"资源

参见发明原理 22 "变害为利"，在第 11 章中历来被认为"坏"的例子在参考部分变成了有用的东西。

练习变害为利，把它作为比前一节中提到的"最不可能"资源识别更极端的问题，尽可能去想一个系统中绝对坏的、最有害的、破坏性的事物，然后强迫自己去想如何把它看作一种资源。

把唱反调的人看作资源

我们中的许多人都曾在很多场合遇到总是"唱反调"的人。从积极角度来看，唱反调这个角色是一个非常重要的角色，这个角色真正让我们回到第 21 章红队/蓝队颠覆分析（subversion analysis）

讨论以及尽可能完善的商业系统的设计。有一些唱反调的人，他们决定把唱反调作为全职，这样的结果使本来有积极贡献的事情变成了扰乱的和破坏性的事情。虽然这有点困难，但你尽量想象这些角色是你的会议上最重要的人（在某一方面，如果用"是的，但是……"回答唱反调的人，那么你能保证你同时回答了其他的人），那么他们能被转化成你曾经拥有过的最有用的资源。

当你尽力想识别系统内外未开发资源时，下面这些"唱反调"的问题会变得很有用，如图 15-14 所示。

- 我们需要什么样的资源来保持团队的完整？
- 我们需要什么样的资源来防止初始的脆弱带来的伤害？
- 在团队外，是否有人可以充当指导者、老师或者启发者？
- 我们需要什么样的资源来使项目更有趣？
- 什么可以引起我们的紧张？
- 哪里存在重叠的现象，以及我们如何能积极地利用它们？
- 当一个项目开始失去动力的时候，我们可以做些什么？
- 谁能给我们提供团队教练？
- 什么东西能使顾客迷惑？
- 需要创造什么样的空间来使做事情与众不同？
- 谁应该每天记录这个项目的进展？
- 当我们变得太孤立时，谁会来告诉我们？
- 当事情做得不是很好的时候，谁会告诉我们真相？

图 15-14　帮助寻找资源的好的"唱反调"问题

把"假象"（false given）作为一种资源

当搜索资源时，最后一件需要思考的有用的事情是：什么事情是我们以为是正确的，但事实上是错误的？在这个方向上去探索是非常有价值的，因为第 3 章中讨论的心理惯性经常导致我们对事情做出过早判断。当某个人问"你有多高"这类问题时，经典的"假象"例子就产生了。毫无例外，我们每个人都只记住了一个数字。然而只有这一个数字被证明是错误的，或者说只在一天中的某一个时刻是正确的，因为从早上起床到晚上上床睡觉这段时间中，由于引力效应，我们有可能收缩 12～20 毫米。任何时间,任何地方都存在这类"假象",每次我们掉入这个陷阱,我们就缺失了一个潜在的重要资源。

光学错觉代表另外一类普遍的"假象"。人类的大脑是一个有效的预测引擎,非常容易出现判断错误的现象。如图 15-15,A 和 B 中哪一个颜色更深?大部分人倾向于回答 A,但是事实是,这两个方块颜色一样深。

图 15-15 "A 和 B 哪一个颜色更深?"错觉(Edward H Adelson)

探索和寻找"假象"的最简单但最有效的方式是,经常看看问题提示,功能与属性分析图表或者观点映射,并问这样一个问题:这些真正是对的吗?利用这个问题来问任何的事物,并且要意识到最不可能的往往是最有用的,假象越大越有可能找到机会。

15.3 案例研究:留住高潜力人才

通过一个简单的案例,让我们尽力把上述结论放在一起。这个案例围绕大公司比较普遍的一个问题——如何留住高潜力人才——展开。稀有技术的操作规则永远是卖方市场,因此,拥有这样技术的人能够有好的薪水以及雇佣条件和条款。而且越来越多这样的个人不愿意被所谓的大公司的条条款款所限制。

因此,为了留住人才,我们应该做些什么?资源的识别很有可能起到一个很大的作用,因此,让我们从一个大公司的人力资源部门角度,看看"什么东西没有被最大化利用"。力图使这个案例尽可能具有应用性,我们将关注资源搜索的应用性部分。根据第 14 章中讨论过的趋势和方法来建立一张进化潜力雷达图,继而开始对该问题的探讨。图 15-16 说明了分析结果。这张图是从在具有最先进技术的、典型的大型雇用公司内部留住高潜力个体的视角制作的。

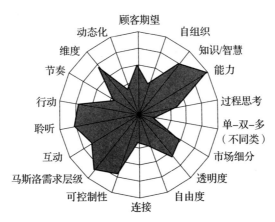

图 15-16　高潜力人才资源搜索的进化潜力雷达图

大量进化潜力资源已经被利用,这在许多技术上先进的企业是比较典型的。然而,这里有一些没有被利用过的新趋势可以帮助我们解决留住人才问题。我们发现许多潜在的点子:

- 所有内部面临的进化潜力实践中,马斯洛(Maslow)的五层次需求理论是很重要的一个。既然这样,我们记录了一个组织以奖金、奖品、奖赏等(按照常规逻辑)的形式给予高潜力员工的"尊重"。像其他企业一样,这个企业没有意识到最高层次的"自我实现"阶段,没有帮助他们的员工真正参与他们认为的业务,也没有激励他们成一个"与众不同"的人,以至于他们的目的只是把他们的天赋转化为显而易见的商业执行效果。
- "顾客期望"。顾客期望一般用在外部环境中,但也可以被用在组织内部。既然这样,企业提供给高潜力员工一个

"服务"（雇佣），但没有给予"经验"。现在很少企业能够思考给予员工积极经验的问题。希望把"经验"这个层次注入思考过程，能够提高产生想法的潜力。
- "自组织"。很少企业能积极地意识并利用复杂系统理论参与的可能性。把高潜力个体推向这个方向需要在学习技巧方面做很多工作，让他们参与到商务的细小业务中去（希望提高他们对企业的承诺），最重要的是，把合适的人放到公司具有高影响力的位置上。
- "透明性"。让高潜力个体（事实上是每个人）能够有渠道了解公司的信息是另外一个提高参与性的有效方法。参考文献[11]讨论了 SemCo 公司为什么有世界上最低的员工更新率。
- "连接"与"动态化"。把一个高潜力员工与一个深度且严格的组织结构连接在一起，毫无疑问消除了员工的动力。沿着这个趋势突破，给员工一个更加灵活的角色，根据他们的参与性和兴趣爱好给予他们红利。
- "节奏"。对于大企业来说，找到与个体员工的"共振频率"是很困难的。但是，另一方面，很少有企业问这样的问题或者真正允许他们的员工寻找与他们能产生共振效应的工作岗位。

现在让我们回到本章中更具一般性的资源清单列表，把这些触发器用在这样一般性的应用中，几乎没有什么价值——最好是在具体的案例中去思考它们。但是清单中的一两个方面可以为这个案例研究提供一些有用的提示：
- "低成本"。据统计，很少高潜力人才是以"低工资"这个理由跳槽的。通常用得最多的理由是他们感觉到他们的潜力没有被用到极致。许多案例中都表明的确存在这个问题，个体员工发现他们所处的岗位对他们来说没有"足够好"，但是，同时，组织没有其他岗位可提供的。"低成本"资源建议我们使用一些具有双赢可能的额外任务，这些任务是在"未开发才能"这种情境下提供给个体，如建立大专院校／社区／慈善项目，与贸易代表、政治家以及其他有影响力的人工作在一起，这对所有人都是有益的，只要人和岗位配对正确。
- "互补企业"。这通常是在组织层面上进行思考的，而不是为个人思考的。但是在这里，或许这可以引导我们这样想，高潜力人才可以同互补企业中相对等的人进行合作。雇员不仅能从其他公司的文化中受益（个体可以发现在其他公司中"草也不是更绿的"），而且也可以带回学到的显性和隐性知识。
- "文化多样性"。建议有可能就借调到世界其他地方去。在这儿有一些双赢的可能——拓宽技术，满足在高学历人群中存在的"旅行癖"以及（与上述"互补企业"的观念结合）从世界其他地方的相关企业中引进技术。
- "量变到质变的界点"。给高潜力人才"与众不同"的动力。给高潜力人才"杀手级应用"的新项目开发任务，值得更多探讨；不仅给他们开发创意的责任，而且让他们建立商业计划、市场计划以及开发计划。在许多组织中，这种责任往往与在新兴业务中提供给他们重要的股权相匹配。

（致谢：感谢在德国不来梅大学工作的 Sandra Müller 的思想，也感谢她允许把这一思想放入这个案例研究。）

我该怎么做

没有被充分利用的系统内外的任何事物以及资源是系统性创新的最重要部分。在系统性创新条款里，只要我们足够认真去思考，即使系统中的有害事物都会变成好的事物。

整理那些我们通常不认为是资源，但是某人在某个地方以某种方式已经成功利用了的资源的清单，是本章的主要目的。利用这些清单的最好的方法是把它们作为简单的方案触发器。在这一点上，我们建议，当你找不到一个足够好的方案时，请仔细阅读这些清单。

对于将有害事物变成有利事物，关键的问题在于"怎么能把这些有害的事物变成有利的事物"。

参考文献

[1] Collis, D.J., Montgomery, C.A., 'Competing on Resources Strategy in the 1990s. How do you create and sustain a profitable strategy?' *Harvard Business Review*, 73, 4, pp118-128, 1995.
[2] Montgomery, C.A., 'Of Diamonds and Rust. A New Look at Resources.' In Montgomery, C.A. (ed.), Resourced-Based and Evolutionary Theories of the Firm: Towards a Synthesis. Kluwer Academic Publishers, Boston et al., pp251-268.
[3] Wernerfelt, B., 'From Critical Resources To Corporate Strategy', *Journal of General Management*, 14, 3, 4-12, 1989.
[4] Wernerfelt, B., 'A Resources-based View of the Firm', *Strategic Management Journal*, 5, 171-180, 1984.
[5] Rivette, K., Kline, D., 'Rembrandts in the Attic: Unlocking the Hidden Value of Patents', Harvard Business School Press, 1998.
[6] Nalebuff, B.J., Brandenburger, A.M., 'Co-opetition', Harper Collins Business, London, 1996.
[7] Gladwell, M., 'The Tipping Point: How Little Things Can Make A Big Difference', Little, Brown & Company, London, 2000.
[8] Grand, S., 'Growing Up With Lucy: How To Build an Android In Twenty Easy Steps', Weidenfeld & Nicolson, London, 2003.
[9] Norman, D.A., 'Emotional Design: Why We Love (Or Hate) Everyday Things', Basic Books, Perseus, New York, 2004.
[10] Hampden-Turner, C., Trompenaars, F., 'Building Cross-Cultural Competence', John Wiley & Sons Ltd, New York, 2000.
[11] Semler, R., 'The Seven Day Weekend', Century, The Random House Group, London, 2003.

第16章

问题解决工具：知识

HANDS-ON SYSTEMATIC INNOVATION
FOR BUSINESS AND MANAGEMENT

> 如果铁路系统能够早点意识到它们是在交通运输业务中而不是铁轨业务中，我们早就能乘坐联合太平洋航空公司的飞机了。
>
> ——Anonymous

> 信息网络跨越世界，没有什么仍然隐藏。但是大量信息叠加，我们不能全部吸收。
>
> ——Günter Grass

当系统性创新过程的"选择"部分指引我们的是"知识"这个工具箱时，基本上，我们需要超越我们自己的视角去看是否已经有人解决过我们现在面临的类似问题。工具箱的其他解决方法使我们能够得到其他人好的但抽象的解决方法。有趣的是，我们获得的方法有可能由于太过抽象而不能与现实问题对接。因此，在这里，我们感兴趣的是帮助我们找到不太抽象或者不抽象的解决方案的方式，而不是直接进入已存方案数据库，如图16-1所示。

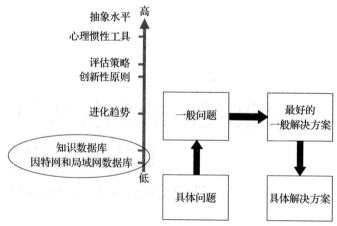

图16-1　系统性创新方法过程中的抽象水平

本章一共有 4 部分。第一部分，我们探索有用的商业知识和战略源头，以便能够快速地搜索到它们。第二部分，我们开发新的和新兴的工具来帮助知识搜索。第三部分，我们探索更大问题的背景以及把知识变为智慧。商业问题就如同指纹，各有不同。商业管理最大的谬误之一就是，认为把一个在一种情境下行之有效的方法移植到另外一种情境下也是可行的。当经理或者咨询师把这种所谓现成的方案引入进来，但结果却不匹配时，便会造成难以估计的损失。任何不相信这种可能性或者需要证据来证明的读者，建议你们看下参考文献 [1]。在第三部分里，我们讨论这种知识转移，以及我们该做些什么。第四部分，我们对知识问题做一些总结以及为知识管理提供一些提示。

16.1 获取知识

系统性创新工具的技术版本有一个主要的潜在观点：只要这些知识（解决方法）是根据功能安排的，那么在不同的科学和工程学科中共享知识，就会变得越来越容易。如同前面章节的讨论，**功能**是非常重要的，这是因为，当一个顾客购买这个产品而非那个产品时，功能是这个顾客最先也是最重要的考察因素。比如，在喷气发动机到地毯、膳食补充剂到洗衣机等多种多样的例子中可以看到从卖产品到"卖"功能的转换。给你一个机会付几百万美元购买一个发动机，或者发动机是免费的但是要按"一小时的电力"原则收费，顾客更可能会选择后者。同样，给你一个机会购买一般的维生素药丸或者一个个性化的健康维持计划，顾客总是愿意选择那些能够最大化他们的利益，且能最大限度地减少损失的方案。

在企业进入市场的方式上，从卖洗衣粉到"卖干净的衣服"，代表了一个微妙但意义重大的变化。当知识宝库是以功能来组织的，那么这种变化就更重要。从历史角度来看，好的观点在不同的工业和学科领域总是转移得很慢。几乎花了 40 年的时间，刷子密封技术才从门领域传到发动机领域；相反，起源于挤压油膜阻尼器轴承技术的发动机已有 20 多年的历史，尽管它拥有简单且性能惊人的优势，但它却始终没有传到汽车和其他领域。新出现的知识数据库使我们可以立即看到移动液体、合并物体、分离物体，或者加热、冷却物体，或者回到我们的洗衣主题的所有已知方法，这些已知方法使得应用这些方法的公司较之其他公司具有明显优势。来自三洋公司（而不是从伊莱克斯或惠而浦或任何其他传统制造商）基于超声波技术的、不需要任何洗涤剂的洗衣机的出现是利用上述知识库的结果。在未来的日子里，我们将越来越多地看到这种方式。在工业领域里，利用超声波清洁物品是绝对平常的事情。以"清洁事物的所有方式"标注并放入数据库表示每个人都可以了解这些方法。

这是一本"管理"版本的书而不是"技术"版本的书，但是管理往往无视功能的重要性。以功能安排的技术知识数据库的可获得性，给予我们的启示十分重要，不能忽视。管理版读者可以查阅参考文献[2]来获得不同工业领域的技术知识，这是很容易的。对任何带有技术字眼的事物都极其讨厌的读者可以把这个工作委托给别人。无论用哪种方式，组织中需要有人意识到由这些数据库带来的威胁和机会，因为在某一个地方的某一个人正拼命地寻找你们已经找到的解决方案[3-4]。

然后，在技术领域搜索知识时，重要的是我们需要好好关注功能关键词。从在商业领域搜索知识这个角度来看，这也许又是一个由系统创新方法引起的思想领域里微妙但意义重大的变化。我们所有的人习惯于考虑"事物"——人、物、公司等而不是事物之间的连接。我们关注名词而不是动词。这个一般的表达方式"什么事为什么事做了什么事"，如果我们考虑的方式是"做了些什么"，这个部分将引导我们的观念从一个地方转移到另一个地方。当然"约翰"和"皮特"这个部分对系统也是重要的，不幸的是，他们没能让我们的思想从现在的维度转移到能让我们找到更好的问题解决方式的另外一个维度。

在下一小节中，我们将列出一些在商业和管理领域与搜索知识相关的动词。技术版本的知识库，我们不再列出我们能够找到的所有能够获得"奖励""刺激""专业"功能的方式，这是我们长时间讨论后的一个艰难的决定。举个例子，什么样的经理，对立即看到所有已知的、激励他的员工的方法不感兴趣呢？经理很忙，因此他们需要快速知道答案。这些完美的逻辑语句所带有的危险就如同本章所提示的，在没有真正理解背景的情况下，既有解决办法从一个地方移植到另一个地方总是会导致无情的失败。根据本书之初的警句之一——"人们总是害怕思考，尽一切努力去避免思考"，我们最后认为含有激励人的已知方式的数据库带来的危害比好处要多得多。有些人认为，没有激励人的方式，经理仅仅只是失去动力。不管这个观念是否正确，它确实是复杂问题之一，这种复杂的问题不能靠查找别人的解决方案来解决，别人的这些方案也许在他们自己的背景下也未必能实际起作用，更不用说你的了。对于所有简单的问题，都存在简单的由上而下的解决方案。对于复杂的问题，则不存在简单的自上而下的解决方案。

因此，图 16-2 仅仅只是知识搜索过程的开端。在这张表格的最后以及下一个小节，我们将探索另外的知识搜索战略，它们至少具备使方案和背景相匹配的潜力。首先，为了能够说明这个清单表格的结构形式，我们列出了基本的功能词汇分类，这对商业和管理都非常有用。

图 16-2　管理功能词汇表

履行动词

获得　　　　　　改善　　　　　　　　解决（问题）

变得	提高	恢复
选择	移动	当……先锋
建立	开拓	改变
扩大	减少（损失）	

创造性动词

行动	显示	创始
预期	绘画	创新
概念化		
创造	编辑	制定
定制	使有兴趣	整合
装饰	建立	引入
设计	时尚	发明
发展	编导	创始
引导	创办	执行

文书动词或者细节动词

赞成	当主人	重新组织
安排	实施	重现
编目录	检查	取回
记录	保留	浏览
分类	记住	安排进度
收集	监管	拍摄
汇编	操作	分离
递送	组织	简化
调度	概述	详述
分配	做准备	系统化
起草	加工	制表
编辑	购买	转移
执行	记录	按类型归类
归档	登记	更新
产生	传达	

交流动词

讲演	指引	影响
打广告	讨论	通知
仲裁	使转移注意力	询问
安排	草拟	相互作用
清晰地发音	编辑	解释
参加	引出	面试
创作出版	神会	邀请
合作	强调	证明
承诺	赢得支持与合作	演讲
信服	使有兴趣	听取
通信	表达	处理
证明	促进	推销
描述	确切地阐述	经调解解决
发展	使……和谐	变缓和
刺激	调和	恳求
谈判	招募	详细说明
建立工作关系	反应	演讲
意识到	讲述	谈论
说服	报告	作证
提出	代表	翻译
促进	回应	拜访
宣传	安排	写
推荐	发信号	

财务动词

管理	编预算	推销
分配	核算	做计划
分析	计算	立项
估价	发展	购买
审计	交换	研究

平衡	预测	出售
讨价还价	保险	花费
购买	经营	

帮助动词

陪同	确保	提供
采用	执行	减少
提倡	扩大	提到
帮助	加快进展	使复原
评定	使容易	加强
假设	熟悉	代表
厘清	加强	保留
训练	指导	检验
合作	帮助	修改
绑定	提高	抽样调查
提供专业咨询	参与	招待
证明	保持	建立
奉献	修改	共享
揭露	激励	建议
教育	提供	供应
起作用	参与	
扩大	保护	

管理动词

管理	决定	聚焦
分派	定义	处理
分配	代表	雇佣
实现	发展	落实
扩展	策划	改善
要求	指导	合并
主持	消除	增加
改变	实施	鼓励

加强	评估	制定
签约	执行	组合
协调	拓展	判断
领导	生产	塑造
经营	推荐	解决
动员	规制	探寻
激发	决心	专攻
收缩	恢复	强化
组织	检验	构架
检修	安排	监督
监管	审查	终结
计划	彻查	核实
排序	选择	

研究动词

应用	评估	面试
检查	考察	隔离
引用	调查	定位
澄清	提取	观察
收集	预测	组织
比较	构想出	预言
推论	查找	阅读
下定决心	组合	研究
诊断	用曲线图表示	学习
发现	识别	总结
仔细分析	检验	调查
估计	解释	系统化

技术性动词

调整	挖掘	策划
提前	熄灭	产生
改变	制造	计划

放大	安装	改变结构
装配	生产	翻新
变细	维持	维修
建造	详细规划	归还
计算	估计	旋转
估算	驾驶	解决
设计	获得	综合
谋划	操作	更新
策划	彻底	

最后,这里有一些管理过程中与负面有关的商业词汇。希望我们将遇到的负面影响不是很多。一些非常积极的想法都经常来自于对负面想法的研究,尽管很多主要的负面词汇本身没有多大意义。

负面动词

腐败	删除	误解
破坏	夸张	使模糊不清
延迟	损害	阻止
损坏	隐藏	快速旋转
转移	误导	搅乱人心

知识搜索战略

近来,在线知识数据库资源的可获得性打开了获得大量管理和商业数据的方便之门。对一些人来说,这些可获得的数据量是巨大的。主要是以功能为依据而不是以物体为依据的搜索,允许我们从那些即将没有用的资料中抽取有用的资料,这样我们便跨出了强有力的第一步。

系统性创新方法的构建基础是"什么事物为什么事物做了些什么",是一个主语-谓语-宾语的模式(或者是名词-动词-名词)(参见第6章),这是因为这种模式让我们能够找到有用的资源。对于人们来说,用不同规范的名词来隐藏他们现在正在进行的事情,是相对比较容易的(这个我们在披露的发明中见得越来越多,例如,我们要为"车轮"索赔,可是"车轮"并没有用"车轮"这个词汇),而隐瞒功能词汇是比较困难的。

因此,最简单最有效的搜索策略就是充分利用功能词汇。经常有这样的事情发生,如果仅仅用功能词汇搜索产生的链接过多,你可以用你在尽力寻找的事物的主体或者行动部分来过滤筛选,因此,如果你在寻找分配资金的最有效方法,可以用"分配资金"来搜索(或者有必要的话,用同义词,参见 16.2 节)。作为一种选择,如果你在寻找一些人,这些人可能需要你的方案,你可以用主语—谓语—宾语中的主语和谓语部分去搜索。比如"代理软件分配"这个搜索就会锁定代理软件已经被用来干了些什么。

16.2 新兴知识搜索工具

来自于系统性创新方法相关的矛盾的最大创意之一就是,整个系统的动态演化伴随着不断的矛盾的产生和消亡。在因特网出现之前的"黑夜",寻找资源还只是局限于创造和对印刷媒体的适当归档。图书馆的矛盾是局限性。因特网几乎完全消除了图书馆的局限性,也极大地降低了所有人获取信息的成本。但是,当然,进化动态性告诉我们一个矛盾消除了,另一个矛盾必然会产生。对因特网的大多数用户来说,新的矛盾已经出现了,而且的确变得越来越严重——事实上,尽管大量的信息以惊人的速度在增长,但是我们能够用来搜索这些信息的时间是不变的或者说在减少,如图 16-3 所示。

智能公司是这样一些公司,他们比他们的竞争对手总是至少多解决一个矛盾。无疑,在这个知识管理以及互联网的冲浪世界里,他们针对时间—内容这个技术冲突正在开发解决方案。对一些人来说,就是给他们自己找了个头衔——"航海家",他们总是能为你找到你需要的东西。能够意识到"航海家"这个角色,那些人很可能暂时是很有远见的,这意味着需要寻找更多更有效的搜索方法。这些搜索方法是接下来我们要关注的内容。

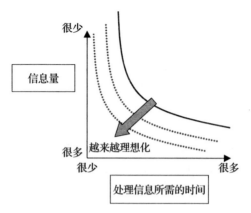

图 16-3　信息与时间之间的冲突

目前有 4 类重要的知识搜索工具帮助经理们挑战时间－内容这个难题。

a）搜索引擎；

b）语义搜索工具；

c）用户定义背景搜索工具；

d）智能的基于代理的搜索工具。

我们将仔细分析这 4 种类型的搜索工具以便经理们决定哪种水平的工具最适合他们。

a）搜索引擎。建立因特网后，在搜索引擎大海中，一些巨头出现了。Google(www.google.com)是其中最流行的，它能很快地为顾客找到所需的信息，并因此赢得了良好声誉。这里有一个很高的可能性，即使像 Google 这样的引擎也会给用户找出几千个链接，你所需要的将只是前面 10 个或者 20 个。经过短时间的演算，在这 10 个或 20 个中搜出想要信息的可能性会变得更高。懂得了搜索引擎更换信息的方式后，利用像 Google 这样的搜索引擎搜索时会更有效。第一代引擎利用简单的基于文本字符串的搜索器。这一代 Google 依然应用关键词，但是除了简单在文本中寻找词外，还加入了概念上简单的观点，间隔输入这些词语是一个非常有效的指示或者相关性。比如，你在一个服务行业背景下搜索激励方法，你很有可能输入像"动机、服务、行业"这样的字符串。第一代引擎会在包含这3个词的文档中识别。Google这一代引擎也会这样做，并将进一步根据3个词的距离远近来安排文档。比如，所有这3个词出现在一个句子中的文档，就在它链接的优先列表的最上面。

b）语义搜索工具。与系统性创新的主语—谓语—宾语非常相关的是新一代的语义搜索工具。发明机器公司[5]的Goldfire/Knowledgist是在最广泛应用之列。这些工具建立在特有的主语—谓语—宾语概念上；它们会"读"句子，然后抽取所有句子的主语、谓语和宾语。在搜索中，输入像"奖励员工"这样的词语，然后点击任何你喜欢的知识源处理器（通常要么是因特网，要么是公司内部电子图书馆），它不仅找到含有"奖励"（同义词）是谓语和"员工"（同义词）是宾语的句子，而且将抽取这些句子的主语。这些"主语"代表获得"奖励员工"功能的已知方式。目前语义搜索工具的缺陷是只识别英文文本。语义搜索工具的下一代（如CREAX的"文字智能"工具）希望能识别多种语言。

c）用户定义背景搜索工具。如同16.3节讨论的一样，前面两种搜索工具的最大问题在于对用户要搜索内容的背景一无所知——为什么你要搜索？你希望你的知识如何应用？你工作的约束条件是什么？等等。致力于处理背景的第一代搜索工具是围绕事先定义或者用户定义分类/分类系统或者本体论而建立的。这种类型的背景本体论工具，用户（或者某些人）必须把信息分类成事先定义的知识结构。这种方法的问题在于一条信息很少能与单个类别相匹配。因此，分类能快速地变得极其复杂，然后慢慢地在自己的复杂性中淹没。最新一代背景工具加入了一个适应程度[6]，当用户改变他们希望应用的背景时。这种适应性允许信息从一个类别迁移到另一个类别。这种技术可能变为相对于专业工具的日常工具之前，需要克服的最大障碍就是，需要在工具开始"理解"用户的背景是什么之前定义某种形式的知识结构。

d）基于代理的智能搜索工具。基于代理的软件，采用不同的方法形成知识以及匹配知识与背景，在这种背景中，他们利用从下而上的规则而不是从上而下的规则。在最先进的系统中，搜索工具通过观察用户做什么来"学习"用户的背景。当一个基于代理的搜索工具看到你每天访问布拉德福德足球俱乐部一次，持续一个星期，工具将开始意识到你喜欢非常沉闷的球风。于是，这个工具的搜索结果会优先提供包含这个背景的内容，比如，提高与布拉德福德城或者足球相关信息的频率。你访问布拉德福德城网页越多，这个工具越会加强具有布拉德福德城背景的信息。亚马逊网页提供了这种基于代理的简单版本，根据你已经买的书，推荐给你其他的书。更加复杂的变量是利用贝叶斯代数来找寻你所感兴趣的电子信息中的电子 0 和 1 的对组合，以及利用你感兴趣的信息组合来创造背景。基于代理的智能搜索工具的关键优势在于，它只需要很少或者不需要专业知识（只要长时间耐心学习，这种工具就能掌握你喜欢什么或者不喜欢什么），如果你应用贝叶斯技术，你能够识别的不仅是文本而且是图片。具体例子请参见参考文献［7］。

16.3　背景和智慧

如同第 14 章中所讨论的，这里有一个与数据和知识应用相关的不连续跳跃的趋势，如图 16-4 所示。在那个趋势的最后跳跃中包含了知识到智慧的转换。这两者之间的不同并非总是很明显。说明两者不同的一个简单又鲜明的短语是："知识是你知道西红柿是水果；智慧是你可决定要不要在水果沙拉中放置西红柿"。

图 16-4　"智慧"进化趋势

在一定程度上，前文中描述的基于背景的搜索工具可以使我们从知识到智慧的过渡变得容易。给定一个人类的奇思异想，当然，他们不可能在可预见的未来提供一个完整的答案。

那么，这留给了我们一个问题。关于"智慧"的讨论是两个极端，它既可以是"几秒钟"讨论的主题，也可以是"一辈子"研究的内容。这种"几秒钟"讨论有什么价值，我们并不清楚，但也许这已经足够用来加强智慧与背景之间的连接。智慧也许被想成是知识的成功应用；知识的成功应用意味着把知识设定成一定情境下具体而唯一的背景。这里没有捷径。我们的大脑经常尽力地说服我们这里有捷径，但是，这无疑只是尽力愚弄我们自己，以便无视与当前感觉不符合的假设、困难或者什么与现实不相符的东西。在许多方面，整个系统性创新过程被设计用来阻止我们允许那些最终无效的捷径转移进我们的想法中。举个例子，在我们的大脑尽力告诉我们是时候进入过程的"产生解决方案"部分后，它尽力让我们的大脑再保持在分析的"定义"模式中一段时间。

有可能，没有很好的方式来总结关于智慧的讨论，《战略家的智慧》[8]这本书虽然简短，但依然是目前写得最智慧的商业书之一。30多年过去了，依然如1975年首次出版时一样（日文），紧贴社会现实。我们以该书中的一句话作为本节的结束：

"战略的成功不能浓缩为一个公式，也不是仅仅通过阅读一本书，任何人就可以成为战略家。然而，通过练习所获得的大脑思维习惯和思考方式，可以帮助我们从潜意识中释放创新能量以及提高想出获胜战略思想的可能性。"

16.4　知识管理

知识管理是一个大学问。几乎所有的组织都面临一个陈词滥调的问题："只要组织充分了解自己，那么，我们就可以变得无敌。"公司花了几百万重新投资了某个项目，而这个公司的另外一个部门的人在20年前就已经投资了该项目，这无疑是一个非常严重的问题。当然,知识管理问题,没有简单的答案。这里有大量的与个人的"知识就是力量"的思想方法相关的组织文化。一个人把知识传递给另外一个人(或者逐渐传递给计算机),然后接着就失去了他们的工作,这样的简单例子足以阻止其他人在以后 N 年里,犯同样的错误。除非"知识共享"等同"失去工作"的想法被有说服力地推翻,否则,没有知识管理结构会起作用。

跳过这些文化问题展望未来,非常清楚的一点是,系统性创新方法中基于功能的知识提供了一种创造普适性应用知识框架的能力。虽然,从目前来看,"普适性"这一词汇会在多大程度上普适仍然存在一些疑问,但是由于整个系统性创新哲学是建立在从其他广泛的不同领域汲取优秀想法的基础之上,因此许多组织开始认识到使用跨领域结构作为它们内部具体结构基石的重要性。在真正的"某人在某处已经解决你所面临的问题"范式下,系统性创新业已创立一种结构,迄今为止这种结构从逻辑上为每一种已研究的知识找到了一个位置。当系统性创新研究者在观察新专利、商业创新、法律或者任何其他"新"东西的时候,他们每天都在持续地测试这一框架的边界。

基于功能分类的数据库框架建立起来以后,接下来的挑战通常是将公司内部存在的所有诀窍进行有效整合。对公司内部已存在但从未对外披露的知识(以及智慧)的保护将会凸显一系列信任问题,这些信任问题转而会触及公司文化的边界并让人认识到组织内部每一位员工的真正价值。对于这些问题并不存在简单的答案。少量成功模型(只举一个例子,请再次参阅文献[9]中的 SemCo 公司案例)的共同因素包括:

1)信任。

2)一旦获得了先决条件 1,系统自组织力量的信念会发挥作用。

3)在知识管理执行的最后,应当没有"知识管理部门"。知识管理部门的存在首要是为了保护知识管理部门的利益而不是商业。他们也给每个其他人发送了清晰的信息,知识管理是其他某些人的责任。

4）忘记不再相关的知识的能力。公司记忆既是好的，也是坏的。一条知识不再适合应用于当前背景，好的知识就变成坏的了，这又回到了智慧问题。

我该怎么做

利用系统性创新工具的知识部分解决问题时，包含以下3种可能性中的一种或多种：

1）"某人在某个地方已经解决了你们的问题"的适用性不能超过一定的点。这个方法提供了众多策略来帮助我们搜索其他解决方案。这些策略中的第一个就是意识到功能是连接问题与解决方案最重要的方式。

2）更复杂的知识搜索能力——背景-匹配的搜索工具——变得越来越有用。利用16.2节的内容可决定4个工具中哪一个最适合你的需求。

3）最困难的是，意识到和接受在商业和管理问题解决方案中没有捷径可走，并且没有可代替的背景知识可以应用。

如果你想在组织内建立知识管理能力，且不考虑应用系统性创新提供的基于功能的结构，而是用惯性思维倾向来思考问题，那么，你会做得更差。

参考文献

[1] Shapiro, E.C., 'Fad-Surfing In The Boardroom – Reclaiming The Courage To Manage In The Age Of Instant Answers', Capstone Publishing Ltd, Oxford, UK, 1998.
[2] www.creax.com, Free Resources – Function Database.
[3] Rivette, K., Kline, D., 'Rembrandts in the Attic: Unlocking the Hidden Value of Patents', Harvard Business School Press, 1998.
[4] Systematic Innovation E-Zine, 'More Opportunities', Issue 6, July 2002.
[5] www.invention-machine.com
[6] www.adiuri.com
[7] www.autonomy.com
[8] Ohmae, K., 'The Mind Of The Strategist – The Art of Japanese Business', McGraw-Hill, 1982 (originally published in Japanese in 1975).
[9] Semler, R., 'Maverick! The Success Story Behind The World's Most Unusual Workplace', Random House, 1993.

17

第 17 章

问题解决工具：重新聚焦 / 重新架构

17 · 第 17 章 · 问题解决工具：重新聚焦 / 重新架构

> 混沌常常孕育着生命，而秩序会产生习惯。
> ——Henry Brook Adams

> 一次吃一点，你可以吃下整个大象。
> ——Mary Kay Ash

这样的情况时有发生：基本系统性创新程序不能够完成想要做的事情。但愿这种情况是少有的。为了把这种少有情况纳入某种类型的背景中，在过去 12 年中，我们两次遇到需要利用不同方式去看待事物的机会。本章描述这两次正巧处理这些情况的"不同的方式"。

"不同的方式"起源于苏联"发明问题解决算法"（ARIZ）[1-4]。我们不必停留在这种方法的历史渊源，但值得注意的是，这个方法起初被认为是"复杂性问题"的从问题定义到问题解决的全过程的解决方法。然而，当我们尝试在商业环境中运用 ARIZ 时，我们发现这种方法缺乏必要的灵活性，也不能处理许多问题情景所固有的复杂性和模糊性。因此，在整个系统性创新中，它的作用仅仅是间接性的。首先，它只是主要系统性创新过程中的一个"紧急备份"选择。其次，本章描述的"重新聚焦 / 重新架构"，大部分初始 ARIZ 结构已经改良过了。

如果利用已经建构的方式来使用本章介绍的工具，那么你将很少有机会使用重新聚焦 / 重新架构。然而，像各种 ARIZ 版本中的一些方法与你的本质思考方式相吻合一样，你可以决定运用它的结构作为系统性创新过程的一种备选。当然，决定权在你手中。选择一种系统性创新工具的真实意图仅仅在于使你能够为真实的问题情景创建一些现实的方案。

本章主要分为两部分。第一部分，描述重新聚焦 / 重新架构在整个系统性创新结构中首要的"紧急备份"的作用。第二部分以案例研究的形式描述重新聚焦/重新架构的运作过程。

17.1 重新聚焦/重新架构方法描述

重新聚焦/重新架构（Re-Focus/Re-Frame，RF^2）方法开始于一个点，在这个点上，问题解决者已经尝试运用系统性创新过程的各种情景定义步骤。也就是说，他们已经填充了问题开发工具（第5章），建立一个功能和属性分析（词汇）（第6章），进行了当前情景的成熟性评估（第7章），使用了最终理想解（第8章）和感知映射（第9章）。做了所有这些事情后，问题解决者发现，他们不知道下一步该如何做，那么，这个 RF^2 可以引导他们"如何做"。

接下来的一系列步骤根据一个逻辑顺序进行设计，这个逻辑将顺序有效引导用户通过他们已经建立的问题定义部分来跟踪他们的步骤，但是，这一次，稍微改变一些视角。接下来的内容讨论这个顺序。

a）定义"迷你问题"

分析当前系统的功能与属性分析模型，识别单个关键有害的、不充分的或者多余的功能关系。比如，导致我们第一时间建立 FAA 的功能关系；或者，一旦消失，你就会考虑问题是否已经被解决了的那个功能关系。这会是一个非常困难的过程，老实说，要求很强的信念，这个信念是解决与这个关系相关的问题，也将解决现在系统的其他负面关系。要牢记这样一个原则：这种关系应当是与当前评估的整个系统的主要有用功能比较靠近的事物——6.6.1 节建议我们，当其他的每样东西已经最终演化到没有了时，系统的主要有用功能传递应当始终存在。

b）定义问题空间、时间和界面范围

针对关键问题功能关系，识别其操作空间、操作时间和操

作界面，即围绕问题的相关物理空间、相关时间空间和相关界面。以操作空间为例，画出问题，然后画出一个封闭的虚线框来表示什么在冲突带内，什么在冲突带外。尽可能地关注与问题关系接近的空间是很有用的，因此，目标是把空间尽可能地缩小，例如，它可以是个人元素或者系统内两个人之间的单一关系。对于操作时间，任务是相似的，目的是画一个时间信封，定义我们有这个问题和没有这个问题的时间界限。特别有趣的是，问题发生时的时间（定义我们时间屏幕的界限），以及问题发生前的瞬间，或者（不太可能，但绝不是不可能）事情发生后的瞬间。对于操作空间，其目的是将这些界限定义得尽可能接近，以便给这个问题尽可能紧密的关注。我们在定义操作界面时，同样如此。操作界面是横跨由操作时间和空间定义的界限的连接。操作界面在系统性创新方法中随处存在，包括系统内"事物之间"所有的连接和关系。总之，操作空间、时间和界面定义问题的边界。

c）定义一个冲突对

依据操作空间、时间和界面的界定，考虑当前评估的负面功能关系，看看关系箭头离开的系统元素，识别该元素传递的有用功能。如果这个元素有多种传递（正面或者负面），挑出与系统主要有用功能最近的一个。所选择的有用功能关系加上前面选择的负面功能关系构成一个冲突对——在这个冲突对里，有你想要的有用的事物，但是在获得它们的过程中，你也获得负面的事物。记录下这个冲突对是什么。如果有一个离开元素的不充分功能箭头产生了冲突，检查当前思考的元素的属性，以便知道它们中的哪一个产生了冲突。为了检查当前获得的冲突是否为真正的冲突，考虑冲突发生前的瞬间和发生后的瞬间（从上述）步骤 b，有用功能发生了什么变化？例如，定义的操作时间之外的瞬间；如果有用功能变成不充分的、多余的或者已经一起消失了，那么，可以确认你选择的冲突对的确是两个元素之间彼此冲突。

d) 定义矛盾

选择来自于前面步骤中正面和负面功能关系对之一,将其作为定义一个矛盾的基础。尽管在这个过程中,没有一般的规则规定必须运用这两种关系的哪一个,但是一般来说,围绕负面关系设置矛盾——一个系统需要这种主要有用功能(MuF)同时又要避免这种主要有用功能,在这个物理矛盾中,要避免的功能常常可以忽略。利用已经定义的操作空间、时间和界面来界定,你何时何地需要(或者不需要)你所选矛盾参数的不同要求。以如下形式记录形成的矛盾:"我需要条件 A(定义条件 A 的空间、时间或者界面)和我需要条件 –A(定义条件 A 的空间、时间或者界面)。–A 代表 A 的反向功能,例如,A= "高利息率",那么 –A= "低利息率。"(如果你在形成冲突与矛盾,以及两者间的转换中需要任何帮助,可以参看第 12 章。)

e) 定义最终理想解

定义前面一步中定义的矛盾的最终理想解。这需要利用陈述形式,如:"在没有使系统更复杂的情况下,我实现了条件 A 和条件 –A"。

f) 定义 X 元素

第一眼,这个 X 元素看起来似乎是个有点奇怪的概念,其基本功能是帮助我们打破心理惯性。X 元素可以神奇地解决你的问题。当你考虑 X 元素,你需要把所有你寻求矛盾的最优理想解时预想到的物理上可行和不可行的东西放在一边。事实上,我们现在正在做的事情是,利用这个概念来详细定义 X 元素,我们希望这个魔法元素为我们实现什么。X 元素的定义应当与步骤 a 定义的负面关系和步骤 b 定义的矛盾紧密相连。按照 "X 元素能够消除有害功能 B 或者 X 元素能够解决冲突 C" 这样的形式来详细记录 X 元素的结果。

g）资源分析

定义了概念上 X 元素必须做的事后,接下来是进行搜索,用来确定在系统中或者系统周围是否已经存在一些资源,这些资源能够满足上一步骤中定义的规则。这些系统资源应当在第 5 章整个系统性创新过程的问题探索工具部分早已详细记录。我们现在稍微调整利用这些已经识别的资源的方式,即我们期望把这些资源与步骤 f 中概述的规格相比较。有许多方式可以执行与 X 元素匹配的资源搜索。我们推荐的方式是,搜索始于操作空间、时间和界面界限内,然后逐渐在这些界限之外去搜索已经存在于系统之内的事物,之后搜索我们可以很容易加入系统的事物,参见第 15 章列出的"容易获得的资源清单"。图 17-1 说明了我们推荐的搜索策略。如果我们能找到一个与 X 元素规格匹配的资源,则说明很可能解决了问题。

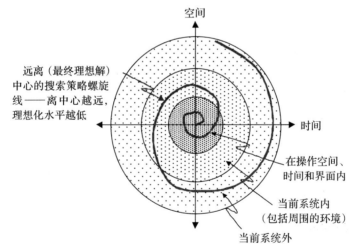

图 17-1　X 元素 / 资源匹配搜索策略

（注：步骤 e 定义的最终理想解定义了这个圆圈中心最小的扰动点）

h）资源修正

这一步骤类似前面一步,但又增加了一步,即促使问题解决者更努力思考资源问题。本步骤是假设在前面一步中没有找到合适的资源。激起这个"修正"步骤的新问题是：

1）是否有可能通过修正系统中已经存在的事物之一来再现 X 元素的详细规范？

2）是否有可能通过结合系统中已经存在事物中的两个或者更多来再现 X 元素的详细规范？

上面这些步骤最合乎逻辑的顺序是始于操作空间、时间和界面，逐渐地向外搜索系统中的其他元素，然后搜索容易加入系统的事物。同样，加入未开发的进化潜力（第 14 章）的创意，进化趋势中说明的进化步骤也表明资源的存在。

如同前面的步骤，如果我们能找到一个与 X 元素详细规范匹配的修正资源，那么我们很可能已经将问题解决了。

i）利用发明原理消除矛盾

利用第 12 章中描述的策略，来消除步骤 d 中定义的矛盾。

j）利用发明原理消除冲突

利用第 11 章中描述的策略，来消除步骤 c 中定义的冲突对。

k）利用知识

研究与步骤 a 中定义的负面功能关系相矛盾的有用功能；研究来自于其他地方（第 16 章）的已存知识，以便建立传递这种可以避免负面效应产生的有用功能的其他方式。

l）无解决方案？

到了这一步，如果没有找到任何解决方案的话，最实用的策略是，要么回到上述步骤中的任何一步（比如挑出步骤 d 中定义的两个矛盾中的第二个），要么回到初始的 FAA 模型，识别一个可替代的负面功能关系，在这之上，做重新聚焦/重新架构分析。针对重新选择的可替代的负面功能所产生的迷你问题，重复步骤 a 到 k。

小结

在一定意义上，本文介绍的 RF^2 工具代表的"仅仅"只是另外一种把更大系统性创新过程中已经包含的步骤联系在一起的方式。在一些小的方面（X 元素的介绍，资源的整合）以及一个关键方面稍有不同。这个关键不同建立在对 RF^2 的潜在假设上，那就是我们希望在现有系统<u>破坏最小的</u>原则上解决问题（相对地，系统性创新方法过程中，我们利用在初始的问题探索工具中定义的约束条件来驱动方向和策略）。当你在使用各种 RF^2 步骤时，需要记住的一个有用的图就是如图 17-2 所示的收敛——发散图。

基本的观点是我们利用这个程序来逐步定义一个日益精确的问题——这个问题的极限就是最终理想解的定义——然后，当我们转移到程序的解决方案部分，仅仅当我们不能够在最终理想解这个点上或者靠近它的地方获得方案，我们才往下走。

关于重新聚焦 / 重新架构工具机制的最后一点是，当我们碰到一个看似很有希望的方案时，我们的大脑倾向于不再往前走了。为避免这种倾向，沿着步骤，继续往前走，通常是很有用的。同样，多走几遍这个系统性创新过程也是很有用的。

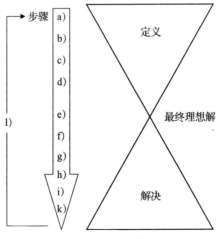

图 17-2 RF^2 过程的全收敛 – 发散图

17.2 案例研究

如果系统性创新的大部分都是关于消除矛盾的，那么所有专家都远远不能解决的问题，ARIZ 可以解决。矛盾的根源在于，工具的作用是帮助处理复杂问题，复杂的问题倾向于需要大量的细节，这会导致读者会去关注问题而不是过程；但是简单的问题关注过程往往会令人沮丧，因为你很快就会发现，你根本不需要 ARIZ 来处理。换句话说，我们需要一个既复杂又不复杂的案例。我们将研究一个涉及伦理困境的问题，可能会转向它的复杂方面。

存在这样一个情境：一个公司有一笔大的订单，来自一个从未打过交道的国家的顾客。这个订单对这个公司来说很重要，因为这个公司的生意正在下滑。如果没有这笔生意，就很有可能要裁员。这笔订单是与其他几个潜在供应商漫长竞争的结果。在这个销售过程的后半部分，负责完成这个销售的第三方代理机构开始阻碍这个过程。事情终于爆发了，很明显，即使顾客支付了代理公司的服务费，代理公司还是希望从这个公司获得一笔额外的回扣（佣金）。这佣金是整个订单价的 10%。如果仅仅是钱，公司不会结束订单。通过调查，公司了解到在这个国家，销售回扣要求是不合法的，但这是个不成文的规则。事实上，吃回扣不仅在现实中盛行，政府对此也视若无睹。公司私下了解到，当出现这类违法时，没有任何以往的案例说明政府会干预或者处理这种事情。由于延迟回应，代理机构开始威胁公司，可能会鼓励客户重新选择。这种威胁，加上这个公司越来越差的财务状况，迫使董事会必须在支付"佣金"或者顶着失去生意的风险之间做一个选择。公司有非常明确的伦理规范，那就是不能接受任何非法的支付。公司的困境，加上他们知道这笔支付不可能被别人知道，他们想尝试快速地支付这笔费用，然后结束交易。在决策董事大会上，人事经理对有人提出的公司应当忽略伦理规范显示了他的愤怒。人事经理站起来，并对其他经理公开声明，如果支付这个事情被允许，他将履行他的职责，把这个消息公布于众。总经理要求暂停会议，并建议第二天早上在一个没有火药味的氛围中，重新聚集再次讨论这个问题。

在这里，我们尝试利用 RF^2 分析法来帮助总经理做最合适的决定。

参见前面详细描述的步骤，解决这个问题的具体步骤如下：

a）**定义迷你问题**。第一步，我们建立一个初始情境的功能分析图。这个问题的功能分析图如图 17-3 所示。

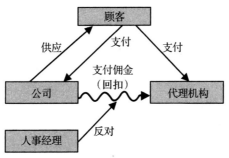

图 17-3　购买者佣金道德问题的初始情况

这个情境中最合适的"迷你问题"是在公司和代理机构之间的"支付佣金"链，因为这是激起董事大会关注和人事经理反对的最直接因素。

b）**定义问题范围**。在这里，要求定义操作空间、时间和界面。我们将先定义操作空间，因为空间内包含了所有图 17-3 所包含的元素。"公司"，尤其要包括董事会各位董事（所有决策人员）。操作空间包括顾客和代理商所在的国家，因为这个地方视佣金支付为非法。

关于操作时间，我们应当寻找冲突发生的时间和冲突发生前的瞬间。冲突发生的时间应该是那个精确的时刻，董事会做出支付佣金的决定。总经理必须第二天早上做出这个决定，当然他也可以不做这个决定，这样的话，操作时间就扩大到公司的财务情况达到临界状态那个时刻点。公司预期，没有这个订单，他们必须在接下来的两个月内开始裁员。这就定义了真正的操作时间。

关于操作界面，请参照图 17-3。主要的相互作用是公司与代理机构的关系以及人事经理揭露违法交易的威胁。

c）定义一个冲突对。为了识别一个冲突对，我们需要研究围绕佣金支付问题的功能空间。这个问题的本质如图17-3所示，那就是公司需要顾客的这笔订单，但是不想支付违反公司伦理规范的佣金。这两个的结合就是一个冲突对。

d）定义矛盾。上述冲突对中能用来作为矛盾的基础的最合适的部分应当与支付佣金有关。之所以这样，原因在于，如果形成一个"既想要这笔订单，又不想要这笔订单"这样一个矛盾，没有什么实际意义，因为不做这个订单不是这个公司真正想要考虑的选项。矛盾"我们不想支付这笔佣金和我们必须支付这笔佣金"是一个我们想要的矛盾。我们不想支付这笔佣金，是因为它是非法的并且违背公司的伦理规范；我们必须支付这笔佣金，是因为我们必须保证拿到这笔订单。根据第12章中描述的转换，图17-4说明了冲突与矛盾之间的关系。

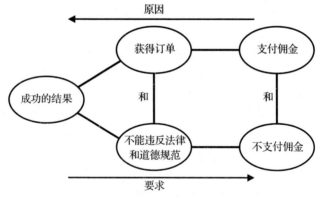

图17-4 冲突对和矛盾的关系

e）定义最终理想解。"公司支付佣金和不支付佣金"这个冲突对的解决，不会增加系统的复杂性。

f）定义X元素。"X元素能够消除有害的非法佣金支付和/或者解决矛盾"支付佣金和不支付佣金"。

g）资源分析。我们在这儿应当查阅基于九屏幕法的资源列表，

第17章 · 问题解决工具：重新聚焦/重新架构

它在使用 RF^2 工具之前已将系统性创新过程的问题、探索工具部分编制出来。我们不是试图复制这样一张表，仅仅只是复制与要处理的问题相关的资源中的一些（一个完整的分析应当检查所有的资源，这里，我们只是简单地挑选出一些看起来与上面步骤中的 X 元素的详细规范比较类似的资源）。对于这个案例的目的，采用的过程比完整性更重要；为了保持从图 17-1 说明的操作空间、时间和界面逐渐向外搜索的搜索方向，我们编制了一个包含 3 种不同搜索空间的资源表格。这个表格被分成两栏：第一栏列出问题探索工具中识别的资源；第二栏来自基于转化趋势所分析的可转化的潜在资源。

搜索 空间/时间	资源 （来自问题探索工具）	进化潜力资源 （来自进化趋势）
在操作空间、时间和界面之内	• 暂时的支付 • 对代理机构的延迟支付 • 股东 • 员工 • 经理之间的关系 • 代理商与顾客之间的关系 • 伦理规范 • 暂停 • 保修期	• 更好地与代理商进行双边会谈（了解索要佣金的真正目的） • 更好地与顾客进行会谈（他们是否满意代理商的做法） • 对代理商进行定期付款和分期付款 • 代理商的个人自尊 • 需要透明度 • 本地（local）文化
在整个系统之内	• 国境内的权威机构 • 公司祖国的权威机构 • 竞争中的其他公司 • 其他顾客 • 无形资产：商标名称，品牌 • 非金钱奖励	• 换到服务商业模型 • 其他"经历"的可能性 • 对顾客和/或代理商的不同"方便"水平之间更换 • 代理商的额外技能/知识 • 阶段性的合同支付 • 给顾客的实物提供（网际协议，设计协助等）
系统之外	• 在其他国家给予代理商的榜样 • 出版物/媒体 • 第三方仲裁机构 • 其他代理商 • 邻国 • 社会贡献和赞助者 • 内部文化培训 • 未来法律方面可能的改变 • 未来汇率方面可能的改变	• 可能的"互补性"组织 • 在顾客这个国家建立一个新公司

再一次强调这个案例研究的重点是关注过程，我们希望这张表格中列出了一些经理们没有使用过的资源。

h）资源修正。这个步骤是对已识别的资源进行重新检查，以便在修改或合并使用时，这些资源可能对不足以消除的问题产生有益的影响。再一次强调我们对过程比实际方案更感兴趣，下面是一些能够产生协同效应的资源整合方式的例子：

- 通过顾客数量变化减少顾客支付总量（也许是通过提供条款或者条件上的转变来调整，使其减少）以及允许顾客增加给代理商的支付。
- 重新分阶段而不是减少顾客支付总量。
- 为可替代的服务（比如公司的文化培训）向代理商支付佣金。
- 雇用代理商。
- 把这笔佣金支付给代理商支配的第三方（比如，慈善机构，教育机构等）。
- 把这笔佣金支付给一个国家的代理机构，在这个国家，佣金是合法的。
- 转换到服务销售模式，代理机构的使用在一定程度上使这种服务的传递更加方便，因此支付给代理商的服务费是合法的。
- 转换到服务模型，这个模式有效地说明顾客没有购买任何东西，因此潜在含义是，顾客和公司都不需要支付给代理商任何费用。
- 告知顾客本公司的伦理规范（可以很好地提高公司在顾客心目中的声誉），并询问顾客如何支付一笔合法交易？
- 提供给代理商非金钱报酬，比如给代理商介绍更多生意。
- 承诺支付，但是延迟支付，直到这笔支付在这个国家是合法的。
- 利用出版物／媒体来曝光代理商的行为（但是这个做法必须保证不会让顾客有任何尴尬）。

i）利用发明原理消除矛盾。把"支付佣金和不支付佣金"矛盾作为一个起点，利用第 12 章解决矛盾的原则，可能会产生解决方案。利用空间分离、时间分离、条件分离问题，有可能在这 3 个方向上找到概念性的解决方案：

空间分离——在另外一个国家支付佣金；把佣金嵌套在顾客的支付中；分割订单，以至于代理商获得的佣金（来自于公司和顾客）只是整个订单的很小的一块。把钱合法地支付给第三方中间人（比如境内的教育机构），然后，这个中间人可以以现金或者实物的方式支付给代理商。

时间分离——由于急需获得这笔订单来取得收益，允许顾客分期支付来继续保持合作，以此获得订单；在"威逼"之下支付给代理商，然后试图在未来回收这笔钱（尽量以合法的途径）；做一个合法支付，然后接下来的支付要等法律或者其他条件允许。

条件分离——以股份或其他非现金方式支付给代理商；支付给代理商服务费而不是回扣；把回扣给顾客，让他们决定如何处理这笔钱；把使用不合适的代理要求作为一种手段来向顾客表明，他们有一个合法的理由不支付他们欠他的费用，比如顾客金钱上的收益。

与合适的发明原理相结合（参见表 12-1），这 3 个定义都应该能够让我们生成几个有用的方案。第四个矛盾消除策略——过渡到一个可替代的系统——应当同样可能产生一些方案。

- 把这个故事刊登出来，把这笔回扣支付给境内顾客提名的慈善事业。可能以这样一种方式来提出这个事情：顾客以一个更好的公众形象出现在这个故事里，并把这个回扣体系曝光。至少，这个战略让其他的竞争者很难再插足。
- 告诉顾客，代理商要他们支付一笔额外的费用，看顾客有什么反应。
- 找到潜在的"互补企业"，他们也许可以跟顾客进行合作，然后把中间的对接业务还是交给代理商，这样代理商可以从新资源购买中获得合法的收入。
- 考虑发明原理 13"反向作用"，这很清楚，代理商在这个情景里是错误的。他要求回扣的做法，不可避免让其在名誉或者尊重方面受到负面影响。因此找一个方式让代理机构感觉到不接受佣金的好处，比如，以代理商的名义捐赠给慈善事业；获得一个代理商不愿意滥用法律的道德行为的公共意识；建议这个代理商的其他潜在卖家要有一个"高的伦理标准"；给这个代理商一些（公众知道的）道德奖励，这反过来会保证代理商在未来获得更多的生意。

j）利用发明原理消除冲突——为了识别与这个公司有类似境遇的其他公司是如何解决类似问题的，在步骤 c）中的冲突对需要被转化成第 11 章中的商业冲突矩阵中的参数对。"达成交易"和"违背法律/道德规范"这个冲突对与图 17-5 描述的参数对匹配。

我们想要改善的参数——顾客年收入/要求/反馈
⋮
与每个具体的恶化参数有关的原则：
⋮

24	影响系统的有害因素	39	3	5	17	26	35

图 17-5　映射在商业冲突矩阵上的冲突对

只要识别了这个冲突对，冲突矩阵就会建议最有可能帮助我们获得双赢方案的发明原理，本案例推荐的原则如图 17-5 所示。从这些原则产生了如下的方案：
- 加入中立的第三方作为仲裁（如政府仲裁服务）。
- 了解更多境内法律的细节知识，以便能够找到合法的方式支付给代理商，例如，如当地法规而不是国内法律。
- 在一定程度上按顾客要求定制产品，以使提供给顾客的订单是独一无二的，竞争对手将难以获得比较优势。
- 通过客户公司中某个岗位的员工来实现服务的个性化并不能确保销售流程顺畅。
- 雇佣当地的银行管理交易，这种情况下，非法支付给代理商的决定就转移给了顾客所在国家的实体。
- 雇佣一个国内知名的公众人物推进这笔销售业务并强调当

地收益。

- 提供个性化服务并通过虚拟的交流方式拉近两个公司的地理距离。比如，双重的语言工程管理内联网（再一次使用这样一种观念：当你提供给对方的服务足够好时，对方不再需要寻找其他公司了）；尽可能雇佣代理商的合法服务来创建虚拟能力（许可代理商把这种想法应用到他的其他顾客身上，这样就提供给他获得额外收入的潜力）。

k）**利用知识**。这里，我们要明确搜索的是：公司缺乏的当地知识；代理商行为的先例和含义；腐败的新闻；当地或者国家的反腐败行动组；支持反腐的政治家；有同情心的媒体；当地名流；顾客以前赞助过的慈善事业；顾客公司的股东（征求他们对腐败的意见）；顾客感兴趣的当地事业；顾客公司关键人员和他家庭的爱好和激情；顾客的伦理规范；代理商的其他顾客（任何有相同兴趣的组织）；代理商的爱好和兴趣等。（这个原则的目的是识别那些针对情境的资源，这些资源可以提供以双赢方式解决问题的额外洞察力。）

l）**无解决方案？** 即使我们一直关注过程而不是产生解决非法支付回扣问题的实际方案，（显然）利用 RF^2 工具也已经产生了一些概念性的解决方案。另一方面，如果我们没有产生任何这样的方案，程序的步骤 l）将使我们回到前面步骤以便迫使其他问题定义机会的开发（比如步骤 b）中我们识别了一些可能的操作界面，挑一个出来；步骤 l）将我们送回去尝试放弃的机会，比如，更多关注这个情境中的人事经理）。

最后一点——"第3种方式"

从这个具体的 RF^2 案例中总结出一点：RF^2 这种方法，强迫人们丢掉传统的二选一的心理方法。在阅读了这个案例研究后，如果你的想法依然跟其他大多数人一样，那么，很有可能你跟总经理看待这个具体问题是一样的——要么支付佣金获得这笔订单，要么不支付佣金，失去这笔订单，这是一个非黑即白的选择。总体系统性创新方法、RF^2方法、冲突消除工具和矛盾消除工具所要告诉我们还有"第3种"选择。这种方法是传递某事物，而不是"二者选一"。进一步地，这种方法通过传递某事物使"二者选一"的双方都能获利。"第3种方法"的观点如同"天上掉馅饼"或者"无价值抽象"一样被许多管理圈所驳回。系统创新方法把这个"第3种方法"纳入到一个实际的、系统可达的现实中。

我该怎么做

如果你期望利用本章描述的重新聚焦/重新架构工程，那么跟随a）～i）步骤，并在任何需要的时候，进行重复，直到你对"你的问题是什么"有了清晰的概念，并最终（有希望）产生好的方案为止。

事情往往这样，利用RF^2工具的问题定义步骤阐述问题情境到一定程度，我们会发现，我们可以重新回到系统性创新的"选择"步骤（第10章），并且知道利用什么样的解决工具。如果你脑海中出现"这很明显啊，为什么我以前没有想到呢？"事实上，这个时刻已经来到了。

参考文献

[1] Altshuller, G., 'To Find An Idea', Nauka, Moscow, 1985 (in Russian)
[2] Salamatov, Y., 'TRIZ: The Right Solution at the Right Time', Insytec, The Netherlands, 1999.
[3] Ikovenko, S., 'Algorithm for Inventive Problem Solving', tutorial session at TRIZCON2000, Nashua, NH, April 2000.
[4] Zlotin, B., Zusman, A., 'ARIZ on the Move', TRIZ Journal, March 1999.

18

第18章

问题解决工具：剪裁

HANDS-ON SYSTEMATIC INNOVATION

FOR BUSINESS AND MANAGEMENT

> 一家公司，一个战略，一条启示。
>
> ——Ken Olsen

> 我们的梦想是成为一个无边界的公司，拆除一切阻隔我们相互联系的内外藩篱。
>
> ——Jack Welch

从理论上来说，剪裁是系统性创新工具中比较简单的工具之一。它与第 14 章中描述的"剪裁"趋势有关。这个趋势描述了一个不断演化的系统，其所包含的元素会越来越少，但功能却保持完整（某些情况下还会增加）。这个趋势也包含一个警示：随着系统的演化，有时候"剪裁"掉的元素是正确的，而有时候，我们无法使用"裁剪"工具。图 18-1 描述了系统的复杂性与系统 S 形曲线位置之间的关联性。这里显示了可以使用"裁剪"工具的时间范围，在这段时间中，减少系统的元素数量是可行的。

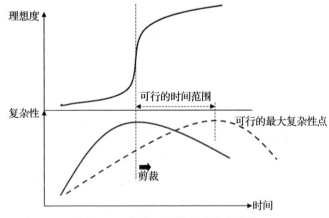

图 18-1　剪裁可行性与系统成熟度

本章主要分成 3 节。第 1 节描述了剪裁工具的基本规则，以及剪裁工具提供的系统改善方案；第 2 节研究了系统进化的一些动态性，及其在我们解释和部署这些基本规则时所产生的影响；第 3 节则给出了两个简单的"剪裁"案例研究实例。

18.1 剪裁工具

理想情况下，剪裁工具应当有一个完整的功能和属性分析模型（第 6 章）作为起点。有些人可能认为，简单的剪裁会引发质疑："如果元素 X 被剪裁掉了，系统是如何工作的？"这是一个比过滤更简单的方法，但遗憾的是，它不能提取有用的信息。因此这种想法经常可能导致各种各样的衍生问题。系统性创新工具只在建立功能模型以后才引入剪裁工具，且这是唯一引入方式。

一旦 FAA 模型已经存在，那么，剪裁工具的基本原理就非常简单，主要目的是消除系统中多余的元素。我们需要确定哪些元素适合剪裁，以及以什么样的顺序来剪裁它们，但是首先，研究这个工具中包含的引导语（质疑）作为该过程的起点是很重要的。第一个重要的剪裁引导语是：

"为什么我们不删除这个元素？"

因此，基本上我们有一系列的剪裁问题，利用这些问题，我们能确定哪个候选元素可以被真正地剪裁掉。根据我们所考虑的"元素"是物理性的（如一个部门，或者一个产品、一个角色、一个工作）还是基于时间的过程步骤，这些问题会略有不同。下面我们会研究这些为剪裁的过程步骤而设的问题。同时，我们也能够利用如图 18-2 所示的问题来考虑剪裁物理实体。

图 18-2 中的问题列表是按自上而下的顺序设计的。因此，任何一个我们考虑剪裁的元素，都应从列表的第一个问题开始，依次与图中问题进行比较。针对这张图上的任何一个问题，如果获得了正面回答，那么我们就能确定剪裁该元素的可能性。列表的

顺序是非常重要的。如果我们是基于第 1 个问题进行剪裁的，那么我们获得的方案要比基于第 2 个问题获得的方案更理想，同理，基于第 2 个问题而获得的方案比基于第 3 个问题更理想，以此类推。让我们从列表的第一个问题开始依次分析每个问题。

> 1）我们是否真的需要由这个（些）元素执行的有用功能？
> 2）系统中的其他任何一个元素能代替执行这个（些）有用功能吗？
> 3）我们可以通过修正其他任何一个元素来执行这个（些）有用功能吗？
> 4）系统周围是否存在某个元素或者资源能够执行这个（些）功能？
> 5）系统周围是否存在某个元素或者资源，通过修正它（它们）可以执行这个（些）功能？
> 6）我们能通过其他元素或者资源的组合来执行这个（些）功能吗？

图 18-2　为物理实体而设的剪裁问题

1）我们需要这个功能吗？ 很重要的第 1 个问题。我们试图删除一个特定元素，那么这个元素或其属性，与其他元素或其属性之间的所有有用功能的连接（即所有从这个元素输出的有用的箭头，见图 18-3）都会消失。问题是系统是不是真正需要这些有用功能。

注意：我们只需要关心有用功能的输出箭头。如果代表有害功能的输出箭头消失了，这是好事（这些可能是提示我们首先考虑剪裁这个元素的事情之一），同样，也无须关注输入箭头是否消失，因为这些功能是因我们要剪裁的元素而存在的——实际上，在许多情况下它们之所以存在，是因为元素在没有它们的情况下运行不充分。

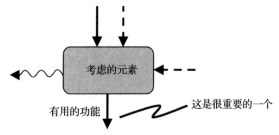

图 18-3　有用的输出功能将决定我们是否可以剪裁一个元素

一个重要的问题是，一定要确保这个系统不需要该元素执行的任何有用功能。这个问题的部分回答取决于我们是如何严格定义 FAA 模型的。当然，除了纯粹的功能性之外，还有其他原因可以确定是否能剪裁元素而不产生负面影响。最常见的原因是，我们剪裁了 1 个元素，结果却发现，它会影响适应未来可能发生的环境变化的能力。唯一可以确保不会发生这类事情的方法是，在包含大量不确定性的未来情境下去考虑剪裁系统，并问这样一个问题："这个剪裁掉的元素能帮助我更好地处理这些不确定性吗？"

2）**其他任何一个元素可以代替它执行功能吗？** 在这里，我们需要仔细地考察 FAA 模型中已经存在的其他元素，当我们剪裁掉当前考虑的元素时，看其他元素是否可以执行我们即将失去的有用功能。这里暗含的假设是，在第 1 个问题中，我们已经确定我们确实需要这个功能。如果以层级形态（6.6.1 节）绘制这个 FAA 模型，那么在这个系统中寻找可以执行该功能的替代元素的搜索最好从与这个剪裁部分最紧密相连的元素开始，然后逐步移到模型的边界。经验表明，如果这种元素存在，那么它往往处在同级形态的上方，当然这并不是绝对的。

3）**我们能够通过修正其他元素来执行这个有用功能吗？** 如果目前不能运用系统中的其他元素来实现这个功能，那么第三个问题让我们考虑这样一种可能性：修改一个元素以便它能执行我们所感兴趣的功能。

如图 18-4 所示，这与系统性创新工具的进化潜力部分（见第 14 章）有很强的联系。在图中，元素 "D" 是裁剪的候选元素。如果目前没有任何一个其他元素能够执行 D 的有用功能，那么我们可以研究这些元素的进化状态，以便我们了解它们可能具有怎样的修改潜力，雷达图很好地指示了周围哪些元素具有实现所期望功能的最大发展潜力。我们也可以在考虑修改现有元素的同时，探索是否存在其他元素的属性可执行所需功能。

4）**在系统周围是否存在某个元素或者资源能够执行这个功**

能?从某种意义上来说,这个问题似乎与第2个问题类似,但重要的是,它扩展了该问题,使其去探索绘制在 FAA 模型中的其他元素。根据我们对资源的定义(参见第 15 章和 5.3 节),这个问题提供了两个新的机会去识别系统中已经存在的一些事物,这些事物可以帮助传递我们需要执行的功能。

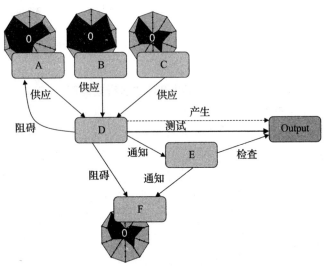

图 18-4 功能与属性分析模型中元素进化潜力雷达图

a) 考虑在第 5 章的问题/机会探索分析中识别的资源,在列表中是否有资源或者元素可以使用?

b) 更全面地考虑资源问题,第 15 章的资源列表中是否存在任何可能提供所需有用功能的资源?特别注意"低成本资源"类别。这个问题是"代替"多于"剪裁",但是如果我们期望要消除的元素可以被一个更便宜的资源取代,那么,至少我们可以获得减少成本的机会。

5)**在系统周围是否有一个元素或者资源可以被修正来执行这个功能?** 这个问题比前一个问题更深入地研究了外部元素或资源中尚未开发的进化潜力,以了解使用其中的任何一个是否有助于执行功能。换句话说，如果沿着一个或多个未使用的趋势跳跃进化，那么它能否执行我们所需要的功能？

6）通过其他元素和资源的组合，能执行这个（些）功能吗？ 特意放在优先列表的底部，这个问题要求我们认真思考前面5个问题中所产生的可能性，其任何内容组合起来是否能提供我们所需要的功能。这个背景下的"组合"可以是两个或多个已有元素之间，或者一个已有元素和一个外部资源，或者两个或多个外部资源之间。当我们越接近问题清单的底部，剪裁的成功性便越小，因此如果想要获得既能提供所需功能又能避免以其他方式损害系统的有效组合，那么我们必须进行一些重要的创造性思考。

18.1.1 基于时间的过程步骤

如果当前系统是基于过程的，那么上述问题需要稍加修改。在这种情况下，虽然我们可能已经为过程的每个不同阶段都绘制了FAA模型，但首先应当考虑是否可以剪裁掉整个过程步骤。理论上来说，基本问题和前面是一样的。唯一不同在于，这个背景要从物理实体移向我们期望剪裁的过程步骤。图18-5列出了我们在考虑是否可以从系统中剪裁过程步骤时应该思考的问题。

1）我们需要通过这个过程步骤执行这个（些）有用功能吗？
2）过程中的其他步骤可以代替执行这个（些）功能吗？
3）我们能修正其他的任何一个过程步骤来执行这个（些）功能吗？
4）我们能引入一个新且简单的过程步骤来执行这个（些）功能吗？
5）我们可以修正一个不同的已有系统的过程步骤来执行这个（些）功能吗？
6）我们可以通过组合其他过程步骤来执行这个（些）功能吗？

图 18-5 为过程系统而设的剪裁问题

如何解释和部署这些问题的细节，跟前面的物理实体的剪裁部分所描述的完全一样。我们会在本章的最后一节通过一个案例研究来说明。

在此之前，我们需要先探索规则，以帮助我们决定哪些元素（无论是基于物理的还是基于过程的）需要从系统中被剪裁掉，并按怎样的顺序剪裁。

18.1.2 剪裁顺序

系统性创新过程（第 10 章）的工具选择部分提供了何时使用剪裁工具的指导规则，但它不足以帮助我们决定哪些具体的元素应当被剪裁掉并以什么顺序来剪裁。遗憾的是，那些能够帮助我们回答这个问题的规则到目前为止还没有被人们完全理解和勾勒出来。然而，可以确定的是，确实存在有用的、具有通用性的规则。在这里，我们特别研究了 4 条规则：

1）与有害的、多余的和不充分的功能相关联最多的那些元素是剪裁的主要候选者。尤其当负面功能箭头的方向指向这个元素时，这个元素很有可能需要被剪裁掉（元素是功能关系的一个对象）。

2）具有最高相对价值（通常是金钱上）的那些元素提供最大的剪裁收益机会，应优先于价值较低的实体或过程步骤。这个规则是关于帕累托分析，并将我们的创造性工作重点放在能实现每单位努力最大收益回报的地方。

3）在系统中，位于功能等级层次最高层的元素如果能被成功剪裁掉，则可获得的潜在收益也最高。

4）与第 3 个问题相关，传递较少数量有用功能的元素——特别是当它们处于层次结构下层时——也应作为剪裁的主要候选者。

这 4 条规则的相对优先级取决于特定问题的具体情况。本章最后的案例研究示例说明了典型的策略。然而，在开始这些案例研究之前，谨慎的做法是，探索一些系统进化的动态机制，并且研究这些机制对于我们解释和部署这些基本剪裁规则的影响。

18.2　剪裁：更大的画面

本节我们将探索与更高层次的剪裁相关的 3 个方面，当我们能够或者不能够使用这个工具时，它们会产生什么影响。

1）功能捕获。
2）可行的系统测试。
3）管理耦合作用的情况。

18.2.1 功能捕获

影响剪裁成功的最大单个因素是功能。尤其是，系统中所有的功能都存在并已被记录下来。不幸的是，在这个任务中，没有硬性和快速的规则可提供帮助，且存在的可能性太多了。因此，唯一真正的"秘密"是功能和属性分析是全面的，这已经被许多人证实了。

帮助确保我们已经成功地捕获了这个元素执行的所有功能的最简单和最有效的方法是利用九屏幕工具。在系统性创新方法应用的整个过程中，应牢记该工具，并提醒自己用该工具来执行特定检查任务。如图18-6所示，这个工具可以提供给我们一些测试问题，利用这些问题，可以帮助我们识别FAA分析中可能有错漏的功能连接。

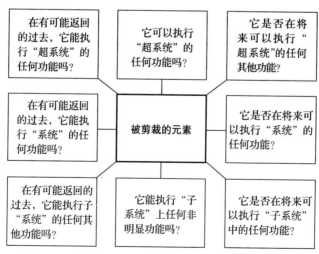

图18-6　为捕获元素完整性功能而设的九屏幕法问题

那么，第1条剪裁规则在于确保已经记录了你想要剪裁掉的这个元素输出的所有有用功能箭头。九屏幕工具可以帮助你确认这个"所有"是否是真的"所有"。

18.2.2 可行的系统模型

多年来，为了更好地理解组织的运作，研究者们做了大量的工作。20世纪60～70年代Stafford Beer和他的同事们努力研究的控制论[1]最近在很大程度上被忽视了。Beer特别关注建立必需的基础性元素，这些元素能决定一个组织是否可行。

由此产生的"可行系统模型"[2]描述了系统可行性的必需条件，结论包括5个部分：政策、智能、执行、控制和协调。这里我们对每一个部分都进行简单的研究，以便能够识别与剪裁工具可行的连接，以及系统中的某一元素是否能成功地被剪裁掉。

执行——负责执行主要活动的系统部分。换句话说，就是负责生产由组织的身份所指向的产品和服务。Beer的第2个关键思想是可行系统模型按递归方式操作的，并且公司通过不同级别的"可行系统"的组合行为来提供产品和服务。一般来说，尽管特定组织递归水平可以达到个体的水平，但它更有可能停止在完整的工作任务级别（例如，制造单位）展开结构。我们期望的最可行的系统是无论它们处于什么结构级别，都包含更多的子系统，以帮助它们处理环境的复杂性。这些子系统负责执行系统聚焦的增值任务。

协调——一个可行的系统，还需要系统来协调其增值功能的接口和主要子单元的操作。换句话说，在增值功能和嵌入的主要活动之间需要协调。在VSM模型中的"协调"也表明团队越是共享相同的标准、方法和价值，自发的横向沟通的机会就越大，从而导致更少的"轮胎的重新发明"和更多的协同机会。这些既具有技术性又具有人性的横向联系越强，管理上试图加强控制的要求就越少，包含的主要活动的自主权和赋权意识就越大[2]。"协调"的定义高度表明了系统内元素和元素之间需要有效的双向交流连接。

智能——主要活动和外部环境之间的双向连接。智能被描述为适应性的基础；第一，智能为主要活动提供了关于市场情况、技术变化和未来可能与之相关的所有外部因素的持续反馈；第二，它把组织的身份与信息纳入其环境中。在 Beer 的定义中，智能功能是未来关注的重点。它依照外部环境变化和内部组织能力来规划未来的方向，以便组织能够创造自己的未来。

控制——在 VSM 模型中，定义为子单位与原级单位之间的双向交流。

政策——VSM 中的最后一个功能，因此政策制定功能为整个系统提供了封闭功能。政策的主要功能是使组织单元的整体方向、价值和目的更加清晰；在最高层面上为组织有效性设计条件。

顺便提一下，博弈论[3]和 TRIZ 都描述了定义一个完整而可行的系统需要 5 个元素。参考文献 [4] 更详细地讨论了这三种不同的观点以供那些有兴趣深入了解的人参考。图 18-7 总结了这 3 个观点。这样做的主要价值在于提出了三者之间的亲密联系，更重要的是呈现 3 种不同视角的使用术语——希望这样可以更容易地将读者最熟悉的语言与系统可行性概念联系起来。

Stafford Beer 的可行系统模型	"竞合" 博弈论	系统完整性 TRIZ规律
政策	附加值	动力
协调	规则	传递
控制	策略	控制单元
执行	玩家	工作单元
智能	范围	界面

图 18-7　不同系统的可行性测试比较

遗憾的是，可行系统模型尚不是一个被广泛使用的工具。造成这种情况的部分原因是，对于初学者来说它具有明显的复杂性。当然，参考文献［5］常用的模型的图形在这方面没有帮助。是否会有更多的人采纳 Beer 著作中的观点仍有待考察。同时，从我们特定的剪裁有效性角度来看，它和博弈论以及 TRIZ 理论提供的东西是测试一个元素能否从系统中被剪裁掉。

同时，我们想传达的主要信息是，如果要把一些元素从系统中剪裁掉，那么我们就必须要寻找其替代品，因为没有这些元素，系统是不可行的。

18.2.3 耦合功能要求

对于能够在多种不连续演变（S形曲线）上幸运地生存和发展的那些组织，剪裁也许受到耦合效应的影响。图 18-8 展示了图 18-1 的修正后版本。这张新图说明了在几条 S 曲线上绘制的"复杂性 – 增加 – 复杂性 – 减少"趋势。它所要揭示的是随着时间的推移，组织复杂性的整体趋势是逐渐提高的。这种现象是对生物系统演化方式的研究[6]的延伸。

这一图片假设系统进化的任何阶段都有一个"最优"程度的复杂性。这个"最优值"由系统维持自动生成特性所必需的最低复杂性决定，即允许系统以一种可持续方式生存和繁衍的特性。非生物系统所遵循的这种"增加 – 减少"复杂性模式表明，我们并不具备像自然系统一样的短期生存驱动力。一个不够强壮的生物系统几乎总是不能存活很长时间，而对一个非最优的商业系统而言，在它变为最优系统、变得足够强大以至于任何人都想做点与它有关的事情之前，有时却能存活相当长的一段时间。与此同时，绝大多数情况下，我们还没有聪明到在进化早期阶段就知晓"最优"系统究竟是什么的程度。

那么，这跟剪裁有什么关系呢？当我们看一个例子的时候，这个答案就很明显了。在定义"可行"系统的 5 个元素中，最有可能被剪裁掉的元素就是"控制"。我们在"剪裁架构层次""合理精简""商业系统重建工程"等活动中都可以看到管理者做了这样的事情。这些计划的目的是当"盈余"部分被削减后,想要给留下来的人或者元素逐渐灌输自我组织的能力。然而,如图 18-9 所示,当这些事情发生的时候,留下来的系统的能力降到了它的自动生成能力水平之下。这个时候,系统陷入了困境。太多的组织掉入了这样一个陷阱:"割肉削骨也削脂肪。"当然,它们不是故意这么做的,但是破坏一旦造成,就很难再恢复。这里的问题在于耦合效应,耦合很难被充分地勾画出来。如一个组织中的"控制"机制,我们可以写下很多关系和连接,但是还有更高层次的东西,我们的建模能力是无法充分勾画出来的。图 6-13 提出了存在于不同功能之间的耦合形式化的途径。这是一个开始,但是仍有一些问题涉及系统如何运作的更高层次的评价,这是 VSM 强调递归的本质。我们可能认为,我们是在剪裁系统中多余的控制,但实际上我们不能够认识到,我们正在剪裁的这个元素也需要了解它们与更高级别系统的联系。

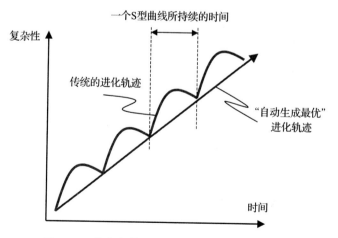

图 18-8 结合自然和技术系统的复杂性进化趋势

注意:"复杂性"与"元素数量"含义不同。系统中的元素在系统进化结束时的数量可能小于在开始时的数量;而复杂性几乎总是以嵌入的方式在结束时 比开始时走向更高端点。

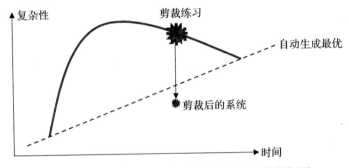

图 18-9　低于自动生成水平的剪裁将会导致的问题

在这个点上,对递归机制进行长时间的讨论是可能的,但是这很可能对我们在实践方面利用剪裁这个工具没有太大的帮助。因此,我们提出一个建议来结束这一节:当我们想要确认是否可能把一个元素从系统中去掉时,这里有两个重要的问题需要考虑。

- 这里有耦合功能吗?
- 被剪裁掉的这个元素在某些方面是否与系统的更高组织结构层次上的操作相连?

如果任何一个问题的回答是"是",那么我们在剪裁之前应当三思而后行。但是,根据图 18-8 的特点,它的意思也有可能是,系统中任何留下来的元素都包含耦合效应以及与高层次系统的连接。

18.3　案例研究

我们将研究剪裁工具的两个案例。第一个案例侧重于一个典型的商业价值网络系统的剪裁;第 2 个案例研究一个基于流程的系统,其中时间维度起到了更重要的作用。选择这两个案例都是为了提出关于剪裁和技术有效部署方面的额外的、有用的想法。为了简约起见,在两个案例中,我们都没有呈现出导致使用剪裁工具的完整的上述问题定义活动。因为我们的目的在于过程而非具体结果。

18.3.1 案例研究1：价值网络分析

在开始一个剪裁工具可行分析之前，我们要做的第一件事情是构建一个系统的功能模型。我们利用在第6章中定义的过程来建立模型。在第一个案例中，我们利用参考文献［7］描述的案例作为这个案例基础。这个案例包括一个假想的药品生产和销售中的价值网络。图18-10是再现价值网络的最终模型图。

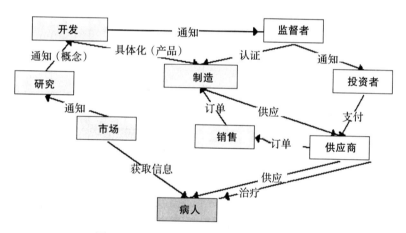

图 18-10 医药产品价值网络的功能分析

该模型实际上仅描述了系统中每个元素的主要显性功能。参考文献［7］，利用这个案例，详细描述了此类系统中存在的延伸网络的方式。利用两种不同的明暗着色方案代表模型中的不同模块：一个代表制药组织内部的部门，另一个代表外部元素。我们选择在病人和其他外部机构之间做一个区别，因为没有病人，也就不需要这个系统了。所以，我们可以把病人看作系统中一个无法改变的元素。对图18-10中的故事做更进一步的分析，图18-11是一个关系表，它包括了更加全面的系统中的功能关系。不同于参考文献[7]，我们也加入了一个我们认为在这样的系统中可能会出现的负面关系。

	病人	供应商	投资者	监督者	销售	市场	研究	开发	生产
病人		通知支付(E)				通知(I)			
供应商	治疗供应		申请确认		订单确认支付(E)	知识(I)	知识(M)	通知	
投资者		支付		超(M)					
监督者		知识	通知						检查(E)认证
销售	通知	通知知识	通知						订单
市场		知识偏见(H)					通知		
研究								通知供应	
开发				通知(I)					
生产		供应		通知	通知(I)				

图 18-11 医药产品价值网络的全面功能分析

斜体表示隐性的关系，M 缺失关系，E 多余关系，I 不充分关系，H 有害关系

像这样的功能分析模型，时间对问题的影响很小，当我们开始考虑剪裁工具时，我们基本上有两个主要的方向。第一个是关注系统中发生的负面关系的消除；第二个是关注减少对系统成本有很大影响的元素数量（或者我们选择关注其他属性）。在这个医

药产品价值网络案例中，这两种方法将导致下面截然不同的焦点。

如果我们选择关注当前系统的"消除负面效应"部分，功能分析会立即告诉我们在我们可能认为的市场研究活动中，知识转移周围存在一些不充分（不足）的关系。之后，价值链中的一部分人认为他们支付过多，并认为这是与有偏差的市场营销（供应商视角）以及监管机构过度检查（制造商视角）相关的一种有害关系。

我们是否应该选择使用这些信息来指导我们可能剪裁系统中的哪些元素？那么，我们立刻就会发现，我们的可选项十分有限。在第一个例子中，这个"不充分"关系经常建议我们的是"我们更多地需要这个系统，而不是把这个系统剪裁掉"。然而，情况往往并非如此，一个不充分行为的答案——尤其是一个我们总是感觉有限的不充分行为，可以被裁剪掉并可以找到一个更好的处理方式。在这个特殊的例子里，在供应商和制药企业的研究部门（实际使用该信息的人）之间的知识转移的缺失可能暗示我们，市场部分可能是一个合适的剪裁备选者。那么，依据剪裁问题"我们需要这个功能吗"，如果管案是肯定的，我们最终会问到"系统内部和系统周围有没有其他事物能够执行这个功能"。在这个阶段，我们可能识别出一些方式，通过这些方式，供应商可以提供给研究部门需要的信息，但是这个信息不需要通过市场部门，比如互联网系统。

关于产生于负面关系的其他剪裁可能性，过多的支付建议我们要么剪裁掉供应商，要么剪裁掉销售。两者听起来都很难，至少在短期内是这样的。当然，有一些组织正致力于病人诊断专家系统，这个系统既不需要供应商，也不需要低质量的供应商。同样，互联网的广泛使用正在为更直接且自动化的销售铺平道路，而这种销售需要更少的销售人员。

最后的剪裁可能性与监督者对制造商明显过多的检查有关。对这些选项中的任何一种进行剪裁似乎都不大可能：对于制造商而言，是因为产品必须由制造商生产出来；而对于监管者而言，是因为它是一个外部机构，所以不在制药企业的控制范围内。一般而言，一个不在我们直接控制范围内的系统元素通常不是好的剪裁备选者。在这种情境下，制药企业最好的前景是游说监管者的监管功能与投资方结合起来。

第二个剪裁选项涉及减少与成本相关的元素。为了在这个方向上获得成功，我们需要在功能分析模型中提供更多的数据。具体来说，我们需要为每个元素提供一些相关属性。简单来说，功能分析模型中识别的每个元素都有一系列的属性——例如大小、运作成本、技巧等，其中一些与问题有关，一些与问题无关。从一个剪裁角度来说，成本属性是特别有用的度量标准。

一旦识别了相关属性，该任务就涉及选择最合适的元素进行剪裁。这里最简单的规则就是要么选择最昂贵的元素，要么选择那些产生很少有用功能的元素。在没有该系统的具体成本信息的情况下（如果这是一个真实案例，我们显然会拥有这些信息），，我们可能会选择研究传递最少有用功能的元素。这样做的一个简单方法就是在功能关系表中，查看行数。根据图18-11，看起来投资者最有可能是外部元素，同时，市场、研究和开发部门这三者最有可能是内部元素。我们再一次强调，剪裁外部元素是不在我们的可控范围内的。如果我们选择聚焦可控的内部元素，就只有这三者。剪裁问题的顺序如下：

1）我们需要这个功能吗？回答——在三个方面都是"是的"。

2）其他元素能执行这个功能吗？回答——在研究和开发部门方面的回答是"不行"，在市场方面（如销售）的回答是"行"。

3）我们能修改其中一个元素吗？回答——可能整合研究与开发部门，但是不大可行。

4）我们能利用外部资源吗？回答——有可能，举个例子，有一些机构可以从事市场和研究工作。

像这样的大多数案例，我们将对"剪裁的难易程度与获得的最终收益"进行权衡，剪裁越难，获得的收益越大，反之亦然。这个一般规则的唯一例外是一个以前从来没有进行过任何功能分析的系统。在这种情况下，似乎任何种类的剪裁都会带来巨大的收益。

搜索其他可以代替即将剪裁掉的元素所执行功能的元素的最好方法就是，从物理上最接近的元素开始，然后逐渐移向距离比较远的元素。最近距离元素很有可能在功能上已经与剪裁候选者相关，也是最有可能执行这个功能的元素。

对于剪裁这种功能与属性模型的最后思考是，在得出一个元素可以被剪裁掉这个结论之前，必须仔细复核功能属性模型的完整性。"什么阻止了我"是一个非常好的复核问题。一个元素与一个目前为止我们还没有包括的超系统中的事物之间的关系通常是阻止我们的原因。

18.3.2 案例研究2：基于时间的流程情境

图 18-12 是一个典型的国际航空旅游流程，我们选择它作为剪裁案例。自相矛盾的是，许多基于流程的情境似乎到处都是剪裁的机会，但是在现实中，剪裁通常被称为"难以实现的"。在我们分析过程时感觉"充满机会"是因为其他一些步骤的功能仅存在，而不能充分发挥作用。

在这种过程情境中，我们在2个主要层次上运用剪裁。第一个层次是消除过程步骤。这样做的目的可能是要么减少处理时间（这是乘客最感兴趣的），要么是效率的提高或者是成本的减少（这是机场最感兴趣的）。关于减少处理时间，我们的剪裁需要关注瓶颈活动。因为这个过程是一系列线性事件，我们知道删

值机 { 检查机票信息
检查护照
行李称重
给行李贴标签
给行李回执
检查随身行李
询问安全问题
给登机牌
给入境表格
通知登机口

安检 { 检查登记牌
脱外套/检查金属物品
检查随身携带的东西
通过监视器屏幕检查乘客
找到登机口

登机 { 提供登机牌
检查护照
交出登机牌存根

飞机 { 检查登机牌存根
找到座位
放好随身行李
发海关单
填写单子

目的地 { 下飞机
入境检查
取行李
过海关
乘地面交通工具

图 18-12 典型航空旅行过程的操作顺序

除任何一个，对吞吐量都有益。在其他过程中，如一系列并行过程，剪裁需要关注那些决定整个过程时间的元素。如果更关注提高效率或者减少浪费，那么我们将更加宽泛地部署剪裁工具，查看任何一个过程步骤，即使这个步骤不在关键路径上。

从发生的大量步骤中可以看出，航空旅行过程的改善具有很大的潜力，尽管安检是不可避免的折磨。我们通常利用图18-5中描述的问题来识别和确认系统中潜在的剪裁机会。然而，这次我们不这样做，相反，我们将关注剪裁的第二种类型，这对于这种类型的系统非常有用。

第二种剪裁类型是在更高层级上操作。在这个层级上，我们通常感兴趣的是关注整个过程的主要功能，毕竟这是整个系统存在的原因，以及试图找出改善它的方法。当我们查看与这个案例相似的、有许多不同变化的过程时，我们经常倾向于利用这种高层次类型战略。在航空旅游中，最大多样性的来源在于每个顾客都是不同的，因此他们的要求也是不同的，在许多方面，甚至是唯一的。图18-12中勾勒出来的过程如此复杂的原因之一是，它需要处理如此之多的不同类型的乘客要求。在这种情境下，我们发现我们必须为不同类型的乘客建立大量的过程图。因此，当我们碰到这样的情况时，只有最具系统性的用户才有能力建立这样的模型。对于其他人实际上有两个选择，但是有一个选择是要意识到不同顾客有不同需求，而这些需求之间实际上是矛盾的，这与第11章和第12章更相关，因此，对于其他人而言，就只剩下一个选择。

与剪裁过程相关的备选方案需要关注一些元素，这些元素形成一条贯穿于就算不是整个过程，也是大部分过程的主线。过程的每个步骤所涉及的元素都是受很长时间折磨的乘客。因此，如果我们关注乘客，那么考虑剪裁可能性的一个非常有用的方式是，研究在这个过程中乘客所需要的所有东西。图18-13是顾客在这个过程中（在国际航班上）可能需要的东西。

剪裁航空旅行过程的任何一个尝试，都会影响顾客在不同阶段需要做的事情,从而影响顾客在每个阶段上需要携带的东西。如果我们把剪裁看成是将我们引向"更加理想"的系统前进的路线,那么随着时间的推移,这个过程会朝着要求乘客携带的东西越来越少的方向发展。在这种背景下考虑剪裁的一个有用的方式是查看所有乘客需要携带的东西,以及考虑删除这些东西,系统将如何运作。举个例子,一些航空公司已经不需要飞机票,把飞机票的功能转移给护照或者信用卡来完成。飞机票是乘客携带的东西中最容易剪裁掉的,但是无论如何绝不是唯一一种可以剪裁掉的携带物。在这个方面,我们可以想象随着时间推移,乘客需要携带的东西会减少到只有穿在身上的衣服。这个系统中第二容易被剪裁掉的可能是以下几样物品。

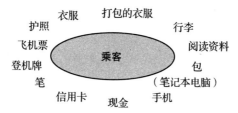

图 18-13 可选择的剪裁视角:一个元素需要什么资源才可走完整个过程

- 登机牌。其有用功能包括:①告知员工,乘客是在一个正确的飞机上;②通知乘客他们的座位号是多少。第一个功能可以由护照完成,第二个功能也许可以通过短信的方式发送到乘客手机上。
- 现金。与航空旅行过程无关(但是没有理由说机场无法增加价值),但是通过电子现金和 m-cash(手机移动支付)的广泛使用,可以消除必须携带多种货币的麻烦。
- 信用卡。功能转移到护照上或手机上。
- 笔记本电脑。功能转移到手机上。

这种类型的高层次关注在系统演化上很重要,在剪裁视角上也很重要。进化动态性[8]就是这样的,不管我们喜欢还是不喜欢,价值链上的不同部分会逐渐抢走我们的业务。信用卡行业正在尽力维持和增长他们的业务，手机公司、笔记本电脑制造商、纺织品制造商也同样如此。如果我们不考虑剪裁，几乎可以保证，价值链上的其他部分也会考虑剪裁。

总之，基于过程的剪裁，思考的基础是等级层次。高层次上的剪裁，实现起来无疑是最困难的，然而，一旦实现，会产生巨大效益。

我该怎么做

就概念而言，剪裁是系统性创新方案产生工具中最简单的一个。所有操作始于一种引导语（刺激语）"我们为什么不删除 X？"。X 可以是任何的实物，也可以是过程步骤。

剪裁的所有必需的基础工作，应该在系统性创新过程的问题定义部分，建立功能与属性分析模型时都已经完成了。

一旦我们决定尝试从一个系统中剪裁掉元素，我们能够采用的策略涉及图 18-2 中描述的应用于物理实体的问题和图 18-5 描述的应用于过程步骤的问题。

这些问题有可能把我们带向工具的其他部分（比如，问题"系统中的其他事物可以执行这个功能吗？"经常导致"自 X"功能观点和第 19 章的观点，以便找出是否有其他人已经实现了你剪裁问题的解决方案。

参考文献

[1] Beer, S., 'Brain Of The Firm: The Managerial Cybernetics of Organization', The Professional library, Allen Lane, The Penguin Press, London, 1972.
[2] Espejo, R., Harnden, R., 'The Viable System Model', John Wiley & Sons, New York, 1989.
[3] Nalebuff, B.J., Brandenburger, A.M., 'Co-opetition', Harper Collins Business, 1996.
[4] Mann, D.L., 'Laws of System Completeness', TRIZ Journal, May 2001.
[5] Espejo, R., Gill, A., 'The Viable System Model as a Framework for Understanding Organizations', www.phrontis.com/vsm.htm
[6] Mann, D.L., 'Complexity Increases And Then… (Thoughts From Natural System Evolution)', TRIZ Journal, January 2003.
[7] Allee, V., 'The Future Of Knowledge: Increasing Prosperity Through Value Networks', Butterworth-Heinnemann, 2003.
[8] Utterback, J., 'Mastering The Dynamics of Innovation', Harvard Business School Press, 1993.

19

第 19 章

问题解决工具：理想度 / 最终理想解

HANDS-ON SYSTEMATIC INNOVATION

FOR BUSINESS AND MANAGEMENT

> 极致的完美追求，赋予我们明星般的生活意义。
>
> ——Logan Pearsall Smith

第 8 章在问题应用或者机会定义框架下研究了理想度和最终理想解概念。在本章中，我们把两者运用于问题解决框架下，即利用它们帮助我们找到解决方案。

理想度（Ideality）和最终理想解（Ideal Final Result，IFR）可以提供两种问题解决工具：

1）"自"方案产生触发器。

2）连接到资源和系统层次的工具。

下面的章节将分别探讨这两个部分。

19.1 "自"方案产生触发器

这一节讨论带有"自"这个字样的解决方案——自组织、自修正、自管理等，从系统性创新视角来看，这些概念类似理想度。我们通过一系列经理和战略家致力于把"自 X"纳入他们想要建立的系统的基础设计中的例子，来讨论关于商业系统的设计方案，以表达"自 X"有用功能传递的艺术性。

任何一个应用过系统性创新工具箱最终理想解工具的人都会碰到"自"这个字。当在没有成本和危害的情况下实现理想的功能时，当朝着最终理想解方向定义问题时，我们可以这样陈述："系统自我实现功能"或者"问题自我解决了"。尽管在现实世界中，我们必须从这种最理想点往回移动，但是我们有日益增长的解决方案数据库，这是别人没有的。因此"自我"解决问题的系统是全球知识库的重要构成部分。

我们这里讨论了一些方法，这些方法能帮助我们产生好方案的方向和想法。对已出版管理学文献的分析是建立这个工具的有效性基础。分析的起点是具有"自X"特征的一系列解决方案,这些"自X"后面的动作可能仅仅只是其他公司的领导、战略家和企业家要求系统执行的有用功能。

在仔细研究这些例子之前,首先必须阐明"自我功能的事物"与系统创新中"理想度"概念之间的关系。对于商业方案的研究可以产生大量的"自X"方案,这些方案与最终理想解方案没有关系。

图 19-1 说明传统方法与最终理想解方法的区别。在这张图中,系统的"传统"进化路线是先提升复杂性,再降低复杂性。在系统从婴儿期到成长期再到成熟期的进化过程中,这种趋势在所有的组织系统中都可以看到。在企业初始阶段,如果它们对市场的供给不充足,那么想要创造增长机会,就要关注提高产量而不是流程优化。只有当市场上出现了竞争者,企业需要寻找更好的业务方式以便保留住市场份额,企业才会考虑流程优化。这种现象的例子从砖泥生产部门到更近的电子商务产业中都可以看到,它们最近被迫将自己的运作方式从开销比率转换为专业的管理运作。

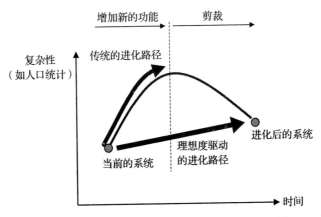

图 19-1　商业中传统式进化与理想度化驱动的进化

在技术系统进化趋势中,复杂性先增加后减少的趋势是由进化趋势早期技术知识的基础性缺乏所导致的。在一个企业中，相似知识的缺乏也是一个因素，但出现这种特点更多是因为企业强调以最快的速度增加最多的目标客户群，以及对操作程序、质量手册、人力资源功能等事物的需要。所有这些事物被频繁地加入系统中，却没有真正去考虑这些事物对现存系统的影响。在整个计划中，这些事物计划处于非常次要的地位。因此，如果在企业的早期阶段，这些基础能够恰如其分，系统中就不大会出现复杂性先增加后减少的特征。参见参考文献[1]，这是对趋势的额外解释。尽管这些解释是在技术系统背景下讨论的，但对于商业系统也同样适用。

系统性创新方法对"自"这个词（以及它的同义词，"自动的""远程的""自治的"）的潜在含义的解释是，通过让系统处于"自我"传递有效的功能状态，系统非常有可能避免浪费，而这些浪费不可避免地伴随着趋势中展示的复杂性的过多增加而产生。

接下来的内容是一些案例研究，在这些案例中，在商业背景下，"自X"的运用非常成功。我们研究的这些例子，是一些相对成熟的企业在进化趋势后期非常成功地利用了"自X"，而不是简单地关注进化趋势早期企业对"自X"的运用。

19.1.1 案例研究1：丰田公司的质量自我调节系统

第一个案例是关于丰田公司的，但也要感谢越来越多组织对丰田公司"学习"模型的拓展延伸。虽然这些组织中很少有组织能够真正成功地把丰田模型背后的整个理念引入组织中，尤其当涉及模型中"人"这个元素设计时，这一案例研究本身很简单。它主要是关于一个组织内的检查作用和质量功能。

在许多企业内部，"质量部门"和质量检查人员的出现是对系统在生产交付给顾客的产品和服务时，系统不能传递理想质量的一种应对。由于增加了专门负责产品质量的人员，导致系统的复杂性提高，这是因为人们通常会这么想：这些人能够检查产品，以便在产品到达顾客之前能识别产品的缺陷。

很不幸，常识常常被证明是错误的（参考文献［2］表明，事实上，几乎所有的成功观点和模型都是与常识逻辑相违背的）。关于质量系统，在每个可能的场合，这种逻辑已被证明有严重的缺陷，大多数"质量系统"实际上导致了整体质量的下降（尽管顾客幸亏没有看到它们中的任何一个，至少不是直接的）以及成本的提高（这部分，顾客看到了）。

为什么会这样呢？从生产人员的角度来看，下游的质量控制功能有一个明显的潜在含义，即"其他人"会操心质量问题。这种想法的结果是，他们不需要一定要把事情做对。从质量检查人员的角度来看，他们有一个相反的观念，上游的生产者会生产合格的产品，他们只会碰到少数不合格的产品。这两种观念的结果是，在生产过程中产生了更多的错误，而检查者挑出的不合格产品会更少。

在丰田汽车公司，他们架构了理想的"质量部门"。最理想的质量部门是我们能实现质量控制，但是没有质量部门。在丰田汽车公司，系统"自己"传递合格的质量。

当然，丰田汽车公司没有利用任何系统创新的技巧来实现这个目的，他们只是通过应用"系统自己传递功能"。另一方面，至少思考实现丰田汽车公司已经实现的相同的结果，对于我们来说是有可能的。而且，丰田汽车公司实现的自我调节功能代表了"某人在某地已经解决了'自 X'问题"，而我们则可以在我们自己的情境中利用这个部分。

19.1.2 案例研究 2：Semco 公司的自我调节系统

Ricardo Semler 是 Semco 公司的总裁，在他发表了《独立见解》这本书后，这个巴西公司出名了（至少在美国和欧洲是著名的）。Semler 是一个有钱的巴西工业巨头的儿子，由于没有被哈佛大学录取，因此他 21 岁时便掌管了公司。《独立见解》[3] 这本书讲述的是 Semler 对公司的革命性改革。他接管公司时，公司是一个传统结构的，处于苦苦挣扎中的工业水泵制造商。年轻的

Semler 开始着手开除大部分的高层经理，对这个快要倒闭的公司进行了紧急手术。起初，Semler 集中精力使企业存活，一旦公司的财政状况稳定了，他开始着手购买其他公司，实现多样化。当公司成长起来了，Semler 逐渐进行创新，比如废除着装规范，引入灵活的工作时间，鼓励员工更具有主人翁精神。这些事情是许多公司在过去 15 年都经历过的，但是，Semler 并不满足于此，他咨询了许多标准办公室实践，并进行了许多改革——脑海中常常保持着这种类似最终理想解的策略，"让系统自己修复自己"。举个例子，当他看到公司价值 5 万美元的文件柜订单时，他规定每个人都要清理自己的柜子，仅保留必需的东西。换句话说，系统转换成一个自我调节的系统，在系统中只留下比公司的未来更重要的东西（与覆盖他或她的轨迹的个人的未来相对）。每个人都有责任决定保留什么东西，丢弃什么东西。

来自《独立见解》一书的另外一个自 X 方案的例子是，自调节的支付与报酬系统。在许多企业系统中，这个基本概念似乎很激进，但却是 Semco 公司策略背后隐藏的巨大成功因素之一。以下内容摘自这本书：

> "支付给他们要的任何东西看起来的确是一个导致破产的行为，但是我们已经执行了很多年了，从来都没有如此好过。10% 的增长证明是这不是破产行为。接近 25% 的员工设置他们自己的薪水，包括我们大部分的协调者，我不明白为什么工厂的工人，不能有一天决定他们自己的薪水。"

然而，另外一个流行的常识——如果你让员工自己决定他们的薪水，他们会要很多，慢慢地会掏空企业的所有资源——证明是一个谬论。

Semco 公司能够持续存在的一个原因是 Semler 和公司的经理愿意使他们自己不断地去适应外界环境。巴西的经济迫使成千上万的企业关闭，成千上万的工人失业。Semco 公司也解雇了一些员工，关闭一些分厂（在一些例子中，经理的工作就是尽力移除他的这个工作岗位，取而代之的是自我调节的系统），同时，它也衍生出了接近差不多24个卫星企业。为了分散，这些卫星企业除了保留独立的业务外，还收缩了一些Semco的业务。

一个系统内自我调整和自我组织的整体概念也是"复杂性优势"[4]的核心概念。这本书包括了许多像Semco这样的好例子。在公司单元中具有自我功能方向设置的Semco产生了一个成功的系统，这个系统来自于它本身的复杂的员工、结构、互动以及与顾客的融合。

19.1.3 案例研究3：自我限制的系统

许多组织讨论都意识到，组织内部需要某种程度的压力，以便激发他们做事的热情。我们大家都知道，压力既是有用的东西，也是有害的东西。即将到来的最后期限的压力，经常是刺激我们行动的最本质的动力（想想多少假期作业往往是在开学的前一天开始写）。另一方面，太多的压力将是破坏性的，导致在其他事情中情绪低落、生病和无法工作。总的来说，很明显，我们有两种相反的需求，既需要压力，又不需要压力。图19-2描述了这种现象。这张图描述了随着压力的变化，系统产出发生变化的效果图。从这个意义上来说，无论对于个人还是组织，系统就意味着全部。该图显示，当压力增长到一个"最优"水平之前，效果是有益的，当超出这个水平，正面产出快速转化为负面产出。在这种情况下，无论发生什么，压力水平不能超出一定的界限（在这个界限内，人们既不会生病也不会离开去寻找一个更合适的环境）。换句话说，压力在一个系统内自我限制。

这张图的特征进一步描述了系统内的一个高级滞后效应——如果尽力使压力水平高于自我限制的最大值，只会有越来越多的负面产出。在许多意义上，我们会考虑这个滞后曲线的底下部分，如同Dilbet区——在这些地方，事情变得如此之坏，以至于人们的反应只能是苦笑。

自我限制压力现象，本身绝对不是一个自 X 或者类似于最终理想解的定义，而是系统管理自己能够进入"最优"的压力点（这种价值是动态的和可变的，随着各种各样的不同的外部情景而变化）。一些组织开始讨论"创造性压力管理"，参见参考文献［4］的紧急系统概念，尝试定义 DNA 规则，这些规则允许系统在"区域中"自己找到压力水平。

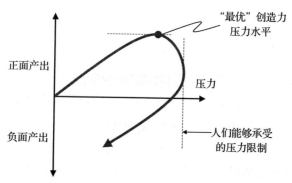

图 19-2　自我限制压力以及对整个企业的影响

19.1.4　案例研究 4：自我融资

当唱片公司停止资金支持时，一个摇滚乐队如何为一下张唱片融资？在 21 世纪初，当著名的、进取的摇滚乐队"Marillion"乐队开始写作、录制和发行新的专辑时，他们遇到了这个问题。在 20 世纪 80 年代末到 90 年代早期，尽管没有预期到，乐队能够卖数以百万的唱片，然而，乐队知道，他们有一批有实力的听众依然希望听到他们的歌曲。乐队借此来解决新唱片的自我融资战略——利用由忠实的歌迷群提供的现存的资源。乐队让歌迷在唱片甚至都没有写之前就投资专辑。这笔预先支付的资金（通常这笔资金来自于唱片公司）被用来支付写作、录制和发行唱片的工作室租金。约 13 000 歌迷对乐队的质量和诚实有充分的信心，因此用这种方式来支付新唱片[5]。这张唱片（见图 19-3）故而也成了一张畅销唱片。对新唱片的预先融资，在音乐圈内以及出版业内，两年后仍然被人津津乐道。利用现存资源进行自我融资的概念，对于一个一直受到细分市场和稀缺理论影响的行业及其将来，会产生很大的影响[6]。

图 19-3　Marillion 音乐专辑：录制之前由歌迷赞助
（13 000 名预先赞助的歌迷的名字都在专辑的艺术封面上）

19.1.5　案例研究 5：自我组织

企业内部管理的传统职能是发生在组织内部的"管理"活动。考虑到来自《复杂优势》[4]一书中的证据，自上而下的管理方式在许多情况下有基本缺陷。差劲的自上而下的管理会导致员工不愉快，这些员工付出越来越多系统强加给他们的创造性努力。例如，系统汇编程序（SAP）在一些组织内部的部署方式（或错误部署），为冲突提供了有力的证据。当管理团队认为，SAP 对他们的控制超过了对业务的控制，上述冲突就会产生。同时，日常的工作水平现状是"真实的"工作依然需要继续，无论系统内的员工是否付出更多的时间服务系统，这是系统传递需求的情况，而不是实际的情况。经理们常说"不要让我再抓住你干这事"，但要发生的依然会发生，只是"做坏事者"将利用他们的创造性能量，确保经理不会真正抓住他们。

越来越多的案例显示，组织关心的重点从由于自上而下的管理模式产生的问题（另外一个例子是常识指引经理进入错误的方向）转向越来越高程度的自我组织管理。例如，西南航空公司[7]

是一个著名的非官僚和自上而下强调规则的公司，相反，一直坚持每个人不仅对他们自己的工作负责，而且为整个组织的福利负责。

最近，在军事管理领域，出现了更多的显著变化。传统上来说，军队是自上而下管理的典型代表——流行的逻辑是服从命令，没有问题是实现理想目标的最好方式。一场又一场的战役，一场又一场的练习，表明这种方式会产生非常不理想的结果。如果不鼓励战士们进行思考，他们就不会思考。如果整个过程都按照原计划进行，这是有问题的；但是，如果计划发生变化，以前合适的指挥，很可能变成相反的结果。意识到这种现象，并且考虑到在常规情况下，计划非常可能发生改变，北约指挥官已经转移到一个名为"指挥官意图"的结构中[8]。指挥官意图，通过传递以理想结果为形式的指令来运作（也就是，抓住这座桥，控制这座桥，因为这是唯一一条既能阻止敌人又能帮助我们的路径），然后允许士兵组织自己来传递这种"自己想办法来实现这个理想"的意图。当情景不同于原定计划时，灵活性水平允许士兵们根据新出现的情况随机应变，不需要等待来自于指挥官的进一步的指令。

19.1.6 案例研究6：自我复制

任何的生命形式都有达到预先决定最大化寿命的潜力。企业也是如此，尽管许多经理还没有意识到这种情况。自然，我们可以通过使系统具有自我复制功能来解决死亡问题。自我复制这个概念，还远远没有很好地在工业领域建立起来，但是已经开始被看作一个让企业获得长期生存的天然方式（虽然经常也是不舒服的）。当一种产品或者市场退出时，另外一种将取而代之。目前，我们可以在摄影领域看到这个更替的发生，即所有的灵活的组织都忙于从胶卷行业转移到数字产品和服务。

自我复制的最好例子之一来自于 Richard Branson 的维珍集团公司。维珍有一个比较广的业务范围，经常利用"雇员不超过150人"的规则（规则认为，当一个组织的结构超过150人，社会网络的进化使得每个人之间的相互了解越来越不可能，连接和互动以指数方式变差[9]）作为一种决策的方式，当组织成熟到自我分成一些实体，公司内部的文化十分支持这种类型的自我复制功能。最著名的例子可能是维珍新娘婚庆公司。这是一个维珍航空乘务员的创意，当她婚礼的后勤出现很多困难时，她产生了一个念头，把教堂、鲜花、摄影、签到、蛋糕、礼服等都放到一个地方，由一个店来全面协调。维珍集团给予这个员工足够的自由，允许她把这个想法变成商业模式，这个模式接下来被证明是维珍集团的一个成功案例。类似的自我复制战略可以在通用、美国在线以及 IDEO 公司内看到。

19.1.7 "自我"和你的问题

在以增加理想度为进化驱动力的商业世界中，由"自我"功能实现的方案非常重要。

从这个意义上说，最终理想解的概念以及通过具有"自"这个词汇的方式寻找解决方案的观念（比如，问题自我解决）在系统性创新这座大厦中，是强有力的工具。系统性创新工具的矛盾部分与发明原理 25 "自服务"有一定程度的重叠。然而，尽量把"自"和最终理想解更多地放在一起使用，会得出更多全面而有效的解决方案。

有一些问题具有限制条件，如果不实用，问题解决者很难会想着去利用最终理想解这种解决方法。但是，第 8 章中说明的"定义最终理想解，然后往回走"模式是很多问题的一个非常有用的起点。最终理想解思维鼓励问题解决者，首先记录他们想要传递的功能，然后思考系统如何能够自我传递这些功能，也就是在不增加传统的问题解决方法所固有的复杂性的情况下，系统的自我传递功能。

越来越多的理想驱动的"自 X"目录充分说明，有些人已经成功实现了我们也想实现的功能的"自"传递。

在为问题寻找好的解决方案的背景下，"自"是一个非常重要的词汇，如果系统能"自我"解决问题，这个方案就比需要引入外部因素来增加系统复杂性的解决方案要好。

传统对"自"的定义与理想度驱动下的定义有所不同。传统上，如果我们增加新的功能，系统一定会变得更复杂。理想度驱动下的定义，会让我们努力思考是否可以利用系统内外已经存在的资源，来实现这个附加的功能，并且不需要增加系统的复杂性。

某些人在某地非常有可能已经思考并解决了"自 X"问题。因此，在任何你想传递的功能前面，添加"自"这个词汇，是一个简单但是非常有力的方案触发器。

19.2　连接资源和系统层次的工具

如第 8 章描述，系统性创新工具的理想度部分与系统内资源的识别和最大化利用密切相关。日益理想化的潜在意思就是利用尽可能少的资源实现功能。如第 1 章中讨论过的，资源的识别是整个系统性创新哲学的支柱之一。资源识别主要有 3 种途径。其他两种方法在其他章节中讨论；第 15 章讨论了通过利用一系列的资源触发器数据库来识别资源，这些资源触发器数据库是其他问题的成功解决者已找到的资源；第 14 章讨论了不连续跳跃的商业趋势和进化潜力概念——一个给定系统内还没有使用的进化趋势。

识别资源的第三种路径与理想度密切相关，这里将着力讨论。

理想度 / 资源链接的基础是系统的层级本质。图 19-4 展示的是一个典型的"资金流动"系统的系统层级表。这张层级图勾勒出了一个从高水平功能要求到雇佣合适的人员来完成理想功能的简化结构图。

这种层级结构是鉴别资源非常有用的第一步，这种资源有望进化系统并使系统元素朝最终理想解的目标靠近。

在一定情况下（比如，我们不在金融服务机构工作），我们可以选择在"银行"这个等级水平上开发最终理想解概念，在这个案例中，最终理想解是这样的：我们想要实现"资金流动"（亦即

"转移我的钱")这个功能,但没有银行这个实体的存在。实际上,在这个水平上定义最终理想解通常不是特别有用。反之,在比较低的等级水平上定义最终理想解常常证明非常有效。

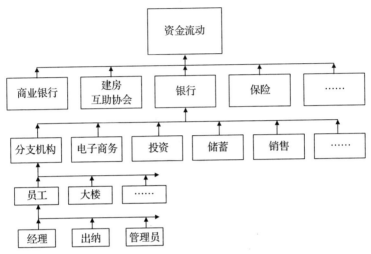

图 19-4　简化的资金流动系统层级图

我们将研究银行中最终理想解的管理。在这里,我们的定义涉及实现部门的功能(主要是流程办理形式)而不需要部门的存在。这个定义被证明在现实中更加可行。

连接这种最终理想解定义与一个解决工具的关键点和主要原则是,层级图提供给我们一个识别系统中已经存在的其他元素的机会,这些元素有可能实现我们想要进化至最终理想解的元素或者装配的功能。

因此,在图中画出元素的情况下,我们可以假设系统中已经存在其他东西,比如其他员工他们自己可能能够实现管理功能,如图 19-5 所示。的确,在许多银行中正在发生这样的事情。使替换成为可能的以前未开发的资源,涉及顾客期望一个办事流程所花的时间量;多于某一时间,顾客会不高兴,因为他们认为可以把这些多余的时间更好地用在其他方面。但是,相反,在短时间内处理完一个流程,也并没有让顾客更开心,这是因为在这段时间中,他们感觉自己的存在并没有得到出纳员的重视。因此,利用几分钟"未被利用"的时间来直接处理这个流程(利用合适的计算机系统)——结果,顾客感觉他们被重视了,他们可以直接看到自己的办事流程被输入了系统,事情已经办好了。

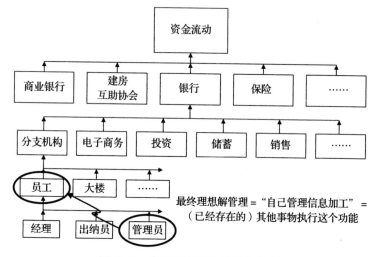

图 19-5　向理想度进化的层级机制

当然,在这里,理想度与剪裁概念(第 18 章)有明显关联。由关联的理想度/资源思维提供的附加的问题解决观念给我们一个关键的印象,首先是建立系统的层级结构;其次是进化过程,在这个过程中,层级结构底部的元素逐步进化到最终理想解状态然后消失。因此我们有了层级结构逐渐由下而上消失的感觉。

根据资源搜索来帮助一个给定的元素进化到它的最终理想解。层级工具的关键部分在于寻找层级结构的其他部分(尤其在层级上层的元素)来查看它们是否能够承担我们需要删除元素的有用功能。

我该怎么做

在问题解决背景下利用理想度和最终理想解（IFR）概念涉及一个或多个可能性：

1）在你要求执行的功能前面加一个词语"自"，并将这种"自X"的功能描述作为一个触发器。首先，检查是否其他人已经解决了类似的问题（比如，通过搜索专利库或者其他知识库）；其次，把它作为产生想法的提示（与第11章中的"自助"发明原理同源）。

2）最终理想解与资源密切相关。建立系统层级结构，并将其作为查看系统中是否存在某种资源（可以帮助你要调查的元素或者装配实现最终理想解结果）的一种方式。换句话说，系统中已经存在其他事物可以执行推算到最终理想解结论的有用功能。

参考文献

[1] Mann, D.L., 'Complexity Increases And Then…(Thoughts From Natural System Evolution)', TRIZ Journal, January 2003.
[2] Wolpert, L., 'The Unnatural Nature of Science' Faber and Faber, 1992.
[3] Semler, R., 'Maverick: The Success Story Behind The World's Most Unusual Workplace', Random House, 1993.
[4] Kelly, S., Allison, M.A., 'The Complexity Advantage – How The Science of Complexity can Help Your Business Achieve Peak Performance', McGraw-Hill BusinessWeek Books, New York, 1999.
[5] www.marillion.com
[6] 'Abundance Theory versus Scarcity theory', CREAX Newsletter, April 2003.
[7] Freiberg, K., Freiberg, J., 'Nuts! Southwest Airlines' Crazy Recipe for Business and Personal Success', Bard Press, Austin, Texas, 1996.
[8] Pascale, R., Milleman,M., Gioja, L., 'Surfing the Edge of Chaos', Crown Business Press, New York, 2000.
[9] Branson, R., 'Losing My Virginity', Virgin Books (naturally!), 2002.

20
第 20 章

问题解决工具：克服思维惯性

HANDS-ON SYSTEMATIC INNOVATION
FOR BUSINESS AND MANAGEMENT

第20章 问题解决工具:克服思维惯性

> 创造性行为往往是在一连串的愚蠢动作之后产生的。
> ——Edwin Land

> 它若不坏掉,就要打坏它。
> ——Richard Pascale

引言

系统性创新中克服思维惯性(Psy chological Inertia,PI)的工具主要应用于两种场合。其一,在解决问题的过程中遇到了困难,比如,在经过"方案生成"阶段后,并没有获得看起来像"答案"的解决方案。其二,使用一种或多种克服思维惯性的方法作为解题工具,而这仅仅是因为它与我们行事的特殊方式相吻合。一般来说,只有在第一种情况下,系统性创新过程才会将你引导至本章内容。

在上述任一场合中,隐藏在这些克服思维惯性工具背后的基本思想都是:我们的大脑遇到了某种"障碍",因此需要借助某种东西去克服"障碍"并激发我们的思维。例如,在"原野宝藏挖掘"比喻案例中,克服思维惯性的工具可帮助我们将视线彻底转移到"原野"的其他部分,而不是固守于原来的"坑道"。不仅如此,这些工具还有望将我们引导至"原野"的某个特殊部分,在那里我们可能会发现新的或更好的"宝藏"。

目前,学者们推荐了多种形式或类型的克服思维惯性的工具。比如,DeBono、Buzan、Osborn的著作,以及在一定程度上,Dilts(参见本章末尾参考书目)的相关著作都值得特别提及。在绝大多数情况下,这些作者推荐的相关工具都可以包含在系统性创新过程中,这些工具或者是原有TRIZ框架中相关工具的替代物,或者是它们的补充。

在此,我们将仅讨论那些在解决管理问题的情境中被证明行之有效的相关工具，重点包括 5 种工具。其中的一种工具，即九屏幕法或者系统算子工具，已在此前作为本书的一个独立章节介绍过。在本章中，我们重点讨论将九屏幕法作为克服思维惯性的工具。其他 4 种工具是：

- 负向最终理想解。
- 规模 – 时间 – 界面 – 成本（STIC）工具。
- "何因 – 何物阻止"分析工具。
- 极端人士观点（OLV）工具。

我们将从克服思维惯性的角度分析九屏幕法，并开始本章的讨论。

20.1 九屏幕法 / 系统算子

正如在第 3 章中初步讨论的那样，大脑有时候会对我们自身玩一些小把戏。例如，看一下图 20-1，写下你能看到的。

图 20-1 你看到了什么？

由于我们之前都看到过类似的东西，因此我们的通常反应是："啊哈，我看到了两种东西——两张脸和一个花瓶。"此处存在两种思维惯性：第一种恰好来源于熟悉，即我们已经非常习惯于观察这种费脑筋的难题。然而，第二种惯性在某种程度上更为严重，它来源于大脑多半会借助其自身形成的某种规则，即使这种规则从未得到说明，甚至有可能根本就不存在。在上述案例中，这一并未说明的自我形成的规则就是"我必须从整张图片的角度观察"。你得承认，这是你曾经使用的规则。

但是，这个规则并不存在。在我们处理许多问题时，也会遵循类似的并不存在的"规则"。事实上，如果从图片的某个部分观察，那么你就会发现，图20-1包含了多幅图像。现在摆脱这一错误规则，我们就会看到如下映像：

- 一个戴着套叠式平顶帽的男人或者一个灯具（图片下半部分）；
- 鲸鱼的尾巴（图片上半部分）；
- 一个超重人物的轮廓（图片右下部分）。

或者也可以将图片缩小当成是一个钥匙孔？或者看成是停泊在一起、尾部靠近的两辆汽车尾部的特写镜头？

或者将图片上下颠倒（我们的大脑在碰到难缠问题时的第一反应），可能会从图片的下半部分看到一个衣架。

关键的问题在哪呢？我们经常需要获得一点帮助才能突破观察事物的"常规"方式。从九屏幕法/系统算子工具的角度来说，这一"常规"方式是，一旦有人给我们提出一个问题，我们就会直奔处于九屏幕中心位置的当前系统，如图20-2所示。

换句话说，我们会迫不及待地假设对"系统"的定义——此时系统通常是你接受的对问题的描述在大脑中形成的印象。例如，"汽车无法启动"让人在大脑中形成的图像就是叫作"汽车"的系统。类似地，如果考虑时间因素，"汽车无法启动"会立刻产生一幅"某人坐在驾驶室，转动钥匙，汽车却没有任何反应（除非可能发动机转动却没有点着火）"的图像。

图20-2提示我们，九屏幕法有助于我们应对大脑仅关注"当前系统"的误导。简言之，九屏幕法要求我们从其他8个"屏幕"的角度对问题重新思考，并且在每一个屏幕中发出疑问："这里是真正问题的所在吗？"

换句话说，我们所遇到的问题（"我的汽车无法起动"）从表面上看可能发生在中间那个屏幕，然而实际上问题的解决可能却需要从另一个屏幕入手。

第3章详细讨论了系统性创新专家拥有不断变换问题参考框架

和观察视角的实际能力,第 2 章讨论了这些方法提供的引导如何帮助我们转换至新的屏幕。之所以在本章特意重新提及九屏幕法,是因为尽管系统性创新过程和第 10 章已能将你顺利引导至本章,但是稍稍回顾一下九屏幕法(见图 20-3)的应用将会更有裨益。

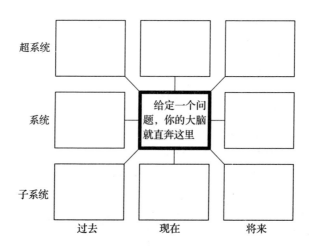

图 20-2　当我们提出一个问题时大脑会关注什么

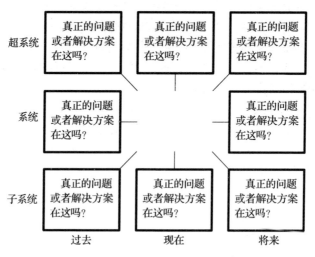

图 20-3　解决问题视角下的九屏幕法

20.2　负向最终理想解

任何熟悉系统性创新支柱的人都知道,最终理想解的概念是吸引人们进行成功创新的目标,更有经验的用户还了解一条称为"单系统－双系统－多系统(增加差异)"的进化趋势。在这种趋势中,我们看到出现了一种相反功能。在铅笔的另一头加装一块橡皮擦,以及储蓄与贷款、兼并与撤资都是这一趋势的典型表现。根据这一趋势,终将有人在某处面临添加相反功能的需求。

将最终理想解(IFR)概念与这一"单系统－双系统－多系统(增加差异)"趋势结合,便可得到负向最终理想解(−IFR),或者称为最小最终理想解的概念。如图20-4所示,−IFR可以视为与IFR截然相反的概念。

图20-4　最终理想解与负向最终理想解

负向IFR的特征是那些我们在系统中不希望出现的所有属性总和,例如无限的成本、零可靠性,等等。虽然乍看起来没有意义,但这一概念实际上是在传统系统性创新领域之外产生创意的方法。

"最糟糕的问题解决方式是什么?"这是创造学教育者经常采用的一种发问方法,它有助于人们跳出现有思维框架思考问题。这种方法还确认,许多人发现,较之其积极思维和建设性思维更为容易,人类大脑更容易陷入消极思维状态。如果你以前从未做过,那么可以在某个时候对一群人进行实验,将这群人分为两个部分,一部分人思考"最佳"的问题解决方式,而另一部分人则思考"最糟糕"的问题解决方式。至少可以说,消极思维小组产生的构想数量显著多于积极思维小组。同时,你会发现问题的最终解决方案通常都是由消极思维小组提出的。实际上,任何人都不希望获得问题的最差解决方案，人们的最终目标是将最差的解决方案构想反转过来成为可能的最佳解决方案。最重要的一点是，首先尝试最差案例的做法，会迫使人们摆脱所有在纯粹积极思维方式中可能产生的思维惯性。

在最近的一次研讨会中，有人问："为何碰到问题时，我们总是试图直接跳至解决方案？"认真思考一下，你会发现这种情况经常发生；当某人向我们提出一个问题时，我们的直觉总是开始考虑可能的解决方案。我们认为，其原因与上述总是想要寻找积极方向的思维惯性效应高度相关。我们通常不愿意挑战问题定义本身，因为这样一来意味着我们离答案更远。即使挑战问题定义本身事后被证明是有益的，我们在挑战过程中也仍然会感到异常不自在。这一效应与人们在"工作"之前仅愿意花费（相对而言）较少时间进行计划的现象相类似。当正在"工作"的时候，我们显得非常忙碌，因而自身更容易被"我们正在取得进展"的表象所迷惑。在计划的时候，表面上看起来我们并不怎么忙碌，我们会误以为自己没有取得任何进展。雪上加霜的是，"计划"通常意味着可能进入错误的方向，因而必须回过头来重起炉灶。

因此，"什么是最糟糕的方式……"的提示是我们摒弃这类思维惯性的一种有效方式。

在某种意义上，系统性创新工具箱中"颠覆分析"（详见第21章）的应用类似于唱反调心理，它能误导人们主动使创新走向歧途（"如何才能使系统失效"）。同样，应用这种方法的经验表明，较之于产出建设性意见，许多人更愿意习惯于猜想使糟糕的事情发生的方式。下节将提到的"规模-时间-界面-成本"的克服思维惯性工具也有异曲同工之妙（例如，"在没有任何经费支持的情况下，如何解决这一问题？"）。

"什么是最糟糕的方式……"是活泼气氛、打破僵局时最常问的问题（实际上，当讨论会议气氛沉闷，能以进行下去时，主持人几乎总是会建议这样做），其目的主要在于促使人们跳出现有思维框架考虑问题。然后,将所得结果反转至其积极方向,人们经常会得到许多有趣且有益的新创意。

例如:

问:"激励学生学习的最糟糕的方式是什么?"

答:"告诉他们这个内容不会出现在考试中。"

这是一个很容易反向转化的案例,也可这样回答:

问:"激励学生学习的最糟糕的方式是什么?"

答:"上午9点开始讲课。"

这是与解决问题相反的方向,但却可以促使我们生成一些有趣而积极的解决方案。例如,直接反转,我们可以考虑在晚上9点开始讲课(许多学生在一天中开始动脑筋的时间)。更加一般化的"反转",可考虑一天中的任何其他时间,或者将固定的上课时间更改为非常灵活的上课时间,例如将讲义放在网络上或者光盘上,这样学生们可根据自己的意愿随时自主选择听课时间。

反复应用这一工具,除了上述简单案例之外,我们可以为"可能最糟糕"的方式列出完整清单,并将所有方式反向转换。

负向最终理想解只是通过首先找出最糟糕的解决问题的可能方式,来为整个问题解决思路提供特殊的观察视角。

20.3 规模 – 时间 – 界面 – 成本工具

"规模 – 时间 – 界面 – 成本(STIC)"工具是对一些苏联TRIZ书籍(如Salamatov[1])中描述的原始"规模 – 时间 – 成本"工具的拓展。拓展后,我们把"界面"作为新的元素引入,因为"界面"在本书所讨论的所有系统性创新过程情境中具有很高的重要性。

这一工具包含的基本思想是,我们在考虑任何问题时,都倾向于从它现有的规模、时间框架、界面数量和形式以及成本出发,可以将其视为一个四维场(要想实现可视化可能有点难度——这可能在某种程度上可以解释为何原始工具只有3个维度)中的中心点。这一工具可以让我们转换至场的边缘，以便考察是否可以在一个或多个新的观察视角中找到更好的解决方案。

这一工具可帮助我们从4个STIC参数中逐一进行选择，并且将我们自己置于每种维度的极限值上。在每一个新的观察视角中，我们向自己提出以下问题："如果……我将如何解决这个问题？"每个极限值都为我们提出了一个新的"如果"式问题。综上所述，这一工具促使我们提出问题：如果……我将如何解决这个问题？

物理规模（S）是	零	无穷大
提供功能的时间（T）是	零	无穷大
界面（I）数量是	零	无穷大
允许的成本（C）是	零	无穷大

上述8个问题中的任何一个都可以成为头脑风暴讨论会的基础。图20-5以图形化的方式说明了STIC工具的基本思想，展示了从当前位置向可能维度的极限值延展运动的情况。

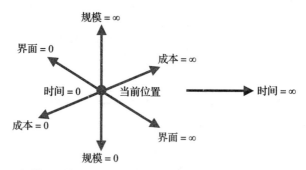

图20-5 "规模–时间–界面–成本"克服思维惯性的工具作为转换至问题的不同视角的方法

下述案例可能有助于说明该工具的有效应用：

任何一个一年内经历两次航空旅行的人都知道，排队办理登机手续、通过安检、登机、下机、通过边检、取行李、进口报关的新奇感很快就会消失。经常坐飞机的乘客将自己称作"痛苦族"。那么，STIC 工具如何改善航空旅行过程的舒适程度，并缩短耗费的时间呢？

以下是该工具帮助我们思考的几类问题：

（S→∞）——如果机场无限大，那么航空旅行以及行李安检和领取等过程，将会变成什么样子？

（S→0）——如果机场仅能容纳一架飞机，或者仅能容纳一位旅客，甚至机场根本就不存在，那么航空旅行将会变成什么样子？

（T→∞）——如果办理登机手续的时间更长，耗费一整天或者一个星期，那么会发生什么？

（T→0）——如果办理登机手续的时间为 0，或者飞行时间变为 0，或者任何地方都无须等待，那么航空旅行又会变成什么样子？

（I→∞）——如果给每位乘客都配备一位服务人员，如果从抵达机场到离开机场的每个阶段都配备一位服务人员，那么航空旅行将会变成什么样子？

（I→0）——如果根本没有机组人员，如果没有客舱服务员，那么航空旅行将会变成什么样子？

（C→∞）——如果成本趋于无限昂贵，如果成本高至仅有少量乘客有能力负担，如果乘客需要为他们的旅行支付真实的环境成本，那么航空旅行将会变成什么样子？

（C→0）——如果成本降低至 0，航空旅行将会变成什么样子？

毫无疑问，在上述解决方案的某些思考方向中，无论花费多长时间也只能产生一些没有任何意义的想法。但是，同样毋庸置疑的是，在该工具催生的上述所有 8 个方向中，一个实际可行的解决方案都没有产生也是很罕见的。

举例来说，针对上述航空旅行产生的体验不佳的问题，该工具可促使我们从以下几个方面思考：

（S→∞）——为每位乘客提供个人交通系统和 GPS 跟踪系统，在局域通信系统中推送个性化信息（手机？）。

（S→0）——家庭接送服务，所有登机手续都在向机场行进的过程中完成，汽车将乘客直接送至飞机旁，行李运至飞机货舱内，形成一个畅通的机场局域网——"超级舱空港"。

（T→∞）——电话登机值机、网络登机值机、旅行社代办值机、宾馆、会议室、影院、娱乐设施（即，使乘客愿意早点到达机场，而不是让他们在接近起飞时间前赶着办登机手续）。

（T→0）——航站楼安全性系统（例如，雷达和 GPS 跟踪），真正有效果的一次性安全简介（例如，让乘客实际穿上救生衣，而不是提示他们怎么做），合并登机手续与安检，在办理登机手续时或者在飞机上进行入境边检，而不是飞行结束时进行。

（I→∞）——为每一位乘客配备一名服务人员；提供个性化服务，包括可记忆乘客喜好的智能化系统、适应性学习系统、软件代理跟踪–模拟工具，以及经常询问乘客意见并执行其建议的系统。

（I→0）——自动化安检系统、电子售票、电子护照、随身行李服务，乘客自己负责按时抵达登机口（就像少数所谓"无声"机场所做的那样），为需要帮助的乘客开通 GPS 导航帮助业务，利用几乎每位乘客都会携带的手机进行 SIM（用户身份识别卡）售票，通过短信提供航班信息。

（C→∞）——无法产生有用的方案。

（C→0）——为减少拥挤，在高峰期推出特殊时点免费飞行服务，不提供飞机茶点，乘客自行携带食物，虚拟旅行，模拟飞行。

要保持从所有 8 个问题中都产生新方案的精力的可能性相对比较低，这也与应用该工具的人或团队有关。如果你试图使用该工具，但发现你自己经常说一些诸如"哦，如果没有钱，显然不可能解决这个问题"的话，那么就意味着你已经到达了精力的低谷。你当然可以这样做，但是，在这种情形中，更好的策略是暂时离开一小会儿去做其他事情，之后再返回这一讨论。或者可以将小组再进一步细分为更小的小组，并且在不同的小组间进一步细分提出的问题。

20.4 "何因 – 何物阻止"分析工具

"何因 – 何物阻止"分析工具引入系统性创新工具箱时已经修正过。该工具背后的基本思路来自多个地方。我们之所以收入这一工具，是因为它是我们所发现的有助于构建问题陈述层次的最好方法，便于我们从该层次中识别出应该解决的真正问题。我们认为，能识别真正应该解决的问题是非常重要的，因为我们经常发现我们开始处理的，其实并不是我们应该解决的问题。你也会发现"何因 – 何物阻止"分析工具已经在本书问题定义一章（第5章）的问题探索部分涉及。在那里，该工具主要应用于项目开始阶段，以起到某些导向作用。在这里，该工具主要应用于在经过问题定义、工具选择和方案生成所有阶段之后，仍然无法获得有效解决方案的场合。

"何因 – 何物阻止"分析工具是由 Basadur[2] 开发的工具的改进版本。该工具为使用者提供了一种结构，借助这种结构，原始问题可以以可视化的方式置于更加广泛或更加狭窄的情境中。这一工具的主要目的是，克服人们在采用"问题是……"之类的陈述后，便匆忙跳进问题解决模式的常见现象。这种现象正是思维惯性的最主要表现之一。无数案例证明，实际上对于原始问题的定义可能并不是"正确"的问题。正因如此，这一工具将原始问题表述为"问题是……"之后，迫使工具使用者思考更加广泛和更加狭窄的问题。"何因 – 何物阻止"分析工具的典型图解如图20-6所示。

一般来说，这种工具的使用者用"何因"来泛化问题，用"何物阻止"来窄化问题。与戴明（Deming）"5个为什么"的基本原理[3]相一致，该方法也可以进行多次泛化或窄化（与戴明的表述一致，但我们很少需要超过5次"为什么"循环才找到根本原因，实际上通常只需要几次即可达到目的）。在过程结束时，使用者可以获得一系列具有层次性的问题定义集，其中，我们可以发现一幅更加清晰的"正确"问题图景。

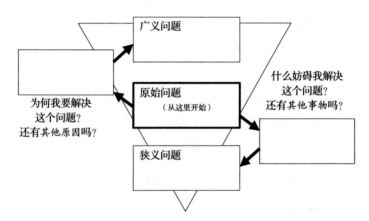

图20-6 "何因－何物阻止"分析思维惯性工具框架

通常情况下，我们不仅将问题与"5个为什么"相结合，而且会涉及"5W1H"方法，即何人、何物、何时、何处、何因以及何法。对将这些方法融入系统性创新过程感兴趣的读者，可以进一步阅读参考文献[4]。

为打破思维惯性，我们需要将关注点放在"何因－何物阻止"方法上。下面一个案例可能有助于我们了解这一工具是如何激励人们从完全不同的视角来观察问题的。我们来看一下在B2B（Business-to-Business）环境中，客户延迟支付货款的共性问题。这是许多公司都会面临的一个问题，也是大多数人都想要解决的一个问题。因而，我们将其定义为原始问题。

该工具促使我们通过提出"何因"的问题向上泛化问题，同时也将促使我们通过提出"何物阻止"的问题向下窄化问题。值得注意的是"其他原因"和"其他事物"等问题提示我们，必须找到尽可能多的答案（见图20-7）。

20 · 第20章 · 问题解决工具：克服思维惯性

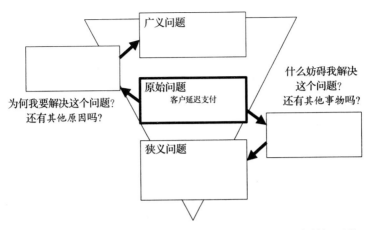

图 20-7　应用"何因－何物阻止"工具分析客户延迟支付问题的初始情形

图 20-8 说明了由前述的延迟支付所引出的问题与答案的可能组合。这一工具建议的某些解决方向与许多公司所采用的一些策略（激励/折扣的方法促使顾客乐于迅速支付费用，更好的沟通，等等）一致，不过有趣的是，有些建议并非如此。例如，如果客户确信双向透明会带来双赢的可能性，例如分散风险、建立更加牢固和长久的合作关系，那么使会计系统透明化实际上是非常有吸引力的。同样，找到既不会泄露公司机密又不会影响公司安全的透明性需求的办法，也会带来若干有趣的可能。（注意就后者而言，我们已经识别出了一对关于透明性与安全性的冲突。我们可以利用这个机会研究第 11 章的系统性创新工具箱中的冲突消除部分，看其他人在面临这种冲突时可能采用何种方式实现双赢。在使用"何因－何物阻止"分析工具时，经常需要识别出某种冲突。）

这一工具的基本思想就是激励我们对原始问题范围之外的空间进行探索。就像本案例一样，我们通常可以找到较原始问题更好的问题。

需要注意的是，为了拓展问题探索的边界范围，也可以再针对泛化问题定义提出"何物阻止"的问题。同理,也可以针对窄化问题定义提出"为何我需要解决该问题"的问题。

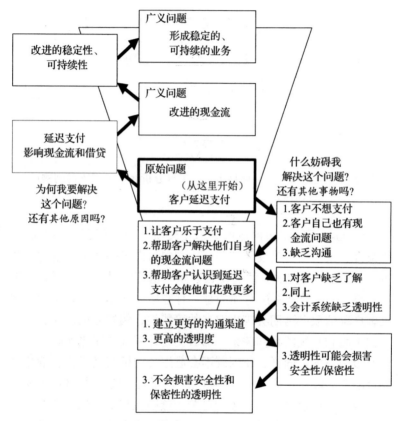

图 20-8　应用"何因－何物阻止"工具分析客户延迟支付问题

在第 5 章中,我们虽然也给出了另一个"何因－何物阻止"工具的应用案例,但是那个案例纯粹只是为了帮助定义问题。

20.5　极端人士观点工具

在最后这一节中,我们将探讨一种可以用于克服思维惯性的新策略——"极端人士观点"（Omega Life View，OLV）工具。这种策略是专门为了既要关注顾客需求，又要识别破坏性创新机会的情境而开发的。

这种工具是建立在两项重要的心理学研究成果基础之上的。首先，是 Edward DeBono 的"他人观点"（Other People's View，OPV）的研究成果[5]。不过，OPV"工具"仅促使人们转换至其他人的观察视角。典型的 OPV 问题是诸如"在这种情况下，我的经理会怎么想"之类的问题。在 DeBono 看来，通过将自己放置在其他人的位置（即换位思考），我们就能跳出由自身思维惯性所界定的框架而进行思考。其次，我们的工具建立在 Liam Hudson 的著作[6]及其研究成果基础上。该项研究认为，当我们迫使某人站在其他人的位置尝试解决问题时，他们通常会比仅根据自己的习惯完成这项工作做得更好。这项"思维框架"研究的基础是，如果我们可以跳出自身思维惯性所界定的边界框架范围，或者说"放弃我们已习惯的做法"，我们将更容易产生一些新思路。Hudson 及其团队最令人吃惊的发现之一是，当我们要求通常不那么具有创造性的人，站在富有创造性的人的立场上（"富有创造性的人将如何处理这种情形？"）完成某项任务时，他们会做得更出色。

因此，简言之，"极端人士观点"采用了与 DeBono 和 Hudson 二人完全一样的策略，即换位思考。然而，这两个人的方法都鼓励人们将观察角度转换为普通的"其他人"视角。这样做当然很好，例如，我们与他人争论时还能站在他的角度看问题，而且这种从"他人"角度观察世界的视角转换通常是十分有效的。然而，当我们将"他人"范围扩大后，这种方法的有效性也就会随之降低。例如，微软以前在进行产品开发时，曾预设了一系列客户角色。例如，可能有位名为"Bert"的顾客角色。"Bert"有一系列特征，比如，不习惯使用电脑，体力劳动者，等等；因此，要开发 Bert 和所有其他潜在客户乐于购买和使用的产品，开发人员需要将其自身放在 Bert 的位置（"Bert 现在会怎样做呢"）设计。

这种设身处地考虑"他人"的方法对于我们开发被广大顾客接受且耐用的产品是大有裨益的。显而易见，在这一思维框架中，我们构建的"他人"类型越多，我们的设计结果也应该更加容易让越多的人接受。但是，这里存在着两个很大的问题。其一，我们很快会发现，"他人"种类如此之多，以至于不可能对其全面了解（在采用这种方法的大多数设计团队中，类型数量通常限定为7～8个）。其二，常识告诉我们，应该抓住最可能的潜在客户类型的基本特征。这样一来，我们经常碰到的正态分布曲线就再次出现了。常识与正态分布曲线，是一个潜在的至关重要的组合。这是为什么呢？

下面我们来看一下，在选择与何种"他人"换位思考，并设计取悦于他们的产品或服务的过程中，通常可能会发生什么。超市行业会试图吸引并维持最大顾客量，这是常识。出于这一常识，超市会开展各项委托研究，以便识别和理解不同顾客的分布情况。这些研究会获得大量的有用数据，譬如顾客平均年龄、购物账单平均消费额、排队时间、男性与女性的比例、带小孩顾客的百分比等。所有这些数据都是非常有用的，可以将所有这一系列数据绘成一些正态分布曲线。如图20-9所示，我们就可以发现所有这些测量参数的"最优"平均值。只需再做最后一小步，就可以将超市经营活动与这些"最优平均值"完美匹配。如果我们能够把这些工作做得足够好，我们的超市经营就会非常成功。这种策略会有什么错误呢？

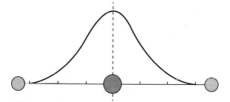

图20-9　正态分布曲线与"极端人士观点"

只要看见正态分布曲线或其他类似曲线，大家都知道它们是标准的。但是，处于极端状态的情况会怎样呢？或者，换句话说，"极端人士"会怎样看呢？

当然，正态分布曲线的要点是保证我们尽可能地涵盖解集范围空间。因此，我们可以肯定，超市也已将它们的商店、收银台、停车场等设计好，以最大限度地满足各个年龄段和各种类型的顾客需要。再问一次，这样做有什么错误呢？

第一个问题是，其他所有超市可能都进行了同样的研究，它们也得到了或多或少相同的各种正态分布曲线，并且也与我们一样进行了相同的决策。这也就是正态分布曲线称之为"正态"的原因，这也会造成每个超市与其他所有超市千人一面。当然，它们之间也会不可避免地存在着些许细微差异，但是，只要稍微留意一下一家超市是如何迅速地模仿另一家超市的，你就会知道这种正态分布的观念本身是怎样传播的。一旦一家超市分析获得了关于顾客收入增加的数据及原因后，就会决定销售"奢华"产品以获得更大的利润。但是，短短数月之后，第二家、第三家、第四家连锁超市就会接二连三地推出它们自己的"最好产品"或"金标准产品"，或者其他与"奢华"产品相似的东西。同样，对于"母子"停车空间、"1人在前"结账排队策略、消费积分卡、在线商店、同城"时装"/快递商店，或者你所注意到的任何其他"创新"，我们都可以很快了解到第二家超市飞快的跟进速度。

另外一个问题是，处于由正态分布曲线所涵盖范围之外的那些人将不被我们视为顾客。这个问题表面上看起来不怎么严重，原因在于，如果我们设计的模型是为 99% 的人提供服务的，那么我们何必还考虑剩下的 1%？

这种观点听起来似乎合乎逻辑。对于大多数企业来说，失去 1% 的市场是可以接受的，毕竟保证了 99% 的绝大多数客户。

但是，这是一个明显的悖论。常识告诉我们，**只关注 99%，意味着我们有可能失去了破坏性和非连续性创新的机会。真会**

这样？当然！不胜枚举的证据表明，对于每一种类型的创新而言，创新的火花都源于那些极端人士，或者说位于正态分布曲线之外的人群。大家可以想象一下，这些极端人士无法从"正常"的系统中满足自己的需求，因而他们只能通过其他方式获得想得到的服务。具有讽刺意味的是，极端人士大多是企业家意义上的反叛者，因此他们很可能采取行动，以便获得他们想要的东西。最后的结果是什么呢？极端人士发现了不同的成功方法，而且更重要的是，其中某些方法最终会取代"正常"的方法。

现在我们碰到了一个新问题，因为由一小部分"极端人士"构成的群体所得到的绝大多数解决方案，对于一小部分人而言是非常有效的小众问题解决方案，但对于大众市场却是毫无用处的。由于这种极其悬殊的成败比率关系，大多数组织都倾向于完全忽略极端人士的需求。其结果往往要么是为时晚矣，要么是亡羊补牢，企业不得不花费巨额资金请回"极端人士"。往往只有到了这时候，原来的那种忽略小众问题的局面才可能有所改观。可参见 Ben & Jerry 的冰激凌故事作为原型案例的讨论[7]。

所以，我们开发了这种"极端人士观点"工具，以便提高发现这类破坏性创新问题的成功率。在这一方法使用中，有两点需要注意。第一，是极端人士的选择问题。如果仅此一点，那么实际上并没有什么帮助，因为找到"正确"的极端人士，与找到"正确"的破坏性创新一样困难。因而，第二点着眼于解决这一正确性问题。第二点利用了在进行破坏性创新的过程中关于矛盾冲突消除的重要性这一系统性创新研究发现。准确地识别一个冲突，为应用发明原理解决这一冲突打开了方便之门。OLV 工具的目标在于帮助人们准确地找到这些冲突与矛盾。

这一方法非常简单，由以下几个步骤构成：
a）识别有待改进的事物。

b）识别一系列"极端人士"，即目前位于正态分布曲线之外的潜在顾客，最好包括两个方向的极端人士。

c）换位思考，将你自身置入这些潜在顾客的生活，并且记录下他们"理想"的愿望清单。

d）分析比较这些"极端人士""理想"的愿望清单，以便从中找到他们的共性需求和冲突。

e）考察这些共性需求是否蕴含可能的破坏性创新机会。

f）对于这些共性需求，同时考察"是什么阻碍我们满足这些要求"，以便识别其他冲突。

g）探索部分或者全部"消除"冲突的方法。

这一方法的好处在于，我们没有采用通常的妥协或者折中方法而采用本工具的好处在于"消除"冲突后，经常会出现各种各样出乎我们意料的好结果。

为了探索它的基本机制并研究一种破坏性创新时机业已成熟的情形，我们来看一个案例。

手机服务

待改善事项：手机服务。

极端人士：a)《财富》世界 50 强企业的 CEO；

　　　　　b) 患癫痫症的旅行者；

　　　　　c) 带着幼儿园学龄的三胞胎的单亲母亲。

（此处的基本思想是在人群中找到各个方面处于"正态分布"曲线涵盖范围之外的极端人士。值得注意的是，在这里，我们试图从社会结构的边缘识别出小众市场。根据"极端人士优先"[8] 的基本原则，我们应该将范围扩展至社会的极端边缘。我们采用"边缘"而非"极端边缘"，主要是出于以下两个原因的考虑：1）与单亲母亲或者公司 CEO 换位思考，似乎比与 Jim Rose 马戏团（www.ambient.on.ca/jimrose/jimrose.html——请小心打开网页！）的成员换位更易产生同理心；2）更重要的是，准确地找出和解决的冲突，恐怕也并不能为浑身穿孔的墨西哥摔跤手们提供想要的结果。)

接下来的步骤如下表所示。

极端人士	"理想产品"清单
CEO	● 彰显其地位的手机 ● 尽可能小的手机／同其他工具集成 ● 手机自动充电电池 ● 即时获得股票价格信息 ● 即时联系私人助理并获得直接报告 ● 一对多会议电话 ● 在火车／轮船上有手机信号 ● 零学习曲线 ● 声音直接转换成电子邮件 ● 无边界国际通话 ● 可存储所有需要信息的能力 ● 防盗 ● 私密通话交流的"加密"能力 ● 即时更新版本／手机功能替代 ● 压力监测
患癫痫症的旅行者	● 在任何区域都可向最近的急救服务中心一键紧急呼救 ● 抗摔手机 ● 电源随时可用（电池随时充电） ● 将生命体征信息发送到急救服务中心 ● 防盗 ● 多语言翻译功能 ● 与电子机票捆绑 ● 与本地支付（电子支付／手机支付）系统相联接
单亲母亲	● 低价位 ● 坚固耐用的手机——可承受（由幼儿带来的）各类损伤 ● 避免（幼儿）无意按键与通话 ● 讲故事／幼儿娱乐并行功能 ● 离身查找，可告知母亲手机的位置 ● 免提，附加功能 ● 与幼儿园中央监控系统（CCTV）连接的儿童监测功能 ● 应急按钮 ● 支持（多用户）群体交流

如果考虑实际情况，那么每张清单都将变得更长。但是，我

们仅仅罗列至此,以便我们能集中精力于研究工具应用的一般过程本身,而不是任何可能随时出现的具体解决方案。

冲突:开放访问权限与私密性
低成本与高档次
长时通话与低花费
长时通话与电池能力
小体积与离身查找/防盗窃
及时更新版本与零学习成本
一键通话与避免无意呼叫
交谈与手机功能替代

共性问题:耐损伤
重要号码自动定位
自动连接外部信息源
一对多/多对一
多功能集成
敏感信息输入
自动充电/自供电源
免提

由上述问题造成的冲突:坚固耐用与低价位
集成性与安全性
敏感性与可靠性
电池与无电池
免提与防盗

总之,当这些冲突解决以后,我们将会看到许多有趣的可能创新应运而生。

这个案例表明,表面上看起来,这些"极端人士"之间几乎都没有任何共同点,但是实际上他们具有许多的共同需求(例如,每个人都想通过一键拨号拨通关键号码,虽然原因各异)。类似地,一旦解决了出现的各种冲突之后,我们很快就会发现,相关的创新发明结果可以满足每位极端人士各异的具体要求。

综上所述，这一案例表明 OLV 工具是一种使用起来非常方便、可以帮助人们有效"跳出现有思维框架"并且能够产生有益新方案的方法。

我该怎么做

如同在第 3 章所讨论的那样，思维惯性是人类大脑所表现的一种普遍现象。我们能意识到这个问题是很好的开端，但是许多人发现他们需要借助某种积极的方法工具，才能克服思维惯性。

在所谓"系统性创新"的全过程中，我们推荐了 4 种主要工具。九屏幕法"系统算子"概念在书中经常涉及，因而我们在本书的较早部分也专门设置了一章。在本章中，我们还讨论了其他 4 种工具：负向最终理想解、规模 – 时间 – 界面 – 成本、"何因 – 何物阻止"分析和极端人士观点。它们一起构成了我们所发现的克服思维惯性最为有效的 5 种方法，而且这些方法适合于绝大多数用户。然而，由于我们每个人的思维惯性都具有一定的个体独特性，因此使用本章所介绍工具的最有效方法就是对其进行逐一尝试，以便观察哪种工具最适合你自己。

在使用其他系统性创新工具无法产生解决方案时，应用克服思维惯性的工具，去重新构建问题框架是一种最有效的方式。但是，有些人可能特别青睐于某种特定工具，并自然而然地将其应用到平时的创新之中。我们推荐这样做，因为人们工具箱中的工具数量越多，得到更优秀解决方案的可能性也就越高。

对于那些发现我们所推荐的工具都不适合他们的人而言，可以进一步参阅本章末尾的参考书目，其中给出了一张克服思维惯性工具的详细清单。

无论你钟爱哪种克服思维惯性工具，都需要尽可能多地去应用它。

参考文献

[1] Salamatov, Y., 'TRIZ: The Right Solution at the Right Time', Insytec nv, The Netherlands, 1999.
[2] Basadur, M., 'The Power Of Innovation', Financial Times Prentice Hall, 1995.
[3] Deming, W.E., 'Out of the Crisis', Cambridge University Press, 1986.
[4] Apte, P., Shah, M., Mann, D.L., '5W's and an H of TRIZ', TRIZ Journal, June 2001.
[5] DeBono, E., 'Serious Creativity', Penguin Books, 1992.
[6] Hudson, L., 'Frames Of Mind', Methuen, 1968.
[7] Cohen, B., Greenfield, J., 'Ben & Jerry's Double Dip', Simon & Schuster, 1997.
[8] Mathews, R., Wacker, W., 'The Deviant's Advantage: How Fringe Ideas Create Mass Markets', Random House Business Books, 2003.

参考书目（按重要性降序排列）

[1] DeBono, E., 'Serious Creativity', Penguin Books, 1992.
[2] DeBono, E., 'Po: Beyond Yes or No', Penguin Books, 1972.
[3] DeBono, E., 'The Mechanism of Mind', Penguin Books, 1969.
[4] Dilts, R., 'Tools For Dreamers', Meta Publications, 1982.
[5] Dilts, R., 'Strategies of Genius', Volumes 1-3, Meta Publications, 1996.
[6] Koestler, A., 'The Act of Creation', Penguin Arkana, 1964.
[7] Hall, L.M., Bodenhamer, B.G., 'Figuring Out People: Design Engineering with Meta-Programs', Crown House Publishing, 1997.
[8] Lawley, J., Tompkins, 'Metaphors in Mind: Transformation Through Symbolic Modelling', The Developing Company Press, 2000.
[9] MacKenzie, G., 'Orbiting the Giant Hairball', Viking, 1998.
[10] Root-Bernstein, R. and M., 'Sparks of Genius – the 13 Thinking Tools of the World's Most Creative People', Houghton Mifflin, Boston, 1999.
[11] Gelb, Michael, 'How to Think Like Leonardo da Vinci – Seven Steps to Genius Everyday', Thorsons, 1998.
[12] Allan, D., Kingdon, M., Murrin, K., Rudkin, D., 'What If? How to Start a Creative Revolution at Work', Capstone Publishing, 1999.
[13] Charlotte, S., 'Creativity – Conversations with 28 Who Excel', Momentum Books Ltd, 1993.
[14] Foster, R., Kaplan, S., 'Creative Destruction: Turning Built-to-Last into Built-to-Perform', Financial Times Prentice Hall, 2001.
[15] Horn, R.E., 'Visual Language – Global Communication for the 21st Century', MacroVU Inc, Washington, 1998.
[16] Oech, R., von, 'A Kick in the Seat of the Pants', Harper Perennial, 1986.
[17] Buzan, T., 'Use Your Head', BBC Books, 1997 updated edition.
[18] Claxton, G., 'Hare Brain, Tortoise Mind', 4th Estate, London, 1997.
[19] Wallace, D.B., Gruber, H.E., 'Creative People at Work', Oxford University Press, Oxford, 1989.
[20] Grand, S., 'Creation: Life and How to Make It', Weidenfeld, 2000.
[21] Nalebuff, B., Ayres, I., 'Why Not? How To Use Everyday Ingenuity To Solve Problems Big And Small', Harvard Business School Press, 2003.
[22] Osho, 'Intuition, Knowing Beyond Logic', St Martin's Griffin, New York, 2001.

21

第 21 章

问题解决工具：颠覆分析

> 想使设计完美无缺的人通常会犯的错误就是低估彻头彻尾的偏执狂之别出心裁。
>
> ——Douglas Adams, *Mostly Harmless*

> 地球转动完全遵循自身的规律，不会理会我的想法和人类的算计。
>
> ——Margaret Atwood, *The Circle Game*

本章所介绍的是关于创造更加稳健的商业解决方案的技术和策略。不论是从宏观的层次考察整个商业世界，还是从微观层次审视商业组织内部的部门或科室，几乎很少有经得起时间检验的企业案例。只要看一下近40年来世界100强企业名单的更替与变换就会发现，商业企业领袖在保持其长期经营活动而又持续成功发展方面表现得有多糟糕。当然也有例外，一些企业生存且茁壮成长了数百年。但是21世纪初商业企业的平均生命周期通常只有数年，而不是数十年或者百年。在某些领域，比如说餐饮领域的统计显示，95%的企业在开业后5年之内倒闭。在几乎每一个行业，生命周期曲线已经并且将在相当长一段时间内呈现出持续下降的趋势。"企业"与"稳健"两个词通常不能一起出现。

那么，当我们试图为所负责的部门、分支机构、公司或者社团构建更加稳健的管理模式时，系统性创新能提供何种帮助呢？根据"某人在某处已经解决了你所面临的问题"的思路，许多人被迫开始思考如何将系统稳定性设计得不仅显著高于平均值，而且也高于最稳健的商业模式的问题。在这种情况下，这些人就是世界的工程师。核能、航空航天以及空间产业可能是最前沿的工程稳健设计领域。如果你已投入数亿美金，生产一枚试图发射至可能最不利环境而且无法回收的卫星，那么根本就没有"重来一次"的机会；卫星必须自己工作，而且从发射起就必须可靠地工作。

因此，相关介绍把工程师们处理此类问题的常用工具重构为用于商业和管理环境的版本，构成本章的主要内容。这部分内容主要在本章的第2节，也是本章篇幅最大的小节。本章的第1节介绍在商业情境下界定稳健性的定义及其度量。除上述两节外，其余部分提供了一系列"清单"。当我们希望我们的设计在商业环境下尽可能稳健时，这些清单可以帮助我们思考并提出正确的问题。

21.1 稳健性的定义

稳健性（或者，在工程中更常用的"可靠性"）似乎正成为许多产业部门中系统设计的主要因素。其部分原因是管理者越来越希望他们所管理的部门能够在未来继续生存并茁壮成长。但是不幸而具有讽刺意味的是，大量研究表明，当我们真正想关心企业稳健性问题时，往往为时已晚。图21-1揭示了在不同阶段中，企业进化状态与管理者及内部员工关注焦点之间的关系。该图显示，只有在系统生命周期的成熟期后期和退出阶段，稳健性问题才成为严重关切点和焦点。之所以出现这种现象，主要是因为在早期阶段我们通常仅试图生产品质足够好的产品或服务，以便满足顾客的需求。然后，在快速成长阶段，我们主要忙于供货和资金回收。只有当进一步提供更多更好的产品或服务变得更为困难，继而我们越来越难以与竞争者区分时，我们关注的焦点才会转至基业长青的问题。不幸的是，这同样"太晚"了（参考文献[1]给出了许多实例），因为将稳健性植入一个从未考虑或需要考虑而未考虑这一问题的模型上是异常困难的。

改善稳健性面临的第一个很大的问题是，从一开始就应考虑所有相关问题。第二个很大的问题是，几乎没有可供人们在构建有效的商业设计方法论时参考的数据库。

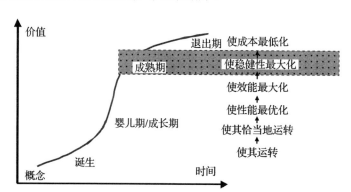

图 21-1 系统进化曲线上的可靠性考量

在深入探讨如何才能改善这一情形的细节之前,先行定义一些重要的稳健性度量方法是非常有用的。稳健性指在给定的时间和既定的环境中,当操作无误时,系统按规定的标准零失误地工作的可能性。因为稳健性定义为一种可能性,所以它可以用 $0 \sim 1$ 区间的数字度量。

0 稳健性意味着系统一定会失效,而度量值为 1 的稳健性则意味着系统从来不会出现失效。有时稳健性也可以用失效率来表示。稳健性和失效率的关系表现为以下公式:

稳健性 = 1 - 失效率

许多稳健性度量方法用一定操作时间的失效率表示。例如,六西格玛就采用"每百万次计数中缺陷的数目"作为定义系统稳健性的方法。因此,在六西格玛术语中,达到六西格玛质量等级 6 就意味着(取决于数学计算)每百万次计数中出现 3.4 次失效[2]。不同的行业倾向于采用不同的数据表达方法。我们将采用航空航天产业中的管理,以每小时操作中失效的概率定义失效率。因而,10^{-6} 就意味着每百万小时操作中出现 1 次失效的失效率。很显然,数字越小,系统越稳健。先进的工程系统通常能够达到 10^{-8},即 1 亿小时操作中出现 1 次失效,或者更低的失效率水平。

在商业系统中，能够达到如此之低失效率的企业，即使有恐怕也是凤毛麟角。

有些人可能对我们认为应该讨论稳健性觉得奇怪，因为至少从理论上来说，应该很有可能设计完全不会出现失效的系统。简单来说，系统的稳健性取决于其应完成的任务与为了完成任务而经整合的资源元素的能力之间的关系。图 21-2 在同一轴线上给出了可能的任务与能力分布。我们知道任务和能力都会在某种程度上产生变异，因此我们将统计变异纳入了上述两条分布曲线中。不管任务或者能力的变异有多大（两种变异都可能很可观），在设计时，只要我们能够使两条分布曲线不存在相互干涉，即保证能力的最低值始终高于任务的最高值，那么就不会存在失效的可能性。这可视为理想的情况。系统如果采用这种曲线以及独立性设计，其稳健性就是 1。这种想法是正确的，尽管在分析中不可避免地存在概念上的过度简化，但是，我们仍必须思考稳健性或者众多系统的失效为何会成为如此重要的问题。

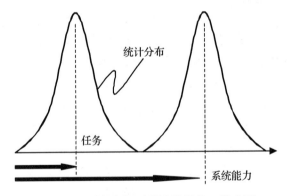

图 21-2　不存在相互干涉的任务 – 能力图

然而，实际情况如图 21-3 所示。在这种情况下，存在相互干涉的区域。这一区域表示，系统在某些方面的能力可能低于任务的要求，既存在某些系统失效的风险。出现两条曲线的交叉主要有两个方面的驱动力：其一，考虑到理想度公式，增加"收益"（任务执行能力）的需求推动曲线向右移动；其二，竞争和降低成本的需求又把能力曲线拉向左边。

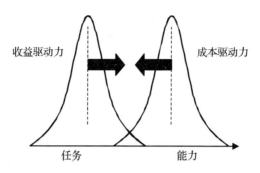

图 21-3　存在相互干涉的任务 – 能力图

当然，在实践中，我们通常会通过检查测试来去除能力曲线的尾部。类似地，我们也会通过说明顾客可以和不可以要求什么，来阻止顾客误入过度需求的区域，从而对任务加以限制。在这两种做法中存在的悖论是，其各自行为都将分别导致各自的稳健性问题，结果通常是，我们要测量和限制的系统本身会失效。换句话说，我们希望解决一系列问题，但在这样做的同时却又带来了一系列新的问题。

一个与此悖论相关的问题也值得我们简要讨论，以便理解"系统稳健性"，然后在此基础上进一步改进我们的稳健性设计工作。从历史上来看，我们设计系统的方式是，首先花一些时间对顾客的需求进行评估，然后设计和构建一个可满足此需求的商业模式。因为在这两种活动中都不可避免地存在一些不确定性，我们通常会引入一系列"附加因素"："由于我们无法真正判断这些不确定性到底会带来什么意外，我们会增加一定的冗余性能。"因此，通常会出现所谓的"过度设计"的系统。这至少部分解释了所有系统在其进化过程中都会出现"复杂性先增加后减少"趋势（见第 14 章）的原因。如果系统处于这种状态，那么很快竞争压力（通常表现为"商业流程重建"的提议）就会迫使我们说："我们过度设计了系统，那些附加因素也许选得太大了。下次，我们会将它们设计得小一点（因此使用更少的资源）"。这一过程一直不断重复地持续下去，慢慢地、慢慢地，最后直到无法再精简设计而达到最优化。实际上，这种最优化是管理的最基本任务之一，即试图以最小的投入获得最大的产出，同时，这样一来，不可避免推动系统达到其能力极限。正如第 10 章所讨论的那样，当我们谈论精简设计问题时，80% 的商业情境已经处于系统被推至这一基本极限水平的状态。

21.2 有助于提高稳健性的工具与策略

有许多工具和策略可以帮助我们设计更加稳健的商业系统。在此，我们将特别探讨其中的 5 种：

1）自上而下分析法；
2）自下而上分析法；
3）红队 / 绿队颠覆分析；
4）稳健性趋势模式；
5）稳健性矛盾消除。

21.2.1 自上而下分析法

任何管理系统都是极其复杂的。此处"复杂"意味着"处于极端的混沌状态"。分析稳健性（或缺乏稳健性）的自上而下方法和此类复杂性相关，通常需要构建故障树。故障树分析（Fault Tree Analysis，FTA）能识别系统失效的可能原因，所以在商业运作的设计阶段特别有用。它会回答"为何会发生这种失效事件"之类的问题。这种分析法的总体模式由以下几个步骤构成：

1）系统定义。这一步骤需要待评估系统的流程图以及功能属性分析模型，目的是识别定义系统的要素与步骤，以及它们之间的相互关系。

2）顶事件的选择。"顶事件"就是系统中的运作失效（或部分失效），可能是系统彻底崩溃，或者无法满足希望的性能指标，例如，未能按顾客订单发送货物，或者发送太晚。新的故障树与新的顶事件相关。因此，应该选择可能造成最严重后果，特别是那些很可能发生的顶事件。

3）故障树构建。根据功能属性分析模型，从与顶事件相关的元素开始，沿与其相连的其他元素之间的连接线，顶事件可与更基本的故障事件相关联。事件描述通过逻辑门连接。"或"门只需一个输入事件发生就可使输出事件发生，而"与"门则需要所有输入事件发生才能使输出事件发生。在最简单的模型中，只需"或"门连接各故障事件，例如，如果仓库没有接到正确的指令，或者销售员没有将相关细节输入系统，或者生产部门没有向仓库提供货品……那么就不会向顾客提供订单派送。在具有内置冗余的系统中，需要"与"门。我们将会发现可能产生以下失效情形：如果会计部门处理订单信息过晚，"与"订单处理系统未能向系统中的其他部门说明这一情况，那么仓库就不会向顾客提供订单派送。因此需要通过组合许多此类事件才能构建一个故障树。

4）主要事件上，故障树的每个分支都终止于代表基本要素失效的主要事件（如"销售员没有将相关细节输入系统"），此时无须继续分析。所有的主要事件都必须是完全独立的。在对这些事件的分析中，我们应该指出顶事件所有可能的成因。如果顶事件代表重要系统的灾难性失效，那么希望单一主要事件不足以构成全部的失效原因。只有在多个独立要素发生的主要事件同时发生而引起系统失效的情况下，才需要多重冗余系统。

5）概率分析。主要事件的发生概率定义为系统设计生命周期中，该事件至少发生一次的概率。这一概率可能通过对过去运转过程中相似要素的失效比率记录来进行评估，如果没有多少公司会收集此类信息，那么也可以通过估计来获取。通常只有在需要生成系统稳健性的定量评估时，才会执行这一最后阶段的概率分析。目前，尚不完全清楚这一方法能带给我们的具体收益。另一方面，作为一种相对改善的衡量工具，我们也需要对这种技术给予评价。确定无疑的是，它与许多组织希望评估诸如"现在我面临多大风险"之类的以前难以回答的问题的趋势相匹配。这种趋势在很大程度上来自六西格玛之类的质量改善活动。

21.2.2 自下而上分析法

这是对上文讨论的故障树分析法的补充分析方法，不过采用的是自下而上而非自上而下的分析。也就是说，与它相应的问题是"如果这个要素失效，会发生什么？"它非常适合于那些不存在冗余的系统，它以可能导致系统失效的那些要素为中心来进行分析。

这类"如果……会发生什么"自下而上的方法起源于失效模式与影响分析（Failure Modes and Effects Analysis，FMEA）。不幸的是，失效模式与影响分析经常是单调而且耗时的。它通常由以下几个步骤构成：

1）系统定义。这一步骤类似于故障树分析的第一步，仍然是从功能属性分析模型开始的。

2）失效模式分析（FMA）。找出系统所有要素以及操作序列和相应的构件的状态，例如"会计部门处理订单信息过晚"。在可能的情况下，也可以比较分析它们发生的相对频率。

3）失效影响分析（FEA）。应识别和记录系统中已确认的每个要素的失效模式、它对该要素的局部影响，以及它对系统和系统运转的影响。以往大多数分析的局限性就是仅考虑单一的失效。对每种失效模式都应该进行评估，以便确定最坏的可能后果，同时也可对影响的严重程度分级。严重程度可以划分为灾难性的（设备损毁或人员受伤）、危险的（系统失效）、次要的（性能或有效性下降）以及轻微的（需要计划外的修理）几个级别。

4）危险程度分析（Criticality Analysis，CA）。每种潜在失效模式都可以根据严重程度和发生概率的综合影响排序。通常情况下，由于缺乏合适的数据，因此这项工作只能采用定性的方式完成。我们可以绘制危险程度散点图，轴线分别表示严重程度和发生概率，其中的点表示不同的失效模式。或者，也可以对严重程度分级和估计的发生概率赋予一定的数值标度，任何特定失效模式的危险程度就可以采用二者的乘积表示。当然，在危险程度评估过程中也可以引入其他因素。在采用系统监控技术的地方，引入检测表示初期失效模式困难程度的因素可能比较合适。比如，在工业应用中，人们可能引入表示与失效相关的维修成本的因素。对于最重要的项目，特别是那些严重程度非常高的项目，可以通过改变设计、系统设计，以及备份、冗余来提高稳健性。也可以采用条件监控系统对性能恶化和即将发生的失效发出警报。对更重要的组成部分应安排定期检查和维护。

5）文件制作。失效模式与影响及危险程度分析的结果通常采用表格形式，因为需要许多纵列，所以失效模式与影响分析和危险程度分析分别用独立的表格。根据元素及其功能的定义，第一张表格必须列出可能的失效模式、系统操作模式、失效影响（局部和全局）、每种失效模式后果的严重程度、失效检测方法以及备注。第二张表格记录元素、元素的失效模式以及严重程度分级。纵列表示关于每种失效模式的概率、每种失效影响的概率、失效比率和操作时间、每种失效模式和组成部分的危险程度以及备注。

对相关实际案例感兴趣的读者可以参阅参考文献[3]。该参考文献中提出的希望之一，以及失效模式与影响分析（及故障树分析）背后的核心思想，就是对系统的设计产生的影响。不幸的是，这种反馈经常是缺失的，人们完成这种分析只是因为需要"在方框中打勾"，而不是想改善系统。这是一个遗憾！

FMEA 和 FTA 的局限性：

1）在大系统中，失效模式与影响分析（FMEA）和故障树分析（FTA）都是单调且耗时的处理过程。我们通常可采用帕累托原则——重点关注少数几个重要的要素（其失效将产生灾难性的（或严重的）后果），或者发生频率最高的要素，以及被认为是最重要的失效事件（顶事件），而忽略许多无关紧要的要素。

2）这些分析方法并不能自动识别失效模式或者失效影响和顶事件，而且有些根本未执行。FMEA 比较关注实体系统结构，因而可能忽视诸如由操作员错误或顾客反向引入的错误等外部有害因素所带来的影响。由无形因素（"因为你的质量声誉我们就不检验了"）所引发的危害也可能难以识别和降低其影响。FTA 根本未曾考虑重要性分级的可能性，因而可能会完全忽视系统失效重要性分级问题。

3）很难按照序列或并列关系将系统元素的稳健性数据进行组合，特别是当它们之间是临时性或周期性关系时。

4）很难应用于渐变的衰退过程，特别是对于那些涉及无形因素的过程而言。例如，对士气的逐步降低建模是异常困难的。

5）缺乏描述过去发生的事件的公开数据。既然管理系统是非常复杂的，那么应用任何过去已经存在的数据来评估未来将要发生的事情也是非常困难的，因为未来的事件中总会存在一些不同于以前事件的新东西。

21.2.3　红队 / 蓝队颠覆分析

对于一些人来说，上述 FMEA 和 FTA 方法最大的问题是，做了很多工作却并没有带来相应的有益结果。同时，由于一系列思维惯性的问题，这些分析过程会让人很快感到枯燥无味。因此，许多组织试图用更加主动的方法探究管理系统可能如何以及在何处出现错误的情况，从而找到至少可以解决上述无趣 / 激励问题的方法。他们采用红队 / 蓝队法。在这种方法中，红队的工作就是积极地想方设法使蓝队因失败而退出竞争。通用电气公司（GE）

已经成功采用这类方法提高了各部门运行的稳健性。在红队中，也许仅有一两个人，他们要面对蓝队中的数千人。当然，他们并不是真要让蓝队因失败而退出竞争，而是要在竞争对手找到达到目标的方式之前，判断竞争对手各种可能的行为。红队方法要想取得效果，必须要其成员投入创造能力，而不是像在FMEA或FTA中那样仅仅涉及分析技能的投入。

颠覆分析（Subversion Analysis，SA）也采用非常类似的思维路线——要求使用者进行发散和创造性思考，而不是收敛性的分析思考。颠覆分析的核心问题是："我们如何做才能破坏系统？"

当采用这种方式表达稳健性问题时，我们就将其转化成了发明问题。对于这类问题，我们可以用系统性创新工具箱内的所有工具帮助生成"答案"。当然，它最基本的思想是，如果我们可以找到破坏系统的方式，那么我们也就可以找到防止此类破坏发生的策略。从某种程度上来说，颠覆分析就是反向应用了系统性创新工具。

下面我们以这种"反向"方式来应用某些系统性创新工具，以便观察它们在设计更稳健系统中的作用。

系统动态性进化趋势和如图21-4所示的锥形图，就是第一种简单的联结方式。这张图表示的是，任何管理系统的稳健性面临的"威胁"就是，某人引入了比你所采用的更理想的解决方案。

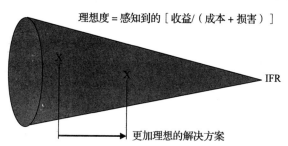

图 21-4 "更理想的"解决方案将挑战现有系统

本图及理想度定义告诉我们，要识别我们的系统面临的潜在威胁时，需要考察4个焦点区域：收益更大的系统、成本更低的系统、产生更少损害的系统以及顾客感知整体理想度更高的系统（即使实际上并非如此）。

除此之外，系统完备性进化规律（第18章）告诉我们，有威胁的解决方案不仅需要理想度程度较之我们现有系统更高，而且还必须具备3个特性。第一，这一解决方案必须是"可生产的"。它虽然可能是世界上最好的解决方案，但是如果它没有足够大的生产量，那么它对我们的解决方案就没有威胁。第二，也与生产性相关，该解决方案必须具有市场销售路径。从字面上看，它既可以理解为产品或服务的物流配送，也可以理解为其他任何具备将产品或服务从生产者传递至顾客的能力的事物。因而，它还可以包括某种渠道联系、订单处理系统、售后服务，甚至有时候也包括某些非常重要的因素，如与法律法规相符合等（法律法规的变化经常对稳健性构成巨大威胁，因而必须包含在任何颠覆分析中）。最后也最重要的一点是，市场必须存在对相应的更加理想化解决方案的需求。正如在第14章中所讨论的，这种需求可以是明示的，也可以是内隐的。然而，如果没有需求，哪怕是世界上最有效的方案，也无法获得成功。综上所述，其他系统至少必须具有更理想化、可生产性、具有市场销售路径和需求性强4个特征，才能形成对我们现有系统的威胁。这4个（充要条件）特性如图21-5所示。

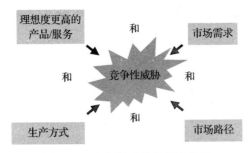

图21-5 竞争性威胁的核心特性

我们在考察这些特性时必须考虑的一点是，不同顾客对于

"理想度"的定义迥然不同。当我们思考稳健性商业模式时,最需要关注的是破坏性创新概念。对当前顾客对象而言,破坏性创新在竞争性威胁的"更理想"测试中会败下阵来。然而,对于那些并非我们当前顾客对象的人而言,破坏性创新可能被认为是更加理想的,因为他们在衡量理想度时,采用了不同于你及你当前顾客对象的标准集。我们在第 14 章已详细讨论了这一主题。可以肯定地说,从构建更加稳健系统的角度而言,在绝大多数的案例中,出现并破坏现有系统的必然属于此类破坏性创新。非线性趋势(第 14 章)和极端人士观点(OLV,第 20 章)工具,就是帮助我们识别这些威胁将如何产生的重要工具。

最后,就揭示何时及何处将出现这些威胁的问题而言,我们可以采用第 4 章介绍的九屏幕法。如图 21-6 所示,用九屏幕法就是要完整地定义何处及何时可能出现威胁。虽然这好像对发明破坏现有系统的方式帮助不大,但它毕竟是一种提供了分割搜索空间的系统方法。

九屏幕法工具隐含的一个思想是,如同来自外部的威胁一样,在我们系统内部也容易出现针对稳健性的威胁。就这个意义而言,我们可以回到图 21-5 所界定的 4 个充要条件特性。如果我们缺乏 4 个特性中的任意一个要素,那么系统的稳健性就会面临严重的威胁。

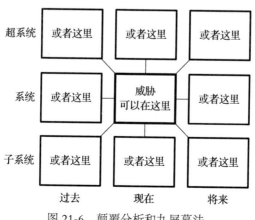

图 21-6 颠覆分析和九屏幕法

本章的最后部分给出了3个重要的颠覆分析问题清单。它们可以帮助我们采用在此描述的一般规则和导向，并将其转化为我们所思考的一系列实际事物。同时，我们需要检查管理系统稳健性设计的另外两个问题：稳健性趋势模式与稳健性矛盾消除。

21.2.4　稳健性趋势模式

根据系统性创新关于"某人在某处已经解决了你的问题"的描述，你所面临的稳健性问题已经被其他某些同样面临此问题的人解决。他们很可能已经在完全不同于我们的领域解决了此问题，因此，根据系统性创新思想，我们可以从其他成功实践中归纳出某些可借鉴的方向性的解决方案。在考察大量成功的稳健性构建解决方案后，我们可以发现，存在着一在不同领域内不断重现的明确的模式。

在本节，我们将考察在分析其他领域内成功案例后出现的稳健性趋势模式。可以把这种模式想象为一系列趋向于更高级的不连续跳跃，在跃升过程中系统的稳健性逐渐得以发展和证明。其基本模式如图 21-7 所示。

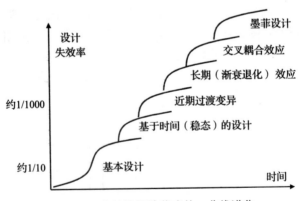

图 21-7　稳健性设计范式的 S 曲线进化

在这里，我们再次看到了 S 进化曲线的作用。图中每条新曲线都表示在系统设计能力上的一次不连续跃升（我们仅画出了其上半部分，因为只有当新系统能力优于已有系统时，改进系统稳健性的方法迁移才会出现，因而曲线的下半部分可以是不相关的）。

思考和应用这种 S 曲线式进化的好方法，就是我们在第 14 章详细介绍的进化趋势中推荐的方法。也就是说，如果你发现你所采用的设计策略未在进化曲线的末端，那就意味着仍然存在未曾发挥作用的进化潜力，通过开发这些进化潜力，可改善系统的稳健性。与趋势分析一样，进化曲线可以用来揭示良好解决方案的方向。我们可在第 14 章后面的参考文献中找到进化趋势的简化版本。

从把进化作为在商业模型、组织结构或者任何类型的商业情境中的稳健性设计手段的角度来看，多个跳跃可被视为形成一种进展。也就是说，如果没有首先处理近期的、过渡的退化效应，那么通过关注长期退化效应来改善稳健性是没有多少希望的。基本跳跃由以下几个部分组成：

基本设计。在构建实现某些功能的系统过程中的开始阶段的设计能力。这可能是在试错的基础上构建的，也可能是具有了某个设计要素，比如，如果我们打算开办一家商店，那么就会有诸如采购、交易以及收取货款等基本事务。

稳定状态。对基本设计的改进。现在我们意识到开办商店不仅需要从事某些特定事务，而且需要将其按照某种顺序操作。例如，如果我们不主动管理现金流，系统将不会维持太久。事实上，在当今竞争激烈的环境下，任何没有达到稳健性第二阶段层次的企业都不会存活很久。时间因素可能不像在企业发展的婴儿期那么重要，但是随着企业的发展，时间因素很快就会变得越来越重要，这种情况甚至在最为成熟的市场领域也是如此。

近期过渡。在这里，我们需要考虑管理方式随时间而变化的可能性。在过渡阶段，诸如季节波动、年末节日事件、项目周期的不同阶段、倒班工作量／能力平衡、超时工作、争议等，都可能对商业系统稳健性产生重大的影响。

渐衰退化。当思考渐衰退化效应时，我们从上述短期（日／周／月／年）企业视角转向了长期视角。在这种长期视角中，我们关注的是诸如利率变化、法制变迁、通胀压力、日益增大的竞争压力等因素，以及它们对本企业稳健性的可能影响。

交叉耦合。当我们开始将交叉耦合效应纳入商业设计方式时，通常已经达到十万分之一或者更低的失效率。此处的交叉耦合作用的意思是，我们首先考察上述稳健设计模型中的单个失效模式，然后开始逐步考察当这些失效模式相互结合时，可能会对我们的企业产生什么影响。例如，我们可能正在考虑诸如"在财政年度末尾出现劳资纠纷，与此同时又产生了一系列延迟支付"，对我们的商业活动产生什么影响之类的问题。尽管用之前的方法，我们会认为此类问题永远不会同时发生，但来自失败公司的大量证据表明，最糟糕的情形往往会不可思议地成为现实。

墨菲（Murphy）设计。这种领先的稳健性设计能力建立在"如果系统中的某个东西可能产生错误，那么它就会发生"的前提之上。本质上，"墨菲设计"范式出现在工程领域，它将产品可靠性的责任从顾客转移至供应商。比如某人买了一架喷气式发动机，他因为自己的失误把发动机弄坏了，按惯例这由顾客自己负责。然而，顾客越来越期望将产品或服务的责任归于供应商，而不论他们自己是如何错误地使用或指责这些产品与服务。"如果某事会发生错误，它就会确实发生"，这就是隐藏在墨菲稳健设计方法背后的基本前提。之前，我们谁也不会想到有人篡改超市货架上的婴儿食品价鉴，但在今天这是确实已经发生的事情。为了应对这种十亿分之一的可能性，我们设计了某些安全应对措施（层出不穷的需要解决的一系列新矛盾！），因而这个世界有很多令人沮丧的地方，但是如果我们对设计稳健的商业系统感兴趣，那么至少会发现我们不得不认真对待这种失效模式。

21.2.5 稳健性矛盾消除

目前一种观点认为，你可以分析，并从现在开始直至永远去分析一个系统，但是你仍然无法理解引起稳健性问题的原因是什么。这就是戴明提出的一个命题：最重要的数字"未知而且不可知"。在这种情况下,最重要的稳健性数字——顾客不满意的成本、系统应用于"真实"操作条件下的失效率等——都是不可知的,而且对于所有可行的(可承受的)意图和目的而言都是不可知的。

然而,我们在这里的建议是,如果不可能找到稳健性问题的根原因(或者我们找到了根原因,但对其无能为力),那么只要我们能够识别与该问题相关的矛盾,便仍然可以改善这一情境。我们认为最强大的可靠性改进解决方案是那些传统的基于折中的优化方法(如果没有相应的数据,将根本无法达到最优)无法获得的解决方案。基于这种理念,我们就应该去考虑改变思维范式。图21-8再次说明了前述章节中的观点,所有系统最终都将达到固有极限,如果超越此极限系统就无法运转,但现在从稳健性和失效率的观察视角看,找到根矛盾远比找到根原因容易。下一节将详细介绍一些有助于识别这些矛盾的迹象。当然,读者也应该牢记第11章和第12章中介绍的应用矛盾清除工具的策略。

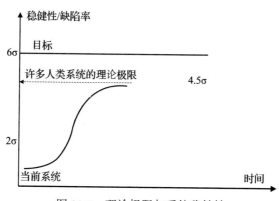

图 21-8 理论极限与系统稳健性

说到矩阵,只说"稳健性"就太笼统了。因此,如果要将具体的稳健性问题用矩阵形式表示,那么我们需要将当前问题映射为构成 sides 的一个或多个参数。在许多情况下,"稳定性"是与稳健性最接近的参数，其他可能有关的则包括"质量"或者"风险"参数，或者"系统复杂性"，或者"张力/压力"（特别是当稳健性问题是以人的问题为中心时）。

或者，如果我们打算提高稳健性，又不想用矩阵，但是有一些问题妨碍我们达成这一目的，那么我们就可以用40条发明原理产生解决方案。为减轻负担，在企业稳健性问题上应用这些原理的经验表明，下列发明原理较其他更为有效：

发明原理10 "预先作用"

如果你的系统易受有害因素影响，那么要预先创造保护系统免受有害因素影响的条件。

发明原理3 "局部质量"

将系统设为不均匀结构，使环境变为不均匀，如果需要执行多种功能，那么根据功能将物体分割成若干部分。

发明原理15 "动态化"

如果系统或过程是刚性的或缺乏灵活性，那么将其变为可移动的或者有适应能力的。

发明原理2 "抽取/分离"

从系统中分离出干扰部件或特性，或者从系统中选出必需的部件（或特性）。

发明原理23 "反馈"

引入反馈（返回、交叉检查）以改善过程或行为。

发明原理25 "自服务"

通过辅助功能，使系统实现自我服务。

21.3 稳健性检查清单

本章的最后一节提供了一系列清单。我们试图采用"我们可以如何破坏系统"这一颠覆分析方法来改善管理系统的稳健性，这些清单都是针对这些问题设计的。为了使其更加结构化，可以将清单分成3个部分：

a）分析在系统内部产生的威胁的清单；
b）考虑外部威胁的清单；
c）挑战现有规范的更加一般化的清单。

21.3.1 内部威胁清单

当我们考察来自组织内部的稳健性潜在威胁时，以下系列问题可以帮助我们识别威胁的可能来源：

- 组织内部有什么问题/有什么不好/有什么不足/什么过多（参见功能属性分析模型）？还有，它们中有什么可能会变得更糟？
- 它们中有什么能共同起作用？
- 存在任何自我强化的向下螺旋吗（第6章）？
- 我们采取的措施有没有遗漏什么？
- 是否存在统一且十分重要的组织愿景与使命？
- 是否每个人都参与了我们想要做的事情？何人没有？他们为什么没有做？
- 我们清楚各自的角色和责任吗？
- 有没有重叠？
- 存在信任和相互合作的环境吗？
- 是否有个性冲突？
- 人们愿意承担风险吗？如果不愿意，为什么？
- 是否具有积极的建议安排？如果没有，为什么？
- 管理者与员工之间的沟通充分吗？是否是双向沟通？
- 团队压力大吗？压力因何而生？
- 每个人的工作是否太多？对于不同的角色是否存在工作量差别过大的问题？不同的分工是否存在这种差异？
- 不同分工之间是否处于紧张状态？薪酬结构是否不同？
- 团队成员快乐并积极参与吗？不论出于何种原因，是否有人想要离开？
- 远程工作变更会如何影响我们？

- 轮班工作制对我们有什么影响？交接班有没有问题？
- 是否具有连续的计划？
- 是否具有持续改进的文化？
- 是否总是激励人们寻找改善机会？
- 是否存在激励方案？这些会以某种方式使情况好转并激励我们吗？
- 是否有足够的计划时间？
- 我们是否经常总结团队的工作？
- 疲乏主动性是一个问题吗？我们打算怎么做？
- 我们知道今后需要什么技能吗？我们知道如何获得这些技能吗？
- 组织中是否存在人口方面的"定时炸弹"？
- 库存？库存管理？
- 现金流？营运资金？
- 是否存在迫切的重要基础设施支出要求？
- 我们所使用的数据是否准确、及时和可靠？我们如何知道呢？
- 是否存在没有评估但又必须评估的东西？
- 当出现问题时，是否有可以让团队及时注意的信息？
- 是否存在过去发生，但可能在今天重现并造成问题的负面事件？
- 是否存在对于成功而言至关重要的硬件和软件？
- 是否存在付款方面出现的变化和期待的条件？
- 物资需求计划／企业资源规划（MRP/ERP）——我们是否在解决正确的问题？
- 股东支持我们吗？威胁变成了敌意／友好？
- 行业工会是否对我们的工作计划和目标持积极态度？
- 供应链是否安全？薄弱环节在哪里？我们是否具有备选的供应商应变计划？
- 外包服务是否会给我们带来问题？

- 供应商是否积极参与我们的工作？他们是团队的一部分吗？

21.3.2　外部威胁清单

当我们考察来自组织外部的稳健性潜在威胁时，以下清单有助于我们识别威胁的可能来源：
- 现有竞争者是谁？如何使我们供应的产品或服务与其他人的不同？
- 竞争者有什么新动向？
- 在我们的领域是否正在出现新的竞争者？有来自其他国家的竞争者吗？
- 在功能相关的领域，是否出现竞争者？
- 是否存在合并或收购的威胁？
- 在行业以外，是否存在某个公司能够执行我们所能执行的同种功能，并且做得更好？
- 我们是否理解谁是我们的"互补企业"？竞争者是否也在考虑互补企业？
- 顾客渠道是否稳定和安全？
- 我们是否理解供需弹性？是否存在某种陷阱？
- 利率／汇率／税率变化是否会影响我们？
- 我们是否太过依靠一小部分顾客？
- 我们完全理解我们的客户吗？我们去过现场吗？
- 我们理解竞争者的客户吗？非客户呢？
- 我们理解将来客户需求可能发生什么变化吗？
- 我们是否考虑了宗教和文化差异？
- 引入外部知识会使我们受益吗？
- 是否存在影响我们的即将发生的法律变化？地方法律？全国性法律？行业性法规？
- 人们需要通勤多远距离去上班？这会花多长时间？
- 是否存在当地劳动力问题，即人们是否可能因为有较近的公司而离开我们公司？
- 我们是否积极参与当地社区活动？
- 可能长期存在并影响我们的伦理和道德问题是什么？
- 我们在促进环境和社会的可持续发展方面做了什么工作？
- 是否可能出现影响我们的、涉及排放/回收方面的法制变更？
- 我们是否获得了媒体的支持？我们是否有不宜示人但有可能被公之于众的秘密？
- 我们的社交人格是什么？它可能怎样妨碍我们的工作？
- 可能的政治威胁是什么？政府领导人的变更会影响我们吗？
- 教育系统是否正在培养我们将来需要的人才？
- 未来技术的更新换代可能如何影响我们？

21.3.3 挑战现行规范

挑战系统的现状有多种方式。在此，我们已讨论了其中的几种。然而，有一种颠覆分析方法，其管理较之其他方法更为微妙与困难。这涉及我们日常生活常用的一些词汇，我们的大脑认为这些词汇实际上是非常收敛的（虽然我们可能没有意识到）。有时候（实际上是大多数时候），这些收敛词汇对于我们选择或者决定做什么是非常重要的。收敛思维便于我们完成日常事物。在大多数时候，这恰好就是我们所需要做的事情，例如，当我们每次去浴室的时候，不必思考刷牙的新方式，只需大脑进入标准的"刷牙"程序即可，而无须认真思考我们正在做的事情。我们的生活大多时候要做的都是"完成日常事物"，所以我们倾向于使用的语言多数自然是收敛的。然而，在创造性过程的"发散"部分，这种自然的"收敛语言"较之思维惯性或者所谓的"杀手短语"更能够扼杀创意，因为通常我们不会明确地把它们归为收敛的词汇。

表21-1列举了一些我们使用的主要收敛词汇，以及对应的发散词汇。

表 21-1　语言中的收敛与发散词汇

"收敛"词汇	"发散"词汇
但是（这可以起作用，但是……）	同时（这可以起作用，同时……）
是/或是（是 A 或是 B……）	和（A 和 B……）
这个（这个方案……）	一个（一个方案……）
是（瓶子是……）	导致（但是可以导致……）
唯一（……是唯一方法）	一种（……是一种方法）
正确/错误（……是正确的）	通常/也许（……通常是正确的）
总是/从不（我们总是……）	通常/也许（也许我们……）
必须/不能（我们必须……）	惯例/通常（按照惯例……）
最大值/最小值（这就是最大值……）	惯例（按照惯例……）
规律（这一规律表明……）	惯例（按照惯例……）

当我们试图创造性地寻找破坏系统的方式时，该表可以作为了解和尝试的事物的清单。意识到正在使用收敛词汇，实际上可以带来许多新的创造性机会。例如，经历长期系统性创新的人的思维方式应该是习惯于对诸如"我们总是……"或者"方案是"之类的描述问"为什么"。当然，这类问题可能非常令人讨厌（特别是当提问者处于发散思维状态，而聆听者处于（自然的）收敛模式时），但是我们认为，它对产生创新性的定义和方案是绝对重要的。对于"为什么"的答案很可能就是我们的竞争对手用来打垮我们的策略。

我该怎么做

"稳健性"是一个非常宏大的话题。能帮助我们更好地设计管理系统稳健性的工具数据库还不够成熟。然而，如果面临"稳健性"问题，我们推荐的做法如下：

1）确定是否能够找到（或者说将在可承受的范围内能够找到）问题的根原因。

2）如果回答是否定的，或者你确认找到了对其无能为力的根原因，那么就看一下你是否能够确认"根本矛盾"，即什么阻碍你提高稳健性？然后，能否应用前述发明原理获得解决方案的方向？如果不能，则能否找出矛盾并应用商业冲突矩阵或矛盾解决方案策略解决？

3）如果不能，就可以在稳健性范式设计的 S 进化曲线（图 21-7）中，观察你位于曲线的何处，然后思考下一个趋势能否帮助你解决问题。

4）如果不能，或者如果你对第一个问题的回答是肯定的，那么可以思考采用 21.2 节描述的自上而下方法、自下而上方法和红队 / 蓝队颠覆分析方法。

参考文献

[1] Utterback, J.M., 'Mastering the Dynamics of Innovation: How Companies Can Seize Opportunities in the Face of Technological Change', Harvard Business School Press, 1996.
[2] Tennant, G. 'Six Sigma: SPC and TQM in Manufacturing and Services', Gower Publishing Ltd, November 2000.
[3] NASA/MSFC 'Preferred Reliability Practices and Guidelines for Design and Test', website, http://msfcsma3.msfc.nasa.gov/tech/practice/prctindx.html

22

第22章

方案评估

HANDS-ON SYSTEMATIC INNOVATION

FOR BUSINESS AND MANAGEMENT

> 数酒瓶易，说酒难。
>
> ——Thomas Stewart, *Fortune*

> 97%的重要事物不可数。
>
> ——W. E. Deming

> 创造性的真正核心是其新颖性，因此没有评价它的标准。
>
> ——Carl R. Rogers

系统性创新过程的最后一部分就是评估先前各阶段获得的解决方案。实际上，在这部分中需要执行两项任务：第一，从先前初步确定的解决方案中找出"最佳"的解决方案；第二，判断这个解决方案作为最终解决方案是否"足够好"。本章将分别探讨这两方面内容。在第一个方面即"最佳"选择中，我们将讨论广为人知的两种形式：迫选决策和多指标决策分析（或简称决策分析）。这两种形式分别代表了"最简单"和"最准确"。需要考虑的第二个方面（即"足够好"）要求我们，首先必须时时牢记"经常关注（自我强化）循环"，其次，要实施有助于我们关注这些（自我强化）循环的相关问题，以获得最好的结果。

22.1 "最佳"选择

对于任何复杂的多维度问题而言，多指标决策分析（Multi-Criteria Decision Analysis, MCDA）为用户提供了一种在不同的方案选项中，合理做出"苹果与橘子"之间比较的系统化方法。该方法也可让许多人参与决策过程，而且，最重要的是，它提供了一种记录决策过程的机制的手段。就其最简形式而言，MCDA仅使用笔和纸就可以进行了，但是对于大多数情况而言，诸如Excel

电子数据表之类的工具会使其操作变得更加方便。同时也有各种软件工具[1-3]可以使系统性创新过程更容易。

基本的方法有两种形式：一种形式是建立在"常识"性的计算程序上的"简洁"版本，另一种形式较复杂，因为在许多情况下，基于"常识"的方法实际上是错误的。另外，我们也将讨论与上述两种程序相容的拓展形式，应用这两种拓展形式，我们可以从决策分析过程中获得最多的有用信息。

我们将首先讨论简洁决策分析过程。该过程由以下步骤组成：

1）使用者选择先前在系统性创新过程的"生成解决方案"阶段获得的备选方案。为了讨论方便，我们将采用字母 A、B、C 等标记这些备选方案。

2）然后，使用者选择与问题相关并可对方案选项进行评估的指标。典型的指标如表 22-1 所示，其中评估指标分为两大类：定量的和定性的。

表 22-1 典型 MCDA 评估指标

定量指标	定性指标
	美观性
成本/收益/利润/投资回报率	稳定性
时间	耐用性
风险	可运输性
生产率	方便性
浪费	适应性/灵活性
效率/低效率	可定制性
稳健性	通用性
准确性	可控性
预期寿命	可预测性
安全性/债务	可保护性
环境成本	可支持性
	社会成本

（注意事项与商业冲突矩阵参数相同）

3）使用者为每个备选方案的每个指标输入一个量值（"分数"）。对于"定性"指标，这一过程操作起来非常便利，首先，需要制定量化的体系。确定表示从"最差"到"最好"可能性的数值范围，然后将每一个方案选项放到此数值范围内并赋予一个合适的分数。在评分的过程中应该注意的主要事项是，数值精确性没有不同参数之间的相对量值那么重要，同时，必须为所有评估指标按"最高分数表示最优"或者"最低分数表示最优"赋值。这点很容易出错，特别是当成本（高数值分数表示差）和效率（高数值分数表示好）之类的指标出现在同一分析中时，其中有一个指标应采用倒数（通常用一个"$x/$量值"）表示。如果在评分过程中存在多个参与者，则应核对并算出平均分值，同时就可能出现的主要异常情况进行讨论并达成一致（因为对于指标差异的详细分析远较于最终结果有意义，所以最好在任何人都不知道结果之前完成）。

4) 必须分别给每个评估指标赋予权重，以反映它们对于最终结果的相对重要性。这些权重同样应该以数值表示，如果有多人参与这一过程，则应取平均值。

5) 提供了这些必要信息后，现在就可以计算每个备选方案的综合得分了。这一计算程序就是对给定评估指标的得分与指标权重乘积的总和。计算结果中得分最高的（或者采用另一种约定时得分最低的）备选方案就是"赢家"。

图 22-1 举例说明了一组具有 6 个备选方案（A～F）、9 个不同评估指标的假设的决策分析数据。

图 22-2 说明了使用这些数据的算例，其中约定"最高分数表示最佳"，其中价格、运营成本以及投资回报率分值是用倒数表示的，以便使其与评分约定一致。像"方便性"和"适应性"之类的定性指标已经分别赋予了介于 1～10 之间（当然可以采用任何数值范围）的分数。建议在计算过程中，将每个评估指标的相对分数规范化以便保持一致性。在图 22-2 所示的计算中，所有评估指标分值已按最大值取 10 的规范化。例如，对于方案 A 的价格分数而言，规范化就是 [A 的价格 / 最低价格（本案例中是方案 D）]×10。类似地，方案 A 在"易用性"上的得分（已经采用"最

高分数即最佳"评分体系)可以通过[方案 A 的分数/得分最高方案(本案例中是方案 C)]×10 计算。

	价格	运营成本	投资回报率	平均失效间隔	寿命	性能	方便性	易用性	适应性
A	12 000	1 200	11.0	98	400	40	4	4	5
B	11 900	1 400	10.8	100	430	20	6	6	6
C	10 900	1 000	9.4	112	450	20	8	8	10
D	10 400	1 450	11.3	110	400	20	6	6	6
E	10 700	1 150	10.6	115	400	22	9	8	7
F	11 600	1 300	9.7	106	360	18	3	6	9
权重	50	40	10	5	15	10	30	30	40

图 22-1　假设的 MCDA 分析的原始数据

MCDA 计算过程的第二种形式涉及一种所谓的"比例量表"技术[4]。当要解决上述排序问题时，人们常错误地用数值表示，因此，开发了这种技术。之所以出现这种情况，是因为使用在规定数值区间评价事物的办法，我们无法准确测量不同参数之间的相对差异，或者更加严重，是因为我们无法真正把握这些差异的重要程度。例如，对于主观价值、安全性以及风险等参数，人们一般无法准确地相互比较。当评估定量参数时，我们也会面临同样的问题。例如，对于"效率"之类的评估指标，我们也许会对两个备选方案分别给出 98% 和 99% 的分值，但这并不意味着两者之间的差别就是 1%，实际上如果我们转而思考"无效率"指标，那么效率得分 98% 的备选方案实际上比得分为 99% 的备选方案差 200%。对于复杂的分析而言，上述简单计算过程过度简化所带来的错误，很有可能对最终结果产生显著影响。

比例量表（ratio-scaling）方法就是为了试图解决上述问题而设计的。虽然它使用了与图 22-1 一样的基本表述格式，但是它的数据获得方法却不同。改进的比例量表方法的基础是针对备选项赋以相对分值，而不是赋以绝对分值。其基本计算过程如下：

	价格 (N)	运营成本 (N)	投资回报率 (N)	平均失效间隔 (N)	寿命 (N)	性能 (N)	方便性 (N)	易用性 (N)	适应性 (N)	合计
A	8.67	8.33	8.55	8.52	8.89	10	4.44	5	5	1611.35
B	8.74	7.14	8.7	8.7	9.56	5	6.67	7.5	6	1711.6
C	9.54	10	10	9.74	10	5	8.89	10	10	2192.4
D	10	6.9	8.32	9.57	8.89	5.5	6.67	7.5	6	1755.5
E	9.72	8.7	8.87	10	8.89	5.5	10	10	7	2041.05
F	8.97	7.69	9.69	9.22	8	4.5	3.33	7.5	9	1749
权重	50	40	10	5	15	10	30	30	40	

图 22-2 假设评估的 MCDA 计算样本

对于每个定性评估指标：

1）评估者任意选择一个备选方案，作为比例量表分析的"基点"。给此基点赋值，例如10。

2）将基点数据与其他备选方案相应数据一一成对比较，并提出问题："该备选项优于或劣于基点多少倍？"对于上述倍数没有限制。数字"1"表示二者相当，而"2"表示备选项为基点优秀程度的两倍，"0.5"表示备选项的优秀程度仅为基点的一半，以此类推。

3）当完成上述所有比较之后，用所得比较分数乘以基点分值，然后再取对数。这些对数值就是决策分析计算的评分值。

对于权重分配而言，重复上述过程，即首先选取一个基点数据，然后将它与其他所有数据一一比较。

需要注意的是，在上述计算过程中，在对数运算之后有些分值将变为负值。如果我们在分析过程中采用合适的软件辅助计算，那么软件将自动把不同评估指标分数值规范化。如果是手工计算或者是用电子数据表计算，那么必须手工完成规范化。

对于每个定量评估指标：

对于可用绝对值比较的定量数据（如"价格""时间""效率"，等等），唯一需要做的检查是确保分值准确地表示不同数值之间的真实差异。此处的关键词是"重要性"，关键问题是"分值确实真实地反映了不同备选方案之间差异的重要性吗？"如果回答是肯定的，那么进一步处理（除了针对其他评估指标进行规范化之外）。如果回答是否定的，那么必须进行某种数学处理，以使差异的重要性在分值中得以真实反映。

例如，之前提及的98%和99%的效率得分，如果实际上重要的是无效率值的大小，则应该分别用100减去这两个值（例如，就业务流失而言，99%的顾客维持率流失的顾客数量可能仅有98%维持率对应的流失顾客数量的一半）。此处关键点是，分析人员需要根据项目的具体情况构建重要性度量标准。

图22-3利用图22-1的原始数据给出了一个比例量表计算案例。

	价格(N)	运营成本(N)	投资回报率(N)	平均失效间隔(N)	寿命(N)	性能(N)	方便性	方便性(C)	易用性	易用性(C)	适用性	适用性(C)	合计
A	8.67	8.33	8.55	8.52	8.89	10	5	5.37	2	2.153	8	6.939	142.360 9
B	8.74	7.14	8.7	8.7	9.56	5	10	7.687	10	7.154	10	7.687	150.086 1
C	9.54	10	10	9.74	10	5	15	9.039	20	9.307	20	10	175.865 4
D	10	6.9	8.32	9.57	8.89	5.5	10	7.687	10	7.154	10	7.687	155.183 6
E	9.72	8.7	8.87	10	8.89	5.5	20	10	25	10	20	10	178.144 9
F	8.97	7.69	9.69	9.22	8	4.5	5	5.37		7.154	10	10	145.738 2
权重	30	10	4	15	2	10		40		10		2	
修正权重	3.401	2.303	1.386	2.708	0.693	2.303		3.689		2.303		0.693	

图 22-3 采用比例量表计算程序重复 MCDA 计算

为观察如何进行实际计算，我们采用备选方案 A 的方便性评估指标以及相应分数为例进行说明。方便性的最高得分是 20（方案 E）。对该数值取对数（可以以 e 或 10 为底，我们倾向于以 e 为底），其对数值为 2.9957。然后将这一数值设定为 10（以使每一列都处于相同的数据水平），那么我们需要将 ln20 乘以 3.338，此数值（3.338）即作为所有参数的乘数。因此方案 A 的标准化方便性指标得分是 ln5 × 3.338=5.372。

在这种分析中需要注意以下几点：

1）只有定性参数（如相关的评估指标的权重、方便性、易用性和适用性指标）才用比例量表计算方法，因为只有它们才与之前讨论的人为错误有关。

2）在上述每种定性参数中，任意选取一个数据作为基点数据，然后将其与其他所有量值一一比较。对于方便性、易用性和适应性指标，选取方案 B 作为基点数据。对于权重因素，选取运营成本作为基点数据。基点数据参数赋予数值 10 的评分，然后将其他方案或权重与 10 一一比较。原始数据的行和列反映了这种比较的最终结果。

其基本过程可按如下顺序进行：

如果方案 B 在舒适性指标上得分为 10，那么方案 A 应该得多少分？

如果方案 B 在舒适性指标上得分为 10，那么方案 C 应该得多少分？

……

3）然后先对原始分值取对数。对于安全性、舒适性以及外观等列而言，这些对数值需要重新转换为最大值为 10 的数值，以便与得分已经规范化的其他指标比较。

虽然上述案例研究明显是假设的，但需要注意不同评分体系是如何影响最终结果的。从简单评分体系变换为比例量表计算方法时，一般而言，正如本例一样，"赢家"虽然不会发生变化，但是排行榜上其他方案的顺序变动却是经常发生的。

22.2 敏感性分析

我们也可以对每个分值以及每个评估指标权重因素赋予单一精确量值，但是这种情况极少。若存在多个参与者，当需要对定性指标打分并赋予相应的相对权重时，这一点表现得就更加明显。在这种情况下，不同的观点可能致使给出的分值差异十分明显。在其他情况下，甚至可能根本无法确定任何分值或者无法达成一致，因而在数据中形成缺失。

敏感性分析可以帮助我们考察这些差异和数据缺失的问题是否严重。只有使用某种自动计算软件，如 Excel 或者之前提到过的一些合适软件，才能完成敏感性分析。典型的敏感性分析在计算网格中选取成对元素（即分值或权重），然后在基于其不确定程度的指定区间内变化。一般而言，需要分析的就是那些分值的不确定性程度最高的元素。图 22-4 就是一个针对这类成对参数的敏感性分析结果的典型例子。

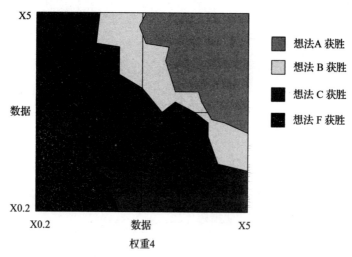

图 22-4　针对成对不确定（或者缺失）分值或权重的典型敏感性分析

该图说明了分析过程中不确定元素分值变化会如何影响备选

方案的排序。在图中，仅包含了对最终获胜方案的影响，其实我们也可以根据展示的媒介的灵活性来使用其他表示形式说明不同的现象。

类似图 22-4 的这类图的主要目的在于分清所得到的"方案"对不同元素变化的敏感性。图中所展示的假设案例中，因两个元素变动而出现了多个可能的"最佳"方案，这表明该决策对于变化是非常敏感的。反之，当两个元素变动时，倘若方案很少或没有出现变化，那么就说明最终决策对于变化的敏感性是比较低的。

在高度敏感的情况下，一个有效的策略是重新回到系统性创新过程，找出整合敏感性分析所产生的部分或全部获胜方案的最优特性的可能整合方式。

22.3 稳健性分析

稳健性分析的基本思路是找出对分析结果具有最大影响的评估指标得分和权重因素。与上述敏感性分析相类似，从计算量角度上讲，这种分析同样涉及大量的计算，因此最好用软件完成。

这种分析的基本计算程序是，依次增加每个评估指标得分和每个权重因素，直至得分最高的候选方案发生改变为止。重复执行这种计算，直到所有评估指标得分和权重都经过分析。这一计算过程必须一直持续，可以采用多种方式记录所发生的改变。图 22-5 采用的是颜色变化的方式。

这种稳健性评估的基本思想是，通过全面了解在各种变量的变化范围内，变量需要产生多大的变化才能引起方案结果的变化。如果发现只有变量的较大变化（40% 或以上）才能导致分析结果的变化，那么这个解决方案就是稳健的。反之，如果这些变量的微小改变就导致分析结果出现较大变化，那么就有必要结合相关候选方案的最好特征，重新回到系统性创新过程。

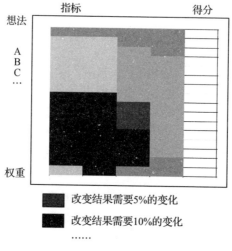

图 22-5 典型的稳健性分析结果图

22.4 足够好了?

不论采用何种评估方法从候选方案中找出"最佳"的方案，系统性创新过程都会建议我们至少经历两遍"定义－选择－解决－评估"过程。这样做是为了克服思维惯性，防止我们获得自己认为优秀的方案时大脑会进入"满意"的状态（参见第4章）。从系统性创新的角度而言，我们总是可以做得更好。从实践的角度而言，包括本书所描述案例在内数不清的案例，都建议我们至少经历该流程两遍。

那么，我们如何确认获胜的方案"足够好了"?

当然，最简单的方式就是将方案与收益和"我们如何知道是否已实现预设的目标？"这一问题的答案进行比较，这个问题我们在问题探索（第5章）的开始阶段已回答过。如果这一方案满足此处提出的所有要求，那么理论上我们就有足够的理由相信，我们已经"做完了"相关工作。反之，我们的建议是，至少采用下述方式简单地进行一些"足够好了?"的问题思考。

我们将简要讨论一些相关方法和工具，其中有一些方法较之其他方法更加正式。我们将讨论4种方法：

1）剪裁；
2）"下一对矛盾"；
3）资源分析；
4）合并。

22.4.1 剪裁

虽然对何时适合采用剪裁工具而言可能存在着一些风险，但是这种工具（参见第18章）为系统的有效性和资源利用效率提供了一种有用的方法。这个标准就是系统有用功能与其包含元素数量的比率。这个比率越高，就表明离系统所要达到的最终理想解（IFR）的终极状态越近。首先将有用功能数量相加，接着除以系统元素数量，就能计算出这一比率。此处的"有用功能"意味着真正所需要的功能，而不是其他因不能充分发挥作用而需要的辅助性功能，或者消除有害副作用的功能。比率为1就是一个好的目标。当达到这种状态时，每种有用功能对应一个元素。在许多系统中，这个比率可以进一步优化，即系统中的元素能够执行多种有用功能，但必须注意的是，元素数量的减少不能以牺牲系统的其他元素为代价。在真正的IFR状态下，这个比率趋于无穷大，因为有用功能由数量越来越少的元素提供。

22.4.2 "下一对矛盾"

找到一对"重要"的尚未解决的矛盾，是一种寻找更好的问题解决方案的极佳途径。使用系统性创新过程评估部分所获得的最好方案，并且观察是否能从中找到下一个冲突或者矛盾，通常是一种非常有用的做法。假设某方案已经投入使用，它所提供的有用功能以及这些功能将怎样在未来进行进化（变得更多，或者更少？）。然后，思考一下系统中的哪些因素会阻碍这些进化。这将为我们找到"下一对矛盾"提供很好的启示。应用第11章或者

第 12 章的内容寻找解决这些矛盾的可能方法不应出现独行。

22.4.3 资源分析

如果说寻找"下一对矛盾"是"重新进入系统性创新过程"的最好方法，那么寻找在选择的方案中尚未充分利用的资源识别方法也很重要。此处我们需要提出的关键问题是：我们是否曾发现过仍然没有尽其所能的资源（尚未发挥其最大潜能的事物）？如果回答是肯定的，那么我们应该寻找某些方法以将这种未尽其能的资源融入解决方案中。第 14 章所讨论的进化潜力概念，为我们定量地度量系统元素的资源效率提供了一种方法，因为进化潜力代表了全局不连续进化趋势的可定量体系。所以，当我们从进化潜力的角度考察不同系统时，我们就可以把每种系统与对各种现存的技术或商业系统的研究揭示的趋势比较。如果对两个或更多的系统进行比较，那么我们只需要将一个系统的雷达图覆盖在其他的之上。图 22-6 给出了一个案例。我们通常将这种分析叫作"全局标杆"，因为它不仅允许系统之间两两比较，而且允许这两个系统与全局最优（即雷达图的外部边缘）比较。在参考文献 [5] 中可以看到另一个关于进化潜力"全局标杆"的研究案例。

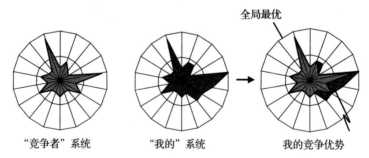

图 22-6　进化潜力图的重叠提供全局标杆能力

22.4.4 合并

如果我们从不同的方案选项中找到了所需要的特征，那么我们可以考虑是否有办法将这些特征提取并合并至所选方案之中。有关这种正式合并方法的详细描述请阅读参考文献[6]。如果我们发现了这种机会，那么我们应该采取任何所能寻找的合并思路，并且将它们反馈至系统性创新过程新的迭代初始阶段。参考文献[7]描述了合并的创新思路数量与合并方案总体质量之间的强相关关系。

我该怎么做

如果我们试图从许多方案中选择"最好"的方案，可以采用本章开头部分介绍的某种多指标决策分析方法之一。如果我们所关注的方案只涉及一个相对简单的系统，而且采用的评估指标数量又较少（比如说5个或者更少），那么采用简单的排序或者赋予绝对分数的评估系统就已经足够了。如果方案比较复杂，而且评估指标又多种多样，那么就必须采用比例量表法，以确保准确地识别最终"获胜"的解决方案。

如果有基于软件的评估工具，那么我们建议执行敏感性分析和稳健性分析，以确保在我们所能找到的最大数量的方案中，所获得的解决方案确实是最好的解决方案。

就我们所获解决方案"足够好"的问题而言，系统性创新过程总是鼓励我们至少将该过程重复两遍。采用前述章节所提出的一种或多种技术，对下一次重复的形式和方向进行明晰。

参考文献

[1] CREAX Innovation Suite, v3.1 or higher, Multi-Criteria Decision Analysis tool option, www.creax.com.
[2] Decision Lab, www.visualdecision.com
[3] Analytica, www.lumina.com
[4] Lodge, M., 'Magnitude Scaling – Quantitative Measurement of Opinions', Sage University Papers, Quantitative Applications in the Social Sciences, 1981.
[5] Dewulf, S., Ventenat, V., Mann, D.L., 'Case Study In TRIZ: Global Benchmark Evaluation of Thermal Comfort in Sports Equipment', TRIZ Journal, December 2003.
[6] Pugh, S. 'Total Design', Prentice Hall, 1991.
[7] Mann, D.L., 'Re-Calibrating The Contradiction Matrix, TRIZ Journal, February 2002.

23

第23章

展望未来

HANDS-ON SYSTEMATIC INNOVATION
FOR BUSINESS AND MANAGEMENT

第23章 展望未来

> 未来的王国是思想的王国。
> ——Winston Churchill

> 有些东西即使长时间品味也无法真正理解。
> ——Joni Mitchell, *Dog Eat Dog*

如果系统性创新能够很好地预测未来,那么当我们将其应用于预测自身的时候,将会发生什么?这就是本章所讨论的主题。

我们知道,系统性创新十分重视S进化曲线。因此,首先可以肯定的是,"创新"知识和能力的现有水平不会是"终极S曲线"。十有八九,至少存在一条有待出现的"更高水平"的S曲线。据此,系统性创新S曲线(实际上,必须注意它的多种变体,例如一条S曲线可以视为一簇次级S曲线的平均曲线)与可以用来构建更高水平创新能力的等价平均曲线之间的区别如图23-1所示。

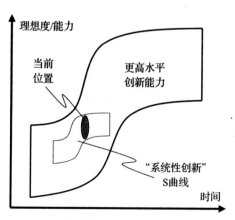

图23-1 系统性创新与更高水平的创新能力

系统性创新仅是从多个系统内反复递归优选产生的更大的系

统中的 S 曲线（系统）之一。现在比较流行的看法是，递归是成功找到更高水平 S 曲线的重要因素。

本章分为两个长短不一的部分。23.1 节介绍当前正在进行的系统性创新开发工作，我们希望说明的是，虽然此系统已经相对成熟，但是仍然存在显著的改进或者拓展空间。23.2 节，篇幅更长，将讨论"其他"的主要创新工具、方法和原理，以及它们可能在更高水平"系统性创新"研究和应用中所能起到的作用。所有这些工具、方法和原理，都可以在不同程度上表示成具有各自 S 曲线序列的系统。我们不会尝试估计这些 S 曲线在系统性创新中的相对定位，仅关注它们在推动更高水平 S 曲线发展中所起到的作用。

23.1 不断进化的系统性创新

商业和管理版的系统性创新工具箱相对来说比较新。但是随着知识库中不断输入的新研究成果和新案例，我们发现新成果越来越少，这就迫使我们修正框架甚至改变内容。正因如此，我们觉得现在是整理和出版本书的合适时间。我们知道，正如我们在技术版中看到的，其工具箱仍然大有潜力可挖。技术版历时更长，自从相关研究开始出现，到现在已经将近 60 年了。在那段时间内，我们发现，1973 年出版的矛盾矩阵与 2003 年的矛盾矩阵[1]大相径庭。在这项研究中，我们没有发现任何新的发明原理（虽然我们尝试了，而且的确发现了一些发明原理的重要组合方式），然而我们的确发现需要在冲突矩阵中增加新的工程参数，而且我们注意到 21 世纪的发明家对发明原理的应用已经明显异于前人。没有任何理由可以假设，商业世界将按照比技术世界缓慢的速度进化。如果硬要说二者有所不同的话，大量证据表明商业世界已经并且将继续以更快的速度不断进化。

考虑到这一点，我们持续积极地开展商业与管理方面的研究。在方法论以及本书后续版本中，我们的研究可望增添以下内容：

- 从形式（例如更新 31 个参数清单）和内容上更新商业冲突矩阵。比较 2002 年发表的冲突矩阵的初版以及这次的新版本，我们仅进行了少量的调整，因此截至 2008 年，我们预测它的内容将保持相对稳定，没有必要进行修订。当然，随着新案例的不断丰富和分析研究，我们将尽快考虑是否需要修订。
- 发现新的发明原理。虽然发明原理已在相当长时间内保持为 40 条，但是在给定的解决方案中应用的发明原理数量与该方案有效性之间的强相关关系逐步显现。因此，我们发现了许多重要的发明原理组合，在许多案例中，2 条、3 条甚至 4 条发明原理组合出现通常即足以产生值得发表的成果。
- 发现新出现的进化趋势。在这一点上，我们认为已经揭示了许多先前没有被发现的非连续性商业进化趋势。而且我们坚信，随着时间的推移，将会发现更多的进化趋势。
- 发现新出现的评估方法。评估一直是一项非常重要的管理活动。因此，我们预计近年很可能会出现新的评估方法。
- 找到并组合新工具。从现有系统性框架之外并入（或者更加正式地排除）工具的速度，主要取决于用户市场的需求。对于那些在现有系统性创新框架出现之后仍在使用并且将继续使用的工具和方法，终究会在整个系统性创新框架中占有一席之地。我们将继续积极地关注这些工具。本书所呈现的整个内容就是我们到目前为止所看到的最新成果现状。也就是说，书中已经考虑到了所有我们了解的内容。
- 拓展知识与资源检查清单。除了我们自身的内部团队以外，我们构建了一个联系网络，并且搭建了一个愿意继续帮助我们增加新内容的用户群体。
- 随着语义工具应用的拓展，我们预计它们与商业版系统性创新工具箱内的思维过程和工具之间的联系也将越来越紧密。

23.2 不断进化的更高水平系统性创新能力

从商业应用相关性的角度，我们对不同的创造工具、方法和原理进行比较，这项系统性研究[2]表明，系统性创新方法论的现有形式，正在为构建更高级别模型奠定坚实的基础。现有系统较之其他系统具有更好的哲学基础，这一事实也为上述结论提供了有力证据。鉴于此，其他可对构建高级模型起补充和辅助作用的方法，同样也是融入了某种哲学元素的方法。本节将讨论已经进化至这一状态的其他系统，并且研究业已出现的将其与系统性创新进行集成的机会。如图 23-2 所示，现有的集成机会主要来自质量功能展开（QFD）、六西格玛、精益和可持续发展。

所有这些补充方法都已经在不同程度上与系统性创新框架集成并产生收益，而且这些都成为重要的研究主题。现在我们将简要地回顾这些研究成果，并且对更高哲学基础层面上的集成给予特别关注。

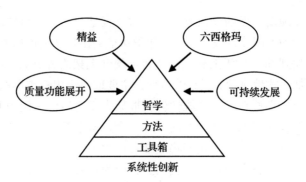

图 23-2 哲学层面的集成机会

23.2.1 质量功能展开

参考文献 [3] 研究了 TRIZ、质量功能展开（QFD）与田口（Taguchi）设计方法的"三位一体"集成问题。就理论而言，这 3 种方法具有很好的互补性：QFD 主要在于收集客户需求，并且将其转换成设计要求；系统性创新（TRIZ）为满足设计要求生成解决方案；田口设计/稳健设计工具在于对这些方案的实施细节进行最优化。然而，对于绝大多数使用者而言，当前相关的实践活动却与这种理论上的集成便利性相去甚远。

QFD 的最大问题在于通常其很难精准收集顾客需求。除了以"优于"现在所拥有商品的形式表述之外，顾客通常无法描述他们想要的东西。如果请顾客针对传统胶片相机创造出更好的系统，那么他几乎不可能提出数码相机需求。这正是系统性创新，特别是技术进化趋势预测等因素较之 QFD 更能发挥作用的领域。如图 23-3 所示，已有旨在促进这些方法集成以便更好地处理顾客需求问题的工作程序。

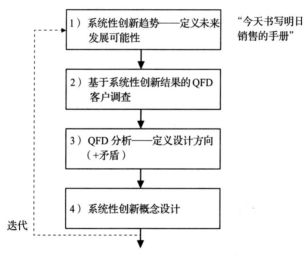

图 23-3 QFD/系统性创新集成方案

从现有方法论的集成方法的更高层面看，很明显 QFD 在哲学层面也能提供集成的机会。图 23-4 说明了 QFD 的哲学/方法/工具层次。在哲学层面，QFD 可为系统性创新带来两样主要好处。第一，它承认顾客价值是创新的主要驱动力。实际上，两种方法在这一方面的差距很小，只是可能 QFD 更关注顾客的"生活方式"。从这个角度来说，QFD 仍然可以为系统性创新提供某些东西。第二，QFD 在哲学上对于消除思想障碍非常有益。QFD 较之系统性创新更明确强调了这一点。在这种情况下，障碍消除指的是打破传统上顾客与供应商之间存在的障碍，"去现场"就是直接观察顾客对产品和服务的真实态度，而不是我们希望他们如何。

图 23-4　QFD 的哲学 / 方法 / 工具层次

当然，我们也知道，将简单 QFD 哲学的复杂精妙之处融入系统性创新框架之中，仍有很长的道路要走。

23.2.2　六西格玛

由于在操作层面具有很强的关联性，因此系统性创新与六西格玛的关系变得越来越紧密。显然，不管是六西格玛还是六西格玛设计（Design for Six Sigma，DFSS）都无法将缺陷率降低至很多情况下所要求的（$3.4/10^6$）的水平。根据参考文献［4］的研究，这两种方法的能力极限通常位于 4.5 个标准差（西格玛）或其附近水平。

如图 23-5 所示，当我们的目标与系统存在的根本极限（在这种情况下极限通常是人为的极限，人类还没进化成"六西格玛动物"）存在差异时，我们唯一可做的就是改变系统。当然，改变系统刚好是系统性创新擅长的领域。

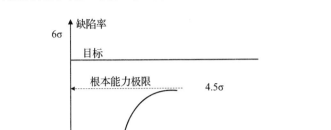

图 23-5　4.5 个标准差极限

重要的是,除了这两个系统在工作层面上的关联之外,它们之间还存在许多其他的集成机会。至此,我们开始集成二者,并重点关注其哲学层面上集成的可能性。六西格玛如此流行的主要原因之一就是,诸如通用电器、联合信号(Allied-Signal)以及摩托罗拉等公司,他们宣称通过采用该方法节约了大量资金。另一个原因在于,由于它具有较长的寿命(有大量的早期版本),因此它已构建起了稳固的哲学基础。

图 23-6 说明了六西格玛的哲学 / 方法 / 工具层次。再次强调,我们要关注在哲学层面集成的可能性。然而,值得注意的是,该领域内的许多研究已经将系统性创新的 TRIZ 版本视为六西格玛框架中的一种工具。

比较六西格玛与系统性创新哲学基础可以发现,二者存在很多互补和矛盾。主要的矛盾或者说潜在的矛盾在于减少变异,而减少变异正是六西格玛的根本驱动力之一。减少变异是非常重要的,当然,通常的确如此。我们可能不会太在意菜品中的薯条数量有没有达到六西格玛等级的可靠性,但如果我们乘坐飞越大西洋的飞行器,其引擎的设计人员用少于 8 个、9 个或者 10 个标准差(西格玛)的方式来设计,那么我们就会非常担忧自身的安全。

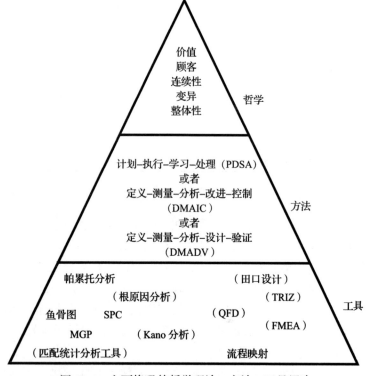

图 23-6　六西格玛的哲学理论 / 方法 / 工具层次

重要的一点在于，"定义－测量－分析－改进－控制"流程的"定义"部分，应该是引导我们实际应该达到标准差的什么水平的主要因素。或者说，这是顾客所要求的。比这一点更重要的是，考虑一下图 23-7 所示的正态曲线，我们不仅需要考虑减少变异，而且需要确保我们找到了正确的正态分布平均值。

当然，六西格玛鼓励我们认真对待顾客及其所需。这意味着，我们至少有希望抓住"正确"均值的机会。如果这样，已经很好了。但是，如果我们开始将某些系统性创新思维融入六西格玛哲学中，那么可能会取得更好的结果。

第23章 • 展望未来

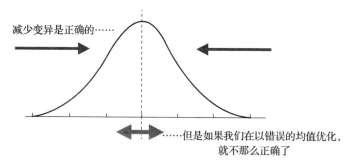

图 23-7 问题定义与正态曲线

在此我们将讨论这种系统性创新／六西格玛集成思维中的两个问题：

1）第一个问题涉及"功能"。六西格玛告诉我们必须考虑顾客的意愿。不幸的是，顾客通常不怎么擅长说明他们需要什么，因此我们必须采取某些措施，帮助他们清楚地表述他们所需要的。六西格玛与"功能"之间没有多少关联，因为几乎没有顾客刻意地思考功能问题。另一方面，系统性创新告诉我们，不管顾客能否明确表述其需求，顾客真正从我们那里购买的是功能。因此，确保我们获得"正确"解决方案（从而可在"正确"的六西格玛项目上开展工作）的第一步就是，确定我们已经理解正在开发的产品或服务的功能，以及确定我们目前采用的方法是否能够以最为合适的方式实现这种功能。

2）六西格玛的许多工具都与"优化"相关。我们已经指出确保"正确"地优化的重要性，但是当我们开始应用系统性创新的矛盾及矛盾消除思想时，出现了一个更加重要的问题。图 23-8 的假设案例说明了我们通常应该如何应用正态分布曲线，以帮助我们确定设计中某个参数的"最优"量值。这可以是"平均"的鞋子尺寸、顾客的年龄、操作温度，或者其他任何可能的重要参数。为了构建这条正态分布曲线，我们需要收集大量数据（这当然可能相当耗时，但是不用担心，至少我们在做这些事情时会显得十分忙碌）。下面做什么？"常识"告诉我们，下一步我们将有效地消除任何处于六西格玛之外的参数。这样做的问题是我们可能丢掉了某些非常重要的数据。如果要考虑"矛盾",那么所有丢弃的数据都是至关重要的。如果我们可以得到一个不仅达到"平均"量值,而且可能达到极端量值的解决方案,那将会发生什么?任何处于我们界定范围之外的事物都是"要么……要么……"的决策过程——你要么取平均量值,要么取极端量值。那么,我们选择平均量值以便包含某些情形中的绝大多数,又有什么不妥?这当然有问题,因为如果能同时取得平均量值和极端量值,我们就解决了一对矛盾。

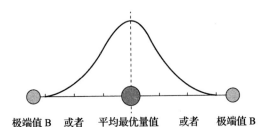

极端值B　　或者　　平均最优量值　　或者　　极端值B

图 23-8　舍弃极端量值意味着丧失消除矛盾的机会

下面我们举一个简单的例子。假设我们正在设计一种计算机键盘,并试图设计最好("最优")的结构。我们可能会关注使用这种键盘的顾客的年龄。这些顾客的产物年龄可能为 25 岁。或许,不足 3 岁或者超过 65 岁的顾客就被排除在设计范围之外了。这样做的后果是什么呢?老年人和年幼者在尝试使用我们的键盘时,通常感到不便。也许销售部门已经通过分析发现,这两类群体都不会给我们带来较为可观的收益,因此,有谁会在意呢?

如果我们从解决当前矛盾的视角来重新审视这个问题又将如何呢?如果 2 岁的儿童、20 多岁的电脑高手和奶奶级人物都可以使用键盘,那会怎么样呢?无话可说?那么下面我们来进一步思考这个问题:

老奶奶可能因对计算机不熟悉,敲起键盘来很慢、很不熟练。

另一方面，她之前可能用过电脑，因而知道各个键的位置。因此，她可以被归类为"缓慢但智力健全"的用户。另外，2岁的儿童可能属于"缓慢而且智力不健全"的用户，当她用手指敲击时，实际上可能是在用拳头敲击键盘。如果键盘能够识别这两类用户之间的区别，那会怎么样呢？也许，如果我们可以做到这一点，那么我们同样可以进行一项设计，使其可以区分虽然同样都是20多岁，但是一个用两个手指敲击键盘，另一个用所有十个手指敲击键盘的用户？或者区分用户是处于放松状态还是心情沮丧状态（例如，通过键盘敲击的力度）？或者判断用户是否存在阅读障碍症？重要的是，考虑正态曲线的极端状态可以帮助我们定义矛盾，如果我们能够解决这些矛盾，那么曲线的分布都将变得完全无关紧要。

每当我们绘制正态曲线，并且试图找出一个"最优"解时（六西格玛鼓励我们做这两件事），我们都在错失可能非常重要的找到更好的解决方案（消除了折中）的机会。至少在开始的初步计划过程中应该考虑到这一点。

以下两段引文可以帮助我们进一步理解上述议题：

> "正态性是走不通的道路。如果我们仅想像其他人一样行事，我们将看到一模一样的事物，听到一模一样的声音，雇佣类似的人员，产生相似的想法，生产同质的产品和服务。我们将跌入正态性的深渊。接着，正态公司就破产了。"[5]

> "平庸是一致性的副产品。"[6]

在六西格玛和六西格玛设计中的一些做法鼓励我们考虑顾客的因素并利用顾客帮助我们找到最好的平均值，但产生的另一个问题是，不同的顾客对于平均值"应该是什么"具有不同的观点。甚至有些顾客不知道需要什么样的平均值。不考虑平均值的人更是绝无仅有。以一家蛋糕生产工厂为例。这家工厂想要知道一种新型蛋糕产品的"最佳"尺寸和形状。为了解决这个问题，他们开展了各种各样的顾客调查研究,咨询了营养咨询师,请教了食物分量专家和心理学家,走访了餐馆老板,已经面面俱到,结果花掉了大把大把的咨询费用,最终得到的就是那个神奇的数字——黄金平均值,还有优化了的蛋糕。因此,他们很高兴发现了"终极蛋糕",接着就投入生产。就像在食品行业中常常发生的,由于在蛋糕烘焙和制作的过程中存在许多不确定性,因此缺陷率总是不可避免地奇高。显而易见,事实上有些蛋糕并不像其他蛋糕一样发得很好,有些蛋糕结冰过多,蛋糕边缘经常烘焙过度,所有这些产品都无法交付给顾客(一致性就是一切)。结果,废弃的蛋糕带来了大量的损失。因此,厂方决定根据六西格玛设定将蛋糕烘焙缺陷限定在 $3/10^6$ 之内的目标。这样可以生产 999 997 个完全合格的蛋糕,所有这些蛋糕都具有同样的重量、同样的高度以及同样的配料涂抹比率。相当完美。

非常完美,除了一个问题:有多少顾客会认为,这种由特定的重量、高度与配料涂抹比率结合而成的蛋糕是他自己所认为的完美蛋糕呢?最终,谁会想要一个强加于你的由折中后的平均数生成的东西呢?果真存在所谓的"最优"事物吗?

答案是肯定的;但只有当"最优"或者"均值"已泛滥成灾时,才明白"也许有更好的方法"。系统性创新告诉我们"某人在某处已经解决了你所面临的问题"。虽然并不一定是在糕点行业,但是某人在某处确实找到了使事物"既重又轻""既大又小""既金黄又暗黄"的方法。某人冒着创造一个非常糟糕的双关语的风险,确实已经找到了一种制作并食用他们的蛋糕的方法。

世界越来越多地受到无法满足顾客需求的"最优"解决方案的困扰。当你下次逛本地超市时,去看一下水果部。观察一下每根香蕉具有多少相同的形状与颜色,各串香蕉如何看起来一模一样。之所以能够做到这一点,就是因为有人认为应该供应优化的香蕉,并且强制为香蕉种植者制定了一系列检验标准,所以我们只能购买那些严格符合形状和颜色标准的香蕉。其结果就是产生了六西格玛香蕉。另一个结果是,它们并不像往常那样香甜可口,并且经常水分流失严重,因为有人认为香蕉的尺寸和颜色比其口味和质地更加重要。

超市所注意到的是,我们只在回家以后才会品尝香蕉,在我们决定购买的时刻,我们仅仅能够看外表,因此"外表"就是他们所要最优化的。这是绝对可靠的逻辑。但是,至少直到这个时刻,他们才开始好奇为什么香蕉不像往常那样畅销。

当然,这部分关于六西格玛哲学讨论的主要目的在于,引导我们思考如何解决诸如"制作并食用你的蛋糕"之类的问题。接下来,让我们来思考一下失败的普遍原因和特殊原因的概念。

这两个概念是戴明在思考流程测量问题时提出的。如果我们试图获得"优化的结果"(系统性创新认为书写这个词必须加引号吗?)的蛋糕形状,那么我们可能面向潜在的顾客设计一项蛋糕形状调查。询问每一位顾客的喜爱形状,并将其记录在案。

如果我们在控制图上记录这些数据,那么首先(希望如此)显示出来的将是我们的过程是"可控的"。这就是说,我们已经调查了足够多的人员,得到了统计学上显著的结果,有稳定的均值和对应于该均值的标准差,而且所有的调查结果都落在均值的正负3个标准差范围之内。如果并非如此,那么系统性问题,或者是"具有普遍原因"的问题。在这种情况下,系统性问题可能意味着,我们没有正确地设计调查问题,或者不同的调查人员在用不同的方式解释其回答。

但是,如果新的潜在顾客突然给予我们一个与系统预期迥然不同的回答时,将会发生什么呢?因为我们知道这一过程"处于控制之中",那么我们知道这将不会发生,所以它不是系统性问题。无论我们是否致力于从六西格玛的视角看待我们的顾客,它都是一个具有"特殊的原因"的问题。

戴明区分"普遍原因"和"特殊原因"的主要意图是,它们需要不同的问题解决策略。由于特殊原因问题并非由系统造成，因此任何试图通过改变系统解决问题的行为，都将使系统变得更糟。在这种情况下，之所以系统会变得更糟，是因为按常规我们需要找出这个特殊原因，根据"特殊"的定义，这些特殊原因不会再次发生。反过来，如果我们将普遍原因问题当作特殊原因问题对待，我们就会丧失改进系统的机会。

来自参考文献[6]的另一段引文可以作为之前引文的补充：

> "当我们正在经历从边缘到社会传统中心的距离明显缩小的同时，世界变化的速度也越来越快。这种加速的结果是历史被割裂，社会、文化和商业结构的分化。从商业角度来讲，这意味着市场机会正以传统商业思维无法控制的频率创造和消失。"

这与普遍原因和特殊原因有什么关系？答案是，所有问题都会变为特殊原因问题。

换句话说，等到我们找到"最优解"，并对系统进行"优化"以便其持续提供最优产出时，可能已有人很快改变了游戏规则，使"最优解"变得毫无用处。

倘若上述情况属实，那么它将如何影响我们看待事物的方式呢？倘若我们将任何事物都当作具有特殊原因的，那么我们将如何看待这个世界呢？

对大多数人来说，这些想法很可能太过激进，无法想象。从这种意义来看，这简直就是在无事生非。假如我们正在负责一项螺母和螺栓制造业务，那么很明显，倘若我们打算在激烈竞争的市场环境中继续销售产品，就必须引入统计过程控制（SPC）流程，并消除缺陷与浪费。但是，非常重要的一点是，在企业中至少应有人采取这种"事物越来越多地由特殊原因造成"的观察视角。

此处另外一个观点是，我们当作"普遍原因"的所有事物（换句话说，即我们将其当作改进当前系统的机会的所有事物），将带领我们沿着一条充分优化的走廊走进死胡同。如果将六西格玛与系统性创新完全集成在一起，毫无疑问，这将是一个需要解决的哲学问题。

这是系统性创新可能如何改变六西格玛思维的一个例子。当然，当我们考察六西格玛的"整体性"基石时，也有可能存在其他影响，虽然这些影响存在争议。整体性是六西格玛取得成功的一个重要因素，因为所有的改善措施都需要组织内所有人的参与。目前，系统性创新中不存在与其相对应的因素。很难确切地说，这种整体性因素是否是导致六西格玛较之系统性创新更为流行的主要原因，但至少是值得考虑的因素。从我们与客户一同解决问题的许多工作经验来看，参与确实是一个非常重要的问题。当考虑创新时，这一点表现得尤为明显；从创新的角度看，对于组织中的绝大部分人来说，想改变通常不是什么好消息，至少他们不认为是好消息。

总之，我们希望在不久的将来，系统性创新与六西格玛之间的联系可以得到显著加强。

23.2.3 精益

"精益"（Lean，初学者可以阅读参考文献［7］）、六西格玛以及系统性创新这些互相独立的领域似乎正处在殊途同归的路上。类似于六西格玛，由于丰田公司的成功，以及随后觉醒的汽车公司的普遍应用，精益较之系统性创新更加广为人知。精益的哲学／方法／工具分解情况如图23-9所示。

同样，如果我们关注精益与系统性创新之间高层次的一致性和矛盾性，就可以发现许多机会。

在一致性方面，我们可以发现精益的"追求完美"理念以及"顾客价值"与系统性创新的理想度有密切的关系。系统性创新追求完美的思想在某些方面更甚于精益，但二者最终都是为同一个目标服务的：鼓励使用者采取面向未来的更加长远的视角。

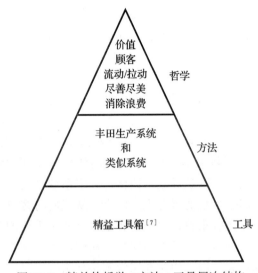

图 23-9　精益的哲学 / 方法 / 工具层次结构

除此之外，精益朝着基于"拉动"生产能力方向的努力（即只在有订货时才生产）再次与系统性创新的思想相一致，只是后者并没有像前者那样明确表述。在精益语义中，"拉动"通常与"流动"的思想联系在一起。这是与系统性创新可能不一致之处，因为在创新的语义中"流动"并非都是正确的。

更明显的差别存在于精益的主要推动力——"消除浪费"——与系统性创新中相应的视角之间。此处的差异主要源自于复杂性以及显现的视角。虽然"消除浪费"通常被认为是很好的事情，但是根据复杂性理论，并非总是如此。这可能是一种具有某些争议的观点，因为现行管理系统总是很明确地把"浪费"当作坏事。实际上，在许多情况下的确如此。自然系统也遵循同样的逻辑。在自然界，我们看到"适者生存"的进化压力更加青睐那些浪费较少的系统。但是那些过度优化的自然系统可能成为濒临灭绝的系统。以渡渡鸟为例，在最初的环境下，飞行的能力并不是必需的，因此从进化的观点看，将能量消耗在用于飞行的羽翼之上是一种"浪费"。进化更加青睐那些将其可得资源"应用"于其他而不是飞行能力上的鸟类，因此随着时间的推移这种鸟类通通变得不会飞行了。直到一种可以比鸟儿移动（以及攻击）更快的捕食者出现，一切都没有问题。

自然界可以告诉我们很多关于消除"浪费"的故事。在自然界，进化青睐较低的浪费。但是自然界也表明了你可能因为消除自身的浪费而进入无法自拔的死胡同。自然系统中的某些"浪费"使生命能为适应环境变化而改变。在商业世界中，唯一不变的就是变化本身，因此零浪费公司可能越来越处于生产高效、无浪费的渡渡鸟的状态。

23.2.4 可持续性

对于系统性创新与（环境）可持续性之间的关联关系的研究仍然比较新。参考文献［8］说明了目前二者在操作层面上的关联关系。毫无疑问，将来这种关联性研究工作会越来越多，部分原因是这项研究得到了欧盟的资金支持[9]，但是更主要的是因为可持续发展目标与系统性创新能力之间存在的高度一致性。

在某些层次上，我们可以说"可持续性"已经融入了系统性创新框架之中。当然，系统性创新的所有工具都不会将可持续发展排斥在外。例如，当应用任何系统性创新工具时，完全可以考虑并且加入社会与环境问题。最可能构建这种关联关系的工具是与功能、属性分析以及最终理想解相关的情境定义工具。然而，在更高的哲学层次上，对所有创新活动都强调要有"可持续性"，要求我们考虑社会和环境效益，而不是像以往绝大多数组织所做的那样仅仅考虑经济效益。图23-10说明了"可持续性"（此处加上双引号，因为较之精益、六西格玛或者其他类似的方法，可持续性的相关研究零散得多）的哲学/方法/工具层次。

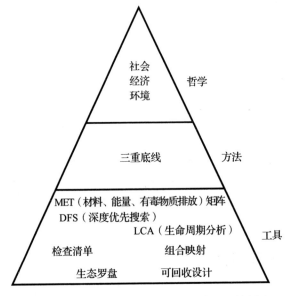

图 23-10 可持续发展的哲学 / 方法 / 工具层次

与精益及六西格玛相类似,系统性创新与可持续发展之间的关联关系研究在近年内将会得到显著拓展。

除了上述讨论的可能集成领域外,系统性创新也正在越来越多地与许多其他创造或创新系统集成。此处的集成主要发生在下列工具和方法层面。

23.2.5 约束理论

人们也已经开始研究将 Eli Goldratt 的约束理论(Theory of Constraints,TOC)融入系统性创新的集成过程[10]。约束理论与系统性创新的匹配之处在于,它同样承认定义和消除矛盾的重要性,虽然它解决矛盾的策略相对较少,但是它却提供了云团消散工具来加深对问题的理解,并为解决矛盾提供切入点。与此相关,TOC 还可以提升系统性创新能力更重要的一个方面在于,它强调在系统中构建因果分析模型。许多其他的 TOC 思想(例如,识别瓶颈和克服瓶颈的策略）也可以在未来进一步融入系统性创新模型。

23.2.6 神经语言程序学

虽然神经语言程序学（Neuro-Linguistic Programming，NLP）兴起的时间晚于系统性创新，但它也是从一种非常类似的哲学起点发展而来的。二者都建立在对"卓越"的研究与抽象之上。对于系统性创新而言，全球科学、专利以及商业数据库是其方法发展基础，而神经语言程序学则是将认知科学研究应用于语言学、心理学、控制论以及人类学。二者都试图通过对成功的创造性人格建模来研究"创造性"。最近，神经语言程序学从心理疗法获得了额外知识，包括格斯塔（Gestalt）和催眠术。也许后两个拓展将使得 NLP 从某种程度上脱离其原来的主流道路，而且还没有任何人从商业和科学实践中进一步探索 NLP。毫无疑问，这是非常遗憾的，因为 NLP 在很多领域比系统性创新更加丰富。关于这两个系统可互相促进的共同点和机会的初始研究[11]已经重点涉及了许多重要概念，这些概念仅存在于其中一个系统之中，而不是二者兼有。

举一个简单例子，第 4 章讨论了九屏幕法或者"系统算子"方法，以及 NLP 如何从原有的时间、空间两个维度，拓展至所谓的"界面"或者关系的第三个维度。图 4-8 说明了这种新的第三维度算子，它以前既不存在于经典 TRIZ 之中，也不存在于 NLP 之中，而是 TRIZ 和 NLP 两者结合的产物。

目前，对于系统性创新与 NLP 工具及方法集成的研究仍然处于起步阶段，可以预见，这项研究要走的道路还很漫长，但其成果肯定十分丰富。对于将出现的若干重要概念性进展，我们充满期待。已经确认的一些概念性进展包括：

- 通过使用 NLP 研究发明原理应用并促进两者直接融合而产生的策略；
- 使用 NLP 研究发明原理应用并促进两者在不同层次上的融

合的策略；
- 解释"不对称"为何是一种如此重要的发明策略；
- 更好地理解"反向作用"（即发明原理13）以及"反向的反向"的重要性；
- 了解构成人脑工作的元程序，以及它们如何从个体与群体的角度决定我们的行为；
- 应用心理状态与相应生理现象的联系，以改善商业交流。

23.2.7　感性工程

随着系统性创新不断向工业设计、建筑与艺术等领域拓展，很明显现有模型处理诸如情感或"精神"的问题不尽人意。可把所谓"隐形因素""神秘影响"，以及其他我们不理解什么使某项设计优于其他设计的事物系统化的想法，对于某些人来说是难以接受的。感性工程尝试准确理解为何人们喜欢一种工艺品甚于另外一种这一问题。当然，感性工程也处于其进化的初始阶段。现在将许多感性工程原理和方法整理成一种工具，并将其整合进系统性创新框架是可能的，但是猜测这两种方法集成起来是否会产生新的高层次概念性成果，仍然为时过早。我们可以肯定的是，对系统性创新来说仍然相对薄弱之处，就是感性工程的用武之地。

23.3　展望未来

现在，我们都有一些待解决的问题，也面临大量希望采用正确发明方式的机会。一些人也许仅想采用少量工具或策略帮助他们解决相关问题。也有人可能正在寻找更高层次且成套完善的方法。还有一些人则在寻找一种更加高级的创造理论，以期从中发现可能出现的新方法。换句话说，我们彼此之间都是不同的，采用不同的方式进行工作，有着不同的追求。目前，没有任何一种

"创造性"方法能够满足每个个体的需要。如果有这样的方法,那么它必须有的就是承认个体差异,并且(为引入系统性创新概念)对这些差异具有自适应能力。从实践层面来看,这意味着 A 喜欢 DeBono、TRIZ 和 QFD,B 却使用 NLP 和 TOC 而不喜欢 TRIZ,但两者仍然可以有效协同工作。系统性创新框架的目标就是实现这种灵活性。在更高级别的"系统性创新"S 曲线上,它仍然处于早期发展阶段。我们希望,现在我们至少可以向使用者提供具有实际益处前景的框架。

此时此刻,仍然存在一些尚未融入更高级别系统性创新图景的新兴创新模型。这些模型包括博弈论、螺旋动力学、一般周期理论以及量子心理学/机制。现在,将这些相关模型及其潜在益处融入本书所描述的系统性创新框架(或者,相反)的研究才刚刚开始。我们期望在研究过程中发现这些方法之间存在更多的互惠性,同时期望在其中起到一定作用。

我该怎么做

系统性创新方法论正在以稳定的加速度发展。如果我们的总体目标是从"所有已知事物"中概括其精华,那么按理人们不会对其视而不见。有些人仅尝试它所提供的一小部分就已经心满意足了,而另外一些人则不仅想拓展他们的知识,还希望对这项正在发展的方法做出贡献。

为培植下一代创新能力种子,现在仍然有许多工作需要做。也许现在还不是合适的时机。此时此刻,我们无法确知。然而,可以肯定的是,每个人都可以为其发展添砖加瓦,贡献他们各自的"卓越"。创新能力的下一代既需要自下而上,也需要自上而下的努力。宏伟蓝图的思想家以及细枝末节的精打细算者都可能发挥作用。

开发系统性创新的最重要意义在于,它是由所有人一同开发,为所有人服务的方法。当前这个由资本家所主导的世界是否会容纳这项任务，仍然未为可知。我们愿意努力尝试。

参考文献

[1] Mann, D.L., Dewulf, S., Zlotin, B., Zusman, A., 'Matrix 2003: Updating The TRIZ Contradiction Matrix', CREAX Press, June 2003.

[2] Mann, D.L., 'Beyond Systematic Innovation (Integration of Emergence and Recursion Concepts into TRIZ and Other Tools)', paper presented at 8th European Conference o Creativity And Innovation, Mainz, Germany, September 2003.

[3] Terninko, J., Zusman, A., Zlotin, B., 'Systematic Innovation – An Introduction to TRIZ' St Lucie Press, 1998.

[4] Mann, D.L., Domb, E., 'The 4.5 Sigma Wall Using TRIZ to Exceed Fundamental Limit TRIZCON2003, Philadelphia, April 2003.

[5] Ridderstrale, J., Nordstrom, K., 'Funky Business: Talent Makes Capital Dance', Pearson Education Ltd, London, 2000.

[6] Mathews, R., Wacker, W., 'The Deviant's Advantage: How Fringe Ideas Create Mass Markets', Random House Business Books, 2003.

[7] Bicheno, J., 'The Lean Toolbox', PICSIE Publications, Buckingham, UK, 2001.

[8] Mann, D.L., Dekoninck, E. 'Systematic Sustainable Innovation', paper presented at 8th Centre For Sustainable Design conference, Stockholm, October 2003.

[9] www.leonardo-support.com

[10] Mann, D.L., Stratton, R., 'Physical Contradictions and Evaporating Clouds', TRIZ Journal, April 1999.

[11] Bridoux, D., Mann, D.L., 'Evolving TRIZ Using TRIZ and NLP', paper presented at TRIZCON2002, St Louis, April 2002.

附录 A

企业创新测量

HANDS-ON SYSTEMATIC INNOVATION

FOR BUSINESS AND MANAGEMENT

> 我知道你确信你理解了我说的话,但我不确定你是否想到你听到的并非是我说的意思。
>
> ——Richard Dixon

> 在急剧变化的时代,未来属于不断学习的人。
> 不继续学习的人通常只能生活在不再存在的世界。
>
> ——Eric Hoffer

> 称猪不增肥。
>
> ——佚名

作为管理人员,我们习惯于测量事物。"测量就是理解"是我们通常认可的逻辑。当然,这在一定程度上是正确的。测量的主要倡导者之一是质量大师 W. Edwards Deming,但是即使是他也认为最重要的数字是人们所不知道的和不可知的。那么,我们能做的是什么?可能也无非如此这般;如果你没有数据,测量是必要的,但到头来,测量只是开始而已。

对于很多企业来说,"创新"是没有数据的领域。每个人都知道创新重要,但极少有人(如果有的话)能够客观肯定地说他们在创新领域做得很成功。

关于这个问题,我们的经历稍有不同。为如此之多的行业和专业领域的客户服务,处理如此广泛的各种技能,意味着我们无论去哪儿都不得不根据我们的服务对象的特殊需要量身打造解决方案。对我们来说,在这些情况下弄清楚需要做出哪些调整是个大问题。当然,我们也可以像大多数公司那样,说我们只提供标准化的、通用的解决方案。这样做也可能有些道理,因为我们知道,系统性创新的基本思想之一是,我们要解决的所有问题在一定的抽象层次上看或多或少都是相同的。然而,试想你告诉一位律师你的明确无误、冰冷生硬的冲突矩阵和他的业务有关,你马上就会发现你很难让他相信。

所以，我们已认识到我们需要自己的"测量"工具。这种想法是要从所有能为我们所用的最好的创新实践中总结规律，以便形成通用的标准。为此，我们首先需要清楚我们要寻找的是什么；能够评定某个公司在创新方面是否在行的参数有哪些？结果，经过2年的工作之后，我们归纳了13个参数。

这13个参数源于创新的3个放之四海而皆准的基本因素。这3个因素是行动、知识和创造力。如图A-1所示，成功的创新需要这3个因素同时作用。

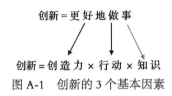

图A-1 创新的3个基本因素

这3个因素假设"创新"的意思是我们实际上为顾客提供了新的或经改良的产品或服务，顾客喜欢并愿意拥有，而且心甘情愿支付比我们生产和供应此产品实际成本更高的价格。这当然不是权威性的定义（关于这个问题，如果愿意我们可以讨论几星期），但它确实包含了我们认可的定义的重要内容。

再回到那3个核心标准：行动、知识和创造力。在我们看来，极少有企业掌握了所有这3个因素。所以，只有极少数企业真正在创新方面"在行"。很多企业只在这3个因素的一两个方面在行。然而，在这3个因素之间的乘号代表的含义是，如果这3个因素中有1个取值为0，那么最终的计算结果也是0。因此，如果你的组织有大把大把的思路，但从未实施，那么你们的弱点在于"行动"。另一种常见问题是公司掌握了足够的知识，但却缺乏创造力。这种情况曾经是有效的，但现在已时过境迁。仅了解你的客户和相关技术，以及理解你应该做的事情所需的所有东西还不够，因为越来越可能出现的情况是你的竞争对手也能获得这些信息。当今，创新既需要掌握海量知识，也必须有足够的创造力。

现在我们已有了评估企业在创新方面是否成功的 3 个基本因素。在图 A-2 中我们把这 3 个基本因素扩展为 13 个因素，我们认为这 13 个因素能够形成一个测量系统，并获得真正有意义的结果。

图 A-2 还展示了我们要用到的雷达图。这种方法使我们能够把大量信息归纳为简洁且更易于理解的方式。这种标准图示为读者提供了针对所有 13 个因素的评估指标以及"总体平均"值。随着越来越多的企业加入"测量"行列，这种"总体平均"会持续形成和变动。在某些情况下，还可以在图中加入另外一组数据，即外人如何看待你的创新能力。已有几家企业要求我们提供这种服务，以便他们了解：a) 他们如何评估自己的创新能力；b) 公正和博学的第三者的看法如何；c) 这两种结果与"总体平均"比较如何。正如我们已经阐明的那样，这些信息对企业的工作方式并不提供改善措施，但确实使他们第一次客观地认识到他们所处的位置，以及他们的优势和劣势。

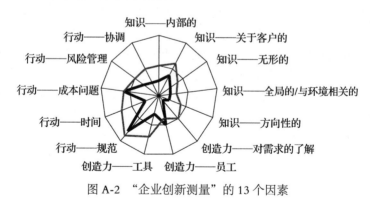

图 A-2 "企业创新测量"的 13 个因素

在说明企业如何获取和使用此工具的细节之前，有必要花一些时间把这 13 个评估指标稍加说明。

知识参数

内部的——企业如何使用、组织和管理其内部的知识。

关于客户的——企业如何从当前和潜在的客户获取知识。包括他们希望和不希望什么，以及与竞争者和在相同领域的其他企业相关的知识。

无形的——企业如何考虑其内部和外部的无形知识。无形知识包括技巧、经历、合作伙伴、关系、品牌认知、工艺，等等。

全局／与环境相关的——企业如何获取和利用全局性的知识。包括确保企业采用最有效的解决方案，理解企业的所作所为如何对环境产生影响，也就是说，环境对企业有影响，反之，企业对环境也有影响。

方向性的——知识是动态的，因此具有不断变化和演进的特征，对此企业如何应对。

创造力参数

对需求的了解——评估企业对创新的重要性的了解程度，以及企业文化是否保证企业具有创新的意愿、欲望、动力，并使其发扬光大（与此类似，对在不同的商业周期具有不同种类的创新需求的了解）。

员工——企业员工的创造力水平（实际上，这个指标是企业内所有员工创造力自我评估的综合结果。这种评估可在线完成：www.creax.com/csa）。

工具——对企业所具有的创造力和创新工具、技术和策略的数量、质量和有效利用的测量。

行动参数

规范——企业生产的产品；原型研制、验证和检验方法，以及对资源的利用。

成本问题——企业把财政资源转化为有用成果的情况（"性价比"）。特别重要的是发现和实现双赢（win-win）的机会。

时间——企业利用时间资源的情况。发现和实现双赢（win-win）的机会也是十分重要的。

风险管理——企业是否很好地理解并控制创新活动中的风险。利用备份模型，理解偶然性、关键路径、99%完成综合征和其他引起90%以上的延迟竣工、成本超预算或质量不符合规范要求等问题。

　　协调——企业如何管理创新过程，不仅要有行动，而且要整合知识和创造力。

　　本"测量"是通过在线问卷得到的。你可在下列网站找到此问卷调查：

www.systematic-innovation.com

　　问卷设计了 101 个问题，以便得到用户把自己的系统与最成功的创新实践比较所需要的创新信息。如果你来自银行（或其他任何对"制造东西"没有兴趣的领域），你会看到本问卷仅依据上下文，而不会问及生产中的创新策略。完成此问卷一般大约需 20 分钟。

　　所有输入系统的数据都是完全匿名的。如果你需要更多地了解本问卷或者你自己得到的结果，你也可以选择输入你的电子邮件地址。如果你觉得本书还没有使你发生大的转变，我们甚至还可帮你把自己的测量结果转化为明确的改进措施。

B

附录 B

问题探索工具

HANDS-ON SYSTEMATIC INNOVATION

FOR BUSINESS AND MANAGEMENT

> 在急剧变化的时代，未来属于不断学习的人。
> 不继续学习的人通常只能生活在不再存在的世界。
>
> ——Eric Hoffer

"定义"工具箱

本部分提供一系列在对问题或机会的"定义"阶段你应问的问题。

主要目的是让你考虑所处情境如何受时间和空间的影响。

你可能无法回答所有问题，而且有些问题可能与你的特殊情境无关。

重要的是你提出这些问题。

复印后面的表单或填写电子文档（可在 www.systematic-innovation.com 下载）。

如不够用，可再复印一些或用白纸代替。

虽然本工具箱为你提供了与他人交流的结构性的途径，但如何利用这些表单还应根据你的工作方式而定。

可以随时改变填写表单的顺序。

无论何时你对你面临的情况有了新的理解，都可随时转向解决方案生成工具箱。（之后，如果需要，你可再返回。）

附录 B・问题探索工具

项目名称 ☐　　　　　　　　　　日期 ☐
项目出资人 ☐
项目顾客 ☐
项目团队 ☐

利益	我们想去哪里（目标是什么）？	我们如何知道自己已抵达目的地（成功的评价标准是什么）？
出资人		
顾客		
团队		

问题是什么？

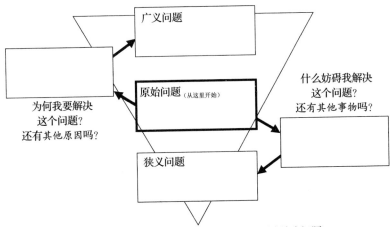

（注：此过程可重复以在更多层次上扩展或缩小问题）
本页的目的是引导你思考问题是什么，你想在什么层次上解决它

677

系统性创新手册（管理版）
HANDS-ON SYSTEMATIC INNOVATION

当前的系统是什么？（根据你已填的上一张表单的问题的层次）

作用类型

有效关系 ⟶

缺失关系 ·······

不足关系 ·······▶

多余关系 ⇒

有害关系 ⌇⌇▶

（画出系统中已有的组成部分，然后确定这些组成部分之间的正向功能关系，再确定负向关系）

时间如何影响系统？　（如果在过去或未来（或都有）某段时间系统功能不同，在这里记下这些不同）（"过去"或"未来"可能代表不足1秒或可能意味着超过1个世纪）（特别考虑问题发生前不久和/或问题发生后不久的时间）

过去 (含义?)　　　　　　　未来 (含义?)

感知映射?（针对不同人持有不同看法的情境）

你试图回答的问题：

	看法	导致?	冲突?
A			
B			
C			
D			
E			
F			
G			
H			
I			
J			
K			
L			
M			
N			
O			
P			
Q			
R			
S			
T			
U			
V			
W			
X			

（建议看法的最小数量：10）

感知映射
查找：循环
　　　　信息集聚点
　　　　冲突连接链

资源——技术（功能、物质、场）（特别注意那些还没有充分利用的资源，以及有副作用的事物）

	过去	现在	未来
系统周围			
系统			
系统内部			

HANDS-ON SYSTEMATIC INNOVATION

资源——知识

	过去	现在	未来
系统周围（出资人）			
系统（包括顾客）			
系统内部（团队）			

约束——显性的/技术性的（功能、规范、工具）

	过去	现在	未来
系统周围			
系统			
系统内部			

约束——业务（时间、成本、风险、过程、技巧）

	过去	现在	未来
系统周围 （出资人）			
系统 （包括顾客）			
系统内部 （团队）			

痛点

我们想改善什么？

阻碍我们的事物有哪些？

考虑诸如时间、成本、质量、风险之类的问题。
考虑事物之间的事物——关系、沟通渠道、控制关系。
考虑在目前情况下的价值链——预生产、生产、运输、技术支持。
考虑效率参数——浪费和丢失的各种资源、功能或属性。
考虑客户希望从你的企业获得的事物——可靠性、方便性、价格、隐性因素。
再考虑客户希望从你的企业获得但不知如何描述的事物。
还要考虑非客户群可能希望从你的企业获得的事物。

痛点

你在尽力改善的是什么事情?　　　　　　什么事情在变坏/什么事情阻止了你?

↓　　　　　　　　　　　　　　　　　　↓

	什么领域?	

	什么领域?	

	什么领域?	

↓ ……

痛点——在何处 / 何时出现潜在或已知的瓶颈和冲突?

	过去	现在	未来
系统周围			
系统			
系统内部			

(痛点也可能只存在于这些屏幕之一)

最终理想属性（用此模板全面查找系统中的矛盾和冲突）

	属性	顾客A的IFR	顾客B的IFR	供应商的IFR	·····▶

（左侧斜向标签：属性冲突）

查找冲突时的主要问题："是否有人不希望得到此IFR？为什么？""是否有我们应考虑的新属性？"

理想度（你只应在你受到的约束允许你从零开始的情况下才用此表）

你想实现那些功能？ ☐

最终理想解（IFR）是什么？ ☐
（在没有成本或损害的情况下获得需要的功能。
考虑采用能自行解决问题的系统）

什么阻碍你实现IFR？ ☐

为什么它能阻碍你？ ☐

你如何克服阻碍？ ☐

你如何从IFR向后推导出可行的解决方案？ ━━━▶   IFR（由此开始）

☐ ◀━ ☐ ◀━ ☐ ◀━ ☐

（当你从IFR解决方案返回时，在每个阶段都给予最低限度的妥协，并专注于概念性的解决方案而非具体的思路。随着你越来越从IFR后退，可能会获得更多的概念。）

当前系统是成熟的系统吗？

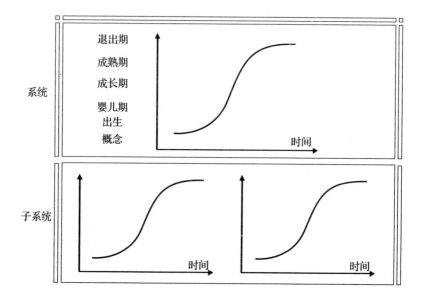

推荐阅读

推荐阅读

推荐创业者阅读的9本书

我们根据创业者的需求,从定位、商业模式、投融资、产品、运营等方面精选了一份畅销书单,希望能对正在创业的您有所帮助。